HEYNE BIOGRAPHIEN

Zum Autor

RONALD HAYMAN, geboren 1932 in Bornmouth, studierte und promovierte in Cambridge in deutscher und englischer Literatur. Er lebte mehrere Jahre in Berlin.
Ronald Hayman ist heute Dozent für Literatur an der Universität von London und ständiger Mitarbeiter führender Literaturzeitschriften. Zur Zeit arbeitet er an einer Biographie über Sartre.
Von Ronald Hayman sind in der Reihe Heyne Biographien bereits erschienen: Bertolt Brecht. Der unbequeme Klassiker (12/124); Friedrich Nietzsche. Der mißbrauchte Philosoph (12/128).

Ronald Hayman

FRANZ KAFKA

Sein Leben, sein Werk, seine Welt

Wilhelm Heyne Verlag
München

HEYNE BIOGRAPHIE
12/135

Lizenzausgabe mit Genehmigung des Scherz Verlags, Bern und München.
Einzig berechtigte Übersetzung aus dem Englischen
des vom Autor für die deutsche Fassung neu überarbeiteten Werks von Karl A. Klewer.
Titel des Originals: ›K. A. Biography of Kafka‹

Printed in Germany 1986
Umschlagbild: Archiv für Kunst und Geschichte, Berlin
Umschlaggestaltung: Atelier Ingrid Schütz, München
Innenbilder: Mit freundlicher Genehmigung des Verlages Klaus Wagenbach,
Bamberger Straße 6, Berlin 30, aus: ›Franz Kafka, Bilder aus seinem Leben‹
Bildteil: RMO, München
Gesamtherstellung: Presse-Druck Augsburg

ISBN 3-453-55136-2

INHALT

Für meine Mutter

DER WENDEPUNKT: 1912

Um zehn Uhr am Abend des 22. September 1912 begann der neunundzwanzigjährige Franz Kafka mit der Niederschrift seiner Erzählung *Das Urteil*. Als er sie um sechs Uhr morgens beendet hatte – er konnte kaum seine vom Sitzen steif gewordenen Beine unter dem Schreibtisch hervorziehen –, wußte er, daß er geschrieben hatte wie noch nie zuvor. Er hatte entdeckt, wie »alles gesagt werden kann, wie für alle, für die fremdesten Einfälle ein großes Feuer bereitet ist, in dem sie vergehn und auferstehn«[1]. Diese Gleichsetzung von Zerstören und Erschaffen ist kennzeichnend für ihn. Häufig vernichtete er, was er geschrieben hatte, als seien seine minder gelungenen Versuche Unkraut, das bessere Werke vor ihrem Entstehen ersticken könnte.

Seine Müdigkeit schwand im Laufe der Nacht, da er *Das Urteil* trotz leichter Herzschmerzen in einem Zuge niederschrieb, in dem Maße, in dem die Erzählung an Kraft gewann. »*Nur so* kann geschrieben werden, nur in einem solchen Zusammenhang, mit solcher vollständigen Öffnung des Leibes und der Seele.«[2] Entgegen seiner sonstigen Gewohnheit las er diese Erzählung, kaum daß er sie beendet hatte, den Schwestern vor, am folgenden Tag mehreren Bekannten, zwei Wochen später Max Brod, dem er sie auch zur Veröffentlichung in dessen Jahrbuch *Arkadia* anbot, und zwei Monate darauf öffentlich auf einer Soiree mit Prager Autoren, die in einem Hotel stattfand.

Als er im Februar des folgenden Jahres die Erzählung korrigierte, schrieb er darüber: »Die Geschichte ist wie eine regelrechte Geburt mit Schmutz und Schleim bedeckt aus mir herausgekommen, und nur ich habe die Hand, die bis zum Körper dringen kann und Lust dazu hat.«[3] Bei ihrer Abfassung hatte er an Freud gedacht, ohne den er seinen eigenen Träumen möglicherweise nie so viel Aufmerksamkeit zugewendet hätte. In einer Tagebuchnotiz aus dem Jahre 1911 merkt Max Brod an, Kafka scheine an nichts anderem mehr Interesse zu haben als an seinen Träumen. Allerdings endet die Erzählung nicht entsprechend der Ödipussage, denn der Vater verurteilt den Sohn »zum Tode des Ertrinkens«, eine Strafe, die der liebende Sohn gehorsam an sich selbst vollzieht.

Nicht der Einfluß Freuds war das Neue an Kafkas Werk, sondern daß ein Autor dem autobiographischen Antrieb völlig freien Lauf ließ. In Form von Anspielungen zwar, aber offener, deutlicher und kühner als zuvor, nutzte er das Mittel der Literatur, um seiner Angst vor dem Vater etwas entgegenzusetzen, jenem großen, starken, stiernackigen, einschüchternden, selbstsicheren, erfolgreichen Geschäftsmann, dessen unberechenbare Wutanfälle ihm noch als Erwachsenem Furcht einjagten. Der lange Brief, den Kafka im Alter von sechsunddreißig Jahren an den Vater schrieb, enthält neben zahlreichen Anklagen auch eine Vielzahl von Selbstvorwürfen: »Ich sage ja natürlich nicht, daß ich das, was ich bin, nur durch Deine Einwirkung geworden bin«[4] – ein für ihn typischer Satz, der sich schon zu Beginn beinahe zurücknimmt und mit einem Teil-Widerruf endet.

Hauptquelle von Kafkas Elend waren seine Schuldgefühle diesem beherrschenden Mann gegenüber, dem jede Sensibilität fehlte und der seine Kinder in aller Öffentlichkeit schalt. Sie hatten das Gefühl, man sitze über sie zu Gericht, und sie steckten im Badezimmer die Köpfe zusammen, um zu überlegen, was sie zu ihrer Verteidigung vorbringen konnten. »Nicht, um etwas gegen Dich auszudenken, sitzen wir beisammen, sondern um mit aller Anstrengung, mit Spaß, mit Ernst, mit Liebe, Trotz, Zorn, Widerwille, Ergebung, Schuldbewußtsein, mit allen Kräften des Kopfes und Herzens diesen schrecklichen Prozeß ... durchzusprechen, ... in dem Du immerfort Richter zu sein behauptest.«[5] Daß es Kafka nicht gelang, die Liebe seines Vaters zu erringen, bedrückte ihn zeitlebens, und nie erkannte er, daß mangelndes Einfühlungsvermögen und fehlende Verständnisbereitschaft den Vater daran hinderten, seinen Sohn richtig einzuschätzen.

Als Kind war Kafkas älteste Schwester Elli ebenso eingeschüchtert und von Schuldgefühlen geplagt wie er. »Ich konnte sie kaum ansehn, ... so sehr erinnerte sie mich an mich selbst.«[6] Aber sie gewann ihre Freiheit durch eine frühe Heirat, während Kafkas Unfähigkeit zur Ehe in seinem Leben ebenso unübersehbar ist wie in seinem Werk. »Heiraten, eine Familie gründen, alle Kinder, welche kommen, hinnehmen, in dieser unsicheren Welt erhalten und gar noch ein wenig führen, ist meiner Überzeugung nach das Äußerste, das einem Menschen überhaupt gelingen kann.«[7] Einige Stellen im *Urteil* lassen sich ohne den biographischen Zusammenhang kaum verstehen. So muß Georg sich zum Beispiel von seiner Braut Frieda sagen lassen, er hätte sich überhaupt nicht verloben dürfen, wenn er Freunde habe wie jenen in Rußland lebenden Junggesellen, dessen Name ungenannt bleibt. Sie scheint davon auszugehen, daß es zwei Arten von Männern gibt – zur Ehe fähige Männer und überzeugte Junggesellen. Ein solcher ist der Freund, und Georg befürchtet, falls er zur Hochzeit komme, werde er anschließend die Einsamkeit nicht mehr ertragen können.

Beim Korrekturlesen fünf Monate nach der Niederschrift der Erzählung äußerte Kafka sich über die Art, wie der Vater sich »als Gegensatz Georg gegenüber aufstellt und sich den Freund zunutze macht« sowie »andere kleinere Gemeinsamkeiten, nämlich durch die Liebe, Anhänglichkeit der Mutter, durch die treue Erinnerung an sie und durch die Kundschaft, die ja der Vater doch ursprünglich für das Geschäft erworben hat. Georg hat nichts; die Braut, die in der Geschichte nur durch die Beziehung zum Freund, also zum Gemeinsamen, lebt, und die, da eben noch nicht Hochzeit war, in den Blutkreis, der sich um Vater und Sohn zieht, nicht eintreten kann, wird vom Vater leicht vertrieben. Das Gemeinsame ist alles um den Vater aufgetürmt, Georg fühlt es nur als Fremdes, Selbständig-Gewordenes, von ihm niemals genug Beschütztes.«[8]

Je mehr ein Vater sich seinem Sohn gegenüber durchsetzt, desto weniger vermag der Sohn dessen Macht objektiv zu sehen, und der unterdrückte Wunsch zum Vatermord kann das Bedürfnis wecken, den vom Vater angerichteten Schaden übertrieben darzustellen. Doch obwohl Hermann Kafka bei seinem Sohn beträchtlichen Schaden angerichtet hatte, rief in Franz die Vorstellung eines Lebens ohne den Vater mehr Angst als Freude hervor – sogar noch mehr Angst als die Vorstellung des eigenen Todes. Andrerseits wurde Kafkas extrem ausgeprägte Todessehnsucht gewiß durch den Vater verstärkt, wenn nicht sogar hervorgerufen. Georg im *Urteil* erklärt noch im Tode seine unwandelbare Liebe zu den Eltern. Die Zweideutigkeit des Schlußsatzes (»In diesem Augenblick ging über die Brücke ein geradezu unendlicher Verkehr«[9]) will besagen, daß der Sadismus des älteren Mannes den Sohn mehr zu erregen vermag als die Hingabebereitschaft der jungen Frau. An keiner Stelle der Erzählung weist etwas auf eine Vertreibung des Mädchens durch den Vater hin: Nachdem dieser die Dinge in die Hand genommen hat, verschwindet sie einfach aus Georgs Bewußtsein.

In Kafkas früher Erzählung *Kinder auf der Landstraße* (1904/5) ließen sich die Kinder, wenn man sie vor die Brust stieß, freiwillig ins Gras des Straßengrabens fallen.

> Wenn man sich auf die rechte Seite drehte, die Hand unters Ohr gab, da wollte man gerne einschlafen. Zwar wollte man sich noch einmal aufraffen mit erhobenem Kinn, dafür aber in einen tieferen Graben fallen. Dann wollte man, den Arm quer vorgehalten, die Beine schiefgeweht, sich gegen die Luft werfen und wieder bestimmt in einen noch tieferen Graben fallen. Und damit wollte man gar nicht aufhören.
> Wie man sich im letzten Graben richtig zum Schlafen aufs äußerste strecken würde, besonders in den Knien, daran dachte man noch kaum und lag, zum Weinen aufgelegt, wie krank auf dem Rücken.[10]

An dieser Stelle wird dem Leser die gemeinsame etymologische Wurzel von »Grab« und »Graben« eindrucksvoll nahegebracht.

Kafka vermochte – zumindest verbal – mit seinem Hang zum Selbstmord zu spielen. »Man muß sich sein Grab verdienen«, schrieb er 1908, als die Cech-Brücke gebaut wurde. »Ich paßte vorige Woche wirklich in diese Gasse, in der ich wohne und die ich nenne ›Anlaufstraße für Selbstmörder‹, denn diese Straße führt breit zum Fluß, da wird eine Brücke gebaut.«[11] Auf dem anderen Ufer war ein Belvedere, doch solange die Brücke nicht fertig war, schien die Straße nur zum Fluß zu führen. Aber »es wird immer schöner bleiben, über die Brücke auf das Belvedere zu gehen, als durch den Fluß in den Himmel«[12]. Mithin war eine der Vorstellungen, die Georgs Tod zugrunde lagen, schon einige Jahre in Kafkas Denken beheimatet gewesen.

Schreiben schien eine Alternative zum Selbstmord zu eröffnen – aber es war zugleich auch eine zum Leben:

> Alles was ich besitze, ist gegen mich gerichtet, was gegen mich gerichtet ist, ist nicht mehr mein Besitz. Wenn . . . mich mein Magen schmerzt, so ist es . . . etwas, was sich von einem fremden Menschen, der Lust bekommt, mich zu prügeln, wesentlich nicht unterscheidet. So aber ist es mit allem, ich bestehe nur aus Spitzen, die in mich hineingehen, will ich mich da wehren und Kraft aufwenden, heißt das nur die Spitzen besser hineindrücken . . . Von heute ab lasse ich es mir mit keiner Unterbrechung mehr ausreden: Ein Schuß wäre das Beste. Ich schieße mich einfach von dem Platz weg, auf dem ich nicht bin.[13]

Da Kafka der Ansicht war, nicht wirklich dort zu sein, mußte er vor allem wissen, wo er denn nun war. In der frühen Erzählung *Gespräch mit dem Beter* (1904/5) bekennt der gequälte junge Mann: »Es hat niemals eine Zeit gegeben, in der ich durch mich selbst von meinem Leben überzeugt war. Ich erfasse nämlich die Dinge um mich nur in so hinfälligen Vorstellungen, daß ich immer glaube, die Dinge hätten einmal gelebt, jetzt aber seien sie versinkend. Immer, lieber Herr, habe ich eine Lust, die Dinge so zu sehen, wie sie sich geben mögen, ehe sie sich mir zeigen.«[14] So ist alles um ihn herum »hinfällig«, und der Schreibende damit gezwungen, Bilder von den Dingen in ihrem unbefleckten Zustand zu finden. Dafür darf jeder beliebige Preis gezahlt werden. Keine List ist zu erniedrigend oder zu peinigend. Da er sich nicht darauf verlassen konnte, daß die normalen Funktionen des Leibes ihn an sein Lebendigsein erinnerten, stieß er sich selbst in die bewußte Wahrnehmung dessen, indem er in Gedanken dem Leib Gewalt antat. »Vorstellungen wie z. B. die, daß ich ausgestreckt auf dem Boden liege, wie ein Braten zerschnitten bin und ein solches Fleischstück langsam mit der Hand einem Hund in die Ecke zuschiebe –, solche Vorstellungen sind die tägliche Nahrung meines Kopfes.«[15] Gleichzeitig aber glaubte er, durch Selbstkasteiung eine höhere Daseinsstufe erreichen zu können. So heißt es in einem Brief an Felice Bauer: »eine Lust und ein Befehl, mich zu quälen für einen höheren Zweck.«[16] Animalisch war lediglich das niedrigere Selbst: »Nur das Pferd ordentlich peitschen! Ihm die Sporen langsam einbohren, dann mit einem Ruck sie herausziehn, jetzt aber mit aller Kraft sie ins Fleisch hineinfahren lassen.«[17]

Freilich ist die systematische Zerstörung seiner selbst mit dem Begriff »Masochismus« nicht hinlänglich zu erklären. Für Kafka war das Schreiben weniger eine Alternative zum Leben als eine Form der endgültigen Heilung vom Leben. Bei Novalis gilt die Selbsttötung als wahrhaft philosophischer Akt, als wirklicher Beginn aller Philosophie, und es ist gewiß richtig, das Positive auch an Kafkas Negativismus hervorzuheben. Ihm erschien es falsch, die Augen vor sadistischen Impulsen oder dem Tod zu verschließen, den er lediglich als »Bestandteil der Süße des Lebens« ansah. Seine Erzählung *In der Strafkolonie* weist möglicherweise, ohne sich dem Entsetzen zu öffnen, voraus auf die Vernichtungslager eines Krieges, den er selbst zwar nicht erlebt hat, wohl aber seine Schwestern, die in solchen Lagern umkamen, und sie enthält durchaus ihr eigenes Urteil über die Foltermaschine, den Kommandanten, der sie erfunden hat, und den Offizier, der sie bedient. Ihre zentrale Idee ist kennzeichnend für Kafkas ganzes Werk: Der Apparat schreibt dem Opfer, das unwissentlich gegen ein Gesetz verstoßen hat, das Urteil auf den Leib. In der Strafkolonie gilt der Grundsatz, daß die Schuld des Angeklagten von vornherein feststeht. Im hier zur Verhandlung stehenden Fall hätte der Verurteilte als Diener bei jedem Stundenschlag aufstehen und vor der Tür des Hauptmanns salutieren müssen. Jetzt soll ihm die Aufforderung in die Haut geritzt werden, seine Vorgesetzten zu ehren. Aber in dem Augenblick, da der Offizier begreift, daß keine Aussicht besteht, das alte Strafsystem aufrechtzuerhalten, läßt er den Gefangenen frei, programmiert die Maschine auf den Text: »Sei gerecht« und legt sich selbst unter ihre Nadeln. Zwar findet er dabei den von ihm gewünschten Tod, doch schreibt die Maschine ihm nicht das Urteil auf den Leib, da sie bei der Vollstreckung in Trümmer geht.

In *Der Tod des Ivan Il'ič*, eine der Tolstoi-Erzählungen, die Kafka am liebsten las, kommt der Tod zusammen mit der Erleuchtung. Dem Sterbenden werden lediglich Freude und Liebe bewußt – der Schmerz schwindet, sobald er nicht mehr versucht, sich ans Leben zu klammern; und für Fürst Andrej in *Krieg und Frieden* bedeutet der Tod ein Erwachen. Die Ehrfurcht des Offiziers vor der Maschine in Kafkas Erzählung beruht zum Teil auf seinem Glauben daran, daß sie dem Sterbenden Erleuchtung zu bringen vermag: »Um die Augen beginnt es. Von hier aus verbreitet es sich. Ein Anblick, der einen verführen könnte, sich mit unter die Egge zu legen. Es geschieht ja nichts weiter, der Mann fängt bloß an, die Schrift zu entziffern, er spitzt den Mund, als horche er. Sie haben gesehen, es ist nicht leicht, die Schrift mit den Augen zu entziffern; unser Mann entziffert sie aber mit seinen Wunden.«[18] Und die Zeichnungen des früheren Kommandanten behandelt der Offizier, als seien sie die Heilige Schrift. Während der Reisende in diesen Skizzen nichts zu sehen vermag als »labyrinthartige, einander vielfach kreuzende Linien, die so dicht das Papier bedeckten, daß man nur mit Mühe die weißen Zwischenräume erkannte«[19], meint der Offizier, aus ihnen die dem Delinquenten auf den Leib zu schreibenden Urteilstexte erkennen zu können. Er gleicht dem Priester eines rachsüchtigen Gottes; doch als der Apparat sich schließlich an seinem eigenen Leib bewähren soll, rechtfertigt er das hohe Lob nicht, das der Offizier ihm ausgesprochen hatte: (»kein Zeichen der versprochenen Erlösung war zu entdecken;) . . . die Lippen waren fest zusammengedrückt, die Augen waren offen, hatten den Ausdruck des Lebens, der Blick war ruhig und überzeugt, durch die Stirn ging die Spitze des großen eisernen Stachels.«[20] Seine hochgepriesene Maschine hat ihn im Stich gelassen, doch erfüllt Kafkas Erzählung ihre Wirkung als Anti-Tolstoi-Maschine in sehr eindrucksvoller Weise.

NACH DEM GETTO

Kavka ist das tschechische Wort für Dohle, und »Kafka« hatten schon im 17. Jahrhundert böhmische Juden geheißen. Vermutlich nahm 1788 einer von Franz Kafkas Vorfahren diesen Namen an, um dem Erlaß von Kaiser Joseph II. Genüge zu tun, demzufolge jüdische Familienväter Nachnamen tragen mußten. Bis auf wenige, besonders Privilegierte führten böhmische Juden jahrhundertelang nur ihren hebräischen Namen – beispielsweise Chaim ben Josef, also Chaim, der Sohn Josefs –, oder man nannte sie nach dem Ort ihrer Herkunft. Jetzt auf einmal mußten sie eine neue Identität erwerben und einen Namen aus der begrenzten Anzahl derer wählen, die zur Verfügung standen. Dabei hatten die Christen schon dafür gesorgt, daß achtbarere Namen gar nicht erst auf die entsprechende Liste kamen. So war möglicherweise bereits die Wahl des Namens »Kafka« = »Dohle« ein erster Schritt dahin, daß sich Franz Kafka in seinem Werk mit einem Insekt, Affen, Hund oder Nagetier identifizierte – Tiergattungen, die gewöhnlich für Beschimpfungen herhalten müssen. Erniedrigung durch andere legte in ihm den Keim zur Selbsterniedrigung, und es gehörte zu seinen Verteidigungsmechanismen, jeden, der ihn, sei es als Mensch oder als Jude, geringzuschätzen schien, darin zu übertreffen – auch den Vater. Das Wort »Jude« taucht in seinen Werken nicht auf, keine seiner Gestalten ist Jude. Das hätte für ihn wohl bedeutet, eine jüdische Maske zu tragen; Tiermasken dienten da seinen Zwecken besser. Andererseits ist nicht ganz auszuschließen, daß der Name Kafka vielleicht auch auf eine deutsche Nebenform von »Jakob« zurückgeht, wie zum Beispiel Köpcke, Kobs u. a.

Seit der Mitte des 11. Jahrhunderts hatten in Osteuropa die Juden immer wieder vor Pogromen fliehen müssen. Als die Handelsstraße von Europa nach Asien nicht mehr durch die Lombardei führte, sondern durch Rußland, wurde Prag für jüdische Kaufleute trotz der dort herrschenden Fremdenfeindlichkeit einer der Haupthandelsplätze zwischen London und Persien. Den Verfolgungen des Jahres 1389 fielen in Prag etwa 3000 Juden zum Opfer, doch hinderte die Unterdrückung sie nicht daran, in der ersten Hälfte des 19. Jahrhunderts eine entscheidende Rolle bei der wirtschaftlichen Revolution zu übernehmen, in deren Verlauf Böhmen zum industriellen Zentrum des Habsburgerreiches wurde. Sie waren ja geradezu gezwungen, als Händler und Geldverleiher tätig zu sein, da die Gesetze es ihnen verwehrten, Handwerksberufe auszuüben oder auf eigenem Grund und Boden Landwirtschaft zu treiben. So wurde der Großhandel mit Industrie- und Agrarprodukten in Böhmen fast ein jüdisches Monopol. Nur wenige der etwa 70 000 dort ansässigen Juden waren Geldverleiher, die meisten zogen, zwangsläufig Deutsch wie Tschechisch sprechend, als Hausierer durchs Land – »Pinkeljuden« nannte man sie – und knüpften ein engmaschiges Netz zwischen den Rohstofferzeugern und der Fertigwarenproduktion.

Die vom Kaiser geübte Toleranz hatte weitgehend wirtschaftliche Gründe. Daß Westeuropa in der Entwicklung von Wirtschaft und Industrie gegenüber dem Osten einen Vorsprung besaß, lag zum Teil daran, daß die Juden dort emanzipierter waren. Österreich hinkte hinsichtlich der Verleihung des Bürgerrechts an Juden etwa vierzig Jahre hinter Deutschland her, wo man die Verbannung ins Getto zu einem früheren Zeitpunkt und rascher aufgehoben hatte. Zwar konnten aufgrund des von Joseph II. 1782 erlassenen Toleranzpatents nicht alle Juden außerhalb von Gettos leben, zumindest aber jene, die Produktionsbetriebe gründeten. Da ihnen verboten war, im Geschäftsverkehr hebräisch oder jiddisch zu sprechen, wurden sie in zunehmendem Maße abhängig vom Deutschen, der Sprache der Gesetze, die ihnen nach und nach ihre Freiheit gaben. Was ihre Treue zum Kaiserreich jedoch nicht unbedingt festigte. Als gemeinsame Opfer habsburgischer Unterdrückung fühlten sich Tschechen und Juden in gewisser Weise verbunden, und es schien bis zum Jahre 1844 möglich, daß der tschechische Nationalismus Unterstützung von jüdischer Seite begrüßen würde. Als Lohn dafür hätte den Juden die Aussicht auf das volle Bürgerrecht gewinkt. Der erste Streik tschechischer Arbeiter (1844) richtete sich gegen deutschsprachige Arbeitgeber, vor allem gegen Fabrikbesitzer, denn die Tschechen betrachteten die Deutschen als eine Minderheit räuberischer Eindringlinge. Bereits im 14. Jahrhundert, als noch Latein die allgemeine Verkehrssprache war, wurde Klage darüber geführt, daß deutsche Siedler sich nicht dazu verstehen mochten, Tschechisch zu lernen. In den Augen der Deutschen wiederum waren die Tschechen eine Minderheit, da Böhmen Teil des Heiligen Römischen Reichs Deutscher Nation war und Prag eine seiner größten und bedeutendsten Städte.

Auf die Toleranz Josephs II. folgte eine Zeit der Unterdrückung, so daß in der ersten Hälfte des 19. Jahrhunderts die überwiegende Mehrheit der Juden in Böhmen nach wie vor vom gesellschaftlichen Leben ausgeschlossen blieb. Strenge Gesetzesvorschriften regelten, welche Berufe sie ausüben, was sie besitzen, ob sie heiraten durften, und wo sie ihren Wohnsitz zu nehmen hatten. In diesem in jeder Hinsicht eingeschränkten Leben schien Wohlstand, zumal die Verdienstmöglichkeiten trotz der ihnen auferlegten Sondersteuern unbegrenzt waren, noch das erstrebenswerteste Ziel zu sein.

Es war eine der Folgeerscheinungen der Revolution von 1848 – damals wohnten 10 000 Juden in Prag –, daß man den Juden das volle Bürgerrecht verlieh. Durch kaiserliches Dekret wurden zwar 1852 die Gettos im ganzen Reich aufgehoben, aber keineswegs sogleich abgerissen. Das Prager Getto beispielsweise bekam die neue Bezeichnung »Josefstadt«, und noch 1870 wohnte die Hälfte der Prager Juden dort; um die Jahrhundertwende allerdings nicht einmal mehr ein Viertel.

Der Übergang vom Leben im Getto zu dem eines vollwertigen, gleichberechtigten Bürgers konnte unmöglich reibungslos vonstatten gehen. Haustüren wurden mit Blut beschmiert, Fenster eingeschlagen, und wer mit jüdischen Interessenten Verträge über Haus- und Grundstückskäufe abschloß, wurde bedroht. Wie unbeliebt die Juden während der Revolution waren, wird in einem Buch beschrieben, das auch Kafka las, und in dem es heißt, daß der Pöbel die Gettos beinahe allabendlich heimsuchte und verwüstete:

> Eine wilde Menge staut sich brüllend in der Gasse, es sind meist Buben und betrunkene Kerle, leider sind auch Weiber darunter. Der Pöbel ist in zwei Häuser eingebrochen, die Fenster sind aufgerissen, Möbel und Eigentum wird in die Gasse hinuntergeworfen und die Menge johlt ... Jetzt schwimmen Millionen

Flocken durch die Luft, als gäbs ein Schneegestöber, der Kerl hat Betten aufgeschnitten.[1]

Es überrascht nicht, daß die Juden angesichts solcher Zustände die Niederwerfung des Aufstands durch die österreichische Armee mit Jubel begrüßten.

Jakob Kafka, der jiddisch sprechende Großvater Franz Kafkas, wurde 1814 geboren. Als »Fleischhauer« erfüllte er in der Dorfgemeinschaft wohl auch die Aufgabe des *schochet*, also des rituellen Schächters, der dafür zu sorgen hat, daß die Tiere in der genau vorgeschriebenen Weise geschlachtet werden, damit ihr Fleisch *koscher* ist. Jakob Kafka war übrigens so stark, daß er einen Sack Mehl mit den Zähnen von der Erde aufheben konnte. Erst im Zuge der auf die Revolution folgenden Liberalisierung bekam er eine Heiratserlaubnis. 1849, mit fünfunddreißig Jahren, heiratete er seine achtunddreißigjährige Braut. Die beiden lebten in dem südböhmischen Dorf Wossek, das nur etwa hundert Einwohner hatte, in einer niedrigen, strohgedeckten Kate mit drei Räumen. Das älteste ihrer sechs Kinder war ein Mädchen; 1852 wurde als erster ihrer vier Söhne Her(r)mann geboren. Auch die anderen Söhne trugen deutsche Namen (Philipp, Ludwig, Heinrich) und wurden in die jüdische Dorfschule geschickt, wo sie Deutsch lernten. Schon mit zehn Jahren bewies Hermann seine physische Belastbarkeit: Um dem Vater zu helfen, stand er frühmorgens auf und zog mit einem Handkarren durch die Dörfer, sommers wie winters, zum Teil mit offenen Wunden an den Beinen, da die zu dünne Kleidung nicht genug Schutz vor der Kälte bot.

Der jüdische Sabbat bestimmte den Arbeitsrhythmus und den Aktionsradius der »Dorfgeher«, wie die Hausierer hießen: Sechs Tage zogen sie über Land und kehrten für den siebten ins *schtetl* zurück. Kultur und Religion waren in der Gettogemeinschaft untrennbar miteinander verbunden, und sie hielten (wozu als äußerer Faktor die Verfolgung hinzukam) die Gemeinschaft zusammen. Trotz ihres mühevollen und beschwerlichen Lebens war allen Juden etwas vergönnt, was Franz Kafka zeit seines Lebens versagt blieb: das Gefühl, einer klar umrissenen Gruppe anzugehören. Seinen Großeltern wäre das von ihm nahezu nie benutzte Wort »wir« leicht über die Lippen gekommen.

Mit vierzehn Jahren mußte Hermann Kafka das elterliche Haus

verlassen und, ganz auf sich gestellt, in der Stadt Pisek in einem Geschäft arbeiten (seine Schwester Julie wurde mit zehn Jahren als Köchin »vermietet«). So lernte er überleben als Angehöriger einer Generation, die sich zwar keinen neuartigen gesellschaftlichen Problemen stellen, aber dennoch ungewohnte Entscheidungen treffen mußte. Es kam nach wie vor zu Gewalttaten gegen die Juden, die von den Christen als rassisch andersartig und von Natur aus minderwertig betrachtet wurden. Wem, wie Sigmund Freuds Vater, von einer Horde antisemitischer Rüpel auf offener Straße der Hut vom Kopf geschlagen wurde, dem blieb keine andere Wahl, als ihn ruhig wieder aufzuheben – oder sich zu wehren. (Freud hat seinem Vater nie ganz verziehen, daß er die Demütigung stillschweigend hinnahm.) Wer gesellschaftlich anerkannt werden wollte, mußte, sei es durch sein Verhalten oder ausdrücklich, sein Judentum verleugnen. Eine Möglichkeit war der Übertritt zum Christentum, galt der Taufschein doch, wie Heine einmal sagte, als Eintrittskarte zur europäischen Kultur. Man konnte aber auch, ohne offen abtrünnig zu werden, die Religionsausübung einschränken – wie Hermann Kafka es tat – und sich in einer anderen Institution oder Organisation engagieren. Im Laufe seines dreijährigen Militärdienstes, den er mit neunzehn Jahren antrat, brachte es Hermann Kafka bis zum Zugführer (Feldwebel), und noch sehr viel später sprach er gern über diese Zeit und sang patriotische Soldatenlieder.

Gewiß war Hermann Kafkas unaufhörliches Streben nach Sicherheit kennzeichnend für seine Generation. Er befürchtete ständig den Verlust der materiellen Vorteile, die er durch eiserne Entschlossenheit und unermüdliche Arbeit beim Aufbau seines Galanteriewarengeschäfts errungen hatte. Er brachte es nicht fertig, dem Sohn seine Unterlassungssünden zu vergeben, als deren schwerwiegendste er wohl die mangelnde Bereitschaft ansah, bei der Errichtung finanzieller Bollwerke gegen die – in Wirklichkeit gar nicht bestehende – Gefahr mitzuhelfen, daß Hermann Kafka und seine Kinder ebenso Opfer der widrigen Umstände werden könnten, wie es seine Eltern, und er mit ihnen, gewesen waren. Letztlich mag gerade die Furcht vor Unterdrückung den Galanteriewarenhändler dazu getrieben haben, seinerseits den sensiblen Sohn zu unterdrücken und zum Sündenbock zu stempeln.

In den Jahren zwischen Hermann Kafkas Geburt (1852) und der seines Sohnes (1883) war es für Juden nicht leicht, von jener

Bewegungsfreiheit Gebrauch zu machen, die die Donaumonarchie ihnen per Gesetz gewährt hatte. Es kam in Südböhmen 1859 zu judenfeindlichen Ausschreitungen der Arbeiterschaft, und im Jahre 1864 kursierten Drohbriefe, in denen es hieß, das Volk werde »die Juden und Wucherer zusammenschlagen ... es wird bald anders in Prag aussehen«[2]. 1861 gab es im zehn Kilometer von Wossek entfernt gelegenen Strakonitz antisemitische Krawalle, die drei Tage dauerten, sowie mehrere Tage währende, gegen die Juden gerichtete Straßentumulte in Prag, zu deren Niederschlagung das Militär eingesetzt werden mußte. Im Frühjahr und Sommer des Jahres 1866 kam es in ganz Böhmen zu antisemitischen Ausschreitungen, die auf Demonstrationen von Arbeitern zurückgingen, und erst ab 1867, nach dem Ausgleich, der Österreich und Ungarn zur Doppelmonarchie vereinigte, konnten die Juden die liberale Haltung der Regierung auch wirklich nutzen.

Hermann Kafka zog 1882 nach Prag und heiratete noch vor Jahresende Julie Löwy, die sechsundzwanzigjährige Tochter eines wohlhabenden Brauers aus Poděbrad. Ihr Großvater mütterlicherseits hatte sein großes Geschäft stark vernachlässigt, um sich ganz dem Talmud-Studium zu widmen; ihr Großvater väterlicherseits betrieb ein Schnittwarengeschäft und war immerhin so assimiliert, daß er einen seiner Söhne Siegfried nannte. Einer von Julies Großonkeln hatte sich sogar taufen lassen – und diesem Beispiel folgte einer ihrer Brüder. Ihre Mutter starb, erst achtundzwanzig Jahre alt, während einer Typhusepidemie. Julie, die seit ihrem dritten Lebensjahr von einer Stiefmutter aufgezogen wurde, mußte im Haushalt mitarbeiten und sich um ihre drei jüngeren Brüder kümmern, obwohl sein Einkommen es ihrem Vater gestattete, sich schon in jungen Jahren zur Ruhe zu setzen und von Poděbrad nach Prag zu ziehen.

Mit seinem Entschluß, sich in Prag niederzulassen, folgte Hermann Kafka einer allgemeinen Bewegung. Trotz des österreichischen Liberalismus setzte der tschechische Nationalismus den kleinen jüdischen Gemeinden auf dem Lande hart zu; den Tschechen erschienen die jüdischen Schulen mit Deutsch als Unterrichtssprache wie Eiterbeulen, die man aufstechen mußte. Zahlreiche Zeitgenossen Hermann Kafkas zogen einzig und allein deshalb nach Prag, weil ihre Kinder auf dem Lande keine Schulausbildung erhalten hätten.

Hermann Kafka, der ursprünglich mit Knöpfen, Nähgarn und Schnürsenkeln über Land gezogen war, tat sich 1882, kurz vor seiner

Eheschließung, mit einem Mann namens Schmolka zusammen, und mit diesem Teilhaber eröffnete er in der Zeltnergasse, unweit des Altstädter Rings, im Zentrum der Altstadt, ein Galanteriewarengeschäft. Es führte Haushaltsartikel, Kurzwaren, Modeartikel, Handschuhe sowie Sonnen- und Regenschirme. Im Unterschied zu Julies talmudbeflissenem Großvater und ihrem ruhigen Vater war Hermann Kafka dynamisch, ehrgeizig und weltzugewandt. Seine Frau, die deutlich kleiner war als er, bewunderte seinen kräftigen Körperbau und seine Geschäftstüchtigkeit. Mit ihrer unerschöpflichen Fähigkeit zur Verehrung machte sie sich ihm unentbehrlich; ihren Tagesablauf paßte sie vollständig seinen Bedürfnissen an. Während ihrer gesamten Ehe arbeitete sie tagsüber im Laden mit und blieb abends so lange zum Kartenspielen auf, wie er das wünschte.

Kafka erfuhr in den ersten Lebensjahren nur wenig Zuwendung von seiner Mutter, die schon bald nach seiner Geburt am 3. Juli 1883 wieder ganztägig ins Geschäft ging und das Kind der Fürsorge einer Amme überließ, die nur bis zu seinem zweiten Lebensjahr blieb und dann durch eine andere ersetzt wurde. Die frühe Kindheit Kafkas war voller Unruhe. Als er geboren wurde, bewohnte die Familie eine kleine Wohnung in der Maiselgasse, und Franz war noch keine zwei Jahre alt, als man in eine am Wenzelsplatz umzog, ebenfalls in der Altstadt. Zu jener Zeit war seine Mutter im fünften Monat schwanger und blieb häufiger daheim, da sie Ruhe brauchte. So glücklich Franz darüber sicherlich war, so sehr muß er sich betrogen gefühlt haben, als er merkte, daß sie keineswegs seinetwegen zu Hause geblieben war, ja, schlimmer noch, daß er einen Nebenbuhler bekommen sollte. Als einzigen ihrer drei Söhne nannte Julie Kafka den kleinen Georg »schön«. Zwar wurde er nur zwei Jahre alt, doch das genügte, daß Franz sich von ihm verdrängt fühlte.

Auch wenn er sich im Laufe der Zeit daran gewöhnte, daß er seine Mutter nur selten zu sehen bekam, konnte er sich doch nie damit abfinden. Für ihn bestand einer der Vorzüge seiner Kinderkrankheiten darin, daß die Mutter zwar nicht aus dem Geschäft fortbleiben konnte, ihn aber bei ihrer Rückkehr so aufzumuntern verstand, daß für ihn der Tag noch einmal begann. In seiner ohnmächtigen, kindlichen Verbitterung darüber, daß er seine Mutter an die aus dem Vater und den kleinen Brüdern bestehende männliche Welt verlor, muß er letzteren gegenüber starke Aggressionen entwickelt und sich in irrationaler Weise an ihrem Tod schuldig gefühlt haben. Auf jeden

Fall war er mehr als die meisten anderen Kinder den Tröstungen und Qualen der eigenen Gedankenwelt überlassen. Als er in die Schule kam, konnte man ihn als ein Kind bezeichnen, das es gewohnt war, allein zu sein.

Die Familie zog nach nur sieben Monaten vom Wenzelsplatz in die Geistgasse um, also in die Nähe der ersten Wohnung, und in Georgs Todesjahr in die Niklasstraße, die der ersten Wohnung noch näher lag. Julie war im dritten Monat schwanger, als Georg an Masern starb. Heinrich kam Ende September 1887 zur Welt, starb aber im Alter von sechs Monaten an einer Innenohr-Infektion. Später gab Kafka die Schuld am Tode beider den Ärzten. Julie meinte, das Leben der Söhne hätte gerettet werden können, wenn ihr Mann es zugelassen hätte, daß sie bei den Jungen zu Hause geblieben wäre. Doch er verlangte ihre Anwesenheit im Geschäft ebenso unerbittlich, wie er selbst dessen Aufbau betrieb.

Auch ohne größere Veränderungen im Leben der Familie hätte Franz gewiß zu wenig elterliche Zuwendung erhalten. Wie die Dinge lagen, mußte er in seinen ersten sechs Lebensjahren zudem Geburt und Tod der beiden Brüder verarbeiten, den Wechsel des Kindermädchens und insgesamt fünf Umzüge. 1888 mietete die Familie eine Wohnung in der Zeltnergasse 2; doch obwohl Hermann Kafkas Geschäft nur ein paar Häuser weiter, in Nr. 12, lag, erfolgte im Juni 1889 ein erneuter Umzug, erstmals in eine große Wohnung. Sie befand sich im Haus »Minuta«, in einem Gebäudeblock, der den Großen vom Kleinen Ring trennt, der seinerseits in die Maiselgasse übergeht. Alle diese Wohnungen lagen in der Altstadt, einer weniger vornehmen Gegend, als es das Stadtparkviertel war, in dem Rilke, Werfel und Brod aufwuchsen.

Zu einer gewissen Ruhe und Beständigkeit in Franzens Leben kam es, als die Eltern eine jüdische Haushälterin einstellten, die stets als »das Fräulein« bezeichnete Marie Werner. Sie stammte aus einem tschechischen Dorf, war freundlich und unkompliziert und sprach kein Deutsch. In Hermann Kafkas Gegenwart wagte sie kaum, eine Meinung zu äußern: »Ich sage ja nichts, ich *denke* nur.«[3] Zwar kümmerte sie sich rührend um die Kinder, doch schreckte den sensiblen Franz schon der bloße Hinweis auf eine Bestrafung. Als es einmal hieß, man werde ihn nicht zu den Enten im Park mitnehmen, brach er in Tränen aus und verkroch sich in der dunklen Ecke zwischen Anrichte und Leinenschrank im Eßzimmer.

Bis zu seiner Einschulung sprach Franz mehr Tschechisch als Deutsch. Da seine Eltern Wert darauf legten, daß er auch das Tschechische beherrschte, bekam er Privatstunden von einem tschechischen Mädchen, das die Eltern zu diesem Zweck eingestellt hatten. Gelegentlich sprachen sie zu Hause auch selbst Tschechisch, lange Unterhaltungen in dieser Sprache aber fanden sie ermüdend.

Franz sah, außer bei den Mahlzeiten, die Eltern also nur wenig. Er erinnerte sich an energische Aufforderungen seines Vaters, rascher zu essen – »Zuerst iß, dann sprich«; »Siehst du, ich habe schon längst aufgegessen«.[4] Auch war Hermann Kafka stets bestrebt, seinem Sohn gute Tischmanieren beizubringen, gab jedoch selbst ein denkbar schlechtes Beispiel. So bezeichnete er, was auf den Tisch kam, als »Fressen« und beschuldigte das »Vieh« (die Köchin), es verdorben zu haben. Niemand außer ihm hatte das Recht, sich über die Qualität des Essens zu äußern. Franz durfte keine Knochen zerbeißen, keinen Essig schlürfen und nichts zu Boden fallen lassen – lauter Dinge, die der Vater ungeniert tat. »Die Hauptsache war, daß man das Brot gerade schnitt; daß Du das aber mit einem von Sauce triefenden Messer tatest, war gleichgültig . . . Bei Tisch durfte man sich nur mit Essen beschäftigen, Du aber putztest und schnittest Dir die Nägel, spitztest Bleistifte, reinigtest mit dem Zahnstocher die Ohren.«[5] Hermann Kafkas Tischsitten stammten aus dem *schtetl*, wo es weniger fein zuging als im bürgerlichen Prag. Aber so wie die häufigen Umzüge ein Zeichen waren für seinen Drang nach Anerkennung und Wohlachtbarkeit, so sollte auch der Sohn gute Tischmanieren lernen, während die eigenen noch die Unsicherheit des Emporkömmlings verrieten: Sicher sein durfte man nur eines Bissens, den man schnellstmöglich in den Mund beförderte.

Nach dem Tod seiner Brüder fühlte Franz sich wie jemand, der in einer Welt allein lebte, die ihm Gebote auferlegte, an die sich der »Gebietende« selbst nicht hielt und die auch für andere Erwachsene nicht galten. Von sich aus durfte er nicht einmal über Dinge sprechen, die ihm am Herzen lagen: Soweit er sich erinnern konnte, war es seinem Vater unmöglich, ruhig über ein Thema zu reden, das er nicht selbst als erster angeschnitten hatte. Das Kind zitterte vor »dem fürchterlichen heiseren Unterton des Zornes und der vollständigen Verurteilung«[6], die »Drohung: ›kein Wort der Widerrede!‹ und die dazu erhobene Hand«[7] ließ es das Sprechen geradezu verlernen. Aus der Art, wie Hermann Kafka später auf Neffen und Enkel reagierte, darf man schließen, daß die Geburt seines ersten Sohnes ihn mit Freude und Stolz erfüllt hat, ohne daß es ihm je gelang, wohl bedingt durch Erlebnisse in seiner eigenen Kindheit, eine innere Beziehung zu ihm herzustellen.

Kafka konnte sich nicht erinnern, daß sein Vater ihm einmal vorgelesen hätte, wohl aber hat er ihn marschieren, salutieren, Soldatenlieder singen und Bier trinken gelehrt. Seine Aufforderungen und Ermunterungen waren lautstark und von Gelächter begleitet, was auf den Sohn wahrscheinlich abschreckender wirkte, als es gemeint war, und alle Bemühungen des Vaters, dem Jungen mehr Selbstvertrauen einzuflößen, bewirkten das genaue Gegenteil. Es wurde zunehmend deutlicher, daß er seinem großen Vater nicht zu gefallen vermochte, und dies Versagen flößte ihm mehr und mehr Angst ein. Bestimmt hat es auch nicht an Augenblicken gefehlt, in denen der Vater seinen kleinen Sohn an sich drückte und gemeinsam mit ihm lachte, aber bezeichnenderweise erinnerte Kafka sich an solche Momente nicht.

Julie Kafka lebte als liebendes Weib im Schatten ihres Mannes, lachte über seine Sarkasmen, lieh seinen Klagen ihr Ohr, begehrte gelegentlich auf, gab aber schließlich doch immer klein bei. Sie »ist lustig und traurig, wie es kommt, ohne mit eigenen Zuständen im geringsten in Anspruch zu nehmen, ihre Stimme ist hell, zu laut für das gewöhnliche Sprechen«[8]. (Als sie älter wurde, sprach sie leise.) Bisweilen versuchte sie, den Jungen vor dem Vater in Schutz zu nehmen, sie legte Fürbitte für ihn ein und versuchte, wenn der Vater nicht da war, ihn durch besondere Freundlichkeit für alles Ungemach zu entschädigen, aber nie beschützte sie ihn offen gegen den Vater. Obwohl Franz nur selten geschlagen wurde, lebte er in ständiger Angst davor, daß der Vater ihn mit wutrotem Gesicht anschrie, eilig seine Hosenträger losmachte und sie über der Stuhllehne bereitlegte.

So änderte sich auch seine Einstellung dem Geschäft gegenüber schon sehr früh. Ursprünglich war er gern dort, vor allem abends, wenn das Licht brannte. Er half gelegentlich, sah bewundernd zu, wie sein stattlicher Vater Kunden bediente, Späße machte, etwas einpackte, Kartons öffnete, Anweisungen gab. Doch bald fühlte er sich unbehaglich, fand es vor allem beschämend, wie der Vater die tschechischen Angestellten, die er »bezahlte Feinde« nannte und die nicht verstanden, was er mit seiner Frau auf deutsch besprach, anschrie und heruntermachte. Welchen Grund konnte es geben, freundliche Menschen so zu behandeln? Wenn sein Vater zu Hause gegen den Sohn wütete, war Franz stets bereit, die Schuld bei sich selbst zu suchen, doch daß er im Geschäft häufig ungerecht war, lag offen zutage. Das »fürchterlich aufgebrachte Personal« durfte keine Widerworte geben, und das ängstliche Kind trachtete danach, es mit der Familie auszusöhnen. Hier lernte Kafka in extremer Form ein den meisten Prager Juden bekanntes Gefühl kennen, die sich sowohl als Juden wie als Deutsche unter den Tschechen fremd fühlten und denen es finanziell, gesellschaftlich und kulturell besser ging als jenen.

Besonders traumatisch scheint ein Erlebnis gewesen zu sein, das er mit etwa vier Jahren hatte. Es ist die erste in seiner Erinnerung vollständig erhaltene Episode: Eines Nachts konnte er nicht einschlafen und bat um Wasser, ungeachtet der Drohungen des Vaters, endlich Ruhe zu geben. Schließlich nahm dieser ihn aus dem Bett, trug ihn auf die »Pawlatsche« (so nannte man in Prag die durchgehenden Balkone) und ließ ihn dort im Nachthemd vor der verschlossenen Tür stehen. »Noch nach Jahren litt ich unter der quälenden Vorstellung, daß der riesige Mann, mein Vater, die letzte Instanz, fast ohne Grund kommen und mich in der Nacht aus dem Bett auf die Pawlatsche tragen konnte und daß ich also ein solches Nichts für ihn war.«[9] Vergleichbare Szenen finden sich in Kafkas Romanen *Der Prozeß* und *Das Schloß*. Josef K. liegt im Bett, als zwei Männer kommen und ihm mitteilen, er sei verhaftet, und den Landvermesser K. weckt man und erklärt ihm, er habe kein Recht, sich im Dorf aufzuhalten.

Mit sechs Jahren kam Franz auf die »Deutsche Knabenschule« am Fleischmarkt, und am 22. September, sechs Tage nach Beginn des Schuljahrs, wurde seine erste Schwester Gabriele (Elli) geboren. Damit mußte er erneut den Eindruck gewinnen, den Anspruch selbst auf das geringe Maß an Aufmerksamkeit eingebüßt zu haben, das ihm von seiten der Mutter zuteil wurde. Im ersten Jahr brachte ihn die Köchin, Frau Anna, morgens zur Schule – und nutzte die Gelegenheit, sich stellvertretend für den tyrannischen Brotgeber an dem schüchternen Kind zu rächen. Er nennt sie »klein, eine kleine trockene, magere, spitznasige, wangenhohl, gelblich, aber fest, energisch und überlegen«[10].

Auf dem Weg zur Schule – Kafka beschreibt das, als sei alles tagtäglich nach dem gleichen Muster abgelaufen – drohte sie, dem

Lehrer zu berichten, wie unartig er zu Hause gewesen sei. Nie war er sicher, ob sie einer Respektsperson wie dem Lehrer dergleichen überhaupt zu sagen wagen würde, doch je näher sie der Schule kamen – der Weg erschien ihm länger, als er war –, desto ängstlicher wurde er, und je heftiger er sie anflehte, desto mehr genoß sie ihre Macht.

> Ich blieb stehn und bat um Verzeihung, sie zog mich fort, ich drohte ihr mit der Vergeltung durch die Eltern, sie lachte, *hier* war sie allmächtig, ich hielt mich an den Geschäftsportalen, an den Ecksteinen fest, ich wollte nicht weiter, ehe sie mir nicht verziehen hatte, ich riß sie am Rock zurück (leicht hatte sie es auch nicht), aber sie schleppte mich weiter unter der Versicherung, auch dieses noch dem Lehrer zu erzählen, es wurde spät, es schlug acht von der Jakobskirche, man hörte die Schulglocken, andere Kinder fingen zu laufen an, vor dem Zuspätkommen hatte ich immer die größte Angst, jetzt mußten auch wir laufen und immerfort die Überlegung: »sie wird es sagen, sie wird es nicht sagen« – nun: sie sagte es nicht, niemals, aber immer hatte sie die Möglichkeit.[11]

Über dem Eingang der benachbarten tschechischen Volksschule stand das Wort von Comenius: »Ein tschechisches Kind gehört in die tschechische Schule.«[12] Zwischen den tschechischen und den deutschen Schülern kam es häufig zu Auseinandersetzungen, die teilweise Straßenschlachten ähnelten: Einmal wurde ein Siebenjähriger – entweder wegen seines Deutsch- oder seines Judentums – als Sündenbock ausersehen und erhielt einen so schweren Schlag mit dem Griffelkasten auf die Augen, daß die Netzhaut sich ablöste und er erblindete.

Die Umgebung, in die Franz Kafka hineingeboren worden war, wehrte sich gegen das Assimilationsstreben der Juden und erinnerte sie schmerzlicher an ihr Judentum, als das in der liberaleren Epoche von 1867 bis 1881 der Fall gewesen war. Wirtschaftskrisen in Österreich und anarchistische Subversion gaben dem Antisemitismus neue Nahrung; in Wien kursierten Flugblätter mit der Aufforderung, jüdische Geschäfte zu boykottieren. Im November 1882 veröffentlichte der an der Prager Universität lehrende Theologieprofessor August Rohling einen Artikel, in dem er behauptete, den Juden gestatte es ihre Religion, auf die Vernichtung aller Christen und die Zerstörung ihres Eigentums hinzuarbeiten. Diese Verleumdung wiederholte er in seinem Buch *Der Talmudjude* und in einer Unzahl von vor Antisemitismus schäumenden Hetzschriften, deren Erscheinen zeitlich mit einer demagogischen Ritualmord-Kampagne zusammenfiel: In dem ungarischen Städtchen Tisza-Eszlár hatte 1883 ein Prozeß stattgefunden, bei dem Juden beschuldigt wurden, aus religiösen Gründen ein Christenmädchen geschlachtet zu haben! Daraufhin wurde Prag mit antisemitischen Flugschriften in tschechischer und deutscher Sprache förmlich überschwemmt.

Urheber der Aktion war der Verleger Skrejšovský, der eine führende Rolle bei der Gründung der nationaltschechischen Partei der »Jungtschechen« spielte, die als Partei der radikalen Intelligenz Verbindung zur Arbeiterschaft und zum Kleinbürgertum suchte, während die »Alttschechen« als Honoratiorenpartei beim Großbauerntum, der Industrie und dem Beamtenstand sowie bei der Geistlichkeit und dem böhmischen Hochadel Unterstützung fand. Durch die Hetzkampagne sahen sich die jüdischen Wähler bei den Landtagswahlen des Jahres 1883 geradezu gezwungen, ihre Stimme den Alttschechen zu geben, was die Feindseligkeit der Jungtschechen noch verstärkte. Die Treue der Juden zur österreichischen Monarchie und zur deutschen Sprache hatte jedoch einen schweren Schlag erlitten. Hatte sich bei der Volkszählung von 1880 nur jeder dritte böhmische Jude zum Tschechischen als Umgangssprache bekannt, waren es um 1900 schon über 50 Prozent. Und während 1890 74 Prozent der Prager Juden Deutsch als ihre Umgangssprache angaben, waren es im Jahre 1900 nur noch 45 Prozent, obwohl die meisten ihre Kinder nach wie vor auf deutsche Schulen schickten, sofern sie nicht, wie Max Brod, eine katholische Grundschule besuchten, wo tschechische Priester auch den Unterricht in deutscher Literatur erteilten.

Hermann Kafka nahm in den neunziger Jahren insofern Anteil an der tschechisch-jüdischen Bewegung, als er dem Vorstand der Synagoge in der Heinrichsgasse angehörte, der ersten in Prag, in der Gottesdienste in tschechischer Sprache abgehalten wurden. Außerdem war er Mitglied im 1885 zum Kampf gegen den Antisemitismus gegründeten »Centralverein zur Pflege jüdischer Angelegenheiten«, dem auch Max Brods und Franz Werfels Väter angehörten. Dieser Verein hatte große Ähnlichkeit mit einer politischen Partei und gewann zahlreiche neue Mitglieder, nachdem die Jungtschechen bei den Wahlen von 1891 einen eindrucksvollen Sieg errungen hatten.

Aber auch mit Hilfe des Vereins war nur wenig gegen die in Westböhmen kursierenden Faksimiles österreichischer Eisenbahnfahrkarten auszurichten, auf denen Juden eine kostenlose – einfache – Fahrt im Viehwaggon nach Palästina angeboten wurde. Vor diesem Hintergrund wird Hermann Kafkas Haltung seinen »bezahlten Feinden« gegenüber vielleicht verständlicher; sein Sohn allerdings verstand sie nicht.

Das eigentliche Unglück der böhmischen Juden bestand darin, daß ihre Emanzipation und die anschließenden Versuche zur Assimilation mit dem Auftreten eines demagogisch geschürten Nationalismus zusammenfielen. Stets brauchen Demagogen Sündenböcke, und unter den Ladenbesitzern, Handwerkern und Studenten, ja, selbst in den Kreisen der alten katholischen Aristokratie, gab es Regungen, die sich ohne weiteres gegen die Juden ausnutzen ließen. In Prag hatten die Juden praktisch das Monopol im Großhandel und bei Ausstattungswaren – Möbel, Stoffe, Modeartikel, feine Wäsche. So viele Bankiers, Warenhausbesitzer, Herausgeber und Redakteure von Zeitungen waren Juden, daß man diese Schlüsselbereiche des Wirtschaftslebens ohne weiteres als »unter semitischer Herrschaft« stehend brandmarken konnte. Inzwischen führten Pogrome in Südrußland zu einem unerwünschten Zustrom von noch mehr Juden, und es war nicht besonders schwer, die auf Neid und Eifersucht beruhende Feindseligkeit zu schüren und ihr dann in organisierten Kundgebungen und vandalistischen Akten ein Ventil zu verschaffen.

Die deutschsprachigen Juden in Böhmen waren zugleich Opfer des österreichischen Judenhasses und des tschechischen Deutschenhasses. Eine panslawistisch ausgerichtete und nach dem Vorbild der deutschen Turnvereine aufgebaute paramilitärische Turn- und Sportorganisation hatte mit ihren Massenversammlungen entscheidenden Anteil an der Ausbildung des tschechischen Nationalbewußtseins. Hinzu kam, daß die Zentralregierung in den normalerweise am lockeren Zügel geführten abgelegenen Bezirken gelegentlich mit unnötiger Härte vorging. So bekam beispielsweise 1891 das nordostböhmische Trautenau, eine Stadt mit einer gemischt deutsch-tschechischen Bevölkerung, ein Kreisgericht, für das als Amtssprache ausschließlich Deutsch vorgesehen war, was bei den Tschechen in Prag heftige Unmutsäußerungen und gegen das Haus Habsburg gerichtete Unruhen hervorrief. Daraufhin verbot die kaiserliche Regierung tschechische Organisationen und Zeitschriften und ließ zahlreiche Verhaftungen vornehmen.

Dreißig Jahre später schrieb Kafka im Rückblick auf diese Vorfälle: »Eine Kleinigkeit nur ... war nötig und der Thron in Wien fing zu schwanken an.«[13] Im Mai 1893 hatte eines Tages das Standbild von Kaiser Franz I. eine Henkerschlinge um den Hals, und am 17. August, dem Tag vor Kaisers Geburtstag, wurde die Militärkapelle in ihrer Musikdarbietung gestört und subversive Flugblätter wurden verteilt. Mit Hilfe von Angaben, die ein Spitzel gefälscht hatte, inszenierten die Behörden einen Prozeß, bei dem achtundsechzig Angehörige der »Omladina«, einer radikalen Jugendorganisation, zu Gefängnisstrafen zwischen sieben Monaten und acht Jahren verurteilt wurden.

Immer, wenn die Köchin ihn zu spät von der Schule abholte, zog Kafka mit den wildesten Jungen aus der Klasse zur Ziegengasse. Dort kam es regelmäßig zu Prügeleien, bei denen er zu beweisen versuchte, daß er weder ein schwächlicher Judenjunge noch ein verzärteltes Muttersöhnchen war. Kam er dann verweint, mit knopfloser Jacke und zerrissenem Hemdkragen nach Hause, sagte die Köchin zu ihm, er sei ein richtiger »Ravachol«. Als er daraufhin einmal den Vater fragte, was das Wort bedeute, und erfuhr, es heiße so viel wie Verbrecher oder Mörder, quälte ihn das Bewußtsein, die Köchin habe in ihm einen Mörder erkannt, so sehr, daß er eine Halsentzündung bekam, die ihn mehrere Tage am Schulbesuch hinderte. Er beteiligte sich danach nie wieder an den Raufereien der anderen Jungen. In Wirklichkeit war Ravachol ein französischer Anarchist, dem sein eigentlicher Name, Franz Augustin Königstein, nicht gefiel, weshalb er den Mädchennamen seiner Mutter annahm. Weil die Prager Presse sich über einen ziemlich langen Zeitraum hinweg mit ihm beschäftigte, ging sein Name als gleichbedeutend mit Raufbold oder Rowdy in die Prager Umgangssprache ein.

Was Franz von der Köchin erdulden mußte, mag zum Teil auf allgemeine Ressentiments gegenüber den Deutschen oder den Juden zurückzuführen sein, hatte aber gewiß auch mit der Art zu tun, wie Hermann Kafka seine »bezahlten Feinde« behandelte. Dabei muß das Unbehagen, das der Junge darüber empfand, ihm den Umgang mit ihr noch erschwert haben. Innerlich scheint Kafka in vielem die Partei der Tschechen ergriffen zu haben; später fühlte er sich sogar so sehr eins mit ihnen, daß er, wie sie, Prag »Mütterchen« nannte. Die tschechische Sprache erschien ihm, wie er einmal seiner Freundin Milena Jesenská erklärte, »herzlicher« als das Deutsche, das im übrigen von Anfang an Symbol für die Schranke zwischen ihm und der Mutter gewesen zu sein scheint.

> Wir geben einer jüdischen Frau den Namen deutsche Mutter, vergessen aber den Widerspruch, der desto schwerer sich ins Gefühl einsenkt . . ., die mit Mutter benannte jüdische Frau wird daher nicht nur komisch, sondern fremd. Mama wäre ein besserer Name, wenn man nur hinter ihm nicht »Mutter« sich vorstellte. Ich glaube, daß nur noch Erinnerungen an das Getto die jüdische Familie erhalten, denn auch das Wort Vater meint bei weitem den jüdischen Vater nicht.[14]

Nun ist es nicht so, als hätte Franz in seiner Kinderzeit besonders jüdisch empfunden. Er hat nicht Hebräisch gelernt, und die wenigen Worte Jiddisch, die sein Vater noch benutzte, waren vorwiegend Kraftausdrücke. Das einzige im Hause Kafka eingehaltene Ritual war die Sedertafel am ersten Pessach-Abend[15], und die wenigen Male – an vier Tagen im Jahr –, die sein Vater zur Synagoge ging, schien er die Vorgänge dort nicht sehr ernst zu nehmen, während das Kind, dem man nichts erklärt hatte, sich schrecklich langweilte. Das Öffnen der Bundeslade, die die Thora-Rollen[16] enthielt, erinnerte ihn an die Schießbuden, wo eine Kastentür sich öffnete, wenn man ins Schwarze traf, nur daß hier nichts Interessantes herauskam, sondern »immer wieder die alten Puppen ohne Köpfe«[17]. Später beschrieb er die »Langweiligkeit und Sinnlosigkeit der Tempelstunden« als »Vorstudien, welche die Hölle für die Gestaltung des spätern Bureaulebens machte«[18]. Er brauchte unbedingt eine eigene Identität, sei es als Tscheche, als Deutscher oder als Jude, doch sein Vater sprach von allen drei Gruppen mit gleicher Verachtung – »in jeder Hinsicht, und schließlich blieb niemand mehr übrig außer Dir«[19].

Kafkas Erzählung *Zur Frage der Gesetze* beginnt mit dem Satz: »Unsere Gesetze sind nicht allgemein bekannt, sie sind Geheimnis der kleinen Adelsgruppe, welche uns beherrscht.«[20] Die Wurzeln für dieses Gefühl liegen in seiner Kindheit: So verzweifelt er versuchte, Gunst zu gewinnen und Liebe zu verdienen, so wußte er doch nicht, welchen Vorschriften er zu gehorchen hatte. Wie konnte er sich Verdienste erwerben, wenn sein Vater weder auf dem Gebiet der

Religion noch auf dem der Alltagssitten und -gebräuche eine eindeutige Haltung einnahm? Seine persönliche Situation dem Vater gegenüber bildete ironischerweise eine Parallele zur Lage der Tschechen gegenüber dem Reich. Die auf dem Westufer der Moldau hoch über der Stadt thronende Burg des Hradschin war ein eindrucksvolles Symbol kaiserlicher Macht, doch der Kaiser, der die Tschechen nicht mochte, kam nie nach Prag, so daß das Schloß stets leerstand. Zwar gab es Bilder des Kaisers, aber zu einer Zeit, die kein Radio und kein Fernsehen kannte, war er lediglich auf vermittelte Weise präsent – durch die bunten Uniformen seiner Soldaten und die bürokratische Geschäftigkeit seiner Beamten.

All das hätte nicht viel zu bedeuten gehabt, wäre in Franz der Eindruck entstanden, man liebe ihn oder er sehe gut aus. Das Kleinkind hatte man stets sorgfältig gekleidet, der Junge indes verlor jedes Vertrauen in seine äußere Erscheinung. Die Eltern kauften seine Kleidung von Kunden des Geschäfts, und er entwikkelte ein außergewöhnliches Gespür dafür, wie Menschen angezogen waren – Kleidungsstücke spielten eine große Rolle in seinen Träumen –, hatte aber keine Freude an seiner eigenen Erscheinung. »Da ich schon damals mehr in Ahnungen als in Wirklichkeit auf dem Wege war, mich geringzuschätzen, war ich überzeugt, daß die Kleider nur an mir dieses zuerst brettartig steife, dann faltighängende Aussehen annahmen. Neue Kleider wollte ich gar nicht ... Infolgedessen gab ich den schlechten Kleidern auch in meiner Haltung nach, ging mit gebeugtem Rücken, schiefen Schultern, verlegenen Armen und Händen herum: fürchtete mich vor Spiegeln, weil sie mich in einer meiner Meinung nach unvermeidbaren Häßlichkeit zeigten.«[21] Er wußte, daß er zum Teil selbst schuld war an seiner schlechten Haltung, aber es ermüdete ihn, immer gerade zu gehen, und er wollte oder konnte nicht einsehen, was ein krummer Rücken ihm künftig schaden sollte.

Überhaupt war seine Beziehung zur Zukunft äußerst vage: Er fühlte sich nicht berechtigt, über das Elend der Gegenwart hinauszublicken, und hielt seine Erscheinung für verachtenswert kindlich, so daß schon diese allein ihm den Schritt in ein männliches Leben verwehren mußte. Ihm schien, als liege in jedem Schritt nach vorn eine Täuschung, die früher oder später unfehlbar ans Licht kommen werde. Nachts im Bett malte er sich aus, wie er als reicher Mann vierspännig im Judenviertel vorführe, ein schönes Mädchen vor dem Kerl rettete, der es verprügelte, und es dann mit sich nähme. Als er aber in die Tanzstunde gehen sollte, »kniff« er.

Unfähig in den Augen des Vaters, war er es auch in seinen eigenen. Er schämte sich seines schwächlichen Körpers und empfand dafür Stolz auf die physische Robustheit des Vaters, die ihn jedoch zugleich deprimierte.

> Ich erinnere mich zum Beispiel daran, wie wir uns öfters zusammen in einer Kabine auszogen. Ich mager, schwach, schmal, Du stark, groß, breit. Schon in der Kabine kam ich mir jämmerlich vor, und zwar nicht nur vor Dir, sondern vor der ganzen Welt, denn Du warst für mich das Maß aller Dinge. Traten wir dann aber aus der Kabine vor die Leute hinaus, ich an Deiner Hand, ein kleines Gerippe, unsicher, bloßfüßig auf den Planken, in Angst vor dem Wasser, unfähig Deine Schwimmbewegungen nachzumachen, die Du mir in guter Absicht, aber tatsächlich zu meiner tiefen Beschämung immerfort vormachtest, dann war ich sehr verzweifelt, und alle meine schlimmen Erfahrungen auf allen Gebieten stimmten in solchen Augenblicken großartig zusammen.[22]

Anschließend setzten sie sich ans Buffet, jeder eine Wurst und ein Glas Bier vor sich. Da die Wurst dem Vater an Ort und Stelle zu teuer war, brachte er sie für gewöhnlich von zu Hause mit.

Kafka schwamm gern und sah mit Vergnügen – zugleich aber wohl nicht ohne Qual – so viele halb entblößte Leiber. Diese Vorliebe für Schwimmbäder blieb ihm sein ganzes Leben; einmal besuchte er auch eine Nudistenkolonie. Das Hauptvergnügen für ihn bestand jedoch darin zu sehen, nicht, gesehen zu werden. Als er einmal in der Sommerfrische an der Elbe war, hätte er gern im Fluß gebadet, fürchtete aber die drangvolle Enge der Badeanstalt. »Ich . . . streifte . . . allein wie ein verlorener Hund auf den schmalsten Wegen der den Fluß begleitenden Anhöhen herum und beobachtete die kleine Badeanstalt stundenlang, ob sie sich nicht endlich leeren und für mich zugänglich werden wolle.«[23] Meist ging er dann abends schwimmen, aber da war seine Badelust schon nicht mehr so groß.

Der Schulalltag, unterbrochen nur durch gelegentliche Ausflüge, muß ziemlich grau und trostlos gewesen sein. Hugo Bergmann, der wie er im September 1889 in die Schule am Fleischmarkt eingetreten war, bekräftigt das: »Diese von engen Gassen mit Geschäftsläden und

Fleischbänken eingeschlossene Bürgerschule mutete uns ganz prosaisch und unromantisch an.«[24] Das noch relativ neue vierstöckige Gebäude hatte nur einen winzigen Hof, so daß sich die Schüler in den Pausen entweder in den Klassenräumen oder auf den Gängen aufhalten mußten, an deren Wänden Sinnsprüche wie »Reden ist Silber, Schweigen ist Gold« prangten. Hermann Kafka mag den Eindruck gewonnen haben, sein Sohn habe seit seiner Einschulung »immerfort gelernt«, während Franz selbst eher der Ansicht war, daß er »wenig gelernt und nichts erlernt« habe.[25] In Wirklichkeit waren seine schulischen Leistungen trotz seines mangelnden Selbstvertrauens überdurchschnittlich. Obwohl er zunächst geglaubt hatte, nicht mal das erste Schuljahr zu schaffen, bekam er zum Schluß sogar einen Preis.

Auch wenn nun keine Umzüge mehr Unruhe in sein Dasein brachten, hatte er immer wieder das Gefühl, die Mutter zu verlieren. Fast genau ein Jahr nach Ellis Geburt und wenige Tage nach Beginn des zweiten Schuljahrs kam seine Mutter am 25. September erneut mit einem Mädchen nieder, das Valerie (Valli) genannt wurde. Ein Kindermädchen wurde eingestellt. Die dritte Tochter, Ottilie (Ottla), die nach einer Pause von etwas mehr als zwei Jahren am 29. Oktober 1892 zur Welt kam, wurde später Franzens Lieblingsschwester.

Die Art, wie seine Lehrer auftraten und sich kleideten, hat ihn sicherlich in der ohnehin bestehenden Annahme bestärkt, daß sie dem Reich der väterlichen Autorität angehörten, und die hierarchische Struktur von Erziehungseinrichtungen ermutigte sie noch, sich kraft ihrer Position als überlegen zu betrachten. Aber immerhin waren sie für Franz ansprechbar – in seinen Augen schon ein Vorzug: »Noch die größte Liebe der Eltern ist im Erziehungssinn eigennütziger als die kleinste Liebe des bezahlten Erziehers.«[26] – »Die Eltern haben eben für die Kinder nur die tierische, sinnlose, sich mit dem Kinde immerfort verwechselnde Liebe, der Erzieher hat für das Kind Achtung, und das ist im Erziehungssinn unvergleichlich mehr, selbst wenn keine Liebe mitsprechen sollte.«[27]

Wie in der Volksschule üblich, unterrichtete der Klassenlehrer nahezu alle Fächer selbst, und Franz befand sich im dritten und vierten Schuljahr unter der Obhut desselben Lehrers, des sympathischen Matthias Beck, der den Eltern am Ende des vierten Schuljahres riet, ihr Kind vor dem Übergang aufs Gymnasium noch die fünfte

Klasse besuchen zu lassen: »Er ist zu schwach, solche Überhetzung rächt sich später.«[28] Im Sommer bestand Franz jedoch – trotz seiner Befürchtung, er werde versagen – die Aufnahmeprüfung fürs Gymnasium in den Fächern Religion, Deutsch und Rechnen.

LEHRJAHRE IM KINSKY-PALAIS

Am 20. September 1893 ging der Zehnjährige zum ersten Mal in das Altstädter Deutsche Gymnasium, das im ersten Stock des Kinsky-Palais am Altstädter Ring untergebracht war. Es galt als die strengste Schule in Prag und war noch stärker hierarchisch gegliedert als die Volksschule. So war die herrschaftliche Treppe des Palais allein den Lehrern vorbehalten, während die Schüler die Lakaienaufgänge benutzen mußten. Die vierundachtzig »Neuen« wurden in zwei Parallelklassen eingeteilt; doch im Laufe der Zeit blieben die meisten auf der Strecke, so daß nach acht Jahren lediglich vierundzwanzig das Abitur ablegten.

Seinen Klassenkameraden gegenüber verhielt Kafka sich reserviert, er wirkte irgendwie unnahbar.

> Wenn ich von Kafka etwas Charakteristisches sagen soll, dann ist es das, daß an ihm nichts Auffälliges war . . . Er war immer rein und ordentlich, unauffällig und solid, aber niemals elegant gekleidet . . . Die Schule war für ihn immer etwas, was ihn im Innersten nicht sehr berührte, was aber ordentlich gemacht werden mußte . . . Wir hatten ihn alle sehr gern und schätzten ihn, aber niemals konnten wir mit ihm ganz intim werden, immer umgab ihn irgendwie eine gläserne Wand . . . er blieb entfernt und fremd. Mit seinem stillen, liebenswürdigen Lächeln öffnete er sich die Welt, aber er verschloß sich vor ihr. Niemals beteiligte er sich an unseren Unterhaltungen. Nur einmal war er mit uns in einem sehr verfemten Lokal. Auch dort war er nicht anders wie sonst: ein Gast, der die ungewohnte Umgebung sich mit Interesse ansieht, darüber lächelt und sich davon distanziert.[1]

Dreißig der neununddreißig Jungen in der Klasse Ia[2] waren Juden, die übrigen, mit Ausnahme eines Protestanten, Katholiken. Franzens Isolierung hatte also nichts mit seiner Religionszugehörigkeit zu tun. Er selbst erklärte sie so:

> Ich hatte, seitdem ich denken kann, solche tiefste Sorgen der geistigen Existenzbehauptung, daß mir alles andere gleichgültig war. Jüdische Gymnasiasten bei uns sind leicht merkwürdig, man findet da das Unwahrscheinlichste, aber meine kalte, kaum verhüllte, unzerstörbare, kindlich hilflose, bis ins Lächerliche gehende, tierisch selbstzufriedene Gleichgültigkeit eines für sich genug, aber kalt phantastischen Kindes habe ich sonst nirgends wieder gefunden, allerdings war sie hier auch der einzige Schutz gegen die Nervenzerstörung durch Angst und Schuldbewußtsein.[3]

Im Rückblick auf seine Schulzeit merkte er 1922 an: »In meiner Klasse waren wohl nur zwei Juden, die Mut hatten, und beide haben sich noch während des Gymnasiums oder kurz darauf erschossen.«[4] Was Kafka vor dem Selbstmord oder dem seelischen Zusammenbruch bewahrte, war wohl eine gewisse Unentschlossenheit, die ihn auch mit nahezu vierzig Jahren noch schützte.

> Eine Schwäche, ein Mangel ist deutlich, aber schwer zu beschreiben, es ist eine Mischung von Ängstlichkeit, Zurückhaltung, Geschwätzigkeit, Lauheit, ich will damit etwas Bestimmtes umschreiben, eine Gruppe von Schwächen, die in einem besonderen Aspekt eine einzige genau charakterisierte Schwäche darstellen . . . Die Schwäche hält mich sowohl vom Irrsinn wie von jedem Aufstieg ab . . . aus Angst vor Irrsinn opfere ich den Aufstieg.[5]

Nach Aussage eines seiner Klassenkameraden war er kein Spielverderber und petzte auch nicht; er machte bei allem mit, was die Kameraden unternahmen, ergriff aber nie selbst die Initiative. Das Schuljahr dauerte ohne größere Unterbrechungen fast zehn Monate und war in Semester unterteilt, die von Mitte September bis Februar und, nach wenigen Ferientagen, von Mitte Februar bis Anfang Juli reichten. An vier Tagen der Woche fand auch nachmittags Unterricht statt, und nur gelegentlich brachte ein Ausflug etwas Abwechslung in den Schulalltag. Die vier unteren Klassen wurden im

Hinterhaus des Kinsky-Palais unterrichtet. Sie durften die Zehnminutenpause um zehn Uhr zusammen mit den Schülern der Oberklassen verbringen und konnten »vom Schuldiener um 1 Kreuzer ein Stück trockenes oder um 2 Kreuzer ein mit . . . Quark und Schnittlauch bestrichenes Stück Brot« kaufen. In den Gängen betrachtete Kafka immer wieder »die geographischen und geschichtlichen Wandbilder, die dicht nebeneinander hingen, und dienerte bei jedesmaligem Begegnen mit dem die ›Ganginspektion‹ ausübenden Professor.«[6]

Er hatte während der acht Gymnasialjahre stets denselben Klassenlehrer, Emil Gschwind, Priester des Piaristen-Ordens, der auch im Kloster lebte, ein großer, dicker Mann, der die Angewohnheit hatte, die Schüler am Kinn zu fassen. Er war ein guter Humanist, ein gediegener Pädagoge, der streng auf Disziplin achtete. Er begnügte sich nicht mit den acht Wochenstunden Latein, sondern verlangte von den Schülern Privatlektüre und die Anfertigung von »Parallelübersetzungen«. Kafka und sein Freund Hugo Bergmann gingen einige Male sogar am Sonntag zu Gschwind ins Kloster, um ihm ihre zusätzlichen Arbeiten vorzulegen. »Wir lernten eine Sprache«, schreibt Bergmann, »bis in die feinsten Verästelungen, und das hat uns ein Leben lang genützt.« Auch wenn Kafka sich später nicht mehr an seine Begeisterung für das Fach Latein erinnerte, so steht doch fest, daß er sehr fleißig dafür gearbeitet hat. In der fünften Gymnasialklasse gehörte er zu den drei Jungen, die in ihrer Freizeit am meisten lasen.

Gschwind glaubte, das Interesse seiner Schüler durch die Aufforderung zu wecken, das im Unterricht Behandelte mit der Wirklichkeit zu vergleichen: »Selbstthätige Beobachtung« hieß das Zauberwort. Seine eigenen Interessen waren breit gestreut und schlossen auch die Psychologie ein: Er rezensierte in einer für Lehrer bestimmten Zeitschrift einschlägige Bücher. Um den Jungen die lateinische Syntax beizubringen, ließ er sie Mustersätze abschreiben und auswendig lernen. Es muß für Kafka eine Qual gewesen sein, in Anwesenheit eines Lehrers und achtunddreißig Jungen etwas laut zu übersetzen oder vorzutragen. Er hatte, wie es scheint, keine angenehmen Erinnerungen an Gschwind. Als er im *Verschollenen* Karl Roßmann an seinen verhaßten Lateinprofessor Dr. Krumpal denken läßt, der die Angewohnheit hatte, die Ellenbogen aufzustützen und die Fäuste an die Schläfen zu pressen, mag er an ihn gedacht haben.

Zwar pflegte Kafka seine schulischen Leistungen herunterzuspielen, doch in Wirklichkeit lernte er ausgezeichnet. Schüler mit besonders guten Leistungen wurden in den Listen als »Vorzugsschüler« geführt, und Kafka erhielt diese Auszeichnung in den ersten drei Jahren seiner Gymnasialzeit, zusammen mit etwa acht Klassenkameraden, da seine Noten in allen Fächern, mit Ausnahme der Mathematik, weit über dem Durchschnitt lagen.

Ein weiterer Lehrer Kafkas, dessen Einfluß auf seine Entwicklung er ebenso unterschätzt zu haben scheint wie den Gschwinds, war Ferdinand Deml, sein Deutschlehrer in den ersten drei Jahren. Deml wollte, daß die Schüler sich einer Sprechweise befleißigten, »die sich durch Einfachheit, Deutlichkeit, Richtigkeit und Bestimmtheit des Ausdruckes kennzeichnet«[7]. Um den Jungen zu zeigen, wie sich bildliche Redensarten durch häufigen Gebrauch abnutzen, ließ er sie entsprechende Mustersätze analysieren bzw. selbst entwerfen. Vor allem im ersten Jahr arbeitete er viel mit Märchen, besonders mit denen der Brüder Grimm. Im zweiten Halbjahr ging er zu schriftlichen Stilübungen über. Etwa ein Drittel der verfügbaren Zeit wurde auf den Grammatikunterricht verwendet. Im zweiten Halbjahr der zweiten Klasse ließ er die Schüler Beschreibungen üben, um dann im ersten Halbjahr des dritten den Hauptakzent auf die Syntax zu legen. Er hielt die Schüler dazu an, sich Goethe als Vorbild zu nehmen. Höchstwahrscheinlich lernte Kafka dabei mehr, als ihm selbst bewußt war.

Zu Beginn eines jeden Schuljahrs wurde die Schulordnung verlesen – das kam Bergmann so vor, als werde die Schulgemeinschaft auf einen Treueid verpflichtet. Bei der Zeugnisverteilung am Ende des Schuljahres erschienen die Lehrer in ihren prächtigen Uniformen mit dem Beamtendegen, wodurch sie wie »Operettenfiguren« wirkten.

In den ersten zwei Jahren war Tschechisch für die dieser Sprache Unkundigen Pflichtfach – Kafka belegte es, obwohl er Tschechisch sprach –, andere neuere Sprachen wurden jedoch nicht unterrichtet. Musik, Kunst und Turnen konnten gewählt werden, spielten jedoch nur eine Nebenrolle. Franz nahm Violin- und Klavierstunden, machte aber nur geringe Fortschritte; überhaupt hat ihm das Anhören von Musik nie viel Freude bereitet. Im dritten Jahr begann Gschwind die Klasse in Griechisch zu unterrichten; von da an wurde die Hälfte der gesamten Unterrichtszeit zu gleichen Teilen auf Griechisch und Latein verwendet. Nur drei Wochenstunden – später zwei – blieben für Mathematik.

Der Religionsunterricht konzentrierte sich auf Hebräischstunden und die Beschäftigung mit Bibel- und Talmudtexten in deutscher Sprache. Einige der Klassenkameraden kamen aus orthodoxen Familien, und Bergmann, fünf Monate jünger als Kafka und der Klassenbenjamin, war ernstlich in Gefahr, unter dem Einfluß von Kafkas überzeugend vorgetragenem Atheismus seinen Glauben zu verlieren. Sie unterhielten sich über die Schule, über Religion, Philosophie und Politik. Nur ein Thema war in den ganzen zwölf Jahren ihrer Freundschaft tabu: Sexualität.

Im Frühjahr 1896 zog die Familie Kafka erneut um – diesmal in die Zeltnergasse, wo sie in »engen, winklig uralten, aber freundlichen Räumen« Wohnung nahm. Hier bekam Franz ein eigenes Zimmer. Die Wohnung lag so nahe an der Teinkirche, daß man fast meinen konnte, in ihr zu leben: Gebete, Gemeindegesang und Orgelmusik waren deutlich zu hören, vor allem in Franzens Zimmer, das ursprünglich wohl von einem Priester bewohnt worden war und von dem aus ein Fenster in die Kirche ging. Hätte Kafka während eines Gottesdienstes den Vorhang zur Seite gezogen, wäre er rechts über dem Altarbild zu sehen gewesen. Doch während der ersten Monate nach dem Einzug war er ganz mit der Vorbereitung auf eine andere religiöse Zeremonie beschäftigt: seine Bar-Mizwa.

Da er es gewohnt war, sich deutsche, griechische und lateinische Verse und Prosastellen einzuprägen, fiel es ihm nicht besonders schwer, den hebräischen Text auswendig zu lernen, den er in der Zigeunersynagoge aus der Thora würde vorlesen müssen, in der die Texte (ohne die sonst übliche Vokalisierung) ausschließlich mit Konsonanten geschrieben sind. Keineswegs hatte er dem Zeitpunkt entgegengefiebert, da er in Dingen der Religion als Erwachsener gelten und zum ersten Mal zum Lesen aus der Thora »aufgerufen« werden würde. Die Langeweile des Gottesdienstes in der Synagoge wurde lediglich durch ein »lächerliches Auswendiglernen« unterbrochen, das »also nur zu einer lächerlichen Prüfungsleistung führte«.[8] Für Hermann Kafka bedeutete das Vorlesen aus der Thora eine Gelegenheit, dies für Kafkas Gefühl »ausschließlich gesellschaftliche Ereignis« gut zu meistern. Nichts anderes war offensichtlich auch die Bar-Mizwa seines Sohnes. Wie zahlreiche seiner assimilationssüchtigen Zeitgenossen in Wien und Prag benutzte er auf den Einladungskarten für den Empfang den christlichen Begriff »Confirmation« für diesen Akt der Bekräftigung des Glaubens. Franz Kafka aber fühlte sich lediglich in seinem Unglauben bestärkt.

Elli war inzwischen fast sieben, Valli knapp sechs und Ottla beinahe vier Jahre alt. Franz spielte nicht viel mit seinen Schwestern, und sicherlich wäre sein Leben etwas erfreulicher verlaufen, hätte er einen Bruder gehabt und nicht länger als einziger schwächlicher Vertreter des männlichen Geschlechts im Kielwasser seines urgewaltigen Vaters dahintreiben müssen. Daß im Hause drei kleine Mädchen und ein Kindermädchen waren, barg für ihn Vorteile und Nachteile zugleich. Immerhin bot ihm dieses »Quasi-Familienleben« auch eine Art Schutz, ließ es weniger auffallen, wenn er sich bestimmten Zwängen zu entziehen suchte.

> Man wird zum Beispiel einem Jungen, der abends mitten im Lesen einer aufregenden Geschichte ist, niemals durch eine bloß auf ihn eingeschränkte Beweisführung begreiflich machen können, daß er das Lesen unterbrechen und schlafen gehn muß . . . Das war meine Eigentümlichkeit. Man unterdrückte sie dadurch, daß man das Gas abdrehte und mich ohne Licht ließ; zur Erklärung sagte man: Alle gehen schlafen, also mußt auch du schlafen gehn . . . ich ging traurig schlafen und es entwickelten sich die Anfänge des Hasses, der . . . mein ganzes Leben in einer gewissen Hinsicht bestimmt.[9]

Es ist nicht so, daß er sich absichtlich und bewußt gerächt hätte, doch durch seine stete Weigerung, mit den Eltern Karten zu spielen, bewahrte er sich etwas von dem Recht, er selbst zu sein. Aber statt später die erste Gelegenheit zu ergreifen, das Elternhaus zu verlassen, blieb er dort wie eine Schnecke in dem Häuschen, das ihm gewachsen war, um sich vor der Familie zu schützen.

Bald nach seiner Bar-Mizwa begann Kafka, sich für das Theater zu begeistern. In Prag hatte 1888 unter der künstlerischen Leitung von Angelo Neumann das Neue Deutsche Theater eröffnet und brachte Wagner- und Verdi-Opern sowie Stücke von Ibsen, Hauptmann und Sudermann. Die Schuljungen diskutierten über Symbolismus und Naturalismus und lasen einander ihre eigenen dramatischen Versuche vor. Kafka hörte bei solchen Gelegenheiten lediglich zu, doch erschreckte er die Schwestern bisweilen dadurch, daß er in den absonderlichsten Verkleidungen unvermittelt vor ihnen auftauchte; auch verfaßte er zu den Geburtstagen der Mutter kleine Szenen, die die Schwestern dann aufführten. Die Texte existieren nicht mehr, aber einige Titel sind bekannt, wie zum Beispiel *Der Gaukler, Photographien reden* und *Georg von Poděbrad*. Letzterer war ein Hussitenführer, der 1458 im Altstädter Rathaus, an dem Kafka jeden Tag vorüberkam, zum König von Böhmen gewählt worden war.

Möglicherweise hatte das aufkeimende Interesse fürs Theater auch zur Folge, daß er in der Schule weniger ungern laut vorlas. Nach Aussagen seines Klassenkameraden Hugo Hecht tat er sich beim Lesen von Shakespeares *Julius Caesar* in deutscher Übersetzung als Marcus Antonius hervor und rezitierte im vierten Jahr Stellen aus Homer und aus Ovids *Metamorphosen* – vielleicht eine Vorbereitung auf seine eigenen Verwandlungs-Erzählungen.

Von allen Lehrern besaß wahrscheinlich Adolf Gottwald den größten Einfluß auf Kafka. Er unterrichtete die Klasse in den ersten sechs Gymnasialjahren (mit Ausnahme des vierten) in Naturgeschichte, Physik, Botanik, Zoologie, Mineralogie und Astronomie. Gottwald »war sehr eindrucksvoll, von menschlicher Wärme, von seinem Fach begeistert. Die letzte Stunde in jedem Semester war philosophischen Exkursen gewidmet, in denen er eine optimistische Philosophie aufgrund der Naturwissenschaften vortrug.«[10] Hecht erklärt: »Mit einfachen Worten verstand er es, den Schülern die Wunder der Natur näher zu bringen.«[11] Er unternahm interessante Exkurse in die Geologie und Paläontologie und wies die Schüler auch auf moderne Ergebnisse der Physik und Chemie hin. »Es sei an uns, der jungen Generation, gelegen, die Menschheit auf eine höhere Kulturstufe emporzuheben.«[12] Gottwald war Schüler des in Prag lehrenden Philosophen und Physikers Ernst Mach, einem Vertreter der induktiven Wissenschaft. Er war der Ansicht, ausschließlich Sinnesempfindungen verbänden das Individuum mit der Außenwelt, eine neue Synthese der Naturwissenschaften sei durch die Philosophie erreichbar und das darwinsche Prinzip der natürlichen Auslese ließe sich auch auf Erkenntnisprozesse anwenden. Mach beeinflußte nicht nur Robert Musil, der seine Doktorarbeit über ihn schrieb, sondern mittelbar auch Kafka, der in seinen frühen Arbeiten der deskriptiven Methode den Vorrang einräumte und den Darwinismus seines Lehrers Gottwald übernahm. Laut

Hugo Bergmann las der sechzehnjährige Kafka Darwin und – »ungemein begeistert« – Haeckel.

Es kann nur an Kafkas innerer Unsicherheit gelegen haben, daß er weniger deutliche Erinnerungen an die Lehrer und die Zeit im Gymnasium überhaupt hatte als seine Klassenkameraden. Im Jahre 1910, als er begann ein Tagebuch zu führen, unternahm er mehrere Versuche, die negativen Ergebnisse seiner Erziehung zusammenzufassen. Die zweite Version beginnt:

> Wenn ich es bedenke, so muß ich sagen, daß mir meine Erziehung in mancher Richtung sehr geschadet hat. Dieser Vorwurf trifft eine Menge Leute, nämlich meine Eltern, einige Verwandte, einzelne Besucher unseres Hauses, verschiedene Schriftsteller, eine ganz bestimmte Köchin, die mich ein Jahr lang zur Schule führte, einen Haufen Lehrer (die ich in meiner Erinnerung eng zusammendrükken muß, sonst entfällt mir hie und da einer, da ich sie aber so zusammengedrängt habe, bröckelt wieder das Ganze stellenweise ab).[13]

Bei jeder Überarbeitung dieser Passage wird die Bedeutung der Erziehung nachdrücklich betont, während der Einfluß des Unterrichts eher heruntergespielt wird: Entscheidend sind der durch die Erziehung angerichtete Schaden und ihre schließliche Erfolglosigkeit. »Dagegen kann ich jeden Augenblick beweisen, daß meine Erziehung einen anderen Menschen aus mir machen wollte als den, der ich geworden bin.«[14] Einen Teil von ihm hat man verdorben: »ein gutes schönes Stück . . . – im Traum erscheint es mir manchmal wie andern die tote Braut.«[15] Kein Lehrer wird namentlich genannt unter denen, die ihm geschadet haben, aber auch keiner als hilfreich hervorgehoben.

Fotos aus seiner Kindheit sind aufschlußreich: Mit etwa fünf Jahren blickt er voll rührender Furchtsamkeit und erschreckend verwundbar drein – hoffnungslos, angespannt und verschüchtert. Wenige Jahre später erkennt man in seinem Gesicht, daß eine Art Verteidigungssystem entstanden ist. Die Züge zeigen mehr Trotz als Kraft, aber er wirkt nicht mehr so verletzlich, wenn auch nur, weil er stärker in sich gekehrt erscheint. Das aber war weniger auf den Einfluß der Schule zurückzuführen als auf seine privaten Versuche, mit dem Druck fertig zu werden, dem er sich ausgesetzt fühlte:

»Demgegenüber möchte man sich, dessen Erziehung im Grunde genommen sich vollständig im einsamen, überkalten oder überheißen Knabenbett vollzogen hat, sagen: ›Ich bin verflucht.‹ Es stimmt nicht ganz, aber man bekommt Lust es zu sagen.«[16]

Die rätselhafte Anspielung auf den Selbstmord der beiden mutigen Juden in der Klasse liefert den einzigen Hinweis darauf, wie Kafka zum Antisemitismus stand. In seiner Analyse der Einflüsse, die ihm geschadet haben, erwähnt er ihn nicht, so wie er in jenen Briefen und Tagebucheintragungen, in denen er sich mit seiner Kindheit beschäftigt, die Pöbelhaufen nicht erwähnt, die Juden auf der Straße angriffen und die Fenster ihrer Wohnungen und Geschäfte zerschlugen. Auch von den Ritualmordprozessen spricht er nicht – dabei gab es zwischen 1867 und 1914 im Habsburgerreich immerhin zwölf davon. Im April 1893 zog man bei Kolîn in Mittelböhmen, der Stadt, in der Hermann Kafkas Bruder Philipp sein Geschäft betrieb, die Leiche eines Dienstmädchens aus der Elbe, und es wurde gemunkelt, ihr jüdischer Brotgeber habe sie unter Mithilfe von Glaubensgenossen ermordet, um mit ihrem Blut das ungesäuerte Pessachbrot zuzubereiten. Die darauf einsetzenden antijüdischen Ausschreitungen wurden möglicherweise von den Jungtschechen geschürt, denn in den voraufgegangenen Gemeinderatswahlen hatten die Juden größtenteils die Alttschechen unterstützt. Andere Juden reagierten auf den tschechischen Nationalismus, indem sie sich prodeutschen politischen Organisationen anschlossen, in denen nie das Wort Jude fiel, obwohl die Mitglieder ausschließlich Juden waren.

Doch wie in Wien durfte auch ein Jude in Prag sein Judentum nie vergessen. Ähnlich wie Freud, der erst 1897, im Alter von einundvierzig Jahren, der jüdischen Organisation B'nai B'rith beitrat, hätte auch Theodor Herzl sich am liebsten nicht als Jude betrachtet. Mit zwanzig Jahren schloß er sich einer national gesinnten schlagenden Verbindung an, die er aber drei Jahre später, 1883, wieder verließ, als Richard Wagners Tod eine antisemitische Kundgebung provozierte. Nach der im Dezember 1894 erfolgten Verurteilung von Hauptmann Dreyfus machte sich Herzl – wie schon sein Vorläufer Moses Hess in seiner Schrift *Rom und Jerusalem* (1862) – zum Anwalt des Zionismus. Kafka, der noch als Schüler geradezu fanatisch gegen Zionismus und Judentum eingestellt war, nahm später an beiden lebhaften Anteil.

Den Religionsunterricht erteilte im Gymnasium Nathan Grün, Bibliothekar der jüdischen Gemeindebibliothek, ein gutherziger, weißbärtiger Mann, der leise sprach und dessen Gewohnheit, seine Atemwege unauffällig durch Hüsteln und Räuspern zu befreien, von den Schülern gern nachgeahmt wurde. Auf jeden Fall interessierten Grüns Stunden Kafka weniger als der Kurs in formaler Logik und empirischer Psychologie, den Gschwind in einer Zelle des Klosters abhielt. Dabei stützte dieser sich auf Schriften von Gustav Adolph Lindner, der aus dem Verhalten von Wolf und Tiger den Beweis für die »Grausamkeit der Raubtiernatur«[17] herleitete. Abgesehen von Latein, unterrichtete Gschwind in der Klasse nur noch dieses Fach. Mathematik und Physik gab jetzt der strenge und gefürchtete Gustav Effenberger, was zur Folge hatte, daß Kafka mehr und mehr auf die Hilfe Bergmanns angewiesen war und sie auch annahm. Allerdings stritt er sich mit ihm nach wie vor über religiöse Fragen und bediente sich dabei geschickt einer spitzfindigen talmudischen Argumentationsweise.

> Ich knüpfte damals gern an das in einer christlichen Zeitschrift – ich glaube »Die christliche Welt« – gefundene Thema an, in welchem eine Uhr und die Welt und der Uhrmacher und Gott einander gegenübergestellt waren und die Existenz des Uhrmachers jene Gottes beweisen sollte. Das konnte ich meiner Meinung nach sehr gut Bergmann gegenüber widerlegen ... Eine solche Widerlegung fand einmal statt, als wir den Rathausturm umgingen.[18]

Den Turm des Altstädter Rathauses, an dem Kafka täglich vorüberkam – und das er vom Fenster der Wohnung am Altstädter Ring aus stets sehen konnte –, schmückt eine große astronomische Uhr. Jede volle Stunde hebt der Tod sein Stundenglas über einer Prozession der zwölf Apostel und schlägt dazu das Glockenwerk. Dieser ganze Teil des alten Prag – und hier verbrachte Kafka den größten Teil seines Lebens – wird überragt von Kirchtürmen und gemahnt allenthalben an die Vergänglichkeit des Irdischen. Zum Frühesten, was Kafka schrieb, gehört ein Albumvers, den er am 20. November 1897 Bergmann widmete:

> Es gibt ein Kommen und ein Gehn
> Ein Scheiden und oft kein – Wiedersehn.

Ende November kam es zu schweren Zusammenstößen zwischen tschechischen und deutschen Studenten in den Straßen Prags, und da es dem österreichischen Ministerpräsidenten Graf Badeni nicht gelang, zwischen den im Reichsrat vertretenen Parteien Frieden zu stiften, trat er am Achtundzwanzigsten zurück. Als deutsche Studenten dieses Ereignis mit dem Absingen der *Wacht am Rhein* in den Straßen feierten, fühlten tschechische Studenten sich provoziert, und bei dem nun folgenden Handgemenge griff die Polizei hart durch. Darauf wandte sich tschechischer Pöbel gegen deutsche und jüdische Geschäfte, Wohnhäuser, Cafés und Synagogen. Tausende von Fensterscheiben wurden zerschlagen, auch die im Hause der Familie Brod. Hermann Kafkas Geschäft blieb verschont, da es hieß: »Den Kafka laßt, das ist ein Tschech.«[19] Am dritten Tag des Terrors wurde das Kriegsrecht verhängt. Die Regierung vermutete, daß jungtschechische Agitatoren die Unruhen ausgelöst hatten, und ordnete eine amtliche Untersuchung an.

Der Altstädter Ring bildete das Zentrum aller politischen Demonstrationen, und Kafka hat gewiß einiges davon mitbekommen, doch scheint er, abgesehen von einer Anspielung im *Kaufmann* – »Die verstreut auf ihren Pferden galoppierende Polizei bändigt die Tiere und drängt Euch zurück«[20] –, jede Erinnerung daran verdrängt zu haben. Dabei muß es zwangsläufig Wechselbeziehungen gegeben haben zwischen seinem aus Mangel an elterlicher Zuneigung und der Erfahrung des Antisemitismus entstandenen Selbsthaß einerseits und der ihn nie verlassenden Todessehnsucht andrerseits.

In der Schule litt er am meisten, wenn er etwas nicht konnte. Er hatte eine Abneigung gegen Turnen sowie sportliche Wettkämpfe, und in Mathematik war er schwach. Die davon herrührende Angst zu versagen führte zu Wunschvorstellungen wie der folgenden: Wenn er nun unsichtbar aus der Schulbank aufstehen, wie ein Gespenst am Lehrer vorbeischlüpfen und ungesehen aus dem Klassenzimmer entkommen könnte? Er vergaß nie, wie er einmal nach vorn gerufen wurde, um eine Aufgabe zu lösen, für die er eine Logarithmentafel benötigte. In der Hoffnung, der Lehrer werde ihm seine leihen, log er, er habe sie unter der Bank vergessen. Doch er wurde auf seinen Platz geschickt, um sie zu holen, und sagte dann mit ungeheucheltem Schreck, daß sie nicht dort sei. Mit den Worten »Sie Krokodil!« gab der Lehrer ihm ein Nichtgenügend, was dem Schüler eine recht bequeme Lösung zu sein schien, da er jetzt von der Aufgabe entbunden war. »Man konnte unter günstigen Umständen also auch im Zimmer selbst ›verschwinden‹ und die Möglichkeiten waren unendlich und man konnte auch im Leben ›sterben‹.«[21]

Einen jederzeit beschreitbaren Fluchtweg in einen vorläufigen Tod eröffnete ihm die Literatur. Schulbücher boten eine Zuflucht vor den harten Worten der Eltern, und Hermann Kafka, der etwas davon gespürt haben mag, fühlte sich – wie auch später durch das Schreiben seines Sohnes – persönlich zurückgestoßen durch die Hingabe, mit der Franz sich ihnen widmete. In Kafka kam es zu einer nahezu vollständigen Trennung zwischen dem Alltagsleben und der Literatur; nur in ihr fühlte er sich wirklich zu Hause. Heiraten, Familienleben, Geschäft – das alles lag auf feindlichem Gebiet. Wenn ihm auch die Mutter weniger verständnislos gegenüberstand, wollte sie ihren Mann doch nicht durch offene Unterstützung des Sohnes verärgern, und mit seinen Schwestern konnte er wegen des großen Altersunterschieds keine ernsthaften Gespräche führen. Die einzige Möglichkeit, all die disparaten Elemente seines Lebens zu vereinigen, lag in den Stücken, die Kafka zur Unterhaltung der Familie schrieb oder inszenierte.

Das Lesebuch für die sechste Gymnasialklasse enthielt einige Szenen von Hans Sachs, die der Sechzehnjährige mit seinen Schwestern aufführte. Die Familientradition, zum Geburtstag der Mutter ein Stück zu spielen, wurde beibehalten, bis Kafka mindestens zwanzig war. Anna Puzarová, die der Familie Kafka den Haushalt versorgte und die in der Inszenierung von 1903 neben den drei Schwestern mitwirkte, beschrieb ihn als strengen Regisseur. Alle mußten den Text auswendig lernen, bevor Proben abgehalten wurden. Das Speisezimmer war die Bühne, und das Publikum, bestehend aus den Eltern Kafka und Richard Löwy, dem Bruder der Mutter, mit Familie, saß im Wohnzimmer. Die breite Verbindungstür zwischen den beiden Räumen diente als »Vorhang«.

Als Junge war Kafka in Sachen Sexualität »unschuldig und uninteressiert«[22] und wäre es seiner eigenen Ansicht nach auch noch lange geblieben, hätte man ihn nicht geradezu mit Gewalt auf diese Probleme gestoßen. »Nur Kleinigkeiten (aber auch die erst nach genauer Belehrung) fielen mir auf, etwa, daß gerade die Frauen, die mir auf der Gasse die schönsten und schönstangezogenen schienen, schlecht sein sollten.«[23] Die »genaue Belehrung« erfolgte durch zwei Klassenkameraden, von denen der eine sich später die Syphilis holte, der andere Facharzt für Geschlechtskrankheiten wurde. Zwar setzte Kafka die »guten Ratschläge« der beiden erst mit zwanzig in die Tat um, aber er machte seinen Eltern Vorwürfe, ihn nicht aufgeklärt zu haben. »Ich . . . fing dumm großtuerisch, überlegen, stolz, kühl (das war unwahr) kalt (das war echt) und stotternd, wie ich eben meistens mit Dir sprach, von den interessanten Sachen zu reden an.«[24] Durch ihr Schweigen über diese Dinge sei er »großen Gefahren« ausgesetzt gewesen.

(Hier log ich meiner Art nach unverschämt, um mich mutig zu zeigen, denn infolge meiner Ängstlichkeit hatte ich keine genauere Vorstellung von den »großen Gefahren«) . . . Du nahmst es entsprechend Deinem Wesen sehr einfach, Du sagtest nur etwa, Du könntest mir einen Rat geben, wie ich ohne Gefahr diese Dinge werde betreiben können. Vielleicht hatte ich gerade eine solche Antwort hervorlocken wollen, die entsprach ja der Lüsternheit des mit Fleisch und allen guten Dingen überfütterten, körperlich untätigen, mit sich ewig beschäftigten Kindes, aber doch war meine äußerliche Scham dadurch so verletzt, oder ich glaubte, sie müsse so verletzt sein, daß ich . . . hochmütig frech das Gespräch abbrach . . . Das, wozu Du mir rietest, war doch das Deiner Meinung nach und gar erst meiner damaligen Meinung nach Schmutzigste, was es gab. Daß Du dafür sorgen wolltest, daß ich körperlich von dem Schmutz nichts nach Hause bringe, war nebensächlich, dadurch schütztest Du ja nur Dich, Dein Haus . . . Und eben Du stießest mich, so als wäre ich dazu bestimmt, mit ein paar offenen Worten in diesen Schmutz hinunter.[25]

In den beiden letzten Schuljahren kühlte seine Freundschaft zu Bergmann ab, zum Teil wohl, weil Kafka – vermutlich unter dem Einfluß seines tschechischen Mitschülers Rudolf Illowý – eine Zeitlang sozialistische Ideen vertrat, während Bergmann überzeugter Zionist war. Als die Prager Zionisten am 24. April 1899 ihre erste Zusammenkunft abhielten, wurde diese durch jüdische Sozialisten gestört. Nach Illowýs Abgang von der Schule (1898) demonstrierte Kafka als einziger Schüler der Klasse seine sozialistische Überzeugung mit der roten Nelke im Knopfloch, und als der Burenkrieg ausbrach, ergriff er offen die Partei der Buren und verurteilte die Engländer. Bei einer Versammlung des deutschnationalen »Altstädter Kollegentages«, einer studentischen Verbindung, in die die Schüler des Altstädter Gymnasiums bereits vor Antritt des Studiums aufgenommen werden konnten, blieben Kafka und Bergmann sitzen, als zum Schluß stehend die *Wacht am Rhein* gesungen wurde – woraufhin man sie natürlich sofort ausschloß.

Zum Teil mag Kafkas Radikalismus auf die despotische Art zurückzuführen sein, in der der Vater mit seiner Familie und den Angestellten im Laden umging. Zu jener Zeit schloß Franz sich auch enger an Ewald Felix Příbram an, den seine Klassenkameraden bewunderten, weil er mit dem jüdischen Glauben und der jüdischen Gemeinde gebrochen hatte.

Dadurch, daß die Jungtschechen alles taten, um den Antisemitismus zu schüren, und immer mehr Druck auf die Juden ausübten, vertiefte sich die Kluft zwischen Zionisten und Sozialisten. Einer der Höhepunkte der antisemitischen Hetze war 1899 der Ritualmordprozeß gegen den arbeitslosen jüdischen Schustergesellen Leopold Hilsner, der beschuldigt wurde, in Polná, in Nordostböhmen, die neunzehnjährige Agnes Hruza ermordet zu haben. In Flugblättern, Zeitungsartikeln und Ansprachen wurde die abstruse Behauptung aufgestellt, ihr Blut sei zur Herstellung von Pessach-Mazzen verwendet worden – angeblich hatte eine gerichtsmedizinische Untersuchung einen extrem hohen Blutverlust an der Leiche des jungen Mädchens nachgewiesen. Nachdem Hilsner unter dem Druck der Öffentlichkeit zum Tode verurteilt worden war, legte er ein Geständnis ab, das er aber später als erpreßt widerrief. Im Oktober stürmte der Pöbel durch die Prager Altstadt, warf Marktstände um und zerstörte Geschäfte; zu ähnlichen Zwischenfällen kam es in zahlreichen Städten Mährens. Tomáš Masaryk setzte sich, acht Jahre bevor er Führer der tschechischen »Realistenpartei« wurde, für eine Wiederaufnahme des von ihm als lächerlich bezeichneten Hilsner-Prozesses ein und verlor dadurch bei den Jungtschechen, den National-Sozialen und allen Radikalnationalen stark an Rückhalt.

Als Enkel eines rituellen Metzgers (*schochet*) war Kafka wohl besonders empfindlich gegenüber der durch die Anschuldigung hervorgerufenen antijüdischen Hysterie; als er siebzehn Jahre später Arnold Zweigs *Ritualmord in Ungarn* las, mußte er laut weinen. In dieser Tragödie, die auf den Prozeß von Tisza-Eszlár zurückgeht, beschuldigt ein Junge fälschlich seinen Vater und mehrere Glaubensgenossen und ersticht sich schließlich in der Synagoge. Es wäre denkbar, daß Kafkas Vegetariertum unter anderem seinem Ekel vor der täglichen Arbeit seines Großvaters zuzuschreiben ist, der den Tieren in rituell vorgeschriebener Weise den Hals aufschlitzen und den Körper zerlegen mußte und der seine Familie von dem ernährte, was er mit seiner Tätigkeit als »Fleischhauer« verdiente. In Kafkas Alpträumen, Phantasien und Dichtungen taucht immer wieder das Metzgermesser auf; die Identifikation mit Tieren mag ihm in gewisser Weise als Mittel erschienen sein, ihnen gleichsam Genugtuung zu verschaffen oder zumindest gegenüber den Schlächter-Menschen ihre Partei zu ergreifen. Er hat auch eine Erzählung geschrieben, in der es um einen Ritualmordprozeß in Odessa geht; das Manuskript wurde aber später in Berlin vernichtet.

Wenn deutsche Juden nunmehr, wie Martin Buber sagte, zwischen dem »Deutschsein« und dem »Jüdischsein« zu wählen hatten, war für Kafkas jüdische Klassenkameraden die Wahl eindeutig zwischen Zionismus und assimilationistischem Sozialismus zu treffen. Bei der Volkszählung von 1900 gab eine deutlich geringere Zahl Prager Juden ihre Umgangssprache mit »Deutsch« an als noch 1890 – Hermann Kafka bezeichnete seine Familie beide Male als tschechischsprachig. Schriftliche Unterlagen und sonstige Aufzeichnungen spiegeln aber nicht zwangsläufig Tatsachen wider, und bei so geringen gesellschaftlichen Kontakten zwischen Christen und Juden konnten die Aussichten auf Assimilation nicht mehr sein als ein Trugbild. Jetzt wie später war die Mehrzahl von Kafkas Freunden Juden.

In der Abschlußklasse wählte Franz als einziger für die »Redeübung« im Fach Deutsch Goethe als zu behandelnden Autor. Er interessierte sich auch für Kleist, der in einer ähnlichen psychischen Lage gewesen war wie Kafka und der wie dieser nicht geheiratet und eine öde Bürotätigkeit verabscheut hatte. Aus Angst vor dem bevorstehenden Abitur verbrachte Kafka seine Abende und Wochenenden zum großen Teil damit, Griechisch und Latein zu repetieren. Auf diese Fächer entfielen in der Abiturklasse je fünf Wochenstunden, je drei auf Geschichte, Erdkunde und Physik sowie je zwei auf Religion, Mathematik und »philosophische Propädeutik«.

Zu Beginn der Sommerferien des Jahres 1900 fuhr Kafka zu seinem Lieblingsonkel, dem Arzt Siegfried Löwy – Vorbild für seine Erzählung *Ein Landarzt*. Er lebte in Triesch, einer kleinen Stadt in Westmähren, etwa hundertzwanzig Kilometer südöstlich von Prag.

Kafka nannte ihn »den Zwitscherer, weil er einen so unmenschlich dünnen, junggesellenmäßigen, aus verengter Kehle kommenden, vogelartigen Witz hat«[26]. Einmal berichtete er von einem solchen Aufenthalt: »Ich bade viel, ich liege nackt im Gras am Teiche, bis Mitternacht bin ich mit einem lästig verliebten Mädchen im Park, ich habe schon Heu auf der Wiese umgelegt, ein Ringelspiel aufgebaut, Kühe und Ziegen ... nachhausegetrieben, viel Billard gespielt, große Spaziergänge gemacht.«[27]

Den Rest seiner Sommerferien war er mit seinen Eltern in Rostok, zehn Kilometer nördlich von Prag, am linken Moldau-Ufer, wo sie im ersten Stock des Hauses von Oberpostmeister Kohn Quartier genommen hatten. Kafka verbrachte manche Stunde mit Selma, der Tochter des Postmeisters, im Walde, wo er ihr unter einer alten Eiche Nietzsche vorlas.

> Wir haben uns gegenseitig angeschwärmt ... ich war schön und er war sehr klug und beide waren wir so himmlisch jung ... Unser Garten lief in einen hohen Berg aus. Oben stand eine Bank und des Abends gingen wir oftmals, Franz eine brennende Kerze in der Hand, zu dieser Bank ... er wollte mich überreden, meinen Vorsatz zu studieren auszuführen. Aber es nützte nichts, mein Vater erlaubte es nicht – man hat damals den Vätern gefolgt – und so kamen wir auseinander.[28]

Am 4. September 1900 schrieb er in ihr Album: »Aber es gibt ein lebendiges Gedenken, das über alles Erinnerungswerte sanft hinfuhr wie mit kosender Hand. Und wenn aus dieser Asche die Lohe aufsteigt, glühend und heiß, gewaltig und stark und Du hineinstarrst, wie vom magischen Zauber gebannt, dann – – –«[29] Erlebnisse dieser Art »vergaß« Kafka jedoch wieder. Später gab er zu, ein schlechtes Gedächtnis zu haben, schrieb aber über seine Jugend dennoch so, als hätte es in ihr keine Augenblicke des Glücks gegeben.

Sein bester Freund war gegen Ende der Schulzeit Oskar Pollak, ein ernst dreinblickender Junge, der zu den reifsten der Klasse gehörte, »voll Temperament, auch in seiner Art zu reden übersprudelnd. Uns allen weit voran in seinem Interesse für Kunstgeschichte, Naturwissenschaft und indische Philosophie.«[30] Beide suchten für ihre Privatlektüre in Latein Ciceros Reden aus, und durch Pollak lernte Kafka die von Ferdinand Avenarius herausgegebene Zeitschrift *Der Kunst-*

wart kennen, von deren Beiträgern einige dem Herausgeber durch Nietzsche empfohlen worden waren. Im *Kunstwart* las Kafka zum ersten Mal etwas von Hofmannsthal und war stark beeindruckt davon. Er begann außerdem, sich für Nietzsche zu interessieren, dessen *Also sprach Zarathustra* er in die Ferien nach Rostok mitnahm. Die Schulleitung war beunruhigt wegen der atheistischen Tendenzen in der siebten Klasse, und als Pollak das Thema »Darwinismus« für die »Redeübung« im Deutschunterricht wählen wollte, wurde ihm das untersagt.

Auch wenn das Kaiserreich keinen Versuch unternahm, die Erziehung in den nicht zu den Erblanden gehörenden Gebieten ideologisch zu beeinflussen, wurden in der Schule doch häufig politische Fragen behandelt. So hieß eines der Aufsatzthemen bei der Reifeprüfung 1901: »Welche Vorteile erwachsen Österreich aus seiner Weltlage und seinen Bodenverhältnissen?« Lediglich zwei der vierundzwanzig in der Klasse verbliebenen Schüler fielen durch, von den übrigen legten drei die Prüfung mit Auszeichnung ab, unter ihnen Bergmann und Utitz, während Kafka das Abitur ohne Zusatzvermerk bestand.

Nun galt es, eine Entscheidung über das Studienfach und damit über die künftige berufliche Laufbahn zu treffen. Juden, die zum Militär oder zur Verwaltung zugelassen werden wollten, mußten sich in der Regel taufen lassen. Den anderen standen als freie Berufe Medizin und Jurisprudenz offen, oder sie konnten in der chemischen Industrie in der näheren Umgebung unterkommen.

Nach Schulabschluß verließ Kafka im August erstmals das heimatliche Böhmen und reiste allein nach Norderney und Helgoland.

AN DER DEUTSCHEN UNIVERSITÄT ZU PRAG

Nun war er frei – nach acht Jahren mehr oder weniger harter Arbeit und strenger Disziplin. Dennoch schien der Verlust größer als der Gewinn. Unsicher, wie er war, brauchte er ständig aufs neue eine Bestätigung seiner Existenz. Zwar war er erleichtert, daß die gefürchtete Prüfung nicht mehr vor ihm lag, aber Freude über den Erfolg wollte sich nicht einstellen, da er glaubte, die Reifeprüfung »zum Teil nur durch Schwindel«[1] bestanden zu haben. Eigentlich interessierte ihn die Schule »etwa so wie einen Bankdefraudanten, der noch in Stellung ist und vor der Entdeckung zittert, das kleine laufende Bankgeschäft interessiert, das er noch immer ... zu erledigen hat«[2]. Dessen ledig, hieß es nun: »Hatte ich schon trotz dem Zwang des Gymnasiums mich nur um mich gekümmert, wie erst jetzt, da ich frei war.«[3] Doch in seiner Selbsteinschätzung war er nach wie vor vom Vater abhängig, und zu Hause fühlte er sich »verworfen, abgeurteilt, niedergekämpft«[4]. Dieser Situation konnte er nicht durch zwei Wochen Urlaub entgehen, und es sollte noch zehn Jahre dauern, bis er jenes Maß an innerer Freiheit gewann, das seine Tagebucheintragungen offenbaren.

Als Kafka sich im November 1901 an der Deutschen Universität zu Prag einschrieb, belegte er denselben Chemiekurs wie Bergmann und Pollak. Während Bergmann trotz einiger Vorbehalte bei dem Fach blieb, wechselte Kafka nach nur zwei Wochen zur Jurisprudenz über – sehr zur Freude seines Vaters, denn ein juristisches Examen bot Aussicht auf eine Anstellung bei der Post, in einer Bank, in der Industrie oder der Verwaltung. Für Kafka war die Berufswahl – zumindest im Rückblick – ebenso gleichgültig »wie alle Lehrgegenstände im Gymnasium, es handelt sich also darum, einen Beruf zu finden, der mir, ohne meine Eitelkeit allzusehr zu verletzen, diese Gleichgültigkeit am ehesten erlaubt«[5]. In den ersten vier Semestern mußte er zwanzig Wochenstunden Römisches Recht, Kirchenrecht und Deutsches Recht hören.

Seine Freundschaft mit Pollak bestand nach wie vor, ging aber nicht so weit, daß sie völlig offen zueinander gewesen wären. Wie auch später Frauen gegenüber, konnte Kafka seine Hemmungen leichter in Briefen überwinden als im direkten Gespräch. »Wenn wir miteinander reden: die Worte sind hart, man geht über sie wie über schlechtes Pflaster. Die feinsten Dinge bekommen plumpe Füße und wir können nicht dafür. Wir sind einander fast im Wege, ich stoße mich an Dir und Du – ich wage nicht, und Du –.«[6] Einer der Gründe für diese Scheu war Pollaks Freundin: »Du gehst mit ihr irgendwo da und dort in Rostok und ich sitze am Schreibtisch zu Hause. Du sprichst mit ihr und mitten im Satz springt einer auf und macht eine Verbeugung. Das bin ich mit meinen unbehauenen Worten und viereckigen Mienen.«[7] Er schließt den Brief mit den Worten: »Sind wir Feinde? Ich habe Dich sehr lieb.« Die Freundschaft blieb bestehen.

Da Jurastudenten seinerzeit verpflichtet waren, außer den vorgeschriebenen juristischen auch zwei Vorlesungen an der philosophischen Fakultät zu hören, belegte Kafka im Frühjahr 1902 einen Kurs in deutscher Literatur und Kunstgeschichte und besuchte mehrere Vorlesungen August Sauers, eines Erzreaktionärs, seit Oktober 1901 Herausgeber der Monatsschrift *Deutsche Arbeit*, in der die kulturellen Leistungen der Tschechen herabgesetzt und die der Deutschen in Böhmen besonders herausgestrichen wurden. Fünfzehn Jahre später hatte Kafka einen Traum, in dem viele Mädchen und Frauen hauptsächlich deswegen in eine Vorlesung gingen, weil Professor Sauer unter den Zuhörern war, aber Kafka selbst fand ihn wenig anziehend.

Er belegte auch Philosophievorlesungen bei Anton Marty, einem Schüler von Franz Brentano, dem Begründer der beschreibenden Psychologie. Die Annahme, alles Bewußtsein müsse Bewußtsein von etwas sein, bildet die einfache Grundlage von Brentanos Lehre der Intentionalität, das heißt »der Zielgerichtetheit aller psychischen Akte auf ein reales oder ideales Sein«.

Kafka setzte sich regelmäßig, wenn auch nur mittelbar, dem Einfluß Brentanos aus. »Täglich von 12–13 las Marty sein Kolleg«, schreibt Utitz, »langsam und leise sprechend, unter Verzicht auf jegliche rhetorische Ausschmückung, mit pädagogischer Meisterschaft. Im Seminar ließ er keine Bemerkung durchgehen, ohne sorgsame kritische Prüfung. Die Teilnehmer gewöhnten sich allmählich ihre Worte zu wägen: die reine, kühle Luft unverfälschter Wissenschaft adelte jene unvergeßlichen Stunden ... Er war scheu und ängstlich.«[8] Vielleicht kam Kafka in jenem Sommer durch Marty in den exklusiven Brentano-Kreis, der sich alle zwei Wochen im Café Louvre in der Ferdinandstraße traf. Dazu heißt es bei Utitz: »Wir befanden uns in einem größeren Kreis von Mitstrebenden, die sich häufig an Abenden zu endlosen Diskussionen versammelten. Franz Brentano war natürlich nicht anwesend. Aber sein mächtiger Schatten fiel auf alle Gespräche.«[9]

Neben den Werken Brentanos las man dort auch die Gustav Theodor Fechners, des Begründers der psychologischen Ästhetik, dessen Gedanken schon Gschwind seinen Schülern nahegebracht hatte. Zwar fiel Kafka bei der mündlichen Prüfung, die in Martys Privatwohnung stattfand, durch, aber er nahm noch bis zum Herbst 1905 an den Zusammenkünften im Café Louvre teil.

Im August 1902 lud Oskar Pollak den Freund ein, ihn auf einer Reise zu bedeutenden Stätten deutscher Literaturgeschichte – darunter Weimar und Ilmenau – zu begleiten, doch da die Nachricht zu spät eintraf, machte Kafka Ferien in Liboch an der Elbe, etwa vierzig Kilometer nördlich von Prag, bei einer Familie Windischbauer. Nur als sein Onkel Alfred, der älteste Bruder seiner Mutter, aus Madrid kam, wo er Eisenbahndirektor war, fuhr Franz für zwei Tage nach Hause.

> Kurz vor seiner Ankunft hatte ich den wunderlichen, leider sehr wunderlichen Einfall, ihn zu bitten, nein nicht zu bitten, zu fragen, ob er mir nicht zu helfen wüßte aus diesen Dingen, ob er mich nicht irgendwohin führen könnte, wo ich schon endlich frisch Hand anlegen könnte. Nun gut, ich fing vorsichtig an ... Er fing salbungsvoll zu sprechen an, obwohl er sonst ein ganz lieber Mensch ist, tröstete mich, gut, gut. Streusand drauf. Ich schwieg sofort, ohne es eigentlich zu wollen, und ich habe in den zwei Tagen, die ich seinethalben in Prag bin, obwohl ich die ganzen Tage bei ihm bin, nicht mehr davon gesprochen.[10]

Nach der Abreise des Onkels am 24. August kehrte Kafka auf eine weitere Woche nach Liboch zurück, wo er mal so richtig faulenzte. »Ich habe so eine wunderliche Zeit gebraucht, eine Zeit, in der ich stundenlang auf einer Weinbergmauer liege und in die Regenwolken starre, die nicht weg wollen von hier.«[11] Er spielte mit den Kindern Verstecken, erzählte ihnen Märchen, baute ihnen Sandburgen und machte Spaziergänge, auf denen er die langen Schatten beobachtete, die die Nachmittagssonne warf. »Hast Du schon gemerkt, wie Spätsommerschatten auf durchwühlter dunkler Erde tanzen, wie körperhaft sie tanzen?«[12] Schließlich hatte er über mancherlei nachzudenken: Zum ersten Mal in seinem Leben stand er im Begriff, das elterliche Haus zu verlassen. Von Liboch aus wollte er noch eine Woche bei Onkel Siegfried in Triesch verbringen und dann, im Oktober, nach München gehen, um dort, zusammen mit seinem früheren Klassenkameraden Paul Kisch, zu studieren. Es kam aber nicht dazu, vermutlich, weil der Vater sich seinem Plan widersetzte. Kafka hatte Geschmack an der Literaturwissenschaft gefunden, und da er keinesfalls bei Professor Sauer studieren wollte, wäre München eine gute Lösung gewesen. Doch kehrte er gehorsam in den juristischen Pferch zurück.

»Prag läßt nicht los«, schrieb er an Oskar Pollak. »Dieses Mütterchen hat Krallen, da muß man sich fügen oder –.«[13] Das Gefühl, eingesperrt, vom »Leben« abgeschnitten zu sein, findet sich bei Prager Schriftstellern nicht selten: Auch Gustav Meyrink zum Beispiel fühlte sich von der »dämonischen Zauberkraft« der Stadt geradezu eingekerkert.

In seinem Brief an Pollak versuchte Kafka – vielleicht zum ersten Mal –, seine Niedergeschlagenheit in eine Allegorie zu kleiden. Er erzählt die »vertrackte Geschichte vom schamhaften Langen«, der sich in einem alten Dorf verkrochen hat, dessen Häuschen so niedrig sind, daß er mit seinem eckigen Schädel jedesmal geradewegs durch die Decke fährt, wenn er sich in einer der Stuben aufrichtet: Vor Weihnachten saß der Lange einmal mit baumelnden Beinen vor dem Fenster und strickte wollene Strümpfe, wobei er, weil es schon dunkel war, die grauen Augen fast auf die Stricknadeln gespießt hatte. Als ein gutgekleideter Besucher kam, der »Unredliche in seinem Herzen« (das sollte Emil Utitz sein), schämte er sich seiner Länge, seiner wollenen Strümpfe und seiner Stube. Die Westenknöpfe des Gastes und was er aus der Stadt zu erzählen wußte, machten die Stubenluft stickig und dumpf, und während der Fremde erzählte, stach er dem Langen seinen spitzen Spazierstock in den Bauch. Als dieser wieder allein war, weinte er. »Mit den Strümpfen wischte er sich die großen Tränen ab. Sein Herz schmerzte ihn und er konnte es niemandem sagen. Aber kranke Fragen krochen ihm von den Beinen zur Seele hinauf . . . Weine ich aus Mitleid mit mir oder mit ihm? . . . Wieder nahm er die Strümpfe vor. Fast bohrte er sich die Stricknadeln in die Augen. Denn es war noch dunkler.«[14] Wäre dieser Text nicht Bestandteil eines Briefs gewesen, Kafka hätte ihn bestimmt vernichtet. So mag er als Beispiel für Kafkas noch unausgereifte Technik dienen, seinen Selbsthaß als »Trampolin« für literarische Fingerübungen zu benutzen.

Die Mehrzahl der Dozenten in der juristischen Fakultät war Juden, und sie waren einer wie der andere ermüdend und weitschweifig. Josef Ulbrich las Völkerrecht, erschien stets unrasiert zu den Vorlesungen und blickte ständig mit gesenktem Kopf vor sich auf den Tisch, obwohl dort gar kein Manuskript lag. Professor Heinrich Singer, ein getaufter Jude, war Ordinarius für Kanonisches Recht, und Brod, der ebenfalls Jura studierte, erschien er wie eine Gestalt aus E. Th. A. Hoffmanns Werken – »greisenhaft, zittrig auf das Katheder schleichend, ein gebrechliches und schrulliges Männchen«[15].

Kafkas Freundschaft mit Max Brod begann am 23. Oktober 1902. Auf den um ein Jahr Jüngeren machte Kafka zunächst den Eindruck eines schweigsamen, bescheidenen und fröhlichen Studenten, in dessen Verhalten nichts auf das im *Brief an den Vater* Gesagte hinwies. Der Ort ihres ersten Zusammentreffens war die »Lese- und Redehalle der deutschen Studenten« in der Ferdinandstraße. Der Eintritt in diese Vereinigung galt für jeden Abiturienten als selbstverständlich, falls er nicht national-antisemitisch oder orthodox jüdisch gesinnt war; die Mitglieder trugen das schwarzrotgoldene Band der achtundvierziger Revolution. Der wichtigste Teil der »Halle« war der »Halle«-Ausschuß, der bei seinen häufigen Auseinandersetzungen mit den Mitgliedern immer die Oberhand behielt, weil zur Generalversammlung jedesmal Vertreter der farbentragenden Verbindungen erschienen, die der »Halle« lose verbunden waren, und mit ihren Stimmen den Ausschlag gaben. Das einflußreichste Mitglied des Ausschusses war Franz Kafkas Vetter Bruno, der die Abstimmungsergebnisse stets geschickt zugunsten des Ausschusses zu manipulieren wußte. Das Zentrum der Opposition war die »Sektion für Literatur und Kunst«, die regelmäßig Diskussions- und Vortragsabende veranstaltete. Am 23. Oktober 1902 hielt Max Brod, Student im ersten Semester, einen Vortrag über *Schopenhauer und Nietzsche*, in dem er ersteren in den höchsten Tönen pries und letzteren unverblümt einen »Schwindler« nannte. Kafka, der zu allen Sitzungen der »Sektion« zu kommen pflegte, war über Brods Ansichten so empört, daß er seine übliche Scheu überwand und den Jüngeren nach Hause begleitete, um mit ihm über das Gesagte zu diskutieren.

Im November nahm Kafka sein Jurastudium wieder auf und führte es bis zum Abschluß im Jahre 1906 ohne Unterbrechung fort. In diesem ersten, ausschließlich der Rechtswissenschaft gewidmeten Jahr schrieb er »fast gar nichts«.

Er mußte zur Vorbereitung auf die rechtshistorische Staatsprüfung (eine Zwischenprüfung), die am 18. Juli 1903 stattfand, wöchentlich mindestens zwanzig Vorlesungsstunden besuchen, was für ihn bedeutete, »daß ich mich in den paar Monaten vor den Prüfungen unter reichlicher Mitnahme der Nerven geistig förmlich von Holzmehl nährte, das mir überdies schon von tausenden Mäulern vorgekaut war«[16]. In diesem Juli – zwischen seinem zwanzigsten Geburtstag am 3. und vor der genannten Prüfung – machte er auch seine ersten sexuellen Erfahrungen, die er im Rückblick mehr mit Angst als mit Lust verbunden sah. Ein Ladenmädchen pflegte regelmäßig in der Tür eines Konfektionsgeschäfts gegenüber der Wohnung in der Zeltnergasse zu stehen, und während Kafka in seinem Zimmer auf und ab wanderte, um sich den Prüfungsstoff einzuprägen, der ihn nicht interessierte, trafen sich ihre Blicke. Siebzehn Jahre später erinnert er sich an dies Erlebnis:

> Es war im Sommer, sehr heiß, diese Zeit wohl, es war ganz unerträglich, beim Fenster blieb ich, die widerliche römische Rechtsgeschichte zwischen den Zähnen, immer stehn, schließlich verständigten wir uns durch Zeichen. Am Abend um 8 Uhr sollte ich sie abholen, aber als ich abends hinunterkam, war schon ein anderer da, nun, das änderte nicht viel, ich hatte vor der ganzen Welt Angst, also auch vor diesem Mann; wenn er nicht dagewesen wäre, hätte ich *auch* Angst vor ihm gehabt. Aber das Mädchen hängte sich zwar in ihn ein, aber machte mir Zeichen, daß ich hinter ihnen gehen solle. So kamen wir auf die Schützeninsel,

tranken dort Bier, ich am Nebentisch, gingen dann, ich hinterher, langsam zur Wohnung des Mädchens, irgendwo beim Fleischmarkt, dort nahm der Mann Abschied, das Mädchen lief ins Haus, ich wartete ein Weilchen, bis sie wieder zu mir herauskam, und dann gingen wir in ein Hotel auf der Kleinseite. Das alles war, schon vor dem Hotel, reizend, aufregend und abscheulich, im Hotel war es nicht anders. Und als wir dann gegen Morgen, es war noch immer heiß und schön, über die Karlsbrücke nachhause gingen, war ich allerdings glücklich, aber dieses Glück bestand nur darin, daß ich endlich Ruhe hatte von dem ewig jammernden Körper, vor allem aber bestand das Glück darin, daß das Ganze nicht *noch* abscheulicher, nicht *noch* schmutziger gewesen war. Ich war dann noch einmal mit dem Mädchen beisammen, ich glaube, zwei Nächte später, es war alles so gut wie zum erstenmal, aber als ich dann gleich in die Sommerfrische fuhr, draußen ein wenig mit einem Mädchen spielte, konnte ich in Prag das Ladenmädchen nicht mehr ansehn, kein Wort habe ich mehr mit ihr gesprochen, sie war (von mir aus gesehn) meine böse Feindin und war doch ein gutmütiges freundliches Mädchen, immerfort verfolgte sie mich mit ihren nichts verstehenden Augen. Ich will nicht sagen, daß der alleinige Grund meiner Feindschaft (sicher war er es nicht) der gewesen ist, daß das Mädchen im Hotel in aller Unschuld eine winzige Abscheulichkeit gemacht hat (nicht der Rede wert), eine kleine Schmutzigkeit gesagt hat, (nicht der Rede wert), aber die Erinnerung blieb, ich wußte im gleichen Augenblick, daß ich das nie vergessen werde und gleichzeitig wußte ich oder glaubte ich es zu wissen, daß dieses Abscheuliche und Schmutzige, äußerlich gewiß nicht notwendig, innerlich aber sehr notwendig mit dem Ganzen zusammenhänge und daß mich gerade dieses Abscheuliche und Schmutzige (dessen kleines Zeichen nur ihre kleine Handlung, ihr kleines Wort gewesen war) mit so wahnsinniger Gewalt in dieses Hotel gezogen hatte, dem ich sonst ausgewichen wäre mit meiner letzten Kraft.[17]

In den Sommerferien fuhr Kafka mit seinen Eltern nach Zálezly bei Aussig, wo er mit einem Mädchen Tennis spielte und Rad fuhr. Einer der Gründe, warum er dieser Unterbrechung seiner Rechtsstudien so zuversichtlich entgegensah, war sein Wunsch zu schreiben, seine Hoffnung, »das, was ich in mir zu haben glaube (ich glaube es nicht immer), in einem Zug zu heben«[18]. Eine zu optimistische Vorstellung, denn er schrieb in diesen Ferien nur wenig. Dagegen erwies sich am Ende des Sommers die Last dessen, was er früher geschrieben hatte, um so drückender.

> Jetzt aber reißt mir etwas die Lippen ganz auseinander . . . und jemand, der hinter dem Baum steht, sagt mir leise: »Du wirst nichts tun ohne andere«, ich aber schreibe jetzt mit Bedeutung und zierlichem Satzbau: »Einsiedelei ist widerlich, man lege seine Eier ehrlich vor aller Welt, die Sonne wird sie ausbrüten; man beiße lieber ins Leben statt in seine Zunge.«[19]

Er wollte Pollak ein Bündel mit all dem schicken, was er bis zu jenem Zeitpunkt geschrieben hatte, mit Ausnahme seiner »Kindersachen« – »Du siehst, das Unglück sitzt mir von früh an auf dem Buckel«[20] – sowie jener Texte, die er in diesem Zusammenhang für wertlos hielt, und dessen, »was ich auch Dir nicht zeigen kann, denn man schauert zusammen, wenn man ganz nackt dasteht und ein anderer einen betastet, auch wenn man darum auf den Knien gebeten hat«[21]. Er wollte von Pollak nicht wissen, »ob es eine Freude wäre hier zu warten oder ob man leichten Herzens Scheiterhaufen anzünden könnte«[22], er wollte lediglich, daß »zwei fremde Augen« seine Arbeit sahen. »Mein Liebstes und Härtestes ist nur kühl, trotz der Sonne, und ich weiß, daß zwei fremde Augen alles wärmer und regsamer machen werden, wenn sie darauf schauen.«[23] Er verurteilte das Einsiedlerdasein so heftig, weil er mit sich selbst im Widerstreit lag, doch wird dabei die Verzweiflung eines Mannes sichtbar, der weiß, daß er sich selbst keinesfalls wird überzeugen können. Er schickte Pollak Gedichte, Fragmente eines Romans, der den Titel *Das Kind und die Stadt* tragen sollte, sowie andere Prosastücke.

Noch im November, als das neue akademische Jahr mit seinen strengen Arbeitsanforderungen begann, hatte er nichts weiter geschrieben:

> Gott will nicht, daß ich schreibe, ich aber, ich muß. So ist es ein ewiges Auf und Ab, schließlich ist doch Gott der Stärkere und es ist mehr Unglück dabei, als Du dir denken kannst. So viele Kräfte sind mir an einen Pflock gebunden, aus dem vielleicht ein

grüner Baum wird, während sie freigemacht mir und dem Staat nützlich sein könnten.[24]

Das schrieb er Oskar Pollak nach Schloß Ober-Studenec (südlich von Pilsen), wo dieser eine Hofmeisterstelle angetreten hatte. Nicht nur fühlte Kafka sich seines besten Freundes beraubt, sondern geradezu »amputiert«, als habe er eine Sehhilfe, ein Periskop, eingebüßt.

Unter allen den jungen Leuten habe ich eigentlich nur mit Dir gesprochen, und wenn ich schon mit andern sprach, so war es nur nebenbei oder Deinetwegen oder durch Dich oder in Beziehung auf Dich. Du warst, neben vielem andern, auch etwas wie ein Fenster für mich, durch das ich auf die Gassen sehen konnte. Allein konnte ich das nicht, denn trotz meiner Länge reiche ich noch nicht bis zum Fensterbrett.[25]

Doch war ihm schon damals bewußt, wie wenig ein Mensch von den Empfindungen eines anderen je wirklich zu erfahren vermag:

Verlassen sind wir doch wie verirrte Kinder im Walde. Wenn Du vor mir stehst und mich ansiehst, was weißt Du von den Schmerzen, die in mir sind und was weiß ich von Deinen. Und wenn ich mich vor Dir niederwerfen würde und weinen und erzählen, was wüßtest Du von mir mehr als von der Hölle, wenn Dir jemand erzählt, sie ist heiß und fürchterlich. Schon darum sollten wir Menschen vor einander so ehrfürchtig, so nachdenklich, so liebend stehn wie vor dem Eingang zur Hölle.[26]

Sein einziger Trost nach Pollaks Abreise war das Gefühl, es werde beruhigend sein, jemanden zu haben, der seine Arbeiten las und in der Ferne seiner Existenz bewußt war. »Ich bin vielleicht froh, daß Du weggefahren bist, so froh wie die Menschen sein müßten, wenn jemand auf den Mond kletterte, um sie von dort aus anzusehen.«[27]

Vermutlich hat Oskar Kraus, ein Schüler Brentanos, der im Louvre-Zirkel eine wichtige Rolle spielte, ihn auf Marc Aurel aufmerksam gemacht. »Ich schiebe den Marc Aurel zur Seite, ich schiebe ihn schwer zur Seite«, schrieb Kafka am 10. Januar 1904 an Pollak. »Ich glaube, ich könnte jetzt ohne ihn nicht leben, denn schon zwei, drei Sprüche, im Marc Aurel gelesen, machen gefaßter und straffer.«[28] Im Laufe des Januar las er Hebbels Tagebücher in einem Zuge, was ihn unfähig machte, einen Brief Oskar Pollaks zu beantworten, da ihm durch ihre Lektüre zumute wurde wie einem Höhlenmenschen, der einen Block vor den Eingang seiner Höhle wälzt, dann aber, als dieser die Höhle verdunkelt und die Luftzufuhr abschneidet, ihn wieder wegzurollen trachtet.

> Aber es tut gut, wenn das Gewissen breite Wunden bekommt, denn dadurch wird es empfindlicher für jeden Biß. Ich glaube, man sollte überhaupt nur solche Bücher lesen, die einen beißen und stechen. Wenn das Buch, das wir lesen, uns nicht mit einem Faustschlag auf den Schädel weckt, wozu lesen wir dann das Buch? . . . Wir brauchen aber die Bücher, die auf uns wirken wie ein Unglück, das uns sehr schmerzt, wie der Tod eines, den wir lieber hatten als uns, wie wenn wir in Wälder verstoßen würden, von allen Menschen weg, wie ein Selbstmord, ein Buch muß die Axt sein für das gefrorene Meer in uns.[29]

Ganz ähnlich hatte er sich, nur weniger pointiert, zehn Wochen zuvor nach der Lektüre von Fechner und Meister Eckhart geäußert: »Manches Buch wirkt wie ein Schlüssel zu fremden Sälen des eigenen Schlosses.«[30] Solche Bücher waren für ihn meist mystische, psychologische oder autobiographische Werke.

Seine Freundschaft zu Max Brod entwickelte sich nur langsam, zum Teil wohl deshalb, weil Brod geselliger war als Pollak und einen größeren Freundeskreis besaß, dem er sich verpflichtet fühlte. Kafka, der schon eine Zweierbeziehung als schwere Bürde betrachtete, erschien das so, als mache Max sich gemein und vergeude sich an die Masse. Soweit Brods Freunde von ihm abhängig waren, klagte Kafka, umstünden sie ihn »als empfindliches Bergland mit bereitem Echo . . . Soweit sie aber selbständig sind, schaden sie Dir noch mehr, denn sie verzerren Dich, Du erscheinst durch sie an unrechter Stelle, Du wirst dem Zuhörer gegenüber durch Dich widerlegt.«[31] Kafka hatte den Eindruck, daß Brod bisweilen geistiger Anstrengung auswich und es genoß, mit Hilfe Gleichgesinnter »ohne eigenen Schritt dahingeführt zu werden, wohin man strebte«[32] – was Kafka vermutlich als einziger merkte. Daß er seine Gefühle so offen und ehrlich ausdrückte, verstand Brod eher als freundschaftliche Geste denn als Angriff auf seine Person.

Laut Brod begann ihre Freundschaft mit dem gegenseitigen Abkommen, ihr Schulgriechisch nicht einrosten zu lassen. »Wir lasen gemeinsam Platos *Protagoras*, mit Hilfe von Übersetzung und unserem Schulwörterbuch, oft recht mühevoll . . . wir erfreuten uns vornehmlich wohl nur der bunten und skurrilen Darstellung des Sophistentreibens, der platonisch-sokratischen Ironie.«[33] Kafka schlug ihm außerdem gemeinsame Flaubertlektüre auf französisch vor, und so kamen sie zwei- oder dreimal die Woche zusammen, meist in Kafkas kleinem Zimmer, gelegentlich bei Brod. Es dauerte Jahre, bis Brod erfuhr, daß und was Kafka schrieb, doch notierte er schon bald Bemerkungen, die Franz im Gespräch machte – die erste über einen Mann, dessen Redefluß nicht zu bremsen war: »Das Gesprochene kommt ihm wie ein Stock aus dem Mund.«[34]

Über Kafkas Schreibtisch befand sich eine große Reproduktion von Hans Thomas Gemälde »Der Pflüger«, die er einem Heft des *Kunstwart* entnommen hatte, daneben ein vergilbter Gipsabguß eines kleinen antiken Reliefs: eine Mänade, die einen Ochsenschenkel in der Hand hält. »Die zierlichen Falten ihres Kleides tanzten um die Gestalt ohne Kopf.«[35] Die Ausstattung des Zimmers war geradezu spartanisch, doch hing Kafka so sehr an den Möbeln – Bett, Schrank, einem kleinen, fast schwarzen Schreibtisch –, daß er sie mitnahm, als er das Elternhaus schließlich verließ.

Er hatte die *Neue Rundschau* abonniert und darin Thomas Manns Erzählung *Ein Glück* aus dem Jahre 1904 gelesen. Nachhaltig beeindruckte ihn der erste Satz: »›Still! Wir wollen in eine Seele schauen.‹ Er wiederholte ihn unaufhörlich und legte dabei jedesmal den Finger pantomimisch an seine Lippen und ließ die Melodie des Satzes nachklingen. Von der Erzählung selbst sagte er nichts.«[36]

Zwar sollten bis zur Entstehung des *Urteils* noch sechs Jahre vergehen, dennoch bedeutete der Spätsommer des Jahres 1904 einen Wendepunkt in Kafkas schriftstellerischer Entwicklung. In den Briefen wie auch in den erhalten gebliebenen Erzählungen und Fragmenten spiegelt sich in ihrer Mischung aus Genauigkeit und Vagheit, betont starkem Gefühl sowie innerer Zerrissenheit ein durchaus eigener Stil. Kafka, der sich über das Quantum der ihm zuträglichen Zerstreuung nicht recht im klaren war, hatte sich in der wenig erfreulichen Situation eines Menschen, der seine Zeit zwischen dem als Zwang empfundenen Jurastudium und den Dingen teilen muß, die ihn aus Neigung beschäftigen, beinahe gemütlich eingerichtet. Da er nicht in der Lage war, sein Leben als Ganzes selbst zu bestimmen, hatte er den größeren Teil des Geländes dem Feind überlassen. Doch studierte er nie länger als bis sieben Uhr abends; die Zeit danach stand ihm zur freien Verfügung – zum Schreiben, Lesen, für Gespräche mit Brod und Abende im Louvre-Zirkel oder im Hause Fanta. Dort veranstaltete Berta Fanta, die gleichfalls dem Louvre-Kreis angehörte und deren Mann eine Apotheke am Altstädter Ring betrieb, gemeinsam mit ihrer Schwester, Ida Freund, einer Anthroposophin, literarisch-philosophische Abende und hielt Vorträge über ihre Reisen – geradezu eine Prager Madame Récamier. So war Kafka häufig von Menschen umgeben, die ihn geistig anregten und ihm zeigten, daß sie ihn anders sahen als er sich selbst. Er beteiligte sich an »lebenden Bildern« und Maskeraden; 1904 erschien er bei einer solchen Gelegenheit als Diplomat der Goethe-Zeit, geschmückt mit einer roten Schärpe.

Angesichts der emotionalen Turbulenzen, die der Beginn des Sommers für einen jungen Mann mit sich bringen kann, blieb Franz recht gelassen. »Man erwartet Orientalisch-Merkwürdiges und leugnet es wieder mit komischer Verbeugung und mit baumelnder Rede, welches bewegte Spiel behaglich und zitternd macht.«[37] Trotz »unseres täglichen Gebetes, die Folgerichtigkeit unseres Lebens möge der äußern Erscheinung nach uns gnädigst erhalten bleiben«[38], durchwühlen wir »uns wie ein Maulwurf und kommen ganz geschwärzt und sammethaarig aus unsern verschütteten Sandgewölben, unsere armen roten Füßchen für zartes Mitleid emporgestreckt«[39]. Das Bild war ihm in den Sinn gekommen, als er beobachtete, wie ein Maulwurf verzweifelt versuchte, einem Hund zu entkommen, was Kafka zunächst nur belustigte.

> Und da kam es mir vor – Nein es kam mir nichts vor. Es täuschte mich bloß so, weil mir an jenem Tag der Kopf so schwer herunterhing, daß ich am Abend mit Verwunderung bemerkte, daß mir das Kinn in meine Brust hineingewachsen war. Aber am nächsten Tag hielt ich meinen Kopf wieder hübsch aufrecht.[40]

Hier offenbart sich dieselbe unerbittliche Wahrheitsliebe, die ihn veranlaßt hatte, sein Unbehagen Max Brod gegenüber auszudrükken, und in dem Vakuum, das durch die Weigerung zur Täuschung entsteht, zeigt sich ein groteskes Bild. Hätte er gemeint, seine

Menschenpflicht diesem Maulwurf gegenüber nicht erfüllt zu haben – keine Analyse dieses Versagens hätte enthüllender sein können. Dem Gefühl der Unbeholfenheit, das ihm seine Körpergröße und seine schlechte Haltung eingaben, hat Kafka in der *Beschreibung eines Kampfes* noch phantasievolleren Ausdruck verliehen als in seinem Brief über den schamhaften Langen. In der ersten, 1904 begonnenen Fassung dieser Erzählung, die er nicht wie andere Jugendwerke verbrannte, hat der Erzähler den Eindruck, daß seine eigene Größe den Begleiter glauben läßt, er sei zu klein.

> Dieser Umstand quälte mich, trotzdem es doch Nacht war und wir fast niemandem begegneten, doch so sehr, daß ich meinen Rücken so gebückt machte, daß meine Hände im Gehn meine Knie berührten. Damit aber mein Bekannter meine Absicht nicht merke, veränderte ich meine Haltung nur ganz allmählich mit großer Vorsicht und suchte seine Aufmerksamkeit von mir abzulenken durch Bemerkungen über die Bäume der Schützeninsel und über die Spiegelung der Brückenlampen im Flusse. Aber mit plötzlicher Wendung drehte er sein Gesicht zu mir und sagte nachsichtig: »Warum gehen Sie denn so? Sie sind ja jetzt ganz gebückt und fast so klein wie ich!« Da er das gütig gesagt hatte, antwortete ich: »Das mag sein. Aber mir ist diese Haltung angenehm. Ich bin ziemlich schwächlich, wissen Sie, und es kommt mir zu schwer an, meinen Körper aufrecht zu erhalten. Das ist keine Kleinigkeit, ich bin sehr lang –«[41]

Dies Gefühl der Schwäche rührte zum Teil daher, daß er sich neben seinem stämmigen Vater klein und unbedeutend vorkam, zum Teil jedoch auch daher, daß er sich für nicht besonders lebenstüchtig hielt. Eines Nachmittags, als er nach einem kurzen Mittagsschlaf die Augen aufschlug, hörte er, wie seine Mutter gerade vom Balkon her jemanden fragte, was er mache, und eine Frauenstimme antwortete aus dem Garten: »Ich jause im Grünen.« Kafka »staunte . . . über die Festigkeit, mit der die Menschen das Leben zu tragen wissen«[42], und die kleine Unterhaltung beeindruckte ihn so sehr, daß er sie wörtlich in der *Beschreibung eines Kampfes* wiedergab.

Die Beschäftigung mit Philosophie und Psychologie hatte sein Bewußtsein dafür geschärft, wie Stimmungen sich völlig unabhängig von inneren oder äußeren Ereignissen entwickeln bzw. umschlagen können. Sein Vertrauen in Erklärungen und glatte Lösungen hatte er verloren. Das Leben schien ihm ein unkontrollierbares Durcheinander von Erfahrungen, und er konnte nichts weiter tun, als dahinzugleiten und zu versuchen, einzelne Empfindungen oder Ereignisse festzuhalten.

> An einem andern Tage freute ich mich mit einem gespannten Schmerz über die Erregung eines Tages, der bewölkt war. Dann war eine verblasene Woche oder zwei oder noch mehr. Dann verliebte ich mich in eine Frau. Dann tanzte man einmal im Wirtshaus und ich ging nicht hin. Dann war ich wehmütig und sehr dumm, so daß ich stolperte auf den Feldwegen, die hier sehr steigend sind.[43]

Dieses Gefühl der Unbestimmtheit und Losgelöstheit bewirkt eine seltsame Distanz, so als betrachte Kafka seine eigenen Erlebnisse lediglich wie ein Zuschauer ohne besondere Rechte.

Sowohl Briefe wie literarische Texte Kafkas spiegeln diese Grundstimmung. Dabei sind die Texte in gewisser Weise privater als die Briefe, waren sie doch zunächst für niemandes Auge bestimmt. In beiden versuchte Kafka jedoch weniger, die Oberflächlichkeit seiner Beziehungen zu anderen zu verstehen, als vielmehr sie zu »spüren«. Dabei greift er in den Briefen auf Mittel der erzählenden Dichtung oder der Fabel zurück, während er in den Erzählungen eine kaschierte Selbstanalyse durchführt, indem er sich in zwei Personen aufspaltet, die sich höchst ambivalent gegenüberstehen – die zugleich die Gesellschaft des anderen suchen und allein gelassen werden möchten. Diese Mischung aus Selbstliebe und Selbsthaß in der *Beschreibung eines Kampfes* – etwa, wenn der Erzähler seinen Bekannten leichthin zum Tode verurteilt – findet sich auch später im *Urteil*.

> »Sie werden sich morden müssen«, sagte ich und lächelte außerdem ... »Gut«, rief er und schlug die Bank mit seiner kleinen festen Faust, die er aber gleich liegen ließ, »Sie leben aber. Sie töten sich nicht. Niemand liebt Sie. Sie erreichen nichts. Den nächsten Augenblick können Sie nicht beherrschen. Da reden Sie so zu mir, Sie gemeiner Mensch. Lieben können Sie nicht, nichts erregt Sie außer Angst.«[44]

Kafkas ganzes Leben bestand aus einer Reihe zögernder Versuche, sich selbst zu verurteilen und das Urteil zu vollstrecken. Die Heftigkeit des Zwiespalts offenbart diese Erzählung über die Beziehung der beiden Männer, deren physischer Höhepunkt erreicht ist, als der Begleiter sich ein Messer in den Oberarm stößt. Der Erzähler saugt an der tiefen Wunde und erkennt dankbar, daß der andere sich um seinetwillen die Verletzung zugefügt hat. Und wenn sich hier die Handlung in rimbaudsche Bereiche begibt, dann auch der Stil:

> »Denke nur, im Frühjahr, da werden wir in den Baumgarten fahren, nein, nicht wir werden fahren, das ist schon leider wahr, aber Du mit dem Annerl wirst fahren in Freude und Trab. O ja, glaube mir, ich bitte Dich, und die Sonne wird Euch schönstens allen Leuten zeigen. Oh, da ist Musik, man hört die Pferde weit, es ist keine Sorge nötig, da ist Geschrei und Leierkästen spielen in den Alleen.«[45]

Am Anfang der Erzählung, die mit der Beschreibung einer Abendgesellschaft beginnt, waren die beiden Männer einander praktisch fremd, sie hatten lediglich einige Worte von Gast zu Gast gewechselt. Doch wie so manches andere *alter ego* Kafkas läßt der Erzähler sich von dem Unbekannten rasch in ein vertrauliches Gespräch verwikkeln, obwohl ihn dessen Eindringen in seine Privatsphäre zunächst verärgert hatte. »Und Sie selbst, – wären Sie nicht so verwirrt – würden es fühlen, wie unpassend es ist, einem, der allein sitzt und Schnaps trinkt, von einem liebenden Mädchen zu erzählen.«[46] Wie Brod versteht er den Vorwurf als Ermunterung zu mehr Nähe und Offenheit, und als andere Gäste in die Nähe kommen, um etwas von der Unterhaltung aufzuschnappen, nimmt der Erzähler seinen neuen Bekannten mit der Aufforderung in Beschlag, einen mitternächtlichen Ausflug auf den Laurenziberg zu machen. Die nun folgende Szene zeigt deutlich den Einfluß Brentanos auf Kafkas Vorstellung von plötzlichen Stimmungsumschwüngen:

> Kaum waren wir ins Freie getreten, als ich offenbar in große Munterkeit geriet. Ich hob die Beine übermütig und ließ die Gelenke lustig knacken, ich rief über die Gasse einen Namen hin, als sei mir ein Freund um die Ecke entwischt, ich warf den Hut im Sprunge hoch und fing ihn prahlerisch auf.[47]

Der Erzähler scheint keine Freundin zu haben, und die Geschichte läßt immer wieder in Form von Anspielungen Eifersucht und widerstreitende Gefühle erkennen. Während der Erzähler einerseits von seinem neuen Bekannten Besitz ergreift, wünscht er andererseits, allein zu sein. »Aber ich war zu furchtsam, um ohne Gruß wegzugehn und zu schwach, um laut rufend zu grüßen, daher blieb ich wieder stehn, stützte mich an eine mondbeschienene Häusermauer und wartete.«[48] Auch an den Liebesgeschichten des anderen nimmt der Erzähler mit- und nachempfindend teil. »Sein Leben wurde mir teurer als meines. Ich fand sein Gesicht schön, ich war stolz auf sein Glück bei den Frauenzimmern und ich nahm an den Küssen teil, die er an diesem Abend von den zwei Mädchen bekommen hatte.«[49] (Bei einer späteren Gelegenheit sagte Kafka einmal, daß er Brod mehr liebe als sich selbst.) Doch eine Sorge läßt ihn nie los: Was sein Freund wohl dem Mädchen über ihn sagen mag. Ohne ein eigenes klares Selbst-Bild, neigt Kafka vor allem zu Spekulationen darüber, welches Bild wohl andere sich von ihm machen könnten, und wie in der Geschichte vom schamhaften Langen versteckt er diese Angst hinter grausam lächerlichen Übertreibungen.

> Er sieht aus, – wie soll ich es beschreiben – wie eine Stange in baumelnder Bewegung, auf die ein gelbhäutiger und schwarzbehaarter Schädel ein wenig ungeschickt aufgespießt ist. Sein Körper ist mit vielen, ziemlich kleinen, grellen, gelblichen Stoffstücken behängt, die ihn gestern vollständig bedeckten, denn in der Windstille dieser Nacht lagen sie glatt an.[50]

Neben der Distanz schaffenden Karikatur finden wir eine übersteigerte Subjektivität, die davon ausgeht, daß die gesamte äußere Umgebung durch die Wahrnehmung oder den Willen des einzelnen verwandelt werden kann. »Es war mir, als höbe sich mit den Atemzügen seiner platten Brust die harte Wölbung des gestirnten Himmels.«[51] Im zweiten Teil der Erzählung, der die Überschrift trägt: »Belustigungen oder Beweis dessen, daß es unmöglich ist zu leben«, gelingt es dem Erzähler, sogar die Landschaft seinem Willen zu unterwerfen:

Weil ich aber als Fußgänger die Anstrengung der bergigen Straße fürchtete, ließ ich den Weg immer flacher werden und sich in der Entfernung endlich nach einem Tale senken.
Die Steine verschwanden nach meinem Willen und der Wind wurde still und verlor sich im Abend ... Ziemlich weit meiner Straße gegenüber, wahrscheinlich durch einen Fluß von mir getrennt, ließ ich einen hohen Berg aufstehn, dessen Höhe mit Buschwerk bewachsen an den Himmel grenzte ... Dieser Anblick ... freute mich so, daß ich ... daran vergaß, den Mond aufgehn zu lassen, der schon hinter dem Berge lag, wahrscheinlich zürnend wegen der Verzögerung.[52]

Die Außenwelt öffnet sich den Phantasien eines jungen Mannes, der sich der Möglichkeit, Einfluß auf – eigene oder fremde – Wahrnehmungen und Handlungsweisen zu nehmen, noch nicht ganz sicher ist.

Aber ich brachte kaum die ersten Worte vor, als mein Bekannter gleichgültig und bloß überrascht darüber, mich noch hier zu sehn – so schien es mir – sich zu mir wandte und sagte: »Sehen Sie, so kommt es immer. Als ich heute die Treppe hinunterstieg, um noch einen Abendspaziergang zu machen, ehe ich in die Gesellschaft gehen mußte, wunderte ich mich, wie meine rötlichen Hände in den weißen Manschetten hin- und herschlenkerten und wie sie es mit ungewohnter Munterkeit taten. Da erwartete ich Abenteuer. So kommt es immer.«[53]

Kann der Gedanke an Gewalttätigkeit Gewalttätigkeit hervorrufen? Der Begleiter macht lediglich eine harmlose Handbewegung, und schon erwartet der Erzähler, er werde ein Messer zücken. »Ja, wenn er in die Laune käme – ein Glücklicher ist so gefährlich, das ist unzweifelhaft – würde er mich auch totschlagen wie ein Straßenmörder. Das ist sicher und da ich feig bin, würde ich vor Schrecken nicht einmal zu schreien wagen.«[54] Da dieser Gedanke ungehindert Platz greifen darf, liegt es nahe zu vermuten, der Autor ziehe aus der Vorstellung, er könne geopfert werden, masochistischen Lustgewinn. Hier haben wir bereits jenen Kafka, der es genießen wird, den Schluß des Romans *Der Prozeß* zu schreiben.

Schließlich wird der Erzähler tatsächlich verletzt – am Knie, als er auf dem Eis ausgleitet. Das führt zu einer zart erotischen Szene zwischen den beiden Männern: »Ich sah nicht, daß er erstaunt war, als er sich mitleidig zu mir bückte und mich mit weicher Hand streichelte. Er fuhr an meinen Wangenknochen auf und nieder und legte dann zwei dicke Finger an meine niedrige Stirn: ›Sie haben sich weh getan, nicht?‹«[55]

Diese Erzählung blieb zu Kafkas Lebzeiten unveröffentlicht; er gestattete lediglich, daß zwei Teile daraus in der Zeitschrift *Hyperion* erschienen – ohne Hinweis darauf, daß im *Gespräch mit dem Beter* nicht der eigentliche Erzähler berichtet, sondern ein dicker Mann, den vier nackte Träger in einer Sänfte über einen Fluß bringen. Auch hier sind die beschriebenen Personen wieder deutlich erkennbare Selbstprojektionen – im Zentrum steht das Bekenntnis eines Mannes, der sich unsicher und unbehaglich fühlt:

> »Es hat niemals eine Zeit gegeben, in der ich durch mich selbst von meinem Leben überzeugt war. Ich erfasse nämlich die Dinge um mich nur in so hinfälligen Vorstellungen, daß ich immer glaube, die Dinge hätten einmal gelebt, jetzt aber seien sie versinkend. Immer, lieber Herr, habe ich eine so quälende Lust, die Dinge so zu sehn, wie sie sich geben mögen, ehe sie sich mir zeigen. Sie sind da wohl schön und ruhig.«[56]

Da sein Gesprächspartner darauf lediglich mit unwillkürlichen Gesichtszuckungen reagiert, fährt der dicke Mann fort – mit dem Bericht über seine Mutter und die Frau, die »im Grünen jaust«. Wie sein Autor möchte auch er glauben, daß es keinen Grund gibt, sich zu schämen. Warum darf er nicht aufrecht und schwer gehen, nicht mit dem Stock auf das Pflaster schlagen, warum muß er »als Schatten mit eckigen Schultern die Häuser entlang« hüpfen, »manchmal in den Scheiben der Auslagsfenster verschwinden«?[57] Er hat das Gefühl, seine Existenz sei weniger »wirklich« als die anderer Menschen.

In dem zweiten veröffentlichten Erzählungsteil, »Gespräch mit dem Betrunkenen«, geht es vor allem um die Beziehungslosigkeit des Großstadtmenschen:

> Alle sind zwar in Neugierde, aber auch in Furcht vor Enttäuschung; sie atmen schnell und stecken ihre kleinen Köpfe vor. Wenn sie aber einander berühren, so verbeugen sie sich tief und bitten um Verzeihung: »Es tut mir sehr leid, – es geschah ohne

Absicht – das Gedränge ist groß, verzeihen Sie, ich bitte – es war sehr ungeschickt von mir – ich gebe das zu. Mein Name ist – mein Name ist Jerome Faroche, Gewürzkrämer bin ich in der Rue du Cabotin – gestatten Sie, daß ich Sie für morgen zum Mittagessen einlade.«[58]

Da Kafka zu jener Zeit Paris noch nicht kannte, konnte er seiner Phantasie über das Leben in einer Weltstadt freien Lauf lassen – später schrieb er einen Roman über Amerika, ohne je einen Fuß auf diesen Kontinent gesetzt zu haben. Es ist aber auch gar nicht weiter wichtig, *wo* die hier geschilderte Begegnung zweier Männer stattfindet. Entscheidend ist, daß es zu keinem wirklichen Gespräch kommt, da der eine viel zu betrunken ist, um zu verstehen, was der andere zu ihm sagt. Zum Schluß bietet der Erzähler, die Aussichtslosigkeit seines Bemühens erkennend, dem Betrunkenen seinen Arm.

Wahrscheinlich hätte Kafka sich ähnlich verhalten. Als Brod ihn an einem Herbstnachmittag des Jahres 1904 mit Max Bäumls Vetter Oskar Baum bekannt machte, der bei einer Schlägerei zwischen deutschen und tschechischen Schülern das Augenlicht eingebüßt hatte, trat er ihm mit äußerster Behutsamkeit entgegen. Darüber schrieb Baum später:

> Er wußte sich bei einem Erblindeten. Und machte mir, während der vorstellenden Worte Brods eine *stumme* Verbeugung. Das war, sollte man glauben, eine sinnlose Förmlichkeit *mir* gegenüber, der ich sie ja nicht sehen konnte. Sein glattgestrichener Haarscheitel berührte indes, wohl infolge meiner etwas zu heftigen gleichzeitigen Verbeugung, flüchtig meine Stirn. Ich fühlte eine Ergriffenheit, deren Grund mir im ersten Augenblick nicht völlig klar wurde. Hier hatte einer als *erster* unter allen Menschen, die mir begegnet waren, meinen Mangel als etwas, das nur mich allein anging, (nicht durch Anpassung oder Rücksicht, nicht durch die geringste Veränderung seines Verhaltens) festgestellt.[59]

Brod las an jenem Nachmittag seine soeben vollendete Novelle *Ausflüge ins Dunkelrote* vor, und in der anschließenden Diskussion sagte Kafka unter anderem: »Wenn man nicht nötig hat, durch Stileinfälle vom Geschehen abzulenken, ist die Verlockung hierzu am stärksten.«[60] Von da an trafen sich Kafka, Brod, Baum und Felix

Weltsch ziemlich regelmäßig an Wochenenden, um aus ihren Arbeiten vorzulesen und darüber zu sprechen. Nur Kafka verschwieg nach wie vor, daß er auch schrieb. Brod nahm übrigens den Freund als Vorbild für Carus, eine der Gestalten in seiner 1904 geschriebenen Novelle *Die Insel Carina.*

Was Kafka zu Brod hinzog, war dessen Energie, Unternehmungslust und Selbstvertrauen, Eigenschaften, die Kafka fehlten und die man braucht, wenn man Erfolg haben will. Brod machte sich bald einen Namen, nicht nur als Sprecher bei Studentenversammlungen, sondern auch als Schriftsteller, und erst nach Kafkas Tod wurde Brods Talent von Kafkas Genie überstrahlt. Kafka muß von Anfang an gespürt haben, daß der überaus großzügige Brod ihm Mut zusprechen und helfen würde, doch zunächst führte sie seine Bewunderung für Brods schriftstellerische Arbeit und ihr gemeinsames Interesse an anderen Autoren zusammen. Dabei steckte Kafka den Freund gern mit seiner eigenen Begeisterung an:

> Es ging etwas ganz ungewöhnlich Starkes von ihm aus, was ich nie wieder angetroffen habe, auch bei Begegnungen mit sehr bedeutenden und berühmten Männern nicht ... Die niemals aussetzende Dichtigkeit seiner Einfälle duldete überhaupt keine Lücke, nie sprach er ein unbedeutsames Wort. Was von ihm kam, war auf eine Art, die im Laufe der Jahre immer ungezwungener wurde, ein kostbarer Ausdruck seiner ganz besonderen, geduldigen, lebenswilligen, den Narrheiten der Welt gegenüber ironisch nachsichtigen, daher schmerzlich humorvollen ... Betrachtungsweise ... Auf tausend ganz leichten Wegen, so schien es, flogen ihm als Betrachter Zusammenhänge zu, die man nie geahnt hatte, ... winzige, aber richtige getreue *Erkenntnisse,* aus denen ein ganz neues System von Erkenntnissen aufzubauen man große Lust verspürte.[61]

Auch im Hause Fanta war Kafka ein gern gesehener Gast, obwohl sich sein mangelndes Selbstvertrauen bei Diskussionen immer wieder bemerkbar machte. »Wenn z. B. acht Personen im Horizont eines Gespräches sitzen, wann und wie hat man da das Wort zu nehmen, um nicht für schweigend angesehen zu werden. Das kann doch um Himmelswillen nicht willkürlich geschehn, gar wenn man an der Sache geradezu wie ein Indianer unbeteiligt ist. Hätte ich Dich doch früher gefragt!«[62]

So wie der Erzähler in *Beschreibung eines Kampfes* sehnte sich gewiß auch Kafka gelegentlich nach Einsamkeit, denn während seiner Studienjahre war er vergleichsweise selten allein. Vom Herbst 1903 bis Sommer 1905 mußte er Vorlesungen über Privatrecht, Handels- und Wechselrecht, Zivilgerichtsverfahren, Strafrecht und Strafprozeß, Allgemeines und Österreichisches Verwaltungsrecht, Volkswirtschaftslehre und Volkswirtschaftspolitik sowie Finanzwissenschaft hören und außerdem Vorlesungen über Geschichte der Rechtsphilosophie und Statistik belegen. Sein Professor für Zivilrecht war Horaz Krasnopolski, der täglich zwei Stunden las. »So wirksam, so eindringlich war sein Vortrag. Er sprach feurig und lebhaft, unterbrach die theoretischen Erörterungen vielfach durch Beispiele aus dem wirklichen Leben, belebte die Aufmerksamkeit der Hörer durch manche humorvolle Bemerkung, durch manches scharfe, satirische Wort.«[63]

Im fünften, sechsten und siebten Semester hörte Kafka jeweils sechzehn Wochenstunden bei dem Strafrechtler Hans Gross, einem ehemaligen Untersuchungsrichter, der als Begründer der wissenschaftlichen Kriminologie gilt. Die zentrale These seiner Theorien war: Nicht das Verbrechen ist Gegenstand der Strafe, sondern der Verbrecher, weshalb nicht nur das Gesetz, sondern auch »das Leben« Gegenstand der Lehre sein müsse.

Während der Vorlesungen vertrieb Kafka sich die Zeit gewöhnlich damit, daß er die Ränder seiner Skripten mit Zeichnungen bedeckte, von denen dank Brod viele erhalten sind. Obwohl diese ausgemergelten Figuren roh und unfertig wirken, weisen sie eine gewisse Verwandtschaft mit denen Giacomettis auf und zeigen, daß Kafka bereits auf dem Weg in die Vorstellungswelt seiner späteren Romane war. Brod zeigte befreundeten Malern, unter ihnen Fritz Feigl, einige von Kafkas Zeichnungen und bezeichnete ihn dabei als einen herausragenden Künstler.[64] Man sieht hier einsame und verzweifelte Menschen, vor einem kargen Hintergrund der Mühsal ihres Daseins unterworfen. Recht und Gesetz, soweit überhaupt vorhanden, sind ungreifbar und unverständlich. Die meist sehr kleinformatigen Skizzen vermitteln, wie auch Kafkas spätere Zeichnungen, eine Atmosphäre von Leere und Stille.

Die abendlichen Zusammenkünfte in der Lese- und Redehalle, die

Kafka häufig besuchte, müssen auf ihn wie Veranstaltungen aus einer anderen Welt gewirkt haben neben den juristischen Vorlesungen. Autoren wie Meyrink, Hugo Salus und Detlev von Liliencron lasen aus eigenen Werken, während Brod und andere Studenten über Grillparzer, Heine, Gottfried Keller und Nietzsche sprachen. Die Lese- und Redehalle war die größte Verbindung deutschsprachiger Studenten in Prag, und die meisten ihrer Mitglieder waren Juden. Außerdem gab es eine nicht-jüdische Verbindung, deren Räume im Nachbargebäude lagen, und zwei weitere ausschließlich jüdische Verbindungen, eine farbentragende und eine nicht-farbentragende. Wenn die Lese- und Redehalle auch angeblich politisch neutral war, unterlag sie doch stark dem deutschnationalen Einfluß der farbentragenden Studenten. Kafka, der sich zwar nie direkt an den Auseinandersetzungen beteiligte, empfand angesichts dessen, was sich da abspielte, mehr und mehr Sympathie für die Tschechen und besuchte gelegentlich die Wahlveranstaltungen tschechischer Politiker, wie beispielsweise die des Nationaldemokraten Dr. Kramář, des Sozialdemokraten Dr. Soukup und des nationalen Sozialisten Klofáč.

Im Jahre 1905 mußte Kafka, erschöpft von den vielfachen Anforderungen, zum ersten Mal ins Sanatorium. Einen Monat vor Semesterende fuhr er von Prag nach Zuckmantel, einer Kleinstadt im österreichischen Teil Schlesiens. Erst nach vier Wochen dort schrieb er an Brod, und auch dann lediglich eine wortkarge Ansichtskarte. »Sicher, ich hätte Dir geschrieben, wenn ich in Prag geblieben wäre. So aber bin ich leichtsinnig, schon die vierte Woche in einem Sanatorium in Schlesien, sehr viel unter Menschen und Frauenzimmern und ziemlich lebendig geworden.«[65]

Hier in Zuckmantel erlebte Kafka auch zum ersten Mal eine ihn emotional befriedigende Beziehung zu einer – älteren – Frau. Elf Jahre später – er war gerade mit Felice Bauer in Marienbad – schrieb er an Max Brod: »Im Grunde war ich noch niemals mit einer Frau vertraut, wenn ich zwei Fälle ausnehme, jenen in Zuckmantel (aber dort war sie eine Frau und ich ein Junge) und jenen in Riva (aber dort war sie ein halbes Kind und ich ganz und gar verwirrt und nach allen Himmelsrichtungen hin krank).«[66] Diese Frau scheint ihm als Vorbild für die Betty aus *Hochzeitsvorbereitungen auf dem Lande* (1907/8) gedient zu haben, von der er als einem »ältlichen hübschen Mädchen«[67] spricht. Häufig erzählt sie ihrem Verlobten Raban, »wieviel sie von lüsternen Männern zu leiden hatte und wie sie ihr Drängen zurückweisen mußte«[68].

Ende August besuchte er von Zuckmantel aus mit seinen Schwestern eine Tante in Strakonitz, einem Ort in Südböhmen, fünfundfünfzig Kilometer nordwestlich von Budweis, wo sie einige Wochen gemeinsam verbringen wollten. Als er nach Prag zurückkehrte, bereitete er sich unter erheblichem Druck auf den ersten Teil der Abschlußprüfung vor, das sogenannte Rigorosum II, das für November angesetzt war. Aber nicht einmal jetzt rührte er abends nach sieben Uhr juristische Bücher an, ging allerdings seltener ins Café Louvre, um seine Arbeit am folgenden Tag nicht zu beeinträchtigen. Die Prüfung in Zivil-, Handels- und Wechselrecht, die am 7. November stattfand, bestand er mit »genügend«. Doch gewährte ihm das nur vorübergehend ein wenig Ruhe, und im Februar 1906, einen Monat, bevor er das Rigorosum III (Allgemeines und Österreichisches Staatsrecht, Völkerrecht und politische Ökonomie) abzulegen hatte, spielte er mit dem Gedanken, sich von einem Arzt ein Attest geben zu lassen, das ihm erlaubte, von der Prüfung zurückzutreten: »Ich habe mich nämlich verführen lassen und mir einen unsinnig frühen Termin genommen, während meine Kenntnisse noch nicht einmal geringfügig sind.«[69]

Etwa im Dezember 1905 abonnierten Kafka und Brod gemeinsam die Zeitschrift *Der Amethyst. Blätter für seltsame Literatur und Kunst.* Bei dieser »seltsamen« Literatur handelte es sich um Erotika aus der Weltliteratur. »Die Weltliteratur defiliert in Unterhosen an unserem Tisch vorbei.«[70] Herausgeber war Franz Blei, den Kafka später einmal als »riesig gescheit und witzig« charakterisierte. Nicht, daß Kafka ein mönchisches Leben geführt hätte, doch scheinen ihm sexuelle Kontakte wenig Vergnügen bereitet zu haben. In einem wohl im Mai 1906 verfaßten Brief führt er Gründe dafür auf, warum er keine Zeit hatte, Brod zu besuchen: »kleines Mädchen, sehr wenig lernen, Dein Buch, Macaulays Lord Clive«[71], aber am Anfang der Liste steht »Kisten tragen und abstauben«, denn der Vater zog mit seinem Galanteriewarengeschäft aus der Zeltnergasse 12 ins Erdgeschoß eben jenes Kinsky-Palais, in dessen erstem Stock der Sohn seine Gymnasiastenjahre verbracht hatte.

Der einzige Vorteil, den der vorverlegte Examenstermin mit sich brachte, war die Aussicht, auf diese Weise das Jurastudium bald beendet zu haben. Nachdem er sich einige von Brods Merkzetteln ausgeliehen hatte, stellte er sich am 16. März dem Rigorosum III. »Ich hätte Dir eigentlich noch während meiner Prüfung schreiben sollen, denn es ist sicher, daß Du mir drei Monate meines Lebens zu einer andern Verwendung gerettet hast als zum Lernen der Finanzwissenschaft. Nur die Zettelchen haben mich gerettet.«[72] Die Prüfer hatten seine Leistung – mit drei von fünf Stimmen – als »genügend« bewertet.

Nach diesen beiden Examina war er zur Mitarbeit in einer Anwaltskanzlei berechtigt, und so trat er eine Stelle als »Concipient« bei dem – nicht mit ihm verwandten – Anwalt Dr. Richard Löwy an, der seine Praxis am Altstädter Ring hatte. Wenn Kafka auch nicht beabsichtigte, Anwalt zu werden, so wollte er diese »Lehrzeit« doch nützen, obwohl ihm noch das Rigorosum I mit den Fächern Römisches, Kanonisches und Deutsches Recht bevorstand. Er arbeitete zielstrebig, ohne sich wirklich für die Materie zu interessieren. Ihm blieben jetzt deutlich weniger Zeit und Energie für andere Dinge. »Da es für mich eine Anstrengung ist, während des Tages meine Lumpen auszuziehn und einen Straßenanzug zu nehmen, so muß ich als Nachttier leben.«[73] Er brachte es nicht über sich zu erklären, daß die Zeit ihm nicht reichen werde, als der Dekan Professor Frankl den Prüfungstermin auf den 13. Juni vorverlegte. »Da ich mich geschämt habe, vorsichtiger zu sein als er, habe ich nichts eingewendet.«[74] So blieben Kafka neben der Arbeit in der Kanzlei weniger als drei Monate für die Prüfungsvorbereitung. In den letzten Wochen verließ er das Haus kaum noch und konzentrierte sich ganz darauf, den Stoff ähnlich wie damals in der Schule auswendig zu lernen. Da die Prüfer ihm einstimmig ein »Genügend« zuerkannten, wurde er am 18. Juni zum Doktor der Rechte promoviert.

In der zweiten Junihälfte arbeitete er weiter in Löwys Kanzlei, verbrachte jedoch einen Teil der Monate Juli und August erneut im Sanatorium von Zuckmantel, wo er auch die Beziehung zu dem »ältlichen hübschen Mädchen« wieder aufnahm. Er fragte Brod, ob dieser nicht in einer »Dependance« des Sanatoriums oder einem nur wenige Minuten entfernt liegenden Gasthaus Quartier nehmen wolle, doch Brod blieb in Prag.

Wahrscheinlich war Kafka ähnlich zumute wie Raban in *Hochzeitsvorbereitungen auf dem Lande*: »Man arbeitet so übertrieben im Amt, daß man dann sogar zu müde ist, um seine Ferien gut zu genießen . . . Warum bleibe ich also diese kleinen Ferien über nicht in der Stadt, um mich zu erholen? Ich bin doch unvernünftig.«[75] Kafka schiebt in Rabans inneren Monolog sogar einen Kommentar darüber ein, wieviel leichter es ist, in der dritten statt in der ersten Person etwas über sich selbst zu sagen: »Und solange du *man* sagst an Stelle von *ich*, ist es nichts und man kann diese Geschichte aufsagen, sobald du aber dir eingestehst, daß du selbst es bist, dann wirst du förmlich durchbohrt und bist entsetzt.«[76]

Für wen schrieb Kafka? Da er seine Erzählungen nicht veröffentlichte, sie nicht einmal seinen Freunden zeigte, natürlich in erster Linie für sich selbst – wenn auch nicht auf dieselbe Weise wie später, als er ein Tagebuch führte –, doch er schrieb auch an jene anderen (vor allem an die Frauen), die ihn mit einer ihm unerträglich erscheinenden Gleichgültigkeit betrachteten. Aber ebensowenig wie der *Brief an den Vater* sollten diese Briefe ihren Empfänger je erreichen: Sie waren Verständigungsgesten, Entwürfe, die er nicht vollendete. Die Briefe erfüllten sein Bedürfnis zu glauben, alles lasse sich erklären, und nichts an ihm werde einer Frau seltsam erscheinen, wenn er sie nur dazu bringen konnte, ihm zuzuhören. Dies Bedürfnis trieb ihn später dazu, Brief auf Brief an Felice Bauer zu schreiben – eine Korrespondenz, die heute mehr als siebenhundertfünfzig Buchseiten füllt. Es drängte ihn, Felices Liebe zu gewinnen, indem er versuchte, sich ihr ganz zu offenbaren; an ihrer physischen Gegenwart dagegen war ihm nicht wirklich gelegen.

Ähnlich unsicher im Umgang mit Freunden wie sein Autor, grübelt Raban: »Selbst alter Bekannter ist man gar nicht sicher.«[77] Und überlegt dann in allen Einzelheiten, was es mit Lements freundlichem Verhalten auf sich haben könnte. »Er hat mich angesprochen und mich dann begleitet, trotzdem er nichts von mir erfahren wollte und selbst ein anderes Geschäft noch hatte. Jetzt aber ist er unversehens weggegangen, und doch habe ich ihn mit keinem Worte kränken können.«[78]

Die Identifikation Kafka/Raban wird besonders deutlich in jener Szene, da Raban sich, wie ein Kind, selbst versichert, er werde imstande sein, seiner Angst Herr zu werden und die nächsten zwei Wochen zu überstehen:

> Denn es sind nur vierzehn Tage, also eine begrenzte Zeit, und wenn auch die Ärgernisse immer größer werden, so vermindert sich doch die Zeit, während welcher man sie ertragen muß . . . Alle, die mich

quälen wollen und die jetzt den ganzen Raum um mich besetzt haben, werden ganz allmählich durch den gütigen Ablauf dieser Tage zurückgedrängt, ohne daß ich ihnen auch nur im geringsten helfen müßte. Und ich kann, wie es sich als natürlich ergeben wird, schwach und still sein und alles mit mir ausführen lassen und doch muß alles gut werden, nur durch die verfließenden Tage.

Und überdies kann ich es nicht machen, wie ich es immer als Kind bei gefährlichen Geschäften machte? Ich brauche nicht einmal selbst aufs Land fahren, das ist nicht nötig. Ich schicke meinen angekleideten Körper. Wankt er zur Tür meines Zimmers hinaus, so zeigt das Wanken nicht Furcht, sondern seine Nichtigkeit. Es ist auch nicht Aufregung, wenn er über die Treppe stolpert, wenn er schluchzend aufs Land fährt und weinend dort sein Nachtmahl ißt. Denn ich, ich liege inzwischen in meinem Bett, glatt zugedeckt mit gelbbrauner Decke, . . . denn ich träume noch. Kutscher und Spaziergänger sind schüchtern und jeden Schritt, den sie vorwärts wollen, erbitten sie von mir, indem sie mich ansehn. Ich ermuntere sie, sie finden kein Hindernis.[79]

Besaß er in *Beschreibung eines Kampfes* »nur« Gewalt über den äußeren Raum, beherrscht er nun auch die Menschen: Sie unterliegen seiner Macht und können ihm nicht gefährlich werden. Da aber die Wirklichkeit schrecklich ist, besteht zugleich die einzige Fluchtmöglichkeit in der Vorstellung, alles widerfahre einem anderen, einem *alter ego*. So hatte Kafka seinem Vater standgehalten; so legte er das Examen in einem Fach ab, das er nicht hatte studieren wollen. Es ist nur ein Schritt von der Annahme, der bekleidete Leib sei der eines anderen, bis zur Identifikation mit Raban – Dohle gleich Rabe. Rabans Ansicht, alles lasse sich erklären, ist eine Projektion von Kafkas Bedürfnis, alles mit Hilfe einer Erzählung zu erklären, die von einem *alter ego* handelt. »Aber durch alle Arbeit erlangt man noch keinen Anspruch darauf, von allen mit Liebe behandelt zu werden, vielmehr ist man allein, gänzlich fremd und nur Gegenstand der Neugierde.«[80] Ihm genügt die Überzeugung, die anderen liebten ihn, wenn – was niemals der Fall sein kann – es möglich wäre, alles zu erklären und sie zum Zuhören zu bewegen. Doch dieser Kunstgriff fordert die Selbstzerstörung. Während er sich von seinem wirklichen Selbst abwendet, setzt er es mit dem Kind gleich, das sich ängstlich ins Bett kuschelt. Das Selbst, das durch die Tür tritt, ist ein Nichts – und Kafka hat es dazu gemacht.

In Vorwegnahme einer seiner berühmtesten Erzählungen geht er noch einen Schritt weiter und identifiziert sich mit Insekten: »Ich habe, wie ich im Bett liege, die Gestalt eines großen Käfers, eines Hirschkäfers oder eines Maikäfers, glaube ich ... Ich stellte es dann so an, als handle es sich um einen Winterschlaf, und ich preßte meine Beinchen an meinen gebauchten Leib. Und ich lisple eine kleine Zahl Worte, das sind Anordnungen an meinen traurigen Körper, der knapp bei mir steht und gebeugt ist. Bald bin ich fertig – er verbeugt sich, er geht flüchtig und alles wird er aufs beste vollführen, während ich ruhe.«[81] Er hat sich geteilt wie eine Amöbe: Das Selbst, das sich bestätigen soll, wird losgelöst von dem Selbst, das abdankt. Diese deutliche Dichotomie mag einen Teil jener Faszination ausgemacht haben, die Kafka für Freunde und Frauen besaß: Durch die Entscheidung, nie die Macht auszuüben, über die er verfügte, gewann er sie in höchstem Maße.

ZWISCHEN »BROTBERUF« UND »SCHREIBKUNST«

»Unentschlossenheit kenne ich, ich kenne nichts anderes, aber dort, wo etwas nach mir verlangt, da falle ich hin, ganz müde der halben Neigung und des halben Zweifels in tausend frühern Kleinigkeiten.«[1] Da Kafka weder Anwalt noch Beamter werden wollte, muß er sogleich unter väterlichen Druck geraten sein, seine neu erworbene Qualifikation auch ja zu nutzen, »denn es galt als abgemacht«, schreibt Brod, »daß er den Eltern nicht einen Tag länger als nötig auf der Tasche liegen würde«.[2] Doch zunächst war Kafka zu finanzieller Selbständigkeit noch gar nicht in der Lage. Denn obwohl er nicht in den Staatsdienst gehen wollte, hatte er vor, die für alle Juristen, die das beabsichtigten, vorgeschriebene einjährige unbezahlte Rechtspraxis zu absolvieren. Allerdings verfügte er über ein Sparkassenbuch, von dem seine Angehörigen nichts wußten. Es bestimmte in seinen Augen seinen Rang in der Familie, und den Schlüssel zu dem Bücherschrank, in dem er es aufbewahrte, trug er stets bei sich.

Im September 1906, nach seiner Rückkehr aus dem Sanatorium, beantragte er bei der Polizeidirektion ein »Wohlverhaltungszeugnis« (sic), das für eine Übernahme in den Staatsdienst unerläßlich war. Da er es anstandslos bekam, darf man annehmen, daß er nicht ernsthaft an den Aktivitäten der jungen Sozialisten und Anarchisten beteiligt gewesen war. Bei Vorträgen in Klubs und Hotels waren stets Polizeispitzel anwesend, die die Namen regelmäßiger Besucher notierten. Als der 1900 gegründete Klub Mladých in den Bezirk Karolinenthal umsiedelte, wurde die Polizeiüberwachung verschärft, und wenn Kafkas Name in den Listen aufgetaucht wäre, hätte das vermutlich ausgereicht, ihm das Leumundszeugnis zu verweigern. So jedoch konnte er ab Oktober 1906, zunächst am »Landesgericht«, dann am »Strafgericht«, die für eine weitere juristische Laufbahn notwendige Rechtspraxis erwerben. Wie vorauszusehen, ödete diese Arbeit ihn an, und so erklärte er auch, er habe »während des Gerichtsjahres nichts fertiggebracht« und werde sich »unaufhörlich während der Arbeitsstunden ... blamieren.«[3] Sein einziger Trost war, daß die Dienstzeit nur sechs Stunden pro Tag betrug.

Doch die Erfahrungen, die er mit Gerichten und Behördeninstanzen machte, waren von entscheidender Bedeutung für die Entstehung seiner Romane *Der Prozeß* und *Das Schloß,* die in satirischer Weise die Willkür und Ungerechtigkeit mächtiger Beamter zeigen. Ein Thema, das Kafka bereits in seiner Erzählung *Die Abweisung* (1920) entwickelt. Ort der Handlung: ein Dorf, das weitab von der Grenze und noch weiter entfernt von der Hauptstadt des Landes liegt – und damit vom Zentrum der Macht, wo alle wichtigen Entscheidungen getroffen werden. Die Trostlosigkeit dieser Provinzialität übertrifft noch die der Tschechowschen Welt. »Seit Jahrhunderten hat bei uns keine von den Bürgern selbst ausgehende politische Veränderung stattgefunden.«[4] Die höchsten Beamten kommen aus der Hauptstadt, die mittleren von auswärts und nur die niedrigsten stammen aus dem Ort. Der höchste Beamte ist der Obersteuereinnehmer im Rang eines Obersten; seine Machtbefugnis ist unbezweifelbar, wenn auch niemand je ein Dokument gesehen hat, das sie ihm bestätigte. Bei feierlichen Anlässen steht er aufrecht und hält zwei lange Bambusstangen in den ausgestreckten Händen. »Es ist eine alte Sitte, die etwa bedeutet: so stützt er das Gesetz und so stützt es ihn.«[5] In dem Augenblick, da er jemandem die Bitte um Steuerbefreiung für ein Jahr oder um billigeres Bauholz aus den kaiserlichen Wäldern abschlägt, läßt er die Stangen los, wird wieder »ein Mensch wie wir alle«[6], sinkt in einen Lehnstuhl und schiebt sich eine Tabakspfeife in den Mund. Wie im *Schloß* ändern die Funktionsträger ihre Haltung, wenn sie nicht in amtlicher Eigenschaft sprechen.

Erzählt wird aus der Sicht des Provinzjungen, der aufgrund seiner fehlenden Beziehung zum Zentrum kaiserlicher Macht als tumber Tor erscheint. Die Soldaten sprechen einen den Einheimischen unbekannten Dialekt, und wenn sie in ein Geschäft kommen und dort stehenbleiben, den Gesprächen zuhören, die sie wahrscheinlich gar nicht verstehen, schüchtert das die Käufer ein und der Laden leert sich. Es ist höchst unerfreulich, auf diese Weise überwacht zu werden, aber nur die jungen Leute zwischen siebzehn und zwanzig sind unzufrieden und neigen daher möglicherweise zur Rebellion.

»Marx trägt das Haupt hoch erhoben wie ein Gott«, schrieb George Bernard Shaw, »er hat das Gesetz entdeckt.« Und Freud, dessen Vater mit ähnlicher Verachtung auf das »Versagen« seines Sohnes herabsah wie Hermann Kafka auf dasjenige Franzens und wohl auch kaum mehr Mitgefühl für ihn aufbrachte, wurde dazu getrieben, allen Anfeindungen und Rückschlägen zum Trotz, nach den Gesetzen zu suchen, die das menschliche Verhalten bestimmen. Kafka dagegen hatte erkannt, daß er das Gesetz niemals entdecken würde.

Als Brods erstes Buch erschien, hatte Kafka sich gerade unter einem Pseudonym mit einer Erzählung an einem Preisausschreiben der Wiener Zeitung *Zeit* beteiligt. Brod kann sich nicht erinnern, vor 1909 etwas von Kafka gelesen zu haben, machte sich aber den Spaß, anläßlich einer Rezension von Franz Bleis Farce *Der dunkle Weg* (in der Ausgabe der Berliner Wochenschrift *Die Gegenwart* vom 9. Februar 1907) einer Reihe berühmter Autoren (Blei, Mann, Wedekind und Meyrink) auch den Namen Kafkas hinzuzufügen.

> Ich habe gestern die *Gegenwart* gelesen, allerdings mit Unruhe, da ... das in der *Gegenwart* Gedruckte ins Ohr gesagt sein will. Nun, das ist Fasching, durchaus Fasching, aber der liebenswürdigste. – Gut, so habe ich in diesem Winter doch einen Tanzschritt gemacht ...
>
> Traurig ist nur – ich weiß, Du hattest diese Absicht nicht –, daß es mir jetzt zu einer unanständigen Handlung gemacht worden ist, später etwas herauszugeben, denn die Zartheit dieses ersten Auftretens würde vollständigen Schaden bekommen. Und niemals würde ich eine Wirkung finden, die jener ebenbürtig wäre, die meinem Namen in Deinem Satze gegeben ist.[7]

Allerdings lese, heißt es weiter, in Deutschland wohl kaum jemand eine Kritik sorgfältig. »Mittelpunkte meines Ruhmes sind also Dar-es-Salam, Udschidschi, Windhoek. Aber gerade zur Beruhigung dieser rasch interessierten Leute (schön ist es: Farmer, Soldaten) hättest Du noch in Klammern schreiben sollen: ›Diesen Namen wird man vergessen müssen.‹«[8]

Es deute jedoch einiges darauf hin, daß Menschen beiderlei

Geschlechts sich den Namen Kafka merkten – im Frühjahr 1907 schenkte ihm eine Dreiundzwanzigjährige »ein Wunder von einem Sonntag«[9] –, doch nichts vermochte seiner Selbstverachtung entgegenzuwirken. Brods Freundschaft war ihm unschätzbar wertvoll, aber, neurotisch wie er war, fühlte er sich ihrer nicht würdig und tat alles, um sie zu zerstören. Er hielt Verabredungen mit dem Freund nicht ein und schickte dann, um die Verwirrung vollkommen zu machen, seine Rohrpostkarte mit der Entschuldigung – »Hier in der Grabentabaktrafik bitte ich Dich um Verzeihung dafür, daß ich heute abend nicht zu Dir komme. Ich habe Kopfschmerzen, die Zähne bröckeln mir ab, mein Rasiermesser ist stumpf; es ist ein unangenehmer Anblick«[10] – an die Adresse Oskar Pollaks statt an die Max Brods! In seinem nächsten Brief an Brod hieß es daraufhin: »Ich bitte Dich jetzt, ärgere Dich darüber und rede deshalb nicht mehr mit mir. Mein Weg ist gar nicht gut und ich muß – soviel Übersicht habe ich – wie ein Hund zugrunde gehn. Auch ich würde mir gern ausweichen, aber da das nicht möglich ist, freue ich mich nur noch darüber, daß ich kein Mitleid mit mir habe.«[11]

Nicht nur sein Schreiben wurde von dieser Selbstverachtung bestimmt, sondern auch die Funktion, die Kafka seiner schriftstellerischen Arbeit zuwies, und so erntete Brod nur wenig Dank für sein Interesse an den ersten Seiten der *Hochzeitsvorbereitungen*: »Sag, warum ärgerst Du mich immerfort mit den zwei Kapiteln? Sei mit mir glücklich, daß Du unbegreifliche Sachen schreibst, und laß das andere Zeug in Ruh.«[12]

Brod bewunderte Kafka nicht nur, er ließ sich auch von dessen Ansichten beeinflussen: »Brotberuf und Schreibkunst sollten scharf voneinander getrennt bleiben, eine ›Mischung‹ der beiden, wie sie etwa der Journalismus darstellt, wurde von Kafka abgelehnt.«[13] Als aber Brod vorübergehend eine Stelle in der Finanzbezirksdirektion antrat, fühlte Kafka sich schuldig und schrieb besorgt: »Deine Verhältnisse und meine sind ganz andere ... Du brauchst viel Tätigkeit, Deine Bedürfnisse in dieser Hinsicht sind mir sicher, wenn auch unbegreiflich.«[14] Allerdings hielt er es für ausgemacht, daß Brod auch während des Gerichtsjahres seine literarische Stellung würde behaupten und ausbauen können, so daß sich nach Ablauf dieser Zeit eine andere Beschäftigung erübrigen würde.

Am 20. Juni zog die Familie Kafka erneut um, und zwar, nach elf Jahren in der Zeltnergasse, in die Niklasstraße 36, ein imposantes

Eckhaus nahe dem Moldau-Ufer. Aus dem Fenster seines Zimmers konnte Kafka den Fluß und den jenseits gelegenen Belvedere-Park sehen. Sein Zimmer hatte Doppelfenster, war aber nicht heizbar und gestattete ihm auch kein ungestörtes Privatleben. »Mein Zimmer ist ein Durchgangszimmer oder besser eine Verbindungsstraße zwischen dem Wohnzimmer und dem Schlafzimmer der Eltern«[15] – und so wurde er nicht nur jedesmal gestört, wenn jemand von einem Raum in den anderen ging, sondern konnte auch nichts offen liegenlassen, das nicht für fremde Augen bestimmt war. Obwohl nicht einmal das Briefgeheimnis respektiert wurde, entschied er sich, weiterhin bei den Eltern zu bleiben, und zog erst mit fast zweiunddreißig Jahren in eine eigene Wohnung.

Im August gönnte er sich einige Wochen der Erholung beim Onkel in Triesch. Obwohl er dort jeden Augenblick genoß, fürchtete er doch die Zukunft. »Wenn sich bis Oktober in meinen Aussichten nichts bessert, mache ich den Abiturientenkurs an der Handelsakademie und lerne zu Französisch und Englisch noch Spanisch.«[16] Erneut gab er sich der Wunschvorstellung hin, sein Onkel Alfred werde ihm zu einer Anstellung in Spanien verhelfen, und versuchte sogar, Brod in diesen Traum mit einzubeziehen. So fragte er ihn ohne eine Spur von Ironie, ob sie nicht zusammen die Handelsakademie besuchen sollten; der Onkel könne sicherlich beiden einen Posten in Spanien verschaffen, oder sie würden nach Südamerika, Madeira oder auf die Azoren fahren.

Den größten Teil seiner Zeit in Triesch verbrachte er mit zwei Mädchen:

> Sehr gescheiten Mädchen, Studentinnen, sehr sozialdemokratisch, die ihre Zähne aneinanderhalten müssen, um nicht gezwungen zu sein, bei jedem Anlaß eine Überzeugung, ein Prinzip auszusprechen. Die eine heißt A., die andere H. W. [Hedwig Weiler] ist klein, ihre Wangen sind rot ununterbrochen und grenzenlos; sie ist sehr kurzsichtig und das nicht nur der hübschen Bewegung halber, mit der sie den Zwicker auf die Nase – deren Spitze ist wirklich schön aus kleinen Flächen zusammengesetzt – niedersetzt; heute Nacht habe ich von ihren verkürzten dicken Beinen geträumt und auf diesen Umwegen erkenne ich die Schönheit eines Mädchens und verliebe mich.[17]

Hedwig, eine blonde neunzehnjährige Jüdin, die ein Semester Sprachen an der Universität Wien studiert hatte, war zu Besuch bei ihrer Großmutter in Triesch. Vier Tage nach seiner Rückkehr nach Prag schrieb Kafka an sie: »Jetzt habe ich das Geschäft aufgemacht und versuche dadurch, daß ich im Bureau Dir schreibe, dieses Bureau ein bischen freundlicher zu machen. Und alles, was um mich ist, unterliegt Dir. Der Tisch preßt sich fast verliebt an das Papier, die Feder liegt in der Senkung zwischen Daumen und Zeigefinger, wie ein bereitwilliges Kind, und die Uhr schlägt wie ein Vogel.« Doch weit davon entfernt, Eindruck machen zu wollen, vertraut er ihr seine Selbstzweifel an:

> [So] trage ich ... von dem einen festen Entschluß meine Kopfschmerzen zum andern, ebenso festen, aber entgegengesetzten. Und alle diese Entschlüsse beleben sich, bekommen Ausbrüche der Hoffnung und eines zufriedenen Lebens ... Übrigens habe ich keine Geselligkeit, keine Zerstreuung; die Abende über bin ich im kleinen Balkon über dem Fluß, ich lese nicht einmal die Arbeiterzeitung und ich bin kein guter Mensch.[18]

Ende September hatte er ihr bereits acht Briefe geschrieben – seine erste Liebesbeziehung auf Distanz, der später dann jene zu Felice Bauer und Milena Jesenská folgen sollten. »Wie wenig nützt die Begegnung im Brief«, schreibt er im ersten Brief an sie, »es ist wie ein Plätschern am Ufer, zweier durch eine See Getrennter.«[19] Und im nächsten Brief ergänzt er: »Aber ich meinte nicht, daß man das Plätschern hört.«[20]

Sein Selbsthaß war zu stark, als daß ihre Liebe ihn hätte auslöschen können, er loderte nur um so heftiger, wie brennendes Öl, auf das man Wasser gießt. Hedwig war fünf Jahre jünger als er, ein lebhafter, extravertierter Tatmensch. Ihre Versuche, ihm zu helfen und ihn zu trösten, bedrückten ihn ebenso wie jene Brods. Es erschien ihm, als versuche sie, seine Existenz zu widerlegen oder ihn zu »ermorden«. Wenn er unglücklich sei, bedeute das entweder, er hadere grundlos mit seinem Schicksal – oder aber er habe allen Grund zur Unzufriedenheit, da seine Lage unerträglich sei. In ihrer Antwort auf seinen ersten Brief zitierte sie aus Jens Peter Jacobsens Roman *Niels Lyhne*:

Aber jeder Grund, auf dem ein Glücksschloß errichtet wird, ist mit Sand untermischt, und der Sand sammelt sich und rieselt unter den Mauern weg, vielleicht nur langsam, vielleicht unmerklich, aber er rieselt, Korn um Korn . . . Und die Liebe? – auch die Liebe ist kein Fels, wie gern wir es auch glauben möchten.[21]

Kafka erwiderte darauf:

Aber wer den Sand sieht, ist nicht im Schloß; und wohin rinnt der Sand?
Was soll ich jetzt? Wie werde ich mich zusammenhalten? Ich bin auch in Triesch, gehe doch mit Dir über den Platz, jemand verliebt sich in mich, ich bekomme noch diesen Brief, ich lese ihn, verstehe ihn kaum, jetzt muß ich Abschied nehmen, halte Deine Hand, laufe weg, und verschwinde gegen die Brücke zu. Oh bitte, es ist genug.[22]

Doch er beabsichtigte nicht, in die Moldau zu gehen, er wollte zu ihr nach Wien, ein Jahr an der Exportakademie studieren, und es brachte ihn völlig aus der Fassung, als sie ihm mitteilte, sie werde nach Prag kommen. »Ich hätte doch schon meine Eltern hier gelassen, einige Freunde und anderes, was ich entbehren müßte, jetzt wirst Du noch in dieser verdammten Stadt sein und es scheint mir, es wird mir unmöglich sein, mich durch die vielen Gassen zum Bahnhof hinaus zu drücken. Und doch ist Wien für mich notwendiger, als Prag für Dich.«[23]

Zwar war es Kafka nicht jedesmal bewußt, wenn er sich einer Selbsttäuschung hingab, wohl aber, »daß mehr Mut zum Nichthoffen als zum Hoffen gehört«[24]. Der Briefwechsel mit ihr war eine Möglichkeit, die Hoffnung am Leben zu erhalten. Es wäre also mutiger gewesen, ihn abzubrechen; statt dessen fragt er sie nach Einzelheiten über das letzte »Kränzchen«, das sie besucht hat: »Um wieviel Uhr Du hinkamst, wann Du weggingst, wie Du angezogen warst, an welcher Wand bist Du gesessen, ob Du viel gelacht hast und getanzt, wem hast Du eine Viertelminute lang in die Augen geschaut, warst Du am Ende müde und hast gut geschlafen?«[25]

Er erwartet ihre Ankunft in Prag für den ersten Septemberdonnerstag, und läuft »bei Sternenlicht in den Gassen herum . . . um alles für Dich vorzubereiten (bei Tag mußte ich lernen)«[26]. Voller Hochgefühl geht er zum Vormittagszug, schon mit weniger Zuversicht zum Nachmittagszug, der um drei ankommen soll. Am Samstag bekommt er ihren Brief, in dem sie schreibt, sie habe es sich anders überlegt. »Worauf ich nichts Besseres zu tun wußte, als mich ins Bett zu legen.«[27]

> Nun am Ende ist nichts anderes geschehn, als daß wir ein bischen zwischen Prag und Wien eine Quadrillefigur getanzt haben, bei der man vor lauter Verbeugungen nicht zu einander kommt, wenn man es auch noch so wollte. Aber endlich müssen auch die Rundtänze kommen.
> Mir geht es gar nicht gut. Ich weiß nicht, wie es werden wird. Wenn man jetzt früh aufsteht und einen schönen Tag beginnen sieht, dann ist es zu ertragen, aber später –[28]

Briefe waren die einzige Möglichkeit, seiner Enttäuschung Ausdruck zu verleihen. Den Eltern, die ihm spätabends die Tinte fortnahmen, damit er nicht weiterschrieb – bei zwei seiner Briefe an Hedwig benützte er einen Bleistift –, konnte er sich weder anvertrauen noch Mitgefühl von ihnen erwarten.

Vielleicht würde sie später nach Prag kommen, wahrscheinlich würde er dort bleiben. Statt ihm zu einer Anstellung in Spanien zu verhelfen, hatte Onkel Alfred ihm geraten, sich bei einer italienischen Versicherungsgesellschaft zu bewerben, den Triester Assicurazioni Generali, deren Prager Niederlassung sich am Wenzelsplatz befand. Leiter der Madrider Zweigstelle der Assicurazioni Generali war José A. Weißberger, Sohn von Arnold Weißberger, Vizekonsul der Vereinigten Staaten von Amerika in Prag. Dieser kannte Hermann Kafka und empfahl den Sohn nachdrücklich. Kafka wußte nicht, was er tun sollte. »Andere Menschen entschließen sich nur selten und genießen dann den Entschluß in den langen Zwischenräumen, ich aber entschließe mich unaufhörlich, so oft wie ein Boxer, nur boxe ich dann nicht, das ist wahr ... nun muß ich natürlich vorsichtig sein und die jetzt mit mir beschäftigte Vorsehung nicht nervös machen.«[29]

Er bewarb sich – halbherzig. All sein Denken konzentrierte sich auf Hedwig, und er fühlte sich wie jemand, der in der Verbannung lebt, »Nachrichten über wichtige Veränderungen in der Heimat lesen will und doch kaum lesen kann, weil man unglücklich ist, dort nichts tun zu können«[30]. Daß sie in der Krankenpflege tätig war, machte ihm die Kranken nicht sympathischer. »Du verkennst mich hübsch, wenn Du glaubst, daß Streben nach idealem Nutzen meiner Natur angemessen ist, denn es genügt zu sagen: Nachlässigkeit gegen praktischen Nutzen.«[31] Er war so verliebt in sie, daß er den Eindruck hatte, alles, was er besaß – sogar sein Bleistift –, müsse irgendwie teilhaben an ihr, und daß seine Briefe ungeduldig würden, sobald er den Beginn der Anrede, das Wort »Liebe«, daraufschrieb. Dennoch kam es häufig zu Mißverständnissen und Mißtrauen zwischen ihnen. »Wie Du mich verkennst und ich weiß nicht, ob nicht eine leichte Abneigung gegen jemanden dazu nötig ist, um ihn so verkennen zu wollen.«[32] Da sie nicht imstande war zu unterscheiden, wann er etwas ironisch meinte und wann nicht, vermochte sie nicht zu glauben, daß ein so intelligenter Mensch wie er ernstlich – in aller Naivität – Antworten auf Fragen haben wollte, wie er sie stellte. »Und gerade die Sätze, die Du ironisch nennst, wollten nichts als das Tempo nachahmen, mit dem ich an ein paar schönen Tagen Deine Hände streicheln durfte.«[33] Möglicherweise hat sie auch in diesem Satz Ironie gewittert.

Er war nicht besonders gespannt darauf zu erfahren, ob die Assicurazioni ihn nehmen würden. Als er dann aber wirklich eingestellt wurde, begann er gewissenhaft mit dem Studium des Versicherungswesens und fand es sogar ganz interessant. Außerdem bemühte er sich um eine passende Einkommensquelle für Hedwig, denn wenn sie nach Prag käme, würde sie Geld brauchen. So ließ er folgende Anzeige in die Sonntagsausgabe zweier Prager Tageszeitungen (*Tagblatt* und *Bohemia)* einrücken:

> »Ein junges Mädchen, welches die Matura abgelegt hat und früher an der Wiener, jetzt an der Prager Universität Französisch, Englisch, Philosophie und Pädagogik studiert, sucht Stunden als Lehrerin zu Kindern, die sie nach ihren bisherigen Unterrichtserfolgen sehr gut behandeln zu können glaubt, oder als Vorleserin oder als Gesellschafterin.«[34]

Da er nicht wußte, ob sie in Triesch oder in Prag sein würde, wenn Zuschriften kämen, versprach er, sie selbst bei der Zeitung abzuholen.

Sie war sich aber bereits nicht mehr so sicher, ob sie nach Prag kommen wollte, und in seinem nächsten Brief tat er sein Bestes, sie zu überreden. Am selben Tag schrieb er noch ein zweites Mal und schickte ihr die beiden einzigen Zuschriften, die auf seine Anzeige gekommen waren. »Nun das eine sieht ja vertrauenerweckend jüdisch aus und ich werde nachfragen, was für Leute es sind.« Der andere Interessent, dessen Zuschrift er für sie aus dem Tschechischen übersetzte, wünschte »deutsche Conversation mit einem 21jährigen Fräulein . . . dreimal in der Woche«[35].

Am 1. Oktober trat Kafka seine Stelle an; am selben Tag mußte er sich einer ärztlichen Untersuchung unterziehen. Dr. Wilhelm Pollak fand außer einer leichten Dämpfung des oberen Lungenflügels »infolge rachitischer Verbiegung« nichts, das auf eine Tuberkulose hätte hindeuten können. In einem sechsseitigen Protokoll beschrieb er Kafka als »zarten, aber gesunden Mann«, »1,82 m groß«, mit einem Gewicht von »61 kg Gewicht«, »schlank«, »gracil« und für den Versicherungsdienst »unbedingt geeignet«.[36] Gegen Ende Oktober, nach Ablauf der Probezeit, wurde er noch einmal untersucht. Für ein Gehalt von 80 Kronen monatlich mußte er, nun fest angestellt, von 8 Uhr morgens bis 6.15 Uhr abends arbeiten. Nach Feierabend lernte er Italienisch, denn er hoffte, nach Triest versetzt zu werden. »Da ich bisher gar nicht gewohnt war, mein Tagesleben auf 6 Stunden einzuschränken, . . . komme ich aus dem Gedränge der freien Stunden wenig erholt heraus.«[37] Der Sonntag schien immer besonders kurz zu sein – den Vormittag über schlief Kafka, nachmittags wusch er sich die Haare, und den Abend verbrachte er mit müßigem Umherschlendern.

Die Arbeit war stumpfsinnig, und die Aussicht, ins Ausland geschickt zu werden, Kafkas größter Trost dabei. Er stellte sich vor, »auf den Sesseln sehr entfernter Länder einmal zu sitzen, aus den Bureaufenstern Zuckerrohrfelder oder mohammedanische Friedhöfe zu sehen«[38]. Tröstlich waren außerdem seine Gedanken an Hedwig, aber mit der Zeit schrieben sie einander seltener. »Glaube nicht, daß das schöne Wetter Dich bei mir verdrängt, nur die Feder verdrängt es, Liebe.«[39] Die Möglichkeit einer Versetzung schien immer noch zu bestehen, doch würde es mindestens noch ein Jahr dauern.

> Über die Arbeit klage ich nicht so, wie über die Faulheit der sumpfigen Zeit. Die Bureauzeit nämlich läßt sich nicht zerteilen, noch in der letzten halben Stunde spürt man den Druck der 8 Stunden wie in der ersten. Es ist oft wie bei einer Eisenbahnfahrt

durch Nacht und Tag, wenn man schließlich, ganz furchtsam geworden, weder an die Arbeit der Maschine des Zugführers, noch an das hügelige oder flache Land mehr denkt, sondern alle Wirkung nur der Uhr zuschreibt, die man immer vor sich in der Handfläche hält.[40]

Mit seinen Kollegen hatte er wenig gemeinsam. Er beschreibt sie als »voraussetzungslos lustige Menschen . . . Das Sprungbrett ihrer Lustigkeit ist die letzte Arbeitsminute.«[41]

Ob gewollt oder nicht, erregte Hedwig Kafkas Eifersucht durch ihren Hinweis auf einen jungen Schriftsteller, den sie in Wien kennengelernt hatte. Sie legte dem Brief sogar eines seiner Gedichte bei, das Kafka nicht weiter beeindruckte, ihn aber veranlaßte, ihr seine vor kurzem fertig gewordene Erzählung *Die Abweisung* zu schicken. »Ich werde große Freude haben, wenn er mich ordentlich auslacht.«[42] Kafka machte lediglich zur Bedingung, daß sein Name nicht genannt wurde.

Noch vor Jahresende sah er sich nach einer anderen Tätigkeit um, die ihm mehr Zeit für das Schreiben ließ, »diese entsetzliche Beschäftigung, die jetzt entbehren zu müssen mein ganzes Unglück ist«. Im Staatsdienst endete der Arbeitstag oft schon um zwei oder drei Uhr, und Kafka wie Brod hätte gern einen Posten mit dieser »einfachen Frequenz« gehabt. Doch gab es nicht viele solcher Stellen, und Juden waren sie nur bei sehr guten Beziehungen zugänglich. Kafkas Hoffnungen konzentrierten sich auf eine Anstellung im Postdienst.

Er schwankte zwischen Zurückgezogenheit und Geselligkeit hin und her und kam gegen Ende November »ganz plötzlich unter eine Menge Leute . . . Offiziere, Berliner, Franzosen, Maler, Coupletsänger«[43]. Dann, im Dezember, teilte er Brod mit, er fühle sich so einsam, daß er nur überleben könne, wenn er mindestens eine Woche lang mit niemandem rede. Er war ständig müde und erschöpft und dennoch voller Sehnsucht nach menschlicher Gesellschaft.

Wer verlassen lebt und sich doch hie und da irgendwo anschließen möchte, wer mit Rücksicht auf die Veränderungen der Tageszeit, der Witterung, der Berufsverhältnisse und dergleichen ohne weiteres irgend einen beliebigen Arm sehen will, an dem er sich halten könnte, – der wird es ohne ein Gassenfenster nicht lange treiben.

Und steht es mit ihm so, daß er gar nichts sucht und nur als müder Mann, die Augen auf und ab zwischen Publikum und Himmel, an seine Fensterbrüstung tritt, und er will nicht und hat ein wenig den Kopf zurückgeneigt, so reißen ihn doch unten die Pferde mit in ihr Gefolge von Wagen und Lärm und damit endlich der menschlichen Eintracht zu.[44]

Sein Wunsch, sich zu binden, war keineswegs halbherzig, doch wurde zunehmend klar, daß Hedwig nicht nach Prag kommen würde. Noch war Kafka aber nicht bereit, sich mit brieflicher Vertrautheit zufriedenzugeben.

Ich bitte Dich, mein lieber, lieber Max, selbst wenn Du früher den Abend anders verwenden wolltest, warte auf mich, damit ich niemanden vom Theater abholen, nicht im Gummiradler fahren, auf keinem Kaffeehausbalkon sitzen, in keine Bar gehn, jenes gestreifte Kleid nicht ansehn muß. Hättest Du jeden Abend für mich Zeit![45]

Brods bester Freund war Max Bäuml, der auf dem Gymnasium acht Jahre lang sein Klassenkamerad gewesen war; Kafka fühlte sich niemandem so eng verbunden. Er schrieb weiterhin an Hedwig, wenn auch seltener, und er gefiel sich dabei in einer Art von Selbstironie, auf die sie nichts zu erwidern vermochte:

[Du hast] versäumt, mir ein Kompliment zu machen, wegen der Energie, mit der ich meinen Kopf so gerne in irgend einen Straßenboden graben und nicht wieder herausziehen wollte. Ich habe bisher, wenn auch in Pausen, doch rechtmäßig gelebt, denn es ist in gewöhnlicher Zeit nicht zu schwer, sich eine Sänfte zu konstruieren, die man von guten Geistern über die Straße getragen werden fühlt. Bricht dann, (so wollte ich weiterschreiben, aber es war schon 8 1/4 und ich ging nachhause) bricht dann aber ein Hölzchen, gar bei schlechterem Wetter, so steht man auf der Landstraße, kann nichts mehr zusammenbringen und ist noch weit von der gespenstischen Stadt, in die man wollte. Erlaube mir, solche Geschichten über mir zusammenzuziehen, wie ein Kranker Tücher und Decken über sich wirft.[46]

Dies Bild von der Sänfte, das auch in seinen Zeichnungen auftaucht, drückt ein Gefühl ungesunder Abhängigkeit von anderen aus, auf deren Hilfe er sich eigentlich nicht verlassen konnte. Nach wie vor durch seine ungeklärte Stellung in der Familie verunsichert, wußte er nicht, ob er überhaupt ein Recht hatte zu leben, Raum zu beanspruchen:

> Ich stehe auf der Plattform des elektrischen Wagens und bin vollständig unsicher in Rücksicht meiner Stellung in dieser Welt, in dieser Stadt, in meiner Familie. Auch nicht beiläufig könnte ich angeben, welche Ansprüche ich in irgendeiner Richtung mit Recht vorbringen könnte. Ich kann es gar nicht verteidigen, daß ich auf dieser Plattform stehe, mich an dieser Schlinge halte, von diesem Wagen mich tragen lasse, daß Leute dem Wagen ausweichen oder still gehn oder vor den Schauvenstern ruhn. – Niemand verlangt es ja von mir, aber das ist gleichgültig.[47]

Nun ist es aber keineswegs so, daß er immer deprimiert gewesen wäre. Gelegentlich erklärte er in seinen Briefen, daß er sich sehr glücklich fühle, und eines seiner Prosagedichte drückt eine geradezu euphorische Stimmung aus:

> Ich marschiere und mein Tempo ist das Tempo dieser Gassenseite, dieser Gasse, dieses Viertels. Ich bin mit Recht verantwortlich für alle Schläge gegen Türen, auf die Platten der Tische, für alle Trinksprüche, für die Liebespaare in ihren Betten, in den Gerüsten der Neubauten, in dunklen Gassen an die Häusermauern gepreßt, auf den Ottomanen der Bordelle.
> Ich schätze meine Vergangenheit gegen meine Zukunft, finde aber beide vortrefflich.[48]

In dieser Passage wird erneut deutlich, wie Kafka bzw. sein *alter ego* über die Leibesgrenzen hinauszutreten und sich in seiner Vorstellung mit allen Liebenden, Gebäuden und Bergen eins zu fühlen vermag.

Kafkas Fähigkeit zur Empathie wurde verstärkt durch die geringe Meinung, die er von sich selbst hatte: Die Lage eines jeden anderen, beispielsweise die Hedwigs, war seiner eigenen offenbar vorzuziehen.

> Es ist ja närrisch, was Du zu lernen hast ... Aber schau, immerhin Du kommst doch sichtbar vorwärts, Du hast ein Ziel, das Dir nicht entlaufen kann wie ein Mädchen und das Dich doch jedenfalls, auch wenn Du Dich wehren wirst, glücklich machen wird; ich aber werde ein ewiger Brummkreisel bleiben und ein paar Leuten, die mir vielleicht nahe kommen werden, das Trommelfell ein Weilchen quälen, sonst nichts.[49]

Hinter ihm lag eine abscheuliche Woche, »im Bureau überaus viel zu tun, vielleicht wird das jetzt immer so sein, ja man muß sich sein Grab verdienen, ... kurz man hat mich herumgejagt wie ein wildes Tier«[50]. Den Brief hatte er im Büro begonnen, zu Hause daran weitergeschrieben und ihn erst beendet, nachdem ein Brief von ihr gekommen war.

Anfang März 1908 wurden dank Brods Bemühungen acht von Kafkas Prosagedichten in der ersten Ausgabe der von Franz Blei und Carl Sternheim herausgegebenen Zweimonatszeitschrift *Hyperion* publiziert. Blei, der von Brods erstem Buch, *Tod den Toten,* begeistert war, kam häufig nach Prag, und bei einem dieser Besuche stellte Brod ihm Kafka vor. Die Prosagedichte wurden unter dem Sammeltitel »Betrachtung« veröffentlicht und bekamen erst später Einzeltitel – *Der Kaufmann, Zerstreutes Hinausschaun, Der Nachhauseweg, Die Vorüberlaufenden, Kleider, Der Fahrgast, Die Abweisung* sowie *Die Bäume.* In der ersten Ausgabe von *Hyperion* fanden sich auch Arbeiten von Rilke, Hofmannsthal und Heinrich Mann. Um die Zeit der Veröffentlichung herum besuchte Brod zusammen mit Franz Werfel Willy Haas, und als Brod einige von Kafkas Texten vorlas, soll Werfel erklärt haben: »Das kommt niemals über Bodenbach hinaus!«[51] Bodenbach und Tetschen waren Grenzorte in Nordböhmen, und er meinte damit wohl, daß Kafkas Arbeiten außerhalb Böhmens niemanden interessieren würden.

Da einige Leser anfragten, ob Kafka ein Pseudonym Robert Walsers sei, erklärte Franz Blei im Sommer im *Hyperion*: »Kafka ist nicht Walser, sondern wirklich ein junger Mann in Prag, der so heißt.«[52] Kafka hatte das Werk des um fünf Jahre älteren Walser 1907 kennengelernt, und es besteht in der Tat eine deutliche Verwandtschaft zwischen ihm und dem Schweizer, was auch Robert Musil anmerkte, als er Werke beider Autoren im August 1914 rezensierte. Doch darf daraus nicht – wie häufig geschehen – gefolgert werden,

Kafka sei von Walser beeinflußt worden. Sein Stil zeigt sich bereits unverwechselbar in jenen Briefen und Erzählungen, die er verfaßte, lange bevor er etwas von Walser gelesen hatte.

Der längste dieser Texte ist *Der Kaufmann* – und der einzige Kafkas, in dem er Mitgefühl für den Vater erkennen läßt, der sich häufig Gedanken um seinen Laden machte. *Der Kaufmann* ist eher eine Erzählung als ein Prosagedicht und beschreibt in Monologform, wie einen Mann sein kleines Geschäft mit Sorgen erfüllt, die ihn »innen an Stirne und Schläfen schmerzen«[53]. Er muß »in einer Jahreszeit die Moden der folgenden berechnen«, nicht wie sie unter Leuten seines Kreises herrschen werden, »sondern bei unzugänglichen Bevölkerungen auf dem Lande«. »Mein Geld haben fremde Leute; ihre Verhältnisse können mir nicht deutlich sein; das Unglück, das sie treffen könnte, ahne ich nicht; wie könnte ich es abwehren!«[54] Am Abend eines Werktags muß er untätig bleiben – ein Opfer der Angst, die er durch die Arbeit des Tages vertrieben hatte. »Dann wirft sich meine am Morgen weit vorausgeschickte Aufregung in mich, wie eine zurückkehrende Flut, hält es aber in mir nicht aus und ohne Ziel reißt sie mich mit.«[55] Er geht heim, Gesicht und Hände schmutzig und verschwitzt, mit von Kistennägeln zerkratzten Schuhen, und fährt Kindern, die ihm begegnen, übers Haar.

Die Erschöpfung, die Kafka am Ende eines Arbeitstages empfand, erleichterte es ihm, sich in den heimkehrenden Vater einzufühlen, doch ähnelt an dieser Stelle der Erzählung der Geschäftsmann dem Sohn mehr als dem Vater: Er hat keinen langen Heimweg; allein im Fahrstuhl, kniet er vor dem Spiegel nieder und fragt die zahlreichen Geister in seinem Innern, ob sie in den Schatten der Bäume oder in die Laubengänge treten wollen oder lediglich aus den Fenstern schauen möchten. In einem Wachtraum reist er nach Paris, sieht dort aus Fenstern zu, wie Prozessionen aufeinandertreffen, beobachtet eine schöne Dame, die vorüberfährt. Er denkt an Matrosen auf einem Panzerschiff, an einen unscheinbaren Mann, der in einem Torweg beraubt wird, sieht berittene Polizisten und leere Straßen. Dann steigt er aus dem Fahrstuhl, läutet an der Tür seiner Wohnung und sagt »Guten Abend« zu dem Mädchen, das ihm öffnet.

Im April starb überraschend Brods Schulfreund Max Bäuml.[56] Seit jenem Brief, in dem Kafka Brod gegenüber den Wunsch geäußert hatte, dieser möge jeden Abend Zeit für ihn haben, scheute er sich nicht mehr, seine Zuneigung offen zu zeigen. Jetzt folgte – nach Brods Roman *Zauberreich der Liebe* zu urteilen – so etwas wie ein Heiratsantrag:

> Einige Tage nach dem Begräbnisse geht Christof, zu Tod traurig, mit Richard Garta abends spazieren. Kleinseite, dunkle Schloßstiege aufwärts. »Willst du mir – an seiner Stelle sein?« fragt er stockend, in der tiefen Bedrängnis seines Herzens, weiß, daß er Unmögliches fragt, versteht, daß Garta nicht antwortet, daß auch einem weniger zarten Menschen Antwort auf diese Frage unmöglich wäre – und daß dennoch etwas Berechtigtes, Kühnes, Gutes in der Frage lag, was von Garta auch voll anerkannt wird. Nur kann es nicht anders anerkannt werden als durch langes tiefes Schweigen. Sie gehen dann durch viele enge wirre Gassen nebeneinander her, immer schweigend, und Christof glaubt, die Anwesenheit des guten liebevollen Toten zu fühlen, mit dem ihm eigentlich sein ganzes Knabentum weggestorben ist, die Erinnerung an unzählige Schulerlebnisse, an die ersten Erkenntnisse und Schmerzen, schmale, doch tiefe Risse des Herzens . . . Von der Frage, der nicht gegebenen Antwort, wird dann auch späterhin nie geredet. Aber der Händedruck der beiden ist von dieser Nacht an kräftiger und länger.[57]

Kafka hätte nie so schlecht oder so sentimental schreiben können, doch die Diskrepanz zwischen Einfühlsamkeit und Stil beider Männer zu erkennen, heißt nicht, Tiefe oder Bedeutung ihrer Vertrautheit zu leugnen. Brods Freundestreue, seine Offenheit und die Bereitschaft, Kafka zu nehmen, wie er war, machen seine literarische Sentimentalität mehr als wett. Kafka, der sich leicht einschüchtern ließ und seine Zuflucht in der Literatur suchte, brauchte jemanden, der ihn zum Schreiben und zum Veröffentlichen drängte. Die Freundschaft zwischen ihm und Brod wurde nach Bäumls Tod noch enger. »Wir kamen täglich zusammen, manchmal auch zweimal täglich. Solange Franz in Prag war (erst später zwang ihn seine Krankheit zum Aufenthalt auf dem Lande, in Sanatorien), wurde an dieser Gepflogenheit festgehalten.«[58]

Zum Geburtstag (am 27. Mai) schickte Kafka Max Brod zwei Bücher und ein Steinchen.

> Ich habe mich immer angestrengt, für Deinen Geburtstag etwas zu finden, das infolge seiner Gleichgültigkeit sich nicht ändern, nicht verloren gehn, nicht verderben und nicht vergessen werden kann . . . Darum schicke ich jetzt das Steinchen und werde es Dir schicken, solange wir leben. Behältst Du es in der Tasche, wird es Dich beschützen, läßt Du es in einem Schubfach, wird es auch nicht untätig sein, wirfst Du es aber weg, dann ist es am besten. Denn weißt Du, Max, meine Liebe zu Dir ist größer als ich, und mehr von mir bewohnt als daß sie in mir wohnte, und hat auch einen schlechten Halt an meinem unsichern Wesen, so aber bekommt sie in dem Steinchen eine Felsenwohnung . . . Kurz, ich habe Dir das schönste Geburtstagsgeschenk ausgesucht und überreiche es Dir mit einem Kuß, der den unfähigen Dank dafür ausdrücken soll, daß Du da bist.[59]

Angesichts der geringen Befriedigung, die er aus seiner Berufstätigkeit zog, der wenigen Gelegenheiten zu schreiben, der Schwierigkeit, sich mit den Eltern oder den Schwestern zu verständigen (man beachte, wie selten er sie in seinen Briefen erwähnt), blieb ihm nicht viel: die Freundschaft mit Brod und – das Prager Nachtleben. Seine erste sexuelle Erfahrung hatte ihn gelehrt, im Zusammenhang mit sinnlichen Freuden einen üblen Nachgeschmack hinzunehmen, wenn nicht geradezu zu erwarten, und seine flüchtigen Beziehungen zu Frauen ähnelten in nichts der, die er sich erträumt hatte für den Fall, daß Hedwig nach Prag gekommen wäre oder er nach Wien hätte gehen können. Gelegentlich besuchte er eines der zahlreichen Bordelle und ging bisweilen mit Dirnen in ein Hotelzimmer. »Hotelzimmer habe ich gerne, im Hotelzimmer bin ich gleich zu Hause, mehr als zu Hause, wirklich.«[60] Er erklärte Brod, daß er von Zeit zu Zeit dringend jemanden brauche, der ihn nur freundlich berührte. Die Dirne, die er beschrieb, war »zu alt, um noch melancholisch zu sein, nur tut ihr leid, wenn es sie auch nicht wundert, daß man zu Dirnen nicht so lieb wie zu einem Verhältnis ist. Ich habe sie nicht getröstet, da sie auch mich nicht getröstet hat.«[61]

Neun Monate lang nahm er nach den täglichen acht bis neun Stunden Arbeitszeit abends Italienischunterricht und arbeitete mitunter auch sonntags. Im Juli 1908 fand er endlich die ersehnte Anstellung, bei der der Arbeitstag um zwei Uhr endete, und verließ am 15. Juli die Assicurazioni Generali. »Ich erklärte dort dem

Direktor, nicht ganz wahrheitsgemäß, aber auch nicht ganz erlogen, meine Kündigung damit, daß ich das Schimpfen, das übrigens mich direkt gar nicht betroffen hatte, nicht ertragen könne; ich war darin zu schmerzhaft empfindlich schon von Hause her.«[62] Als Austrittsgrund wurde vermerkt »Nervosität mit einer großen Erregbarkeit des Herzens«. Doch blieb Kafka mit Ernst Eisner, seinem Vorgesetzten, in freundlichem Kontakt und korrespondierte sogar mit ihm über Robert Walsers Werk. Nach diesem Dreivierteljahr war Kafka unsicher, ob er zur Arbeit allgemein nicht taugte oder lediglich zu Tätigkeiten, die ihn langweilten. Als er sich 1915 um die Asbestfabrik seines Schwagers kümmern mußte, war er unfähig, etwas zu schreiben, obwohl er sich seine Zeit frei einteilen konnte: »Die unmittelbare Nähe des Erwerbslebens benimmt mir, trotzdem ich innerlich so unbeteiligt bin, als es nur möglich ist, jeden Überblick, so als wäre ich in einem Hohlweg, in dem ich überdies noch den Kopf senke.«[63]

DIE ARBEITER-UNFALL-VERSICHERUNGS-ANSTALT

Seine neue Anstellung erhielt Kafka durch Vermittlung seines Freundes und ehemaligen Klassenkameraden Ewald Felix Příbram, dessen Vater, Dr. Otto Příbram, Obmann der Arbeiter-Unfall-Versicherungs-Anstalt für das Königreich Böhmen in Prag war. Da der Geschäftsverkehr in dieser halbstaatlichen Anstalt auf deutsch und tschechisch abgewickelt wurde, mußte Kafka seine Bewerbung in beiden Sprachen einreichen. Von Februar bis Mai hatte er – mit der Abschlußnote »Vorzüglich« – Kurse über Arbeiterversicherung besucht, die unter anderem für Angestellte der Anstalt eingerichtet worden waren. Unterrichtet wurde er dabei von dreien seiner späteren Vorgesetzten und einem Professor der Prager Handelsakademie. Außer Příbram und ihm wurde in der Anstalt nur noch ein weiterer Jude beschäftigt. Statt des bisherigen Monatslohns von 80 Kronen bekam er 3 Kronen Tagegeld und eine zehnprozentige Teuerungszulage.

Das Büro der Anstalt befand sich Auf dem Poříč Nr. 7. Zunächst hatte Kafka »statistische Arbeiten«, »Einreihungsrekurse« und »Ministerialrekurse« zu erledigen, doch bald schon wurden ihm, trotz seiner Jugend und geringen Erfahrung, die Referate über die Versicherungspflicht im Baugewerbe und die Automobilversicherung anvertraut, da er auf Dr. Robert Marschner, den neuernannten Direktor, einen sehr günstigen Eindruck machte.

Weil das Unternehmen nahezu zwanzig Jahre lang mit Verlust gewirtschaftet hatte, wurde Regierungsrat Dr. Haubner, bis dahin Direktor der Anstalt, abgelöst. Kafka hielt im Namen der Beamtenschaft die Festrede zur Ernennung seines Nachfolgers, Dr. Marschner, der die Anstalt umorganisieren sollte. Kafkas Eintritt gerade zu dieser Zeit erwies sich als günstig, denn im Zusammenhang mit den ihm schon so bald anvertrauten wichtigen Ressorts hatte er zahlreiche Berichte abzufassen, eine Aufgabe, die ihn einerseits langweilte, ihm andrerseits aber auch Befriedigung verschaffte, weil er dabei Dinge zutage förderte, die sonst vielleicht verborgen geblieben wären. Gleichzeitig schrieb er damit – ohne daß ihm das klar gewesen wäre – Vorstudien zu künftigen Arbeiten, denn nicht nur das Thema etwa der *Strafkolonie,* sondern auch die dezidierte Objektivität der Erzählhaltung wird dabei vorweggenommen:

> Ein äußerst vorsichtiger Arbeiter konnte wohl darauf achten, daß bei der Arbeit, also beim Hinwegführen des Holzstückes über den Hobelmesserkopf kein Fingerglied über das Arbeitsstück hinaus vorstand, aber die Hauptgefahr spottete jeder Vorsicht. Selbst die Hand des vorsichtigsten Arbeiters mußte in die Messerspalte geraten beim Abrutschen, bezw. bei dem nicht selten vorkommenden Zurückschleudern des Holzes, wenn er mit der einen Hand das zu hobelnde Stück auf den Maschinentisch aufdrückte und es mit der anderen Hand der Messerwelle zuführte. Dieses Emporheben und Zurückschleudern des Holzes war weder vorherzusehen, noch zu verhindern, denn dies geschah schon, wenn das Holz an einzelnen Stellen verwachsen oder ästig war, wenn sich die Messer nicht schnell genug drehten oder sich selbst schlecht stellten oder wenn der Druck der Hände auf das Holz ungleichmäßig verteilt war. Ein solcher Unfall aber ging nicht vorüber, ohne daß mehrere Fingerglieder, ja selbst ganze Finger abgeschnitten wurden.[1]

Fühlte Kafka sich zunächst auch von der neuen Umgebung eingeschüchtert, so besaß er doch schon bald genug Selbstvertrauen, um seinen Kollegen den Eindruck zu vermitteln, er sei der rechte Mann für die Festrede zur Ernennung Dr. Marschners zum Direktor. Auch seine Vorgesetzten setzten in ihn so großes Vertrauen, daß sie ihn bereits in den beiden ersten Monaten auf Inspektionsreisen für die Anstalt schickten. Anfang September hatte er den Auftrag, im Industriegebiet von Nordböhmen die Einteilung der Betriebe in Gefahrenklassen vorzunehmen. Bei dieser Gelegenheit schrieb er auf einer Ansichtskarte aus Tetschen: »Jetzt ... die Langeweile von 6 Stunden Arbeit mit Milch in sich hinuntertrinken.«[2] Er genoß die

Mahlzeiten, die Hotels und die Landschaft. Als er am 3. September nach Prag zurückkehrte, bekam er sogleich den Auftrag, nach Černosič zu reisen, einem Dorf fünfzehn Kilometer südlich von Prag.

Gegen Ende September verbrachte er eine Urlaubswoche im Böhmerwald – »die Schmetterlinge fliegen dort so hoch wie die Schwalben bei uns«[3]. An Brod schrieb er: »Die Füße schütze ich, indem ich sie von dem kalten Ziegelboden auf eine Tischleiste setze und nur die Hände gebe ich preis, indem ich schreibe. Und ich schreibe, daß ich sehr glücklich bin und daß ich froh wäre, wärest Du hier, denn in den Wäldern sind Dinge, über die nachzudenken man Jahre lang im Moos liegen könnte.«[4]

Inzwischen hatte auch Brod eine Anstellung mit »einfacher Frequenz« gefunden, und zwar im Personalrat der Postdirektion. Täglich wartete er nun auf Kafka, wobei er hinlänglich Gelegenheit hatte, den doppelköpfigen Reichsadler im Giebel der Finanzlandesdirektion zu studieren, denn:

> Franz kam immer später als ich, er hatte noch amtlich zu tun oder verlor sich in ein Gespräch mit Kollegen – knurrenden Magens patrouillierte ich auf und ab, aber der Ärger war rasch vergessen, wenn die schlanke hohe Gestalt des Freundes auftauchte, meist mit einem verlegenen Lächeln, das höchsten Schreck, ja Entsetzen über seine lange Verspätung mehr posieren als wirklich ausdrükken sollte. Dabei hielt er die Hand an sein Herz gepreßt. »Ich bin unschuldig«, bedeutete diese Geste. Und überdies kam er im Laufschritt herangetrabt, so daß man wirklich nichts Heftiges gegen ihn sagen konnte. Auf dem gemeinsamen Weg durch die Zeltnergasse bis zum Altstädter Ring gab es immer unendlich viel zu erzählen. Auch fanden wir, vor Franzens Wohnhaus, noch lange nicht das letzte Wort. Und am Nachmittag oder Abend waren wir dann wieder beisammen.[5]

Aber schon bald sah Kafka seine Bewegungsfreiheit von anderer Seite eingeschränkt: Einer der Angestellten im väterlichen Geschäft erkrankte, und auch der Vater fühlte sich nicht wohl, so daß Franz oft bis acht Uhr abends im Laden bleiben mußte. Doch freute er sich neidlos über Brods literarische Erfolge – »Ich beglückwünsche ... Dich und mich und alle«[6] – und prophezeite ihm eine große Zukunft. Auch er war gelegentlich in Hochstimmung, doch währten diese

Phasen nie lang: »Denn ich bin, wie ich heute früh vor dem Waschen eingesehen habe, seit zwei Jahren verzweifelt und nur die größere oder kleinere Begrenzung dieser Verzweiflung bestimmt die Art der gegenwärtigen Laune . . . Aber das beweist nichts dagegen, daß ich seit zwei Jahren beim Aufstehn früh keine Erinnerung habe, die für mich, den zum Trost Kräftigen, zur Tröstung kräftig genug wäre.«[7] Damit verleugnet er sozusagen seine Beziehung zu Hedwig sowie alles Gute, das ihm widerfahren war, seit er im Oktober 1906 die juristische Arbeit aufgenommen hatte.

> Es gibt nie von uns gesehene, gehörte oder auch nur gefühlte Dinge, die sich außerdem nicht beweisen lassen, wenn es auch noch niemand versucht hat, und hinter denen man doch gleich herläuft, trotzdem man die Richtung ihres Laufes nicht gesehen hat, die man einfängt, ehe man sie erreicht hat und in die man einmal fällt mit Kleidern, Familienandenken und gesellschaftlichen Beziehungen, wie in eine Grube, die nur ein Schatten auf dem Wege war.[8]

Das Jahr 1908 endete für Kafka mit einer depressiven Verstimmung. Er hatte Silvester eigentlich bei Brod verbringen wollen, als er aber um vier Uhr erfuhr, daß Gäste dort sein würden, ging er lieber zu Bett. »Wer hat Dir gesagt, daß sie mich haben oder auch nur ertragen wollen; dann tröste ich mich schon seit vier Tagen beim Aufwachen mit der Aussicht auf den heutigen Schlaf.«[9]

Eine Woche später erhielt er eine Postkarte von Hedwig: Sie sei gerade in Prag und wolle alle ihre Briefe zurückhaben. Er kam diesem Wunsch sogleich nach, fügte sogar diese letzte Postkarte bei und begann den Antwortbrief in aller Form mit »Geehrtes Fräulein«. Er hätte sie ganz gern getroffen – wie aber stand es mit ihr? »Sie können ja Ekel oder Langeweile befürchten.«[10] Kafkas Eltern hatten sie zum Mittagessen eingeladen, doch wollte er sie, wenn überhaupt, allein sehen, und teilte ihr daher mit: »Ich bin kein Hindernis für die Annahme der Einladung, ich komme immer erst um 1/4 3 Uhr nach Hause; wenn ich höre, daß Sie kommen sollen, bleibe ich bis 1/2 4 weg.«[11]

Doch war ihre Beziehung damit noch nicht zu Ende. Etwa drei Monate später klagte sie in einem erneuten Schreiben an ihn, wie einsam sie sich fühle und wie schwer sie für ihre Prüfungen arbeiten müsse. Er antwortete voller Mitgefühl und verglich ihre Erfahrungen mit den seinen. »Man glaubt dann, ich kann mich gut erinnern, man stolpere unaufhörlich durch unvollendete Selbstmorde, jeden Augenblick ist man fertig und muß gleich wieder anfangen und hat in diesem Lernen den Mittelpunkt der traurigen Welt.«[12] Im Winter sei es am schlimmsten; im Frühjahr und Sommer seien wenigstens Fenster und Türen »offen und die gleiche Sonne und Luft ist in dem Zimmer, in dem man lernt und in dem Garten, wo andere Tennis spielen, . . . was aber noch an Verfluchtem bleibt, das muß man doch durchreißen können. Und Sie werden es sicher können, wenn ich es konnte, ich, der förmlich alles nur im Fallen machen kann.«[13]

Die Trennung zwischen Arbeit und Freizeit, zwischen Versicherungsanstalt und Literatur also, ließ sich auf die Dauer nicht so scharf durchführen, wie es zunächst ausgesehen hatte. Wäre Kafka der Ansicht gewesen, er fasse seine Berichte in völlig unliterarischer Weise ab, hätte er sicherlich nicht ein Exemplar des Jahresberichts der Anstalt für 1908 mit seinem Referat über die *Einbeziehung der privaten Automobilbetriebe in die Versicherungspflicht* an Franz Blei geschickt. Man hatte ihn aufgefordert, über dessen Buch *Die Puderquaste. Ein Damenbrevier* für die Zeitschrift *Der Neue Weg* eine Rezension zu schreiben; nachdem diese – Kafkas zweite literarische Veröffentlichung – am 6. Februar 1909 erschienen war, sandte er Blei eine Kopie davon und legte sein Referat mit bei.

Gewiß hat Kafka aus der Wertschätzung seiner Arbeitskollegen zumindest ein gewisses Maß an Genugtuung und Selbstvertrauen gewonnen. Seinen unmittelbaren Vorgesetzten, den Oberinspektor Eugen Pfohl, liebte er »wie ein Sohn«, und dieser schrieb in einer »Qualifikationsliste« vom April: »Verbindet mit sehr großem Fleiße andauerndes Interesse für alle Agenden. War auch außerhalb der Anstaltsstunden im Interesse der Anstalt tätig. Vorzügliche Verwendbarkeit. Ich habe den Genannten als eine vorzügliche Konzeptskraft kennengelernt.«[14]

Kafka und Brod trafen sich nun seltener als zuvor, weil Kafka im Geschäft mitarbeiten mußte; den Eltern ging es nach wie vor nicht gut, der Großvater war krank, und überhaupt schien alles drunter und drüber zu gehen. »In unserer Familie ist eine förmliche Schlacht, meinem Vater geht es schlechter, mein Großvater ist im Geschäft schwer ohnmächtig geworden.« Mitte April zeigte sich, daß die Mutter operiert werden mußte, doch obwohl der Eingriff erfolgreich verlief, gewann der mit seiner Arbeit im Büro und seinen Aufgaben zu Hause und im Geschäft der Eltern überlastete Kafka den Eindruck, daß sein eigenes Befinden sich so rasch nicht bessern werde, »wenn es sich überhaupt bessern will. Gestern nach dem Nachtmahl wollte ich mich für eine viertel Stunde auf das Kanapee schlafen legen, schlief aber, um zehn vom Vater einigemal nutzlos halb geweckt, bei ausgelöschtem Licht bis halbzwei Uhr und übersiedelte dann ins Bett.«[15]

Noch im Juli klagte er über Müdigkeit im Büro.

> Ich weiß nicht, was ich im Augenblick vorher gemacht habe und was ich einen Augenblick später machen werde und was ich gegenwärtig mache, weiß ich schon gar nicht. Ich löse den Knoten einer Bezirkshauptmannschaft eine Viertelstunde lang auf und räume dann sofort mit plötzlicher Geistesgegenwart einen Akt weg, den ich lange gesucht habe, den ich brauche und den ich noch nicht benützt habe. Und auf dem Sessel liegt ein solcher Haufen Reste, daß ich meine Augen nicht einmal so groß aufmachen kann, um den Haufen mit einem Blick zu sehn.[16]

Seine schriftstellerische Arbeit war das einzige Gebiet, über das er die Kontrolle zu behalten vermochte. Jetzt wie später – zum Beispiel auch im Briefwechsel mit Felice und Milena – konnte er Trost daraus gewinnen, daß er über unbeherrschbare Situationen meisterhaft beherrschte Sätze schrieb.

Dabei schien die Realität selbst ihn vom Realismus zu entfernen. Während er in seinen Berichten neutral und objektiv sein mußte, zeichnete Kafka (der gerade zu dieser Zeit gemeinsam mit Brod, Franz Werfel und Paul Kornfeld an spiritistischen Sitzungen teilnahm, bei denen die Geister sich per Tischrücken mitteilten) in Briefen geradezu surrealistische Bilder von seiner Tätigkeit:

> In meinen vier Bezirkshauptmannschaften fallen – von meinen übrigen Arbeiten abgesehn – wie betrunken die Leute von den Gerüsten herunter, in die Maschinen hinein, alle Balken kippen um, alle Böschungen lockern sich, alle Leitern rutschen aus, was man hinauf gibt, das stürzt hinunter, was man herunter

gibt, darüber stürzt man selbst. Und man bekommt Kopfschmerzen von diesen jungen Mädchen in den Porzellanfabriken, die unaufhörlich mit Türmen von Geschirr sich auf die Treppe werfen.[17]

Für Brod war die Freundschaft mit Kafka bereichernd und belastend zugleich. Trotz seiner Unzuverlässigkeit war der Freund nicht nur ein charmanter, geistreicher Gesprächspartner und ein kluger Kritiker, er versuchte auch, Brods schriftstellerische Arbeit gegen Störungen von weiblicher Seite abzuschirmen: »Da ist gerade Deine Karte gekommen mit guten Nachrichten und der allerbesten, daß das Fräulein Sängerin vierzehn Tage lang den Roman in Ruhe läßt, denn selbst der beste Roman könnte das nicht lange vertragen, daß das gleiche Mädel ununterbrochen und zugleich von innen und außen auf ihn drückt.«[18]

Am 19. August beantragte Kafka mit einem ärztlichen Attest eine Woche Urlaub, der schon am folgenden Tag gewährt wurde. Am 4. September brach er zusammen mit Max Brod und dessen Bruder Otto, der im Vorjahr Ferien in Riva am Gardasee gemacht hatte, dorthin auf, und Otto Brod zeigte ihnen alles, was er an Sehenswürdigkeiten entdeckt hatte. Wie auch in Prag gingen die drei viel schwimmen (Kafka war – wie gesagt – ein guter Schwimmer).

Der italienischen Lokalzeitung *La Sentinella Bresciana* vom 9. September entnahmen sie, daß im sechzig Kilometer entfernten Brescia ein Flug-Meeting stattfinden sollte. Keiner von ihnen hatte bis dahin ein Flugzeug gesehen, und vor allem Kafka, der »für alles Neue, Aktuelle, Technische«[19] zu begeistern war, wollte unbedingt hinfahren.

In Brescia drängten sich Besucher aus ganz Italien, Frankreich, England und sogar aus Amerika. Als die jungen Leute spätabends eintrafen, wimmelte der Bahnhof nur so von Menschen, die schrien, als brenne der Boden unter ihren Füßen. Da sie mit ihrem Geld haushalten mußten, legten sich die drei gleich mit einem Kutscher an, der drei Lire für die Fahrt zum Hotel verlangte, aber nicht bereit war, ihnen den Tarif zu zeigen. Die Nacht verbrachten sie in einem Hotelzimmer, »in dessen Fußbodenmitte . . . ein kreisrundes Loch in die darunter liegende Wirtsstube blicken ließ«[20].

Die Hangars am Rande des Flugfelds sahen mit ihren zugezogenen Vorhängen aus »wie geschlossene Bühnen wandernder Komödianten«[21]. Auf ihren Dächern wehten die Fahnen der Heimatländer über den Namen der Flieger – Rougier, Curtiss, Moucher, Blériot. Unter dem feinen Publikum auf den Strohsesseln entdeckte Kafka Gabriele d'Annunzio, »klein und schwach, tanzt scheinbar schüchtern vor dem Conte Oldofredi, einem der bedeutendsten Herren des Komitees. Von der Tribüne schaut über das Geländer das starke Gesicht Puccinis mit einer Nase, die man eine Trinkernase nennen könnte.«[22] Statt zu sitzen, zogen die nach der letzten Mode gekleideten Damen es vor, auf und ab zu gehen und ihre Kleider zu zeigen. »Das Mieder liegt tief, kaum noch zu fassen; die Taille scheint breiter als gewöhnlich, weil alles schmal ist; diese Frauen wollen tiefer umarmt sein.«

Den Preis von 30 000 Lire gewann Curtiss.

> Schon fliegt er von uns weg, fliegt über die Ebene, die sich vor ihm vergrößert, zu den Wäldern in der Ferne, die jetzt erst aufzusteigen scheinen. Lange geht sein Flug über jene Wälder, er verschwindet, wir sehen die Wälder an, nicht ihn. Hinter Häusern, Gott weiß wo, kommt er in gleicher Höhe wie früher hervor, jagt gegen uns zu; steigt er, dann sieht man die unteren Flächen des Biplans dunkel sich neigen, sinkt er, dann glänzen die oberen Flächen in der Sonne. Er kommt um den Signalmast herum und wendet gleichgültig gegen den Lärm der Begrüßung, geradeaus dorthin, von wo er gekommen ist, um nur schnell wieder klein und einsam zu werden. Er führt fünf solche Runden aus, fliegt fünfzig Kilometer in neunundvierzig Minuten und vierundzwanzig Sekunden.[23]

Brod hatte Kafka überredet, sich über alles, was er sah, Notizen zu machen. Er wollte, daß sie beide über das Flug-Meeting einen Artikel verfaßten und hinterher den besseren ermittelten. Um sich nicht gegenseitig zu beeinflussen, sollten sie ihre entsprechenden Empfindungen und Reaktionen voreinander geheimhalten.

> Bei diesem ganzen Anliegen verfolgte ich aber einen geheimen Plan. Kafkas schriftstellerische Arbeit lag um jene Zeit brach, er hatte monatelang nichts zuwege gebracht und klagte mir oft, daß sein Talent offenbar versickere, daß es mit ihm ganz und gar vorbei sei. Er lebte ja manchmal monatelang in einer Art von Lethargie, ganz verzweifelt, in meinen Tagebüchern finde ich immer wieder

Notizen über seine Traurigkeit. Le cœur triste, l'esprit gai – dieser Satz paßt auf ihn ganz vorzüglich und erklärt, wie es kam, daß er selbst in äußerst deprimierten Zuständen auf die, mit denen er verkehrte, von Stunden letzter Vertrautheit abgesehen, nicht deprimierend, sondern anregend wirkte.[24]

Die Ermutigung trug Früchte: Kafka schrieb *Die Aeroplane in Brescia,* und Brod schickte den Artikel an Paul Wiegler, den damaligen Redakteur der Tageszeitung *Bohemia,* in der er Ende September, stark gekürzt, erschien. Die vollständige Fassung wollte Brod in sein Buch *Über die Schönheit häßlicher Bilder* aufnehmen, doch zerschlug sich dieser Plan. »Manchmal war ich wie eine Zuchtrute über ihm, trieb und drängte, natürlich nicht direkt, sondern immer wieder durch neue Mittel und auf Schleichwegen ... Oft ... war ich ihm mit meinem Anfeuern auch lästig.«[25] Immerhin hatte Kafka das Aufzeichnen seiner Erlebnisse in Brescia so viel Freude gemacht, daß er im Frühjahr 1910 begann, ein Tagebuch zu führen.

Möglicherweise hat die Notwendigkeit, alles in Brescia Gesehene festzuhalten, Kafkas Bewußtsein dafür geschärft, wie wichtig es ist, über ein Geschehen zu berichten, solange es noch in frischer Erinnerung ist. Auch wurde ihm die Bedeutung der Perspektive klarer. Er hatte reiten gelernt und beim Besuch der zehn Kilometer westlich von Prag liegenden Rennbahn in Kuchelbad festgestellt, wie verfremdend es wirkt, den Ablauf der Ereignisse aus dem Sattel eines über das Hindernis springenden Pferdes zu erleben. Oder sollte es sich dabei um »das äußerste, gegenwärtige, ganz wahrhaftige Wesen des Rennbetriebs«[26] handeln?

Die Einheit der Tribünen, die Einheit des lebenden Publikums, die Einheit der umliegenden Gegend in der bestimmten Jahreszeit usw., auch den letzten Walzer des Orchesters und wie man ihn heute zu spielen liebt. Wendet sich aber mein Pferd zurück und will es nicht springen und umgeht die Hürde oder bricht aus und begeistert sich im Innenraum oder wirft mich gar ab, natürlich hat der Gesamtblick scheinbar gewonnen. Im Publikum sind Lücken, die einen fliegen, andere fallen, die Hände wehen hin und her wie bei jedem möglichen Wind, ein Regen flüchtiger Relationen fällt auf mich und sehr leicht möglich, daß einige Zuschauer ihn fühlen und mir zustimmen, während ich auf dem Grase liege wie ein Wurm.[27]

Am 15. September nahm Kafka seine Büroarbeit wieder auf und wurde zwei Tage später in die entsprechend Pfohls Vorstellungen umorganisierte versicherungstechnische Abteilung zurückversetzt. Da Pfohl in einem erneuten Bericht Kafkas Fähigkeiten und Diensteifer gelobt hatte, wurde Kafka am 1. Oktober vom Aushilfsbeamten zum Anstaltspraktikanten befördert. Sein jährliches Grundgehalt betrug nunmehr 1800 Kronen, außerdem bekam er 300 Kronen Wohnungsgeld und 130 Kronen Teuerungszuschlag – nicht besonders viel für einen Anstaltspraktikanten. In der Abteilung arbeiteten siebzig Angestellte, und von Pfohls drei Mitarbeitern war Kafka derjenige, der die wichtigsten Aufgaben zu erledigen hatte. Einer seiner Vorgesetzten, Dr. Fleischmann, regte ihn außerdem zu wissenschaftlichen Spezialarbeiten an. Dennoch wurde sein Antrag bewilligt, an zwei Tagen in der Woche später kommen zu dürfen, weil er zu seiner beruflichen Fortbildung bei Professor Mikolaschek an der Deutschen Technischen Universität Vorlesungen über mechanische Technologie hören wollte.

Etwa Mitte September hatte er den tschechischen Anarchisten Michal Mareš kennengelernt. Da dieser in einem Büro in der Niklasstraße arbeitete, wo Kafka wohnte, begegneten sie sich nahezu täglich und grüßten einander freundlich. Eines Morgens drückte Mareš Kafka ein Flugblatt in die Hand, das zur Teilnahme an einer Sitzung des »Klub Mladych« (Klub der Jungen) einlud. Es ist möglich, daß Kafka an dieser Versammlung, die von der Polizei aufgelöst wurde, und an einigen späteren Versammlungen des Klubs teilgenommen hat. Er ging gleichfalls zu Treffen von Masaryks Realistenpartei. Seltener als zuvor besuchte er Cafés, Nachtklubs, Kinos und Operetten und hatte überhaupt, mit Ausnahme seiner Besuche im Hause Berta Fantas und der Wochenend-Landpartien mit Felix Weltsch und Max Brod, wenige gesellschaftliche Kontakte.

Bootsfahrten und Waldwanderungen liebte Kafka besonders. »Um 1/4 8 machen wir den ersten Schritt gegen Davle, wo wir um 10 Uhr bei Lederer ein Paprika essen werden, um 12 Uhr in Stechowitz mittagmahlen, von 2 – 1/2 4 gehn wir durch den Wald zu den Stromschnellen, auf denen wir herumfahren werden. Um 7 Uhr fahren wir mit dem Dampfer nach Prag.«[28]

Seine Dienstreisen machten ihm dagegen zunehmend weniger Freude. »Es ist gut, daß es schon fast zu Ende ist«, schrieb er im Dezember 1909 aus Pilsen über eine seiner Inspektionsreisen nach Westböhmen, bei der er wieder versicherte Betriebe in Gefahrenklassen einstufen mußte. »Ich habe es mir anders gedacht. Die ganze Zeit über ist mir schlecht gewesen und Einreihung von der Morgenmilch bis zum Abendmundausspülen ist keine Kur.«[29]

Am 28. Januar 1910 hielt Max Brod vor dem Prager Verein Frauenfortschritt einen Vortrag – *Gibt es Grenzen des Darstellbaren in der Kunst?* –, in dem er eine Stelle aus den *Hochzeitsvorbereitungen auf dem Lande* anführte, ohne den Namen des Autors zu nennen. In der anschließenden Diskussion meldete Kafka sich zweimal zu Wort. Sechs Wochen später arbeitete er immer noch an der Erzählung, aber nachdem er Brod am 14. März die überarbeitete Fassung vorgelesen hatte, sagte er, er werde sie vernichten. Doch erhob er keine Einwände, als Brod das Manuskript mit nach Hause nahm und schrieb ihm später: »An der Novelle, lieber Max, freut mich am meisten, daß ich sie aus dem Haus habe.« Diese Episode wirft ein Licht auf Kafkas ambivalente Gefühle seinem Werk gegenüber: So verlangte er später einerseits, alle seine Werke nach seinem Tod zu vernichten, gab sie andererseits aber Brod zu treuen Händen, der ausdrücklich erklärt hatte, diesen Wunsch keinesfalls achten zu wollen.

Im Januar und Februar 1910 schrieb er nur wenige Briefe. Er fühlte sich nicht besonders wohl, fuhr jedoch mit seinen gymnastischen Übungen fort, die er »Müllern« nannte, weil er dabei nach dem System des Dänen J. P. Müller vorging. Mitte März gab er auch sie auf. »Ich bekam nämlich rheumatische Schmerzen in den Rücken, dann rutschten sie ins Kreuz, dann in die Beine, dann nicht vielleicht in die Erde hinein, sondern in die Arme hinauf. Dazu paßt es weiter ganz gut, daß die für heute erwartete Gehaltserhöhung nicht gekommen ist, auch nächsten Monat nicht kommen wird, sondern erst dann, bis man vor Langweile auf sie spuckt.«[30] Es fiel ihm schwer, zwischen dem körperlichen Schmerz, der sich von selbst einstellte, und der Seelenqual zu unterscheiden, die zum Teil von ihm mit herbeigeführt zu sein schien:

Zu rechter Zeit haben jetzt Magenschmerzen und was Du willst angefangen und so stark, wie es sich bei einem durch Müllern stark gewordenen Menschen paßt. Den Nachmittag über, so lang er war, bin ich auf dem Kanapee gelegen, mit etwas Thee statt des Mittagessens in mir und hatte nach einem Viertelstundenschlaf nichts anderes zu tun als mich zu ärgern, daß es nicht dunkel werden wollte ... Manchmal möchte ich sagen, Gott weiß, wie ich überhaupt noch Schmerzen spüren kann, da ich vor lauter Dringlichkeit, sie mir zu verursachen, gar nicht dazu komme, sie aufzunehmen. Öfters aber muß ich sagen, ich weiß es auch, ich spüre ja wirklich keine Schmerzen, ich bin ja wirklich der schmerzfreieste Mensch, den man sich denken kann.[31]

Trotz seiner ironischen Distanz verwarf er die Vorstellung einer göttlichen Macht nicht, die ihn leiden ließ, wie er ja auch an einen Gott glaubte, der nicht wollte, daß er schrieb – auch das freilich nicht ohne Abstriche. Kafkas Haltung dem Schmerz gegenüber – vor allem das Gefühl, ihn negieren zu können, indem er ihn selbst hervorbrachte – läßt an Nietzsche denken, der den Schmerz selbst leichter zu ertragen vermochte als seine Unfähigkeit, ihn zu kontrollieren. Indem er sich auf den Willen konzentrierte, auf die zur Herrschaft über sich selbst erforderliche Härte, konnte er vergessen, was jenseits seiner Macht lag.

Diese heimliche Selbst-Vergewaltigung, diese Künstler-Grausamkeit, diese Lust, sich selbst als einem schweren widerstrebenden leidenden Stoffe eine Form zu geben, einen Willen, eine Kritik, einen Widerspruch, eine Verachtung, ein Nein einzubrennen, diese unheimliche und entsetzlich lustvolle Arbeit einer mit sich selbst willig-zwiespältigen Seele, welche sich Leiden macht, aus Lust am Leidenmachen, dieses ganze *aktivische* »schlechte Gewissen« hat zuletzt – man errät es schon – als der eigentliche Mutterschoß idealer und imaginativer Ereignisse auch eine Fülle von neuer befremdlicher Schönheit und Bejahung ans Licht gebracht.[32]

Anders als Nietzsche betrachtete Kafka sein Werk nicht als Destillat all dessen, was es Gutes in ihm gab, als ein anderes Selbst, daß das zum raschen Verfall Bestimmte überleben konnte, wohl aber sah er sich als zwei Wesen, und es besteht eine gewisse Verwandtschaft zwischen Nietzsches Vorstellung, einem leidenden Selbst seinen Willen aufzubrennen und Kafkas Bild von der Maschine, die dem widerstrebenden Leib das Gesetz in die Haut ritzt.

DIE GAUKLER-LEITER

Im Frühjahr 1910 begann Kafka, ein Tagebuch zu führen – Vorwand und Medium zugleich, mit sich selbst zu sprechen, wenn er sich zu schriftstellerischer Arbeit nicht imstande sah.

> Darauf antwortete ich noch immer, wenn ich mich wirklich fragte, hier war immer noch etwas aus mir herauszuschlagen, aus diesem Strohhaufen, der ich seit fünf Monaten bin und dessen Schicksal es zu sein scheint, im Sommer angezündet zu werden und zu verbrennen, rascher, als der Zuschauer mit den Augen blinzelt ... Mein Zustand ist nicht Unglück, aber er ist auch nicht Glück, nicht Gleichgültigkeit, nicht Schwäche, nicht Ermüdung, nicht anderes Interesse, also was ist er denn? ... Alle Dinge nämlich, die mir einfallen, fallen mir nicht von der Wurzel aus ein, sondern erst irgendwo gegen ihre Mitte.[1]

Ihm fehlte ein Gefühl des Verwurzeltseins: Es kam ihm so vor, als schwebe er frei in der Luft. Diese Vorstellung illustriert er in seinem Tagebuch wie auch in seinen Zeichnungen mit dem Bild des Gauklers, der eine Leiter emporklettert, die, statt auf dem Boden zu stehen, auf den Sohlen eines anderen Akrobaten ruht, und »die nicht an der Wand lehnt, sondern nur in die Luft hinaufgeht«[2].

Im April mußte er sich zusammen mit zwei Kollegen, die wie er befördert worden waren, feierlich gewandet beim Präsidenten des Unternehmens, Otto Příbram, bedanken. Einer der drei – nicht Kafka, denn er war der Jüngste – hielt eine kleine Ansprache. Příbram »hörte in seiner gewöhnlichen, bei feierlicher Gelegenheit gewählten, ein wenig an die Audienzhaltung unseres Kaisers erinnernden ... Stellung zu. Die Beine leicht gekreuzt, die linke Hand zur Faust geballt auf die äußerste Tischecke gelegt, den Kopf gesenkt, so daß sich der weiße Vollbart auf der Brust einbiegt und zu alledem den nicht allzu großen aber immerhin vortretenden Bauch ein wenig schaukelnd.«[3] Kafka bekam bei diesem Anblick kleine Lachanfälle, die er als Hustenreiz zu tarnen versuchte. Der Kollege ließ sich nicht beirren, sondern fuhr, starr vor sich hinblickend, mit seiner Rede fort. Als Přibram jedoch aufsah, erkannte er an Kafkas Gesichtsausdruck, daß dieser keineswegs hatte husten müssen, was Kafka einen Augenblick lang erschreckte. Bei den nun folgenden Worten des Präsidenten wurde der Lachreiz trotz der Seitenblicke seiner Kollegen erneut unwiderstehlich. Nachdem Přibram geendet hatte, hielt der dritte Kollege noch eine Stegreifrede – nun lachte Kafka ungehemmt, während ihm gleichzeitig die Knie vor Angst schlotterten. »Mit der rechten Hand meine Brust schlagend, zum Teil im Bewußtsein meiner Sünde (in Erinnerung an den Versöhnungstag), zum Teil, um das viele verhaltene Lachen aus der Brust herauszutreiben, brachte ich vielerlei Entschuldigungen für mein Lachen vor, die vielleicht alle sehr überzeugend waren, aber infolge neuen, immer dazwischenfahrenden Lachens gänzlich unverstanden blieben.«[4]

Kafka ging gern ins Theater, und als er einmal Albert Bassermann in der Rolle des Hamlet sah, schrieb er: »Ganze Viertelstunden hatte ich bei Gott das Gesicht eines andern Menschen, von Zeit zu Zeit mußte ich von der Bühne weg in eine leere Loge schauen, um in Ordnung zu kommen.«[5] Da er sich leicht vom Geschehen auf der Bühne mitreißen ließ, schien die Aufführung ihm Wirklichkeit und seine eigene Reaktion darauf wie ein Schauspiel.

Nachdem Kafka im Mai 1910 eine Vorstellung des russischen Balletts aus Petersburg mit Eugenie Eduardowa besucht hatte, träumte er noch Monate später von ihr. In einem Traum bat er sie, den Czárdás noch einmal zu tanzen, doch da kam »jemand mit den ekelhaften Bewegungen des unbewußten Intriganten, um ihr zu sagen, der Zug fahre gleich«[6]. Bei Tageslicht sah die Eduardowa nicht so hübsch aus wie auf der Bühne. Durch ihren bleichen Teint und die hohen Wangenknochen, über die die Haut sich derart spannte, daß ihr Gesicht einer Maske glich, wirkte sie auf Kafka wie eine seiner ältlichen Tanten.

Anfang Mai spielte auch eine ostjüdische Theatertruppe aus Lemberg im Café Savoy im ehemaligen Getto. Brod, den die melodramatischen Stücke sehr beeindruckten, nahm Kafka am 4. Mai zu einer Aufführung mit. »Franz aber ging, nachdem ich ihn erst einmal hingebracht hatte, förmlich in diesem Milieu auf.«[7] Obwohl Kafka möglicherweise nur eine Vorstellung gesehen hatte, erinnerte er sich noch ein Jahr später an die von Frau Salcia Weinberg gespielte Hosenrolle: »Die W. hatte den ständigen Witz, ihre Mitspieler mit ihrem großen Hintern anzustoßen.«[8]

In seinen Tagebüchern verzeichnete Kafka Ereignisse und Erlebnisse, entwarf aber auch Beschreibungen oder Erzählungen; manchmal notierte er sogar nur flüchtige Eindrücke wie »Die Weißnäherinnen in den Regengüssen« oder einzelne Sätze wie »Meine Ohrmuschel fühlte sich frisch, rauh, kühl, saftig an wie ein Blatt«.[9] Außerdem enthalten die Tagebücher Prosagedichte in der Art wie die in *Hyperion* veröffentlichten sowie teils unvollständige, teils vollständige Erzählungen.

So geht es zum Beispiel bei einer Fragment gebliebenen Erzählung aus dem Jahre 1910 um ein Gespräch zwischen zwei keineswegs miteinander befreundeten Männern, die sich jedoch in vertraulicher Weise über Daseinsängste unterhalten. Die Erzählung erinnert an die *Beschreibung eines Kampfes,* vor allem an das »Gespräch mit dem Beter«. Wie später im *Verschollenen* und im *Schloß* hofft der Erzähler, an einen höheren und möglicherweise besseren Ort zu gelangen. Auch sein Gesprächspartner meint: »Hier unten geht es uns schlecht, ja es geht uns sogar hundsmiserabel, . . . mir geschieht ja niemals etwas Derartiges, das die Leute aufpassen läßt, wie könnte es auch geschehn unter dem Aufbau der für mich nötigen Zeremonien, unter denen ich ja nur weiterkriechen kann, nicht besser als ein Ungeziefer.«[10]

Als Kafka Ende August 1910 eine Erhöhung seines Grundgehalts von 1 800 Kronen auf 2 400 Kronen beantragte, reagierten seine Vorgesetzten nicht gleich darauf, schickten ihn aber – ein deutlicher Vertrauensbeweis - Ende September nach Gablonz, wo er einen öffentlich angekündigten Vortrag über das Unfallversicherungswesen halten sollte. Mitte Oktober wurde sein Gehalt schließlich auf 2 100 Kronen erhöht. Da hatte er Prag jedoch bereits in Richtung Paris verlassen, wo er mit den Brüdern Brod Urlaub machen wollte. Auf die Reise hatten Franz und Max sich durch Konversationsstunden bei einer Französin vorbereitet.

In Paris besuchten die drei Freunde die Kasperletheater (Guignol), den Jardin du Luxembourg und ein Pferderennen. Doch

Kafka, der sich schon die ganze Zeit nicht recht wohl gefühlt hatte, bekam eine Furunkulose, und da die französischen Ärzte ihm nicht helfen konnten, reiste er nach nur neun Tagen Aufenthalt allein wieder nach Hause. In der ersten Nacht, die er nach seiner Rückkehr in Prag verbrachte, träumte ihm, er »sei zum Schlaf in einem großen Hause einquartiert, das aus nichts anderem bestand als aus Pariser Droschken, Automobilen, Omnibussen usw., die nichts anderes zu tun hatten, als hart aneinander vorüber, übereinander, untereinander zu fahren und von nichts anderem war Rede und Gedanke, als von Tarifen, correspondancen, Anschlüssen, Trinkgeldern, direction Pereire, falschem Geld usw.«[11]. Den Brüdern schilderte er auf drei Ansichtskarten, die er ihnen nach Paris schrieb, einen Ohnmachtsanfall, der ihn gezwungen habe, sich in der Arztpraxis niederzulegen. Während dieser Ohnmacht fühlte er sich »so sehr als Mädchen . . ., daß ich mich meinen Mädchenrock mit den Fingern in Ordnung zu bringen bemühte . . . Meine Idee, die ich dem Doktor natürlich nicht verraten habe, ist, daß mir diesen Ausschlag die internationalen Prager, Nürnberger und besonders Pariser Pflaster gemacht haben.«[12] Er tröstete sich über den abgebrochenen Urlaub in Paris mit der Hoffnung hinweg, bald wieder einmal hinzukommen.

Sechs Wochen später fuhr Kafka zum ersten Mal nach Berlin. Über die Stadt selbst äußert er sich nicht, dafür schreibt er Brod bereits am zweiten Tag ganz begeistert:

> Nichts ist so gut wie das Essen hier im vegetarischen Restaurant. Die Lokalität ist ein wenig trübe, man ißt Grünkohl mit Spiegeleiern (die teuerste Speise), nicht in großer Architektur, aber die Zufriedenheit, die man hier hat. Ich horche nur in mich hinein, vorläufig ist mir freilich noch sehr schlecht, aber wie wird es morgen sein? Es ist hier so vegetarisch, daß sogar das Trinkgeld verboten ist . . . Eben bringt man mir Grießspeise mit Himbeersaft, ich beabsichtige aber noch Kopfsalat mit Sahne, dazu wird ein Stachelbeerwein schmecken, und ein Erdbeerblätterthé wird alles beenden.[13]

Obwohl er erst am 19. Dezember seinen Dienst wieder antreten mußte, kehrte er schon am 9. Dezember aus Berlin zurück, rechtzeitig zur Hochzeit seiner einundzwanzigjährigen Schwester Elli. In der ihm doch eigentlich vertrauten Umgebung fühlte er sich so wenig

1

1 Franz Kafka vor dem Haus der Familie, dem ›Oppelthaus‹ am Altstädter Ring in Prag, etwa um 1922, zur Zeit der Niederschrift des ›Schloß‹.

2/3 Die Eltern: Hermann Kafka (1852–1931) und Julie Löwy (1856–1934).

2

3

4/5 Die beiden frühesten Kinderbilder. Links: etwa ein Jahr alt; rechts: etwa zwei Jahre alt.

6 Das Haus ›Zum Turm‹ 27/I, in dem Franz Kafka am 3. Juli 1883 geboren wurde.

4

5

6

7

7 Franz Kafka,
etwa fünf Jahre alt

wohl, daß er sich fast »wie ein Tier hätte aufführen können . . . Vor dem Bureau habe ich mich erst gestern abend zu fürchten angefangen, so zu fürchten angefangen allerdings, daß ich gern mich unter dem Tisch versteckt hätte.«[14] Nur gut, daß es das Tagebuch gab: »Ich werde das Tagebuch nicht mehr verlassen. Hier muß ich mich festhalten, denn nur hier kann ich es.«[15] Am Vortag hatte er sowohl im Tagebuch wie auch in einem Brief an Brod versucht, seine Gefühlslage und die nunmehr günstigere häusliche Situation zu analysieren. Der Gesundheitszustand der Eltern hatte sich gebessert, sie stritten weniger mit ihm herum, außer wenn der Vater merkte, daß er spät nachts noch schrieb, und ihm vorwarf, er ruiniere seine Gesundheit. Die Hochzeit, in den Augen der Angehörigen ein wichtiges Ereignis, hatte möglicherweise Kafkas Besorgnis über sein andauerndes Junggesellenleben verschärft, doch teilte er Brod lediglich lakonisch mit: »Bei uns zuhause war es fast ganz ruhig. Die Hochzeit ist vorüber, man verdaut die neue Verwandtschaft.«[16]

In der Tagebucheintragung vom selben Tag (bei der er offenbar keinen Gedanken an seine Schwester verschwendete) überlegte er jedoch, ob sein Gemütszustand nicht vielleicht doch einen neuen Tiefpunkt erreicht hatte:

> Kein Wort fast, das ich schreibe, paßt zum andern, ich höre, wie sich die Konsonanten blechern aneinanderreiben, und die Vokale singen dazu wie Ausstellungsneger. Meine Zweifel stehn um jedes Wort im Kreis herum, ich sehe sie früher als das Wort, aber was denn! ich sehe das Wort überhaupt nicht, das erfinde ich. Das wäre ja noch das größte Unglück nicht, nur müßte ich dann Worte erfinden können, welche imstande sind, den Leichengeruch in einer Richtung zu blasen, daß er mir und dem Leser nicht gleich ins Gesicht kommt. Wenn ich mich zum Schreibtisch setze, ist mir nicht wohler als einem, der mitten im Verkehr der Place de l'Opéra fällt und beide Beine bricht. Alle Wagen streben trotz ihres Lärmens schweigend von allen Seiten nach allen Seiten, aber bessere Ordnung als die Schutzleute macht der Schmerz jenes Mannes, der ihm die Augen schließt und den Platz und die Gassen verödet, ohne daß die Wagen umkehren müßten.[17]

Nicht nur konnte er im Tagebuch ausführlicher und offener über sich schreiben als in Briefen an Brod: Es war ihm auch möglich, seine

Gefühle zu analysieren, ohne daß er befürchten mußte, der Freund könnte sich gedrängt fühlen, ihm zu Hilfe zu eilen. Als er aber seinen Brief an Brod zwei Tage später fortsetzte, schien sein Zustand alles andere als »fast ganz ruhig« zu sein.

> Jetzt ... bin ich in einer Eile des Gefühls, daß ich fliege. Ich bin einfach von mir betrunken ... Dabei hat sich wenig seit zwei Tagen geändert und was sich geändert hat, ist schlechter geworden. Meinem Vater ist nicht ganz gut, er ist zu Hause. Wenn links der Frühstückslärm aufhört, fängt rechts der Mittagslärm an, Türen werden jetzt überall aufgemacht, wie wenn die Wände aufgebrochen würden.[18]

Er hatte versucht zu schreiben, aber nichts war ihm so recht gelungen.

> Dagegen habe ich alles weggestrichen, was ich nach Paris – es war nicht viel – geschrieben habe. Mein ganzer Körper warnt mich vor jedem Wort, jedes Wort, ehe es sich von mir niederschreiben läßt, schaut sich zuerst nach allen Seiten um; die Sätze zerbrechen mir förmlich, ich sehe ihr Inneres und muß dann aber rasch aufhören.[19]

Die Vernichtung von früher Geschriebenem hatte jedoch einen eher negativen als den erwarteten positiven Effekt: Die Menge des Verworfenen erschien ihm wie ein Berg. »Es ist fünfmal so viel, als ich überhaupt je geschrieben habe, und schon durch seine Masse zieht es alles, was ich schreibe, mir unter der Feder weg zu sich hin.«[20]

Zwar hatte seine literarische Arbeit durch das Tagebuch eine neue Dimension gewonnen, aber selbst wenn er hätte sicher sein dürfen, daß die Eltern, die ständig durch sein Zimmer gingen, nie hineinsahen, hätte er darin unmöglich etwas über die Geräusche zu schreiben vermocht, die er nachts durch die Wand hörte. Später beklagte er sich Felice Bauer gegenüber, er habe sogar gehört, wenn sein Vater sich heftig im Bett herumwarf. Es hätte auch gar nicht zu Hermann Kafka gepaßt, beim ehelichen Verkehr in irgendeiner Weise auf den nebenan schlafenden Sohn Rücksicht zu nehmen; so wie es für den äußerst lärmempfindlichen Kafka undenkbar gewesen wäre, sich über die Qualen zu äußern, die diese Geräusche, die er schon von früher

Kindheit an hatte ertragen müssen, ihm verursachten. Äußerstenfalls erklärte er, der Anblick der auf dem Bett ausgebreiteten Nachtgewänder seiner Eltern erfülle ihn mit Widerwillen. Sein Gehalt hätte es ihm inzwischen ohne weiteres gestattet, die elterliche Wohnung zu verlassen, und die Schuldgefühle über seinen andauernden Junggesellenstatus hatten ihre Ursache wohl zum Teil in einem Gefühl ungesunden Einbezogenseins in die Ehe seiner Eltern. Möglicherweise ist seine spartanische Gewohnheit, bei offenem Fenster und mit einer um die Beine gewickelten Wolldecke in einem Sessel zu schlafen, auf die irrationale Annahme zurückzuführen, kalte Luft wirke triebtötend.

Vielleicht lassen sich von daher auch einige seiner Idiosynkrasien erklären: So hielt er geradezu zwanghaft auf peinlichste Sauberkeit, kam zu Verabredungen fast immer zu spät, betrat ungern Räume, in denen ihn jemand erwartete, und ließ Briefe lange ungeöffnet liegen.

Als Weihnachten und damit das Jahresende näherrückten, wuchs Kafkas Niedergeschlagenheit. Was hatte er erreicht? Dank dem Tagebuch kannte er sich besser als zuvor, doch da ihm nicht gefiel, was er entdeckt hatte, konnte ihm das kaum als Fortschritt erscheinen. Er glaubte nicht mehr recht an die Möglichkeit, mehr Freiheit zu erlangen, und auch nicht an seine Fähigkeit, sie zu nutzen.

Über Weihnachten war er zweieinhalb Tage lang nahezu ganz allein. »Das Alleinsein hat eine Kraft über mich, die nie versagt ... Eine kleine Ordnung meines Innern fängt an, sich herzustellen, und nichts brauche ich mehr, denn Unordnung bei kleinen Fähigkeiten ist das Ärgste.«[21] Doch eine Bestandsaufnahme seiner psychischen Verfassung und seiner literarischen Produktion führte ihn zu einem negativen Fazit: »Jetzt habe ich meinen Schreibtisch genauer angeschaut und eingesehn, daß auf ihm nichts Gutes gemacht werden kann. Es liegt hier so vieles herum und bildet eine Unordnung ohne Gleichmäßigkeit und ohne jede Verträglichkeit der ungeordneten Dinge, die sonst jede Unordnung erträglich macht.«[22] Auf der Bühne oder im Parkett alter Theater konnte er nahezu alles tolerieren, sein Schreibtisch aber spiegelte jene Unordnung wider, die Kafka an sich selbst so mißfiel:

> Nur auf meinem Schreibtisch steht der Rasierspiegel aufrecht, wie man ihn zum Rasieren braucht, die Kleiderbürste liegt mit ihrer

Borstenfläche auf dem Tisch, das Portemonnaie liegt offen für den Fall, daß ich zahlen will, aus dem Schlüsselbund ragt ein Schlüssel fertig zur Arbeit vor und die Krawatte schlingt sich noch teilweise um den ausgezogenen Kragen ... In diesem Fach liegen alte Papiere, die ich längst weggeworfen hätte, wenn ich einen Papierkorb hätte, Bleistifte mit abgebrochenen Spitzen, eine leere Zündholzschachtel, ein Briefbeschwerer aus Karlsbad, ein Lineal mit einer Kante, deren Holprigkeit für eine Landstraße zu arg wäre, viele Kragenknöpfe, stumpfe Rasiermessereinlagen (für die ist kein Platz auf der Welt), Krawattenzwicker und noch ein schwerer eiserner Briefbeschwerer ... Die angezündete Glühlampe, die stille Wohnung, das Dunkel draußen, die letzten Augenblicke des Wachseins, sie geben mir das Recht, zu schreiben, und sei es auch das Elendste. Und dieses Recht benutze ich eilig. Das bin ich also.[23]

Die Gewohnheit, Tagebuch zu führen, schärfte einerseits seinen Sinn für Selbstbeobachtung, ließ aber zugleich seine Stimmungsschwankungen immer heftiger werden. So schienen ihm die äußeren und inneren Umstände – laut Eintrag vom 7. Januar – freundlicher zu sein als ein Jahr zuvor, doch schon zwölf Tage später kam es ihm vor, als sei er im letzten Jahr nicht länger als fünf Minuten wach gewesen. Im Tagebuch wie im Gespräch kehren ständig dieselben Selbstverdammungen wieder: »Ich werde, da ich von Grund aus fertig zu sein scheine ... jeden Tag entweder mich von der Erde wegwünschen müssen oder aber, ohne daß ich darin auch die mäßigste Hoffnung sehen dürfte, von vorn als kleines Kind anfangen müssen.«[24] Eine Woche darauf sagte er zu Brod: »›Ich wünsche mich täglich von der Erde weg‹ – ›Was fehlt dir?‹ – ›Nichts fehlt mir, außer ich selbst.‹«[25] Dessen Bitte um eine Erklärung beantwortete er mit: »›Ich habe hunderttausend falsche Gefühle, schreckliche. Die richtigen kommen nicht heraus oder nur in Fetzen, ganz schwach.‹«[26] Brod schreibt weiter:

Dann kommen wir beide überein, daß unser banaler Brotberuf uns unglücklich macht, da er uns nicht genügend Zeit läßt, uns unseren künstlerischen Arbeiten hinzugeben. Ich bitte ihn recht naiv, trotzdem seine literarischen Werke nicht zu vernachlässigen ... Er antwortet nicht ... Er hält Distanz, indem er schweigend neben mir hergeht, zehn Minuten lang auf Fragen, die ihm nicht passen, keine Antwort gibt. »Was sind das für falsche Gedanken, die in dir aufsteigen?« – »Das läßt sich nicht so sagen.« – »Aber wenn du hunderttausend solche falsche Gefühle oder Gedanken hast, so wird dir doch wenigstens einer einfallen, den du mir mitteilen kannst.« – Er schweigt wieder.[27]

Er hatte seinen Optimismus eingebüßt und damit, so befürchtete er, auch seine Spontaneität. Neben dem geradezu erdrückend fruchtbaren Brod empfand er seine Lage als hoffnungslos.

Ende Januar mußte er eine Dienstreise nach Friedland und Reichenberg in Nordböhmen antreten. Er beschrieb die Landschaft knapp auf Postkarten und ausführlich in Reisetagebüchern. Das Bild Friedlands wird beherrscht von Wallensteins Renaissanceschloß: »Das Schloß ist mit Epheu vollgestopft, in den Loggien reicht er bis zu halber Höhe. Nur die Zugbrücke gleicht jenen Nippsachen, um deren Ketten und Drähte man sich nicht kümmern will, weil es eben Nippsachen sind und trotzdem man sich in allem sonst Mühe gegeben hat.«[28] Je nachdem, ob man es von der Ebene, von einer Brücke, vom Park oder vom Wald aus ansah, trat ein anderer Aspekt des Ganzen in den Vordergrund.

Das überraschend übereinander gebaute Schloß, das sich, wenn man in den Hof tritt, lange nicht ordnet, da der dunkle Efeu, die grauschwarze Mauer, der weiße Schnee, das schieferfarbene, Abhänge überziehende Eis die Mannigfaltigkeit vergrößert. Das Schloß ist eben nicht auf einem breiten Gipfel aufgebaut, sondern der ziemlich spitze Gipfel ist umbaut. Ich ging unter fortwährendem Rutschen einen Fahrweg hinauf, während der Kastellan, mit dem ich weiter oben zusammentraf, über zwei Treppen leicht hinaufkam.[29]

Die einzige Unterhaltung, die Kafka in Friedland fand, war das »Kaiserpanorama«. Als er den elegant eingerichteten Raum mit Schnee an den Stiefeln betrat, fühlte er sich unbehaglich, obwohl er der einzige Besucher war, bis noch zwei ältere Damen hereinkamen. Ein alter Mann, der aus einem Band der *Illustrirten Welt* vorlas, zeigte Bilder von Brescia, Cremona und Verona.

> Menschen drin wie Wachspuppen, an den Sohlen im Boden im Pflaster befestigt ... Die Bilder lebendiger als im Kino, weil sie dem Blick die Ruhe der Wirklichkeit lassen. Das Kino gibt dem Angeschauten die Unruhe seiner Bewegung ... Die Entfernung zwischen bloßem Erzählenhören und Panoramasehn ist größer als die Entfernung zwischen letzterem und dem Sehn der Wirklichkeit.[30]

Am Schluß wollte Kafka dem alten Herrn sagen, wie gut ihm die Vorführung gefallen habe, brachte es aber nicht fertig.

Überhaupt tat er sich schwer, die einfachsten Entscheidungen auch wirklich auszuführen – bevor er sich eines anderen besann. So hatte er in der Auslage einer Buchhandlung den *Literarischen Ratgeber* des Dürerbundes entdeckt und beschlossen, ihn zu kaufen. Dann wollte er das Werk lieber doch nicht haben, überlegte es sich erneut anders und kehrte später wieder zum Buchladen zurück, der ihn durch seine Verlassenheit besonders anzog. »Aber wie jede Verlassenheit mir wieder Wärme erzeugt, so fühlte ich rasch auch das Glück dieses Buchladens.«[31] Er bot der alten Dame, die in Abwesenheit ihres Mannes den Laden führte, an, das Buch aus der Auslage zu holen, sie bestand jedoch darauf, es selbst zu tun, konnte ihm dann aber den Preis nicht sagen. Er erklärte, er werde noch einmal wiederkommen – er kam nicht wieder.

Am 19. Februar, etwa eine Woche nach seiner Rückkehr nach Prag, fühlte Kafka sich derart erschöpft, daß er in seinem Tagebuch einen Kündigungsbrief an Herrn Pfohl entwarf: »Wie ich heute aus dem Bett steigen wollte, bin ich einfach zusammengeklappt. Es hat das einen sehr einfachen Grund, ich bin vollkommen überarbeitet. Nicht durch das Bureau, aber durch meine sonstige Arbeit.«[32] Am schlimmsten schienen ihm Freitag und Samstag, weil er, das Wochenende vor Augen, ständig ans Schreiben denken mußte, obwohl er von den voraufgegangenen Arbeitstagen bereits völlig abgekämpft war. Er empfand das Ganze als »schreckliches Doppelleben, aus dem es wahrscheinlich nur den Irrsinn als Ausweg gibt«[33]. Das kleinste Glück bei einer seiner Tätigkeiten geriet ihm zum Unglück im Hinblick auf die andere. »Habe ich an einem Abend Gutes geschrieben, brenne ich am nächsten Tag im Bureau und kann nichts fertigbringen. Dieses Hinundher wird immer ärger. Im Bureau genüge ich äußerlich meinen Pflichten, meinen innern Pflichten aber nicht, und jene nichterfüllte innere Pflicht wird zu einem Unglück, das sich aus mir nicht mehr rührt.«[34] In dem Briefentwurf an Pfohl erklärt Kafka, er liebe ihn »wie ein Sohn«, und selbst wenn er zu jener Zeit nicht gerade »Anstaltsjustitiar« geworden wäre (im Februar 1911 wurde er als Bevollmächtigter der Anstalt akkreditiert), hätte er den Brief ebensowenig abgeschickt wie später den an seinen Vater.

Schon achtzehn Monate vor Entstehung des *Urteils* näherte er sich dem Gedanken, die Ablehnung durch den Vater einem Todesurteil gleichzusetzen. Die Erzählung *Die städtische Welt,* die sich im Tagebuch findet, kann in gewisser Weise als Entwurf zum *Urteil* gelten, als erster Versuch, die von Schuldgefühlen belastete Beziehung zum Vater in Literatur umzusetzen: Oskar M., ein älterer Student, der das Gefühl hat, im elterlichen Haus zu ersticken, wird bei seiner Heimkehr vom Vater mit den Worten empfangen: »Dein Lotterleben ertrage ich einfach nicht länger. Ich bin ein alter Mann. In dir dachte ich einen Trost des Alters zu haben, indessen bist du für mich ärger als alle meine Krankheiten. Pfui über einen solchen Sohn, der durch Faulheit, Verschwendung, Bosheit und . . . Dummheit seinen alten Vater ins Grab drängt.«[35] Kafkas Vaterbrief macht deutlich, daß es sich bei dieser Passage um ein Beispiel für die ihm so vertraute Nörgelei handelt. Nähme man die väterliche Übertreibung ernst, enthielte sie eine Mordanklage, die das später über den Sohn verhängte Todesurteil rechtfertigen würde.

Der Vater, der nicht anders kann, als das Selbstvertrauen seines Sohnes zu untergraben, wischt alle Einwände Oskars beiseite und behauptet, er schreie ihn höchstens in der Hoffnung an, er werde sich bessern, und in Gedanken an seine »arme gute Mutter, die jetzt vielleicht noch kein unmittelbares Leid über dich verspürt, aber schon an der Anstrengung, ein solches Leid abzuwehren, denn sie glaubt dir dadurch irgendwie zu helfen, langsam zugrunde geht«[36].

Doch gab es auch Augenblicke, da fühlte Kafka sich stark. Eines Nachts, so gegen zwei Uhr, spürte er ganz deutlich das Besondere seiner Begabung: »Wenn ich wahllos einen Satz hinschreibe, zum Beispiel ›Er schaute aus dem Fenster‹, so ist er schon vollkommen.«[37] Er glaubte, der glücklichste und zugleich der unglücklichste aller Menschen zu sein – »einen Augenblick lang fühlte ich mich umpanzert«[38].

Im Hause Fanta lernte Kafka auch Rudolf Steiner kennen, der dort mehrere Vorträge hielt und die erste theosophische Gemeinde (die Bolzano-Loge) gründete. Die Tochter Berta Fantas schreibt darüber: »Ich erinnere mich, während der Vorträge beobachtet zu haben, wie die Augen von Franz Kafka blitzten und leuchteten und ein Lächeln sein Gesicht erhellte.«[39] Es war deutlich, daß er einem Teil dessen, was Steiner berichtete, Skepsis entgegenbrachte. »Ein Münchner Arzt heilt mit Farben, die Dr. Steiner bestimmt. Er schickt auch Kranke in die Pinakothek mit der Vorschrift, vor einem bestimmten Bild eine halbe Stunde oder länger sich zu konzentrieren ... Er verkehrt mit seinen abwesenden Schülern vermittelst Denkformen, die er zu ihnen ausschickt, ohne sich nach der Erzeugung weiter mit ihnen zu beschäftigen.«[40]

Doch aller Skepsis zum Trotz besuchte Kafka Rudolf Steiner im Viktoriahotel in der Jungmannstraße. Steiners »schwarzer Kaiserrock ... ist jetzt bei Tageslicht besonders auf Rücken und Achseln staubig und sogar fleckig«[41]. Da Kafka nicht recht wußte, wo er seinen Hut lassen sollte, legte er ihn auf ein zum Stiefelschnüren bestimmtes kleines Holzgestell. Der Theosoph begrüßte ihn mit den Worten: »Sie sind doch der Dr. Kafka? Haben Sie sich schon länger mit Theosophie beschäftigt?«[42]

Kafka erklärte, ein großer Teil seines Wesens strebe zur Theosophie, doch habe er gleichzeitig Angst vor ihr, weil er eine neue Verwirrung befürchte. Sein gegenwärtiges Unglück bestehe aber gerade in zu großer Verwirrung, da sein Glück, seine Fähigkeiten und jede Möglichkeit, irgendwie nützlich zu sein, allein in der Literatur lägen.

> Und hier habe ich allerdings Zustände erlebt (nicht viele), die meiner Meinung nach den von Ihnen, Herr Doktor, beschriebenen hellseherischen Zuständen sehr nahestehen, in welchen ich ganz und gar in jedem Einfall wohnte, aber jeden Einfall auch erfüllte und in welchen ich mich nicht nur an meinen Grenzen fühlte, sondern an den Grenzen des Menschlichen überhaupt. Nur die Ruhe der Begeisterung, wie sie dem Hellseher wahrscheinlich eigen ist, fehlte doch jenen Zuständen, wenn auch nicht ganz. Ich schließe dies daraus, daß ich das Beste meiner Arbeiten nicht in jenen Zuständen geschrieben habe.[43]

Er wollte von Rudolf Steiner offenbar eine gleichsam väterliche Bestätigung dafür haben, daß das Kräftedreieck Theosophie, schriftstellerische Tätigkeit und Berufsleben leichter zu beherrschen sei als der Antagonismus zwischen den beiden letztgenannten, ließ aber zugleich durchblicken, daß er Literatur für ein Gebiet hielt, auf dem er väterlicher Hilfe nicht bedurfte und väterliche Autorität nicht fürchtete. Steiner hörte ihm zu, ohne ihn anzusehen, nickte nur von Zeit zu Zeit, als fördere diese Bewegung seine Konzentration. Die Zusammenkunft verdarb Kafka nachhaltig jede Lust an der Theosophie.

In der zweiten Aprilhälfte des Jahres 1911 unternahm Kafka eine weitere Dienstreise, auf der er von Zittau aus einen Ausflug zum Berg Oybin machte. In der Gartenstadt Warnsdorf lernt er wieder eine Vaterfigur kennen: den Naturheilkundigen und Fabrikanten Moriz Schnitzer, der die Bibel vom Standpunkt des Vegetariers aus erklärte. »Moses führte die Juden durch die Wüste, damit sie in den vierzig Jahren Vegetarianer [sic] werden. Manna als fleischlose Kost. Die toten Wachteln. Sehnsucht nach den ›Fleischtöpfen Ägyptens‹. Noch deutlicher sagt Jesus im Neuen Testament zum Brot: ›Dies ist mein Leib‹.«[44] Als Kafka sich von Schnitzer untersuchen ließ, sah dieser ausschließlich seinen Hals an, erst im Profil, dann von vorn, bevor er Gifte im Rückenmark (infolge falscher Lebensweise) diagnostizierte, die schon fast das Gehirn erreicht hätten. Er verschrieb Schlafen bei offenem Fenster, Sonnenbaden, Gartenarbeit und ein aktives Interesse an der Naturheilkunde – das meiste davon praktizierte Kafka allerdings bereits.

Wieder in Prag war er in sich gekehrt und niedergeschlagen. Er beantragte (ohne Erfolg) eine Gehaltserhöhung auf 2 600 Kronen. Selbst von Brod zog er sich eher zurück, so daß dieser am 25. Mai in seinem Tagebuch vermerkte: »Kafka kommt nicht, nichts als seine eigenen Träume scheint ihn mehr zu interessieren.«[45] In Kafkas Geburtstagsbrief an Brod heißt es:

> Ich schicke Dir nicht einmal das gewöhnliche Buch, denn es wäre nur Schein; im Grunde bin ich doch nicht einmal mehr imstande, Dir ein Buch zu schenken. Nur weil ich es so nötig habe, heute einen Augenblick und sei es nur mit dieser Karte in Deiner Nähe zu sein, schreibe ich und mit der Klage habe ich nur deshalb angefangen, damit Du mich gleich erkennst. Dein Franz.[46]

Drei Wochen später notierte Brod: »Rede ihm immerfort zu, seine Depressionen aufzugeben.«[47]

Kafka schrieb zu jener Zeit weder Erzählungen noch Briefe und gab sogar die Eintragungen ins Tagebuch auf. Dennoch erfuhr sein Selbst-Bild eine positive Veränderung: »Die Zeit ... in der ich kein Wort geschrieben habe, ist für mich deshalb so wichtig gewesen, weil ich auf den Schwimmschulen in Prag, Königssaal und Czernoschitz aufgehört habe, für meinen Körper mich zu schämen. Wie spät hole ich jetzt mit achtundzwanzig Jahren meine Erziehung nach, einen verspäteten Start würde man das bei einem Wettlaufen nennen.«[48]

Seine Beziehung zu dem verständnisvollen Brod hatte während der »Krise« nicht so sehr gelitten, daß sie nicht gemeinsam eine Ferienreise hätten unternehmen können. Am Tag vor der Abfahrt Ende August 1911, also nahezu achtzehn Monate, nachdem Kafka begonnen hatte, Tagebuch zu führen, beschrieb er zum ersten Mal unmittelbar und unverschlüsselt die häusliche Situation. Der Gesundheitszustand des Vaters hatte sich infolge geschäftlicher Sorgen verschlechtert. »Auf das Herz ein nasses Tuch, Brechreiz, Luftmangel, seufzendes Hin- und Hergehn. Die Mutter in ihrer Angst findet neuen Trost. Immer sei er doch so energisch gewesen, über alles sei er hinweggekommen und jetzt –.«[49] Dabei könne der Ärger mit dem Laden doch höchstens noch ein Vierteljahr dauern. Der Vater »geht seufzend und den Kopf schüttelnd auf und ab. Es ist klar, daß, von ihm aus gesehn, seine Sorgen durch uns nicht abgenommen und nicht einmal erleichtert werden, aber selbst von uns aus gesehn nicht, selbst in unserm besten Willen steckt noch etwas von der so traurigen Überzeugung, daß er für seine Familie sorgen muß.«[50] In Augenblikken der Unsicherheit, wie zum Beispiel im Gespräch mit Rudolf Steiner, versuchte Kafka, sein inneres Gleichgewicht durch besonders kritische Beobachtung des anderen wiederzugewinnen. »Durch sein häufiges Gähnen oder sein übrigens nicht unappetitliches In-die-Nase-Greifen erzeugt der Vater eine kleine, kaum zum Bewußtsein kommende Beruhigung über seinen Zustand, trotzdem er dies, wenn er gesund ist, im allgemeinen nicht macht.«[51] Solche Beobachtungen müssen im Moment ihrer Aufzeichnung tröstlicher gewesen sein als in dem Augenblick, da er sie machte: Zweifellos fühlte er sich gegenüber dem Vater, der den Unterhalt für die ganze Familie verdiente, ebenso unbedeutend, wie er sich ihm als Junge körperlich unterlegen gefühlt hatte. »Die arme Mutter will morgen zum Hausherrn bitten gehn.«[52] Der arme Kafka aber wird mit seinem Freund eine Urlaubsreise machen und die Schuldgefühle verdrängen, die er hat, weil er die Familie im Stich läßt.

UNTERWEGS MIT REISEFÜHRER »BILLIG«

Die erste Station der Freunde war Zürich – »Altstadt: Enge steile Gasse, die ein Mann in blauer Bluse schwer herunterläuft. Über Stiegen . . . Erinnerung an das vom Verkehr bedrohte Klosett vor Saint Roche in Paris . . . Frühstück im alkoholfreien Restaurant. Butter wie Eidotter. ›Zürcher Zeitung‹«[1] – dann reisten sie weiter nach Luzern. Im Spielsaal des dortigen Kasinos forderte ein Schild die Schweizer auf, »den Fremden den Vortritt zu lassen, da das Spiel zur Unterhaltung der Gäste bestimmt ist«[2]. Kafka war vor allem beeindruckt von der Geschicklichkeit, mit der die Croupiers ihre Rechen handhabten. »Was sie damit können: Ziehen das Geld auf die richtigen Felder, sondern es, ziehen Geld an sich, fangen von ihnen auf die Gewinnfelder geworfenes Geld auf.«[3] Franz und Max beschlossen, jeder fünf Francs zu setzen. »Man fühlt sich im Saal allein. Das Geld . . . verschwindet auf einer sanft geneigten Ebene . . . Wut über alles.«[4]

Am folgenden Vormittag fuhren sie mit dem Zug nach Flüelen, wo sie im Hotel Sternen ein Zimmer mit Balkon bekamen. Kafka und Brod verwendeten viel Zeit auf das Führen ihrer Tagebücher. »Von vier Uhr bis elf Uhr nachts mit Max an einem Tisch, zuerst im Garten, dann im Lesezimmer, dann in meinem Zimmer.«[5] Brod bemitleidete alle Reisenden, die »nur« Fotoapparate mit sich führten, statt ihre Erinnerungen aufzuschreiben, und bei Kafka heißt es dazu: »Unverantwortlich, ohne Notizen zu reisen, selbst zu leben. Das tödliche Gefühl des gleichförmigen Vergehens der Tage ist unmöglich.«[6]

Von Dienstag, den 29. August, an blieben sie eine Woche in Lugano, wo sie im Hotel Belvedere au Lac logierten. Sie schwammen viel, machten lange Wanderungen und verbrachten die Abende auf der Hotelterrasse. In Kafkas Tagebuch findet sich zu jenem Zeitpunkt noch kein Hinweis auf ein Unwohlsein. »Allen Schädigungen seiner Gesundheit gegenüber war Kafka sehr empfindlich – jede Unvollkommenheit des Körpers quälte ihn, so zum Beispiel schon Schuppenbildung oder Verstopfung oder eine nicht voll entwickelte Fußzehe. Arzneien und Ärzten gegenüber war er mißtrauisch – er verlangte, daß die Natur selbst wieder das Gleichgewicht herstellen solle, alle ›unnatürlichen‹ Mittel verschmähte er.«[7]

Da die beiden sparsam leben mußten, kamen sie auf die Idee, einen neuen Typ von Reiseführer zu entwickeln, der »Billig« heißen sollte – zum Beispiel »›Billig durch die Schweiz‹, ›Billig in Paris‹ und so fort. Franz war unermüdlich und hatte eine kindische Freude daran, die Prinzipien dieses Typs, der uns zu Millionären machen und vor allem der scheußlichen Amtsarbeit entreißen sollte, bis in alle Feinheiten auszubauen.«[8] Brod war nie sicher, ob Kafka das im Ernst oder im Spaß meinte – und ob dieser das überhaupt selbst wußte. Indem er sich schwärmerisch ausmalte, wie die Reklameplakate für ihr Produkt »Billig« an den Wänden der Pariser Metrostationen neben den Anzeigen für die bekanntesten Aperitifs prangen würden, gab er sich »einfach den schöpferischen Phantasien eines großen Märchenerzählers hin«[9]. Da der Führer den Reisenden vor allem der Notwendigkeit entheben sollte, selbst auswählen zu müssen, brachte er »imperative Routen, nur *ein* Hotel in jeder Stadt, nur *ein* Verkehrsmittel, das preiswerteste«[10]. Dazu merkte Kafka an: »Nicht rasch oder langsam Reisende, sondern eine bestimmte Mittelgruppe. Abweichungen sind leichter möglich, da immer an ein Präzises angeschlossen werden kann.«[11]

Beim Sprachführer »Billig« sollte der Grundsatz gelten: »Es ist unmöglich, eine fremde Sprache vollständig zu erlernen. Wir lehren daher lieber gleich das Falsche. Es macht weniger Mühe und genügt zur Verständigung. Eine Art Esperanto, ein von uns erfundenes falsches Französisch oder Englisch. Dazu Dialekt und Zeichensprache nach lokalem Gebrauch.«[12] Außerdem sollte »Billig« folgende Fragen behandeln: »›Was macht man an Regentagen?‹ ›Reiseandenken‹, ›Passende Kleidung‹, ›Freikonzerte‹, ›Wo und wie bekommt man Freikarten ins Theater wie ein Einheimischer?‹ ›In Bildergalerien nur wenig wichtige Bilder, diese aber gründlich anschaun‹.«[13]

Später korrespondierte Brod tatsächlich mit Verlegern über diese »Reform der Reisehandbücher«, doch wollte sich keiner so recht dafür erwärmen. Kafkas Tagebuchnotizen vermitteln lebhafte Eindrücke seiner Beobachtungsgabe: »Telegraphenstangen: Querschnitt von Kleiderhaken.«[14] – »Fernrohr. Jungfrau weit, Rotunde des Mönches, schwankende heiße Luft bewegt das Bild. Hingelegte Handfläche des Titlis. Durchschnittener Brotlaib eines Schneefeldes.«[15] Brod beobachtete weniger scharf, skizzierte dafür aber mit Vorliebe literarische Porträts von sich selbst und Kafka:

> Wir sitzen unter Sträuchern im Felsen, die Füße im Wasser, mit der Landschaft verwachsen. – Vorbeigehende zeigen einander uns als italienische Burschen . . . Unten sitzend hören wir, selbst unsichtbar, Stimmen von der Straße oben, sehen die Leute bei der Einbiegung, dann im Gebüsch über unseren Köpfen verschwinden . . . Kafkas Sorgen, ein wenig übertrieben. Gespräch über die Schönheit der Fußzehen. Ihre Algenbewegung unter dem Wasser. Unter seinen Schmerzen führt Kafka an: »Und dann mein Aussehen! So komme ich in mein Mannesalter. Bis zum vierzigsten Jahr werde ich wie ein Knabe aussehen, um dann plötzlich ein vertrockneter Greis zu werden.«[16]

Noch in Lugano lasen sie in einer Zeitung Berichte über eine Cholera-Epidemie in Italien. Zuerst erwogen sie, unter diesen Umständen lieber nach Paris zu reisen, doch dann erschien es ihnen sicher genug, über Porto Ceresio nach Mailand zu fahren, wo sie im Hof der Mercanti Apfelstrudel aßen und eine Aufführung im Teatro Fossati sahen. »Auf andere Weise nicht zu erreichende Einheit zwischen Bühne und Zuschauerraum, wie es jene ist, die sich für und gegen den Zuschauer bildet, der die Sprache nicht versteht.«[17] Während sie sich in einem Caféhaus auf dem Domplatz unterhielten, fand Kafka: »Der Dom belästigt mit seinen vielen Spitzen.«[18]

Im obersten Stock eines Hauses sahen sie eine Frau am Fenstergitter lehnen – und gingen daraufhin in ein Bordell. »Ich war damals in allem leicht und entschlossen und fühlte, wie immer in solcher Laune, meinen Körper schwerer geworden.«[19] Im Bordell angekommen, wurde Brod etwas nervös, während Kafka mit der ihm eigenen Genauigkeit die Dirnen musterte:

Das Mädchen, dessen Bauch im Sitzen über und zwischen den auseinandergereckten Beinen unter dem durchscheinenden Kleid zweifellos unförmlich war, während er, als sie aufstand, sich zerzog wie eine Theaterdekoration hinter Schleiern und einen schließlich erträglichen Mädchenleib bildete. Die Französin, deren Süßigkeit für den abschließenden Blick sich vor allem in den runden und doch detaillierten, plauderhaften und anhänglichen Knien zeigte. Eine befehlshaberische Denkmalsfigur, die das eben verdiente Geld in den Strumpf schiebt ... Die bei der Tür, deren böses Gesicht spanisch, deren Einlegen der Hände in die Hüften spanisch ist und die sich in einem miederartigen Kleid aus Präservativseide streckt. – Bei uns entfremden die deutschen Mädchen in Bordellen ihre Gäste auf ein Weilchen ihrer Nation, hier tun es die französischen.[20]

Am Tag darauf besichtigten sie das Innere des Doms, der Kafka den Eindruck vermittelte, »rundherum eine reine Darstellung der Architektur«[21] zu sein. Es gab kaum Bänke, wenige Standbilder an den Säulen, wie auch nur einige und sehr dunkle Bilder an den Wänden. Von der vorderen Dachgalerie sahen sie auf die Straßenbahnen herab, die langsam zu fahren schienen. »Ein Schaffner eilt schief und niedergedrückt, von unserem Standpunkt aus gesehen, zu seiner Elektrischen und springt auf. – Ein Wasserspeier in Mannsgestalt, dem Wirbelsäule und Gehirn herausgenommen, damit das Regenwasser einen Weg hat –.«[22] Den Nachmittag verbrachten sie in Stresa.

Die Freunde beschlossen, jetzt doch nach Paris zu fahren, wo sie, nach langer Nachtfahrt, am Freitag, den 8. September, eintrafen. Max Brod vermerkt in seinem Tagebuch, Kafka habe gleich nach Betreten des Hotelzimmers gesagt:

»Jetzt schnell. Nicht auspacken. Wir sind nur 5 Tage hier. Nur das Gesicht bissel waschen.« Ich tue es, warte, gehe hinauf, er reibt sich mit Seife und Waschlappen, hat allen möglichen Luxus aus dem Koffer gepackt und geht nicht, ehe er nicht wieder alles in Ordnung gebracht hat. Ich habe den Koffer nicht geöffnet.[23]

Verärgert setzte sich Brod in seinem von der nächtlichen Fahrt ziemlich mitgenommenen Anzug auf Kafkas Bett, um zu warten.

Er hat die Gewohnheit und führt sie auch jetzt vor, beim Vorwürfemachen den Mund, aber auch das ganze Gesicht süßlich zusammenzuziehn, als suche er dadurch einerseits das Verständnis seiner Vorwürfe zu befördern und als wolle er andererseits zeigen, daß nur dieses süßliche Gesicht, das er gerade hat, ihn davon abhalte, mir eine Ohrfeige zu geben. Darin, daß ich ihn zu diesem Heuchlerischen gegen seine Natur zwinge, liegt noch ein eigner Vorwurf, den er mir dann zu machen scheint, wenn er verstummt und sein Gesicht, um sich von dem Süßlichen zu erholen, in der entgegengesetzten Richtung, also vom Mund weg, sich auseinanderspannt, was natürlich viel stärker wirkt als das erste Gesicht. Ich dagegen verstehe es (so war es auch in Paris), so vor Müdigkeit in mich zurückgefallen zu sein, daß mich der Einfluß solcher Gesichter überhaupt nicht erreicht, weshalb ich dann in meinem Jammer so mächtig sein kann, geradewegs aus der vollkommensten Gleichgültigkeit und ohne jedes Schuldgefühl mich ihm gegenüber entschuldigen zu können. Das beruhigte ihn damals in Paris, wenigstens scheinbar, so daß er mit mir auf den Balkon trat und die Aussicht besprach, vor allem, wie pariserisch sie sei. Ich sah eigentlich nur, wie frisch Max war, wie er sicher zu irgendeinem Paris paßte, das ich gar nicht bemerkte, wie er jetzt, aus seinem dunklen Hinterzimmer kommend, zum erstenmal seit einem Jahr in der Sonne auf einen Pariser Balkon trat und sich dessen würdig bewußt war, während ich leider deutlich müder war als bei meinem ersten Hinaustreten auf den Balkon ein Weilchen vor Maxens Kommen.[24]

Jetzt holte Kafka die Besichtigung der Sehenswürdigkeiten nach, die ihm bei seinem ersten Parisbesuch entgangen waren. Die Freunde verbrachten zwei Tage im Louvre, wo Franz den Eindruck gewann, daß das Aussehen der Venus von Milo sich stets schnell und überraschend änderte, so langsam er auch um die Statue herumging. Später schlenderten sie die Champs-Elysées hinunter, fuhren in den Bois de Boulogne und nach Versailles.

In der Komischen Oper sahen sie *Carmen*. Eine Ballerina tanzte statt der Carmen-Sängerin in der Schmugglerschenke, und als Carmen später selbst tanzte, sah es so aus, als habe sie einige eilige Lektionen bei der Ballerina genommen. »Das Rampenlicht macht ihre Sohlen weiß, wenn sie am Tisch lehnt, jemandem zuhört und die

Füße unter dem grünen Rock gegeneinander spielen läßt.«[25] Da beide müde waren, schenkten sie sich den letzten Akt und tranken etwas in einer Bar gegenüber der Opéra Comique.

Bei einem Bordellbesuch beeindruckte Kafka, daß in der Portiersloge nicht etwa ein Mann saß, sondern eine ehrbar angezogene Frau. Sie drückte auf die elektrische Klingel, hielt die Freunde aber noch zurück, weil ihr gemeldet wurde, daß gerade Gäste die Treppe herunterkämen. Oben empfingen zwei würdig wirkende Damen die beiden. Da wurde Kafkas Wunsch zu fliehen übermächtig – »unmöglich mir vorzustellen, wie ich auf die Gasse kam, so rasch war es«[26]. Dort aber wimmelte es förmlich von Dirnen, so daß er keinen klaren Eindruck von ihnen gewann, außer von einer: »Sie hatte lückenhafte Zähne, streckte sich in die Höhe, hielt mit der über der Scham geballten Faust ihr Kleid zusammen und öffnete und schloß gleich und schnell die großen Augen und den großen Mund.«[27] Er hatte »Angst davor, nicht zu vergessen, den Hut nicht abzunehmen. Man muß sich die Hand von der Krempe reißen. Einsamer, langer, sinnloser Nachhauseweg.«[28]

Brod kehrte am 13. September nach Prag zurück, während Kafka, der noch sechs Ferientage hatte, für eine Woche in ein Naturheilsanatorium in Erlenbach am Zürichsee ging. Die Untersuchung durch den Arzt dort empfand er als angenehm. »Besonders lange betastete er die Herzgegend, es dauerte so lang, daß es fast gedankenlos schien.«[29]

Das Programm für die Patienten umfaßte Heilbäder, Massagen und Gymnastik; Kafka charakterisierte die Patienten als

> Leute mit dünner Haut, ziemlich kleinem Kopf, übertrieben reinlich aussehend, mit ein, zwei kleinen, nicht zu ihnen gehörigen Einzelheiten (bei Hr. F. fehlende Zähne, Bauchansatz), größere Magerkeit, als sie zur Anlage ihres Körpers passend scheint, das heißt unterdrücktes Fett, Behandlung ihrer Gesundheit, als wenn es eine Krankheit wäre oder zumindest ein Verdienst (womit ich nicht tadle), mit allen sonstigen Folgen eines so forcierten Gesundheitsgefühls.[30]

Abgesehen von Gemüse- und Obstsäften bestand die Diät hauptsächlich aus Nüssen, Apfelmus, Kartoffelpüree, Schrotbrot, Omelettes und Puddings. Da Kafkas Verdauung noch immer gestört war – seit Paris hatte er Beschwerden damit –, aß er sehr wenig, genoß aber das Gefühl der Geselligkeit, das sich trotz des förmlichen äußeren Rahmens – bei den abendlichen »Grammophonvorträgen« saßen die Herren von den Damen getrennt – einstellte.

Kafka, der in Paris fast nichts über seine Eindrücke niedergeschrieben hatte, wollte das Versäumte nun nachholen, und »trotzdem ich endlich nur Schlechtes schrieb, fühlte ich doch weder das Häßliche noch das Entehrende, weder das Traurige noch das Schmerzliche dieses übrigens organischen Alleinseins – wie wenn ich nur aus Knochen bestünde«[31].

Der Aufenthalt im Sanatorium schien ihm gutgetan zu haben, und er notierte am Tag seiner Abreise, eine seiner Krankheiten beginne sich »unter dem erstaunten Zuschauen meiner andern«[32] aufzulösen. Wieder zurück in Prag litt er jedoch nach wie vor an Verstopfung, und als Alfred Kubin, den er erst kurz zuvor kennengelernt hatte, in ihm einen Leidensgenossen erkannte, empfahl er Kafka Regulin, eine zerstampfte Alge, die im Darm aufquillt und mechanisch wirkt, im Unterschied zur ungesunden chemischen Wirkung anderer Abführmittel. Kafka beschrieb Kubin als »sehr stark, aber etwas einförmig bewegtes Gesicht, mit der gleichen Muskelanspannung beschreibt er die verschiedensten Sachen. Sieht verschieden alt, groß und stark aus, je nachdem er sitzt, aufsteht, bloßen Anzug oder Überzieher hat.«[33] Man darf vermuten, daß Kafka Kubins Arbeiten kannte. Fritz Feigl erinnerten Kafkas Zeichnungen an Klee und Kubin. »Im Anhören seiner vielen Geschichten kann man vergessen, was er wert ist. Plötzlich wird man daran erinnert und erschrickt.«[34] Trotz seines Erschreckens konnte Kafka aber noch über sein »Problem« mit ihm reden.

> Den ganzen Abend sprach er oft und meiner Meinung nach ganz ernsthaft von meiner und seiner Verstopfung. Gegen Mitternacht sah er aber, als ich meine Hand vom Tischrand hängen ließ, ein Stück meines Armes und rief: »Aber Sie sind ja wirklich krank.« Behandelte mich von da ab noch viel nachgiebiger und wehrte auch später den andern, die mir zureden wollten, auch mit ins B. zu gehen. Als wir uns verabschiedet hatten, rief er mir noch aus der Ferne zu: »Regulin!«[35]

Zwar hatte das Judentum als Religion Kafka nie viel bedeutet, als er jedoch am Jom Kippur, dem Versöhnungstag, in die »Altneuschul« genannte Synagoge ging, fühlte er sich noch weniger angesprochen als bei seinen früheren Besuchen der Pinkassynagoge. »Gedämpftes Börsengemurmel . . . Kirchenmäßiges Innere. Drei fromme, offenbar östliche Juden. In Socken. Über das Gebetbuch gebeugt, den Gebetmantel über den Kopf gezogen, möglichst klein geworden.«[36] Zwei von ihnen weinen, der andere tupft sich vielleicht nur die Augen mit dem Taschentuch, weil sie ihn schmerzen. Ein kleiner Junge, der nichts versteht von dem, was da um ihn herum vorgeht, drängt sich durch die Versammlung. Kafka erkennt die Familie des Bordellbesitzers und sieht, wie jemand, den er für einen »Kommis« hält, sich beim Beten rasch schüttelt, »was nur als Versuch einer möglichst starken, wenn auch vielleicht unverständlichen Betonung jedes Wortes zu verstehen ist, wobei die Stimme geschont wird, die überdies in dem Lärm eine klare große Betonung nicht zustande brächte«.[37]

Warum ging Kafka unter diesen Umständen überhaupt in die Synagoge? Vielleicht dem Vater zu Gefallen; auf jeden Fall scheint er, ohne sich mit den Westjuden zu identifizieren, deren ablehnende Haltung gegenüber den Ostjuden geteilt zu haben, die in ihren Gewohnheiten und Verhaltensweisen, ihrer Haartracht, Kleidung und Sprache weit weniger assimiliert waren als diese. Die meisten sprachen Jiddisch, und die orthodoxen Männer trugen noch »Pejes«, die langen Schläfenlocken. Kafka kannte Martin Buber, der mit seinen Büchern im Westen Verständnis für das Ostjudentum wecken wollte, indem er die mündlich überlieferten chassidischen[38] Sagen, in denen sich religiöse, mystische und folkloristische Elemente vermischen, literarisch zugänglich machte. Doch Kafka stand der ganzen Überlieferung mit einem ebenso zwiespältigen Gefühl gegenüber wie seinem Erlebnis in der Altneuschul und war vielleicht, wie während seines Gesprächs mit Steiner, im Augenblick des Ereignisses selbst weniger skeptisch als bei dessen rückblickender Beschreibung.

Entweder regte die Energie, die Kafka auf das Beobachten, Formulieren und Festhalten verwendete, seine Phantasie zu sehr an, oder die Hyperaktivität von Leib und Seele waren Symptome eines tiefer sitzenden Unbehagens. Jedenfalls erwachte er abends etwa eine Stunde nach dem Einschlafen, »als hätte ich den Kopf in ein falsches Loch gelegt. Ich bin vollständig wach, habe das Gefühl, gar nicht oder nur unter einer dünnen Haut geschlafen zu haben, habe die

Arbeit des Einschlafens von neuem vor mir und fühle mich vom Schlaf zurückgewiesen.«[39] Bei solchen Gelegenheiten hielt er die Arme gekreuzt, »um möglichst schwer zu sein ... und die Hände auf die Schultern gelegt, so daß ich dalag wie ein bepackter Soldat«[40]. Bis etwa fünf Uhr morgens hatte er den Eindruck, er schlafe zwar, werde aber zugleich von starken Träumen wach gehalten, mit denen er sich herumschlagen mußte, während er förmlich *neben* sich selbst lag. Er erwachte erschöpft und fühlte sich von Träumen umgeben, an die auch nur zu denken gefährlich gewesen wäre. Wenn er später über sie schrieb, rührte der Vorgang des Schreibens jene beunruhigende Mischung aus Erinnerung und Phantasien erneut auf. In einem Traum ging es um ein blindes oder schwachsichtiges Kind, scheinbar die Tochter von Kafkas Leitmeritzer Tante, die in Wirklichkeit nur Söhne hatte. Das linke Auge dieses Mädchens wirkte hinter dem ziemlich weit entfernten Brillenglas milchgrau und trat rund hervor, das rechte »trat zurück und war von einem anliegenden Augenglas verdeckt. Damit dieses Augenglas optisch richtig eingesetzt sei, war es nötig, statt des gewöhnlichen über das Ohr zurückgehenden Halters, einen Hebel anzuwenden, dessen Kopf nicht anders befestigt werden konnte als am Wangenknochen, so daß von diesem Augenglas ein Stäbchen zur Wange hinunterging, dort im durchlöcherten Fleisch verschwand und am Knochen endete, während ein neues Drahtstäbchen heraustrat und über das Ohr zurückging«.[41] Dieser Traum bedrückte Kafka so sehr, daß er ihn sogar Pfohl erzählte, und während er darüber sprach, fiel ihm ein, daß die Brille aus dem Traum seiner Mutter gehörte, »die am Abend neben mir sitzt und unter ihrem Zwicker während des Kartenspiels nicht sehr angenehm zu mir herüberschaut«[42]. Er muß dabei unbewußt bemerkt haben, daß das rechte Glas dem Auge näher war als das linke. Stets hatte ihm die Vorstellung, daß Metall in etwas Lebendes eindringt, Schrecken verursacht – so schauderte es ihn geradezu vor Blumen, deren Stengel durch Draht gestützt waren –, und das frühe Bild, wie er sich die Hand abschraubt, zeigt eine ähnlich unangenehme Vermischung des Organischen mit dem Mechanischen.

Seine Schlaflosigkeit schien ihm ein unmittelbares Ergebnis des Schreibens zu sein, und das Bewußtsein seiner Kreativität war ihm nicht nur kein Trost, sondern ängstigte ihn nachgerade.

Sein Unbehagen verschlimmerte die bestehende Spannung zwischen literarischer und Bürotätigkeit. Er wurde für das Abfassen von

Berichten bezahlt, also dafür, daß er schrieb. Dabei nicht sein Bestes zu geben, wäre Betrug an der Anstalt, indem er aber seine schöpferische Kraft auf Versicherungsberichte verschwendete, bestahl er sich selbst. Außerdem diktierte er nicht gern in einem Büro voller Kollegen, weil, wie er meinte, das ganze Zimmer durch die Unruhe der Schreibkraft aufmerksam wurde, wenn er dabei nachdachte oder steckenblieb. Selbst wenn er das richtige Wort gefunden hatte, zögerte er häufig und hielt es »noch im Mund mit einem Ekel und Schamgefühl, wie wenn es rohes Fleisch, aus mir geschnittenes Fleisch wäre«.[43]

Es war vor allem diese Spannung, die ihn dann des Abends nicht einschlafen ließ. Dabei trat ein »vertikal gehender Schmerz im Kopf über der Nasenwurzel (auf), wie von einer zu scharf gepreßten Stirnfalte«[44]; ein Druck über seinem linken Auge, der sich anfühlte wie ein »flackerndes kühles Flämmchen« links oben im Kopf. Er war innerlich rastlos, vermochte aber im Büro gewöhnlich eine aufgesetzte Ruhe und Gelassenheit an den Tag zu legen und seine Arbeit zu tun. Wenn er aber zu Hause seine Erregung unterdrückte, schien es ihm, als sei etwas im Begriff zu explodieren.

DIE JIDDISCHEN SCHAUSPIELER

Hatte das Erlebnis in der Altneu-Synagoge an Jom Kippur Kafkas negative Einstellung zum Judentum bestärkt, so sollte eine Lemberger Theatertruppe, die er am 4. Oktober 1911 im Café Savoy sah, ihm ein ganz neues »jiddisches« Bild vermitteln. In Osteuropa reisten zahlreiche solcher Truppen umher und führten in Cafés, oder wo auch immer sie einen passenden Raum fanden, unter einfachsten Bedingungen Stücke auf.

Im Café Savoy lag die Bühne in einer Ecke des Restaurants, im Keller und rechts von der Bühne konnten die Schauspieler sich umziehen und schminken. Da das Publikum im rechten Winkel zur Bühne saß (ein Teil davor und ein Teil links davon), mußten zwei Vorhänge gleichzeitig »um die Ecke« bedient werden. Ein Klavierspieler lieferte die Begleitung zum Gesang, und wenn die Schauspieler einander umarmten, mußten sie sich gegenseitig die Perücken festhalten.

Im Bewußtsein seiner eigenen Vorliebe für Verwandlungen und seiner Fähigkeit, sich in das andere Geschlecht einzufühlen, interessierte Kafka sich besonders für die »Herrenimitatorin« Frau Klug. Sie trug einen Kaftan, kurze schwarze Hosen, weiße Strümpfe, eine schwarze Weste und ein weißes Hemd mit breitem, losem Kragen. Ihr Haar wurde von einem dunklen, randlosen Käppchen, der Jarmulka der frommen Juden, gehalten, über dem sie einen großen, weichen, schwarzen Hut mit hoch aufgebogenem Rand trug. Kafka erschienen sie und ihr Mann wie »Gemeindediener, . . . Angestellte des Tempels, bekannte Faulenzer, mit denen sich die Gemeinde abgefunden hat, irgendwie aus religiösen Gründen bevorzugte Schnorrer, Leute, die infolge ihrer abgesonderten Stellung gerade ganz nahe am Mittelpunkt des Gemeindelebens sind, infolge ihres nutzlosen aufpasserischen Herumziehns viele Lieder kennen«[1]. Da Kafka so selten zur Synagoge ging und von klein auf mit dem Spott des Vaters über alles Jüdische hatte leben müssen, hatte er sich nie jiddischer Wörter bedient (es sei denn, er zitierte seinen Vater) und nie ein Zusammengehörigkeitsgefühl empfunden. Aber jetzt identifizierte er sich nicht nur mit den Schauspielern als Juden, sondern betrachtete sich auch als Mitglied ihrer *Gemeinschaft*. In einem Gespräch, das er später einmal mit Gustav Janouch über das alte Prager Getto führte, sagte er: »In uns leben noch immer die dunklen Winkel, geheimnisvollen Gänge, blinden Fenster, schmutzigen Höfe.«[2] Die jiddischen Schauspieler veränderten Kafkas Haltung zur ostjüdischen Überlieferung grundlegend. Jetzt wollte er die jiddische Literatur kennenlernen, »der offenbar eine ununterbrochene nationale Kampfstellung zugewiesen ist, die jedes Werk bestimmt. Eine Stellung also, die keine Literatur, auch nicht die des unterdrückten Volkes, in dieser durchgängigen Weise hat.«[3] Die Schauspieler beschrieb er als

> Leute, die in einer besonders reinen Form Juden sind, weil sie nur in der Religion, aber ohne Mühe, Verständnis und Jammer in ihr leben. Sie scheinen sich aus jedem einen Narren zu machen, lachen gleich nach der Ermordung eines edlen Juden, verkaufen sich einem Abtrünnigen, tanzen, die Hände vor Entzücken am Wangenhaar, als der entlarvte Mörder sich vergiftet und Gott anruft, und doch alles nur, weil sie so federleicht sind, unter jedem Druck auf dem Boden liegen, empfindlich sind, gleich mit trockenem Gesicht weinen (sie weinen sich in Grimassen aus), sobald der Druck aber vorüber ist, nicht das geringste Eigengewicht aufbringen, sondern gleich in die Höhe springen müssen.[4]

Er sah sie als Widerspiegelungen – zugleich karikiert und karikierend – seiner selbst, aber auch seines Vaters: Sie nahmen sich als scheinbare Tölpel das Recht heraus, sich über jeden lustig zu machen. Bis zum Ende des Jahres hatte er »wohl 20« ihrer Vorstellungen gesehen. Mit dem Leiter der Truppe, Jizchak Löwy, freundete er sich später an; und den Namen von Frau Mania Tschissik, der Schauspielerin, die Kafka am meisten anzog, erwähnte er im

Tagebuch am selben Tag zum ersten Mal wie den Löwys – am 14. Oktober.

Die Stücke wurden meist mündlich von einer Truppe zur anderen weitergegeben. Waren Christen zu spielen, übernahm ein jüdischer Schauspieler gleich zwei oder drei Rollen, was die Mißachtung alles Christlichen ausdrücken sollte. Man möchte meinen, die holzschnittartige Unbeholfenheit dieser Aufführungen hätten Kafka im Hinblick auf die Judenfrage nicht beeinflussen können, doch empfand er das im Café Savoy Gesehene geradezu als Erleuchtung. Es vermittelte ihm die Erkenntnis, daß jüdische Theologie, jüdisches Ritual sowie jüdische Überlieferung und Kultur untrennbar waren von einer Tradition, die sowohl künstlerischen Ausdruck besaß als auch ihn selbst einbezog. Noch wußte er nicht, inwieweit diese Theaterstücke ihm bei der Selbstverwirklichung als Schriftsteller helfen würden, doch fühlte er sich von ihnen in unerklärlicher Weise erhoben und widmete ihnen in seinen Tagebüchern weit mehr Raum als je Inszenierungen deutschsprachiger Stücke.

Es ist möglich, daß die Aufführungen der jiddischen Schauspieler auch Auswirkungen auf Kafkas Alpträume hatten. Die Truppe war zu einer Zeit eingetroffen, als Träume ihn stärker bedrängten als je zuvor – keinen seiner früheren Träume hatte er im Tagebuch so ausführlich beschrieben wie den »Brillen-Traum« –, und der Stil des jiddischen Theaters mit seiner Gefühlsbetontheit und Realitätsferne, seinen unvermittelten und unlogischen Sprüngen in der Handlungsfolge sowie dem ihm innewohnenden Element des Grotesken weist durchaus Züge einer Traumwelt auf. Kafka begann sogar, seine Träume wie Theaterstücke zu rezensieren.

Am 18. September war in der *Tetschen-Bodenbacher Zeitung* ein – anonymer – Leitartikel erschienen, der die krisenhafte Entwicklung der Prager »Anstalt« schilderte und die böhmischen Unternehmer wegen beträchtlicher Beitragshinterziehungen angriff. Kafka, der inzwischen seit mehr als drei Jahren in der Versicherung arbeitete, bekam den Auftrag, eine Gegendarstellung zu verfassen, und notierte am 10. Oktober, er habe »einen sophistischen Artikel für und gegen die Anstalt in die [sic] Tetschen-Bodenbacher Zeitung geschrieben«[5]. Diese ausführliche Erwiderung erschien unter der Überschrift *Die Arbeiter-Unfall-Versicherung und die Unternehmer* auf den ersten Seiten einer Beilage zur Ausgabe vom 4. November 1911.

Karl Hermann, der Mann seiner Schwester Elli, gründete unter der Firmenbezeichnung »Prager Asbestwerke HERMANN & Co« eine Asbestfabrik, an der Kafka sich als Gesellschafter beteiligen sollte. Dazu mußte er nicht nur erneut ein Führungszeugnis bei der Prager Polizeidirektion beantragen, das ihm im Oktober auch ausgestellt wurde, sondern außerdem längere Gespräche mit einem geschwätzigen Anwalt führen, der vom Obersten Gerichtshof wegen der angeblichen Widersprüchlichkeit seiner Entscheidungen nichts hielt, den Kassationshof für besser und den Verwaltungsgerichtshof für noch viel besser erklärte.

Am Abend ging Kafka in Avraham Goldfadens *Sulamith* – »eigentlich eine Oper, aber jedes gesungene Stück heißt Operette«[6] – und lernte nach der Vorstellung den Schauspieler Löwy kennen. Brod hatte ihn in einem »Lobartikel« über das jiddische Theater im *Prager Tagblatt* namentlich erwähnt – das erste Mal, daß Löwy überhaupt einer Kritik gewürdigt worden war. Vor Freude darüber sorgte der Direktor der Truppe dafür, daß Löwy Brod vorgestellt wurde. Gemeinsam ging man in ein Restaurant – Brod, Kafka, Franz Werfel, Hugo Bergmann, Otto Pick und Oskar Baum. Dieser Abend sollte den Beginn einer Freundschaft bedeuten, bei der Kafka wohl die treibende Kraft war, und zwar ohne jede Herablassung. Diese Beziehung gewann für ihn eine größere Bedeutung als jede andere, seit er Brod kennengelernt hatte. Schon nach drei Tagen mußte Kafka »fortwährend« an Löwy denken. Gleich ihre erste Verabredung konnte er allerdings nicht einhalten, da es im väterlichen Geschäft zu einer Krise gekommen war.

Am Samstag hatte nämlich das gesamte Personal gekündigt. Es gelang Hermann Kafka zwar durch »gute Reden, Herzlichkeit, Wirkung seiner Krankheit, seiner Größe und früheren Stärke, seiner Erfahrung, seiner Klugheit . . . in allgemeinen und privaten Unterredungen fast alle«[7] zurückzugewinnen, aber ein Kontorist wollte Bedenkzeit bis Montag, und am Sonntag teilte der Buchhalter mit, er könne doch nicht bleiben. Als Kafka zu ihm nach Žižkov fuhr, kam es ihm seltsam vor, jetzt in nähere Beziehung zu einem Menschen zu treten, den er schon seit zehn Jahren kannte und nur wenig beachtet hatte. Die Unterhaltung fand in tschechischer Sprache statt, und Kafka merkte plötzlich, wie er ein wenig schauspielerte und ihm das gefiel. »So schaue ich mit etwas langgezogenem Gesicht und verkleinerten Augen stumm im Zimmer herum, als verfolgte ich etwas Angedeutetes ins Unsagbare.«[8] Der Mann stand jedoch bereits bei einer anderen Firma unter Vertrag und hatte nur, durch Hermann Kafka eingeschüchtert, zunächst nicht den Mut gehabt, das zu sagen. Trotzdem sah Kafka seinen Mißerfolg selbstkritisch. »Meine Argumentation stellenweise zu abstrakt und formell. Fehler, die Frau nicht ins Zimmer gerufen zu haben.«[9]

Am Nachmittag fuhr er nach Radotin, um den Kontoristen zum Bleiben zu überreden – darum konnte er sich nicht mit Löwy treffen. Kafka suchte auch den Mann auf, durch den der Kontorist seinerzeit ins väterliche Geschäft gekommen war – vielleicht war es ihm möglich, etwas zu tun. Als Kafka, von Kindern und Hühnern umgeben, auf dem Hof mit ihm sprach, merkte er, daß ein Kindermädchen ihn ansah, das sich kokettierend mal über die Brüstung der Pawlatsche beugte und dann wieder hinter einer Tür versteckte. »Ich weiß unter ihren Blicken nicht, was ich gerade bin, ob gleichgültig, verschämt, jung oder alt, frech oder anhänglich, Hände hinten oder vorn haltend, frierend oder heiß, Tierliebhaber oder Geschäftsmann.«[10] Als er am folgenden Tag in Radotin allein und frierend im Garten umherging, sah er das Mädchen wieder und einige Tage später erneut, diesmal ohne die Kinder.

> Wir lachten dann viel zusammen, obwohl ich unten und sie oben beim offenen Fenster fror. Sie drückte ihre Brüste an die gekreuzten Arme und alles mit offenbar gebeugten Knien an die Fensterbrüstung. Sie war siebzehn Jahre alt und hielt mich für fünfzehnbis sechzehnjährig, wovon sie durch unser ganzes Gespräch nicht abgebracht wurde. Ihre kleine Nase ging ein wenig schief und warf daher einen ungewöhnlichen Schatten auf die Wange, der mir allerdings nicht helfen könnte, sie wiederzuerkennen.[11]

Anschließend machte er einen Spaziergang mit dem Kontoristen, der auch ohne Kafkas Bemühungen im Geschäft des Vaters geblieben wäre.

Wieder und wieder rebellierte Kafka innerlich gegen seine Brot-Arbeit, die ihn einen so großen Teil seiner Schreib-Zeit kostete.

> Nichts bringe ich fertig, weil ich keine Zeit habe und es in mir so drängt. Wenn der ganze Tag frei wäre und diese Morgenruhe in mir bis zum Mittag steigen und bis zum Abend sich ermüden könnte, dann könnte ich schlafen. So aber bleibt für diese Unruhe

nur höchstens eine Abenddämmerungsstunde, sie verstärkt sich etwas, wird dann niedergedrückt und gräbt mir die Nacht unnütz und schädlich auf.[12]

Nicht genug, daß er mit dem Schreiben nicht vorankam. Jedesmal, wenn er eine Initiative ergriff, hatte er das Gefühl, dadurch eine kleine Katastrophe auszulösen. So lud er zum Beispiel am Montag, den 16. Oktober, Löwy ein, mit ihm zusammen eine Aufführung des Stücks *Dubrovnická Trilogie* (»Ragusanische Trilogie«) des kroatischen Dramatikers Ivo Vojnović im Prager Nationaltheater zu besuchen. Kafka hatte extra teure Sitze genommen, doch Stück und Aufführung langweilten den mittellosen Schauspieler noch mehr als seinen Wohltäter.

Nur durch die Leistungen anderer konnte er den Eindruck (oder die Illusion) gewinnen, all seine Fähigkeiten konzentriert zu haben. Als er am Abend des 17. Oktober zu einer Veranstaltung ging, bei der Löwy Humoresken von Scholem-Alejchem und andere jiddische Texte las, fühlte Kafka sich in seinem Element. Erst drei Tage später beschrieb er in seinem Tagebuch den Abend, aber seine Erinnerungen hatten nichts an Frische eingebüßt:

Ein dem Schauspieler natürliches, wiederkehrendes Aufreißen der Augen, die nun ein Weilchen so stehengelassen werden, von den hochgezogenen Augenbrauen umrahmt. Vollständige Wahrheit der ganzen Vorlesung; die schwache, von der Schulter aus veranlaßte Hebung des rechten Armes, das Rücken am Zwicker, der ausgeborgt scheint, so schlecht paßt er auf die Nase; die Haltung des Beines unter dem Tisch, das so ausgestreckt ist, daß besonders die schwachen Verbindungsknochen zwischen Ober- und Unterschenkel in Tätigkeit sind; die Krümmung des Rückens, der schwach und elend aussieht, . . . auf dem Nachhauseweg, fühlte ich alle Fähigkeiten gesammelt und klagte deshalb meinen Schwestern, zu Hause sogar der Mutter.[13]

Frau Tschissik, die Schauspielerin, von der Kafka so angetan war, hatte einen großen Mund, einen großen knochigen Körper und lange Arme, die sie so gut wie nie still hielt. Beim Singen der jüdischen Nationalhymne schaukelte sie sich sachte in den breiten Hüften und bewegte die Arme auf und ab, »mit ausgehöhlten Händen, als spiele sie mit einem langsam fliegenden Ball«[14]. Dank Brod saß Kafka am 21. Oktober neben ihr, als man nach der Vorstellung von Scharkanskys *Kol Nidre*[15] in einer großen Gesellschaft gemeinsam zu Abend aß. »Frau Tschissik (ich schreibe den Namen so gern auf) neigt bei Tisch auch während des Gansbratenessens gern den Kopf, man glaubt unter ihre Augenlider mit dem Blick zu kommen, wenn man zuerst vorsichtig die Wangen entlang schaut und dann sich kleinmachend hineinschlüpft, wobei man die Lider gar nicht erst heben muß, denn sie sind gehoben und lassen eben einen bläulichen Schein durch, der zu dem Versuch verlockt.«[16] Nicht einmal im Tagebuch nannte er sie beim Vornamen, stets schrieb er »Frau T.«. Als Schauspielerin verfügte sie über eine breite Palette darstellerischer Möglichkeiten: »das erschreckte Blicken auf ihren Gegenspieler, das Suchen eines Auswegs auf der kleinen Bühne, die sanfte Stimme, die in geradem kurzem Aufsteigen nur mit Hilfe größeren innerlichen Widerhalls ohne Verstärkung heldenmäßig wird, die Freude, die durch ihr sich öffnendes, über die hohe Stirn bis zu den Haaren sich ausbreitendes Gesicht in sie dringt, das Sichselbstgenügen beim Einzelgesang ohne Hinzunahme neuer Mittel, das Sichaufrichten beim Widerstand, das den Zuschauer zwingt, sich um ihren ganzen Körper zu kümmern.«[17] Meist konnte er ihre Stimme nicht ohne »einen Anflug von Schauern oben auf den Wangenknochen« hören.

Was Kafka gegenüber der ganzen Truppe empfand, war nichts anderes als Liebe, die sich auf Identifikation gründete. Wie er waren sie begabt und idealistisch, sie arbeiteten schwer, und als Lohn dafür erhielten sie wenig Geld sowie ein geringes Maß an Dank oder Anerkennung.

Am 24. Oktober sah Kafka Jakob Gordins Stück *Der wilde Mensch*, und am folgenden Tag las Löwy ihm vom selben Autor das Drama *Gott, Mensch und Teufel* vor. Gordin erschien Kafka besser als die anderen jiddischen Autoren, »weil er mehr Details, mehr Ordnung und mehr Folgerichtigkeit in dieser Ordnung hat«[18].

Überzeugt, selbst schlecht zu schreiben, fühlte er sich im Schatten Brods und tröstete sich mit der Vorstellung, daß George Bernard Shaw seinen Eltern neun Jahre lang auf der Tasche gelegen hatte. Kafkas Eltern mußten sich anhören, daß ihr Sohn zitierte: »›Aber trotzdem ich ein starker junger Mensch war und meine Familie sich in üblen Umständen befand, warf ich mich nicht in den Kampf des Lebens; ich warf meine Mutter hinein und ließ mich von ihr erhalten.

Ich war meinem alten Vater keine Stütze, im Gegenteil, ich hing mich an seine Rockschöße.‹«[19]

Kafkas chronische Verdauungsbeschwerden hatten ihm die Freude am Essen weitgehend genommen, doch betrachtete er gelegentlich mit geradezu masochistischer Wonne die Auslagen von Metzgereien.

> Sehe ich eine Wurst, die ein Zettel als eine alte harte Hauswurst anzeigt, beiße ich in meiner Einbildung mit ganzem Gebiß hinein und schlucke rasch, regelmäßig und rücksichtslos, wie eine Maschine. Die Verzweiflung, welche diese Tat selbst in der Vorstellung zur sofortigen Folge hat, steigert meine Eile. Die langen Schwarten von Rippenfleisch stoße ich ungebissen in den Mund und ziehe sie dann von hinten, den Magen und die Därme durchreißend, wieder heraus. Schmutzige Greislerläden esse ich vollständig leer. Fülle mich mit Heringen, Gurken und allen schlechten alten scharfen Speisen an. Bonbons werden aus ihren Blechtöpfen wie Hagel in mich geschüttet. Ich genieße dadurch nicht nur meinen gesunden Zustand, sondern auch ein Leiden, das ohne Schmerzen ist und gleich vorbeigehn kann.[20]

Bisweilen besuchte Löwy Kafka und blieb mehrere Stunden, manchmal begleitete er ihn und seine Schwester Ottla auf langen Spaziergängen. Kafka liebte Löwys Begeisterungsfähigkeit und versuchte gelegentlich, ihm nachzueifern. Selbstverständlich war dem Vater die Beziehung seines Sohnes zu dem nichtsnutzigen Schauspieler ein Dorn im Auge, und eines Tages erging er sich sogar in Löwys Anwesenheit über die Besuche fremder Leute und die Sinnlosigkeit einer Bekanntschaft mit ihnen. Kafka, der Beschimpfungen des Vaters gewohnt war, fand dies Verhalten einem Gast gegenüber empörend. Löwy jedoch kannte diese Art von herabsetzender Behandlung längst: Jiddische Schauspieler wurden nun einmal wie Scheurenpurzler behandelt, auch von Glaubensgenossen. Als der Vater einige Tage später im Zusammenhang mit der Beziehung seines Sohnes zu Löwy auch noch erklärte: »Wer sich mit Hunden zu Bett legt, steht mit Wanzen [sic] auf«[21], verlor Kafka die Beherrschung. Seinem Ausbruch folgte längeres Schweigen. Schließlich sagte sein Vater: »Du weißt, daß ich mich nicht aufregen darf und geschont werden muß. Komm mir also noch mit solchen Sachen. Ich habe der Aufregungen gerade genug, vollständig genug. Also laß mich mit solchen Reden.« Kafka darauf: »Ich strenge mich an, mich zurückzuhalten.«[22] Er fühlte aber bei seinem Vater »wie immer in solchen äußersten Augenblicken das Dasein einer Weisheit, von der ich nur einen Atemzug erfassen kann«[23]. Ihm war nicht klar, daß er seinen Vater idealisierte, und auch nicht, daß er wie auf einen ungerechtfertigten väterlichen Angriff gegen einen jüngeren Bruder reagiert hatte. In gewisser Hinsicht strebte er diesem jüngeren Bruder in all seinen animalischen Identifikationen nach: Empathie als literarische Schauspielkunst.

Die Freundschaft mit Löwy, der eine Zeitlang Jeschíwe-Bócher (Talmud-Student) gewesen war, und die zunehmende Vertrautheit mit der jiddischen Literatur erhöhten Kafkas Interesse an der chassidischen Überlieferung, so daß er Anfang November die Geschichte des Judentums von Heinrich Graetz las. Dabei mußte er immer wieder innehalten, »um durch Ruhe mein Judentum sich sammeln zu lassen«[24]. Gordins Stück *Schechíte* (»Einer, der die Schächterkunst erlernt«), das Kafka am 14. November sah, enthielt Talmud-Zitate, und in den Tagen darauf notierte er Vorschriften aus dem Talmud und Stellen aus der Kabbala in seinem Tagebuch.

Wegen seiner Schuldgefühle im Zusammenhang mit den Geräuschen, die er nachts hörte, beklagte Kafka sich selten über den Lärm des Tages. Dennoch quälten ihn das Zuschlagen von Türen, das Klappern der Herdtür in der Küche, Asche kratzen, Vallis laute Fragen, ob Vaters Hut schon geputzt sei, ein Zischeln, das um Ruhe für Franz bat, das Gekreisch einer darauf antwortenden Stimme, das Aufklinken der Wohnungstür, die Tür, die beim Weggang des Vaters ins Schloß fiel, der Gesang zweier Kanarienvögel. Wie schon so oft stellte er sich vor, »ob ich nicht die Türe bis zu einer kleinen Spalte öffnen, schlangengleich ins Nebenzimmer kriechen und so auf dem Boden meine Schwestern und ihr Fräulein um Ruhe bitten sollte«[25].

Wie unzufrieden er mit seinen Schreibergebnissen war, zeigte sich deutlich, als Brod eine von Kafkas Erzählungen bei Oskar Baum vorlas. Es kam ihm vor, als seien die Sätze ungeordnet und hätten Lücken, »daß man beide Hände dazwischenstecken könnte«[26]. Er machte sich sogar Vorwürfe, Brods Prosa nachgeahmt zu haben. »Ich erkläre es mir damit, daß ich zuwenig Zeit und Ruhe habe, um die Möglichkeiten meines Talentes in ihrer Gänze aus mir zu heben. Es kommen daher immer nur abreißende Anfänge zutage, . . . so aber läuft jedes Stückchen der Geschichte heimatlos herum und treibt mich in die entgegengesetzte Richtung.«

Als die jiddische Schauspieltruppe am 6. November ihre letzte Vorstellung gab, nahm er Blumen für Frau Tschissik mit, und da er Angst hatte, sie könnten vorzeitig welken, ließ er sie durch den Kellner auswickeln. Als er dann aber sah, wie das Küchenpersonal und »einige schmutzige Stammgäste«[27] sie einander reichten und an ihnen rochen, war er so besorgt und wütend, daß er sich nicht einmal während Frau Tschissiks Hauptszene auf ihr Spiel – gegeben wurde Goldfadens *Bar Kochba* – konzentrieren konnte. Die Aufführung endete erst um zwei Uhr morgens, und als der Oberkellner Frau Tschissik endlich die Blumen überreichte, schien niemand besonders darauf zu achten. Sie wußte bis unmittelbar vor ihrer Abreise aus Prag nicht einmal, von wem sie kamen, denn Löwy, der versprochen hatte, es ihr zu sagen, hatte nicht Wort gehalten, gab das allerdings nicht zu. Es war Kafkas Absicht gewesen, »meine Liebe zu ihr ein wenig zu befriedigen, es war ganz nutzlos. Es ist nur durch Literatur oder durch den Beischlaf möglich.«[28]

Die Schauspieler wußten nicht, welchen Ort sie als nächste Station wählen sollten. Löwy wollte in Brünn spielen, ein anderes Mitglied der Truppe war mehr für Nürnberg. Während sie sich in einem Lokal über den Tisch hinweg stritten, setzte Kafka sich zu ihnen. Nur zu gern hätte er Frau Tschissik, die ihm gegenüber saß, irgendwie beeindruckt. Schließlich fragte er: »Warum so weit bis nach Nürnberg in einem Zuge fahren? . . . Warum nicht in einer kleinen Zwischenstation ein, zwei Vorstellungen geben?«[29]

Als Frau Tschissik sich erkundigte, ob er eine wisse, mußte er sie ansehen, was er bis dahin vermieden hatte, da er nicht zeigen wollte, daß er in sie verliebt war. »Ihr ganzer, über dem Tisch sichtbarer Körper, die ganze Runde von Schultern, Rücken und Brust war weich, trotz ihres auf der Bühne im europäischen Kleid knochigen, fast rohen Baues. Ich nannte lächerlicherweise Pilsen. Stammgäste am Nebentisch nannten sehr vernünftig Teplitz.«[30] Herr Tschissik sprach sich, wie auch seine Frau, für Teplitz aus. Dann erkundigten sie sich nach dem Fahrpreis. Solange sie genug verdienen konnten, um davon zu leben, war ihnen alles recht. Kafka schrieb ihnen einen Empfehlungsbrief an einen Bekannten in Teplitz und erklärte dann, er müsse rasch nach Hause gehen, um dessen genaue Adresse zu holen. Dabei hätte doch der Name völlig genügt. »Verlegen spielte ich, während Löwy sich bereit machte, mich zu begleiten, mit der Hand der Frau und dem Kinn ihres Mädchens.«[31]

Am Tag nach der Abreise der Schauspieler sah er im Traum einen von einer aufrührerischen Menge belagerten kaiserlichen Palast. Bühnengeschehen und Realität gingen ineinander über. In einer Szene war die Kulisse – sie stellte den Altstädter Ring dar – so groß, daß sie den Zuschauerraum umschloß. Aus dem Publikum war eine Volksmenge auf der Bühne geworden, der Bühnenboden schwankte langsam – es war »die schönste Dekoration der ganzen Erde und aller Zeiten«[32]. Die Szene suggerierte, daß die französische Revolution in Prag stattfand. Das Volk stürmte das Schloß, während der Hof zu einem Fest ausgefahren war. Kafka selbst lief über die Vorsprünge der Brunnen im Vorhof ins Freie – da kehrten die girlandengeschmückten Kaleschen von der Eisengasse her in so rasender Fahrt zurück, »daß sie schon weit vor der Schloßeinfahrt bremsen mußten und mit festgehaltenen Rädern über das Pflaster schleiften«[33], während die Pferde sich vor der Einfahrt bäumten. Dann strömten viele Menschen an Kafka vorüber auf den Platz hinaus, unter ihnen ein Mädchen, das er kannte, in Begleitung eines gutgekleideten jungen Mannes. Möglicherweise war das Schloß des Traums das Statthalterschloß, das Kafka die »Zionsburg« zu nennen pflegte. Bei Spaziergängen dorthin schienen ihm gelegentlich die Eingangstore die Farbe des Himmels anzunehmen.

JUNGGESELLENLEBEN

Kafka wünschte nichts sehnlicher, als zu heiraten und Kinder zu haben. Bei der Abfassung des Gesellschaftervertrags für die Asbestfabrik sah er an der Stelle, »die von meiner möglichen künftigen Frau und den möglichen Kindern handelte ... mir gegenüber einen Tisch mit zwei großen Sesseln und einem kleineren um ihn herum. Bei dem Gedanken, daß ich niemals imstande sein werde, diese oder beliebige drei Sessel mit mir, meiner Frau und meinem Kind zu besetzen, bekam ich ein von allem Anfang an so verzweifeltes Verlangen nach diesem Glück, daß ich aus dieser gereizten Aktivität meine während des langen Vorlesens einzig bleibende Frage an den Doktor stellte, die sofort mein vollständiges Mißverstehen einer größeren gerade vorgelesenen Partie des Vertrages enthüllte.«[1]

Etwa eine Woche später kamen ihm eines Nachts vor dem Einschlafen die Nachteile des Junggesellendaseins so richtig zu Bewußtsein: Die Abende waren einsam, man mußte seine Einkäufe allein erledigen, man würde nie mit seiner Frau zusammen die Treppe hinaufsteigen können, hätte im Krankheitsfall niemanden zur Pflege, dann das Gefühl, die Kette unterbrochen zu haben, die bis zur eigenen Geburt geführt hatte, neidvolle Bewunderung der Kinder anderer. Der entsprechende Tagebucheintrag[2] ist nahezu wörtlich wiedergegeben in dem Prosagedicht *Unglück des Junggesellen* – 1912 in der Textsammlung »Betrachtung« veröffentlicht – und führt weiter zu der Erzählung, die er Anfang 1915 schrieb und der Brod später den Titel *Blumfeld, ein älterer Junggeselle* gab: Da Blumfeld niemanden hat, der ihm zusieht, wie er die sechs Stockwerke seines Hauses hinaufsteigt, seinen Schlafrock anzieht, sich die Pfeife ansteckt, sein selbstgebranntes Kirschwasser nippt und zu Bett geht, überlegt er, ob er sich nicht einen kleinen Hund anschaffen sollte.[3]

Kafkas psychisches Unbehagen brach sich stets ungehindert Bahn in physischen Symptomen. Immer wenn er merkte, »daß ich Übelstände, zu deren Beseitigung ich eigentlich bestimmt wäre (zum Beispiel das äußerst zufriedene, von mir aus gesehen trostlose Leben meiner verheirateten Schwester [Elli]), auf sich beruhen lasse, verliere ich auf einen Augenblick das Gefühl meiner Armmuskeln«[4]. Auch die Unfähigkeit, sein Talent zu nutzen, spürte er geradezu körperlich. Im Bett liegend, erschienen ihm seine Fähigkeiten wie Gegenstände, »als hielte ich sie in der Hand; sie spannten mir die Brust, sie entflammten mir den Kopf«[5], und immer mußte er an eine Schirmmütze denken, die er, um sich zu schützen, tief in die Stirn zog. »Wie drückte sich das Blut im engen Kopf, fähig zu allem, und nur gehalten von Kräften, die für mein bloßes Leben unentbehrlich sind und hier verschwendet werden.«[6]

Da immer wieder Alpträume seinen ohnedies meist gestörten Nachtschlaf noch zusätzlich beeinträchtigten, legte er sich oft tagsüber aufs Kanapee, in der Hoffnung, ein wenig Ruhe zu finden. Als die alte Haushälterin einmal nachmittags zu Besuch kam, ließ er sich verleugnen, weil er schlafen wollte. Dabei hörte er das Gespräch mit an, das sie im Vorzimmer mit der Köchin über ihn führte und in dessen Verlauf sie sagte, er sei folgsam, von ruhiger Gemütsart und brav gewesen. Die beiden anderen anwesenden Frauen äußerten sich ähnlich lobend über ihn, und die Köchin meinte, er werde gewiß in den Himmel kommen. Er aber lag auf dem Sofa und fühlte sich »mit einem Fußtritt aus der Welt geworfen . . . die Gelenke habe ich wund vor Müdigkeit, mein dürrer Körper zittert sich zugrunde in Aufregungen, derer er sich nicht klar bewußt werden darf, im Kopf zuckt es zum Erstaunen«[7]. Später am selben Tag schrieb er: »Mit einem solchen Körper läßt sich nichts erreichen.«[8] Nach mehreren nahezu schlaflos verbrachten Nächten fiel es ihm so schwer, über die qualvolle Gegenwart hinauszublicken, daß er am liebsten gestorben wäre. »Mein Körper ist zu lang für seine Schwäche, er hat nicht das geringste Fett zur Erzeugung einer segensreichen Wärme, zur Bewahrung inneren Feuers, kein Fett, von dem sich einmal der Geist über seine Tagesnotdurft hinaus ohne Schädigung des Ganzen nähren könnte. Wie soll das schwache Herz, das mich in der letzten

Zeit öfters gestochen hat, das Blut über die ganze Länge dieser Beine hin stoßen können.«[9]

Eine gewisse Freude empfand er über die Rückkehr der jiddischen Schauspieltruppe. Vor allem freute es ihn, Löwy wiederzusehen und später, auf dem Graben, Herrn und Frau Tschissik.

> (Ich sah sie nur flüchtig, denn ich erschrak bei ihrem Anblick, grüßte nicht, wurde auch nicht gesehn und wagte nicht gleich, mich umzudrehn.) Sie war viel kleiner als sonst, hatte die linke Hüfte nicht augenblicksweise, sondern ständig vorstehn, ihr rechtes Bein war eingeknickt, die Bewegung des Halses und des Kopfes, die sie ihrem Mann näherte, war sehr eilig, mit dem zur Seite gestreckten eingebogenen rechten Arm suchte sie sich in ihren Mann einzuhängen. Der trug sein Sommerhütchen mit der vorn niedergedrückten Krempe. Als ich mich umdrehte, waren sie weg. Ich erriet, daß sie ins Café Central gegangen waren, wartete ein wenig auf der anderen Grabenseite und hatte das Glück, nach einer langen Weile sie zum Fenster treten zu sehen. Als sie sich zum Tische setzte, sah man nur den Rand ihres mit blauem Samt überzogenen Pappendeckelhutes.[10]

Später träumte er, er gehe neben ihr »in einem sehr schmalen, auch nicht übermäßig hohen, glasüberwölbten Durchhaus«[11]. Sie entschuldigte sich wegen irgendeines Vergehens und bat ihn, ihren Verleumdern nicht zu glauben. Am andern Ende des Durchhauses peitschte Herr Tschissik einen zottigen blonden Bernhardiner, der vor ihm auf den Hinterbeinen stand.

Kafka empfand »ein großes Verlangen, meinen ganz bangen Zustand ganz aus mir herauszuschreiben und ebenso wie er aus der Tiefe kommt, in die Tiefe des Papiers hinein, oder es so niederzuschreiben, daß ich das Geschriebene vollständig in mich einbeziehen könnte«[12]. Auf jeden Fall war es tröstlich für ihn, seine eigene Traurigkeit zu vergleichen mit Löwys Unzufriedenheit und Desinteresse allem gegenüber, was die Truppe tat. Wenn Kafka auch Heimweh für Löwys eigentliches Leiden hielt, konnte er sich doch damit identifizieren. Zeitweise schien ihm die Freundschaft des Schauspielers geradezu unentbehrlich zu sein, und um Weihnachten herum sahen sie sich jeden Tag. Um nicht mit Kafkas Vater zusammenzutreffen, wartete stets Löwy draußen in der Kälte – und

Kafka ließ ihn »fast jeden Abend eine halbe Stunde lang warten . . .«[13]. Einmal sah er Löwy, der an starken Kopfschmerzen litt, an eine Hausmauer gelehnt, die Hand verzweifelt an die Stirn gedrückt.

Als Erklärung für seine häufige Unpünktlichkeit gab Kafka an, er fühle die Qualen des Wartens nicht: »Ich warte wie ein Rind.«[14] Als er einmal eine Stunde lang auf Brod warten mußte, erschien ihm das »fast ebenso angenehm wie das Liegen auf dem Kanapee«[15].

Etwa eine Woche vor Weihnachten trat Frau Tschissik wieder auf. Diesmal erschien Kafka ihr Körper schöner als ihr Gesicht, das schmaler wirkte als früher, wodurch die Stirn, die sie beim Sprechen in Falten zu legen pflegte, zu sehr betont wurde. Die Disparität zwischen ihrem Gesicht und dem wohlgeformten Leib ließ ihn »an Doppelwesen, wie Seejungfrauen, Sirenen, Zentauren«[16] denken. Im Laufe ihrer Unterhaltung merkte er, daß seine Liebe »sie eigentlich nicht erfaßt hatte, sondern sie nur, bald näher, bald weiter, umflog. Ruhe kann ihr ja nicht gegeben sein.«[17]

Als sein Vater ihm vorhielt, er kümmere sich nicht genug um die Fabrik, hörte er schweigend zu, ging aber von da an nach den Amtsstunden wieder häufiger hin. Die Mutter, der gar nicht klar war, welches Opfer das für ihn bedeutete, nahm ihn immer weniger gegen die Angriffe des Vaters in Schutz. Als er eines Morgens beim Frühstück mit ihr zufällig über Heiraten und Kinder sprach, merkte er deutlich, daß sie sich eine völlig falsche Vorstellung von ihm machte. Sie glaubte, er bilde sich seine Krankheit nur ein, erklärte, sein Interesse an der Literatur werde von selbst schwinden und das an seinem Beruf oder an der Fabrik wachsen, sobald er nur das richtige Mädchen kennenlerne, heirate und Kinder in die Welt setze.

Seine zunehmende Vertrautheit mit der ostjüdischen Überlieferung machte ihn keineswegs toleranter gegenüber den »an ihrem letzten Ende angelangten religiösen Formen«[18] des Judentums, die seiner Ansicht nach lediglich historischen Charakter besaßen. Anläßlich der Beschneidung seines sechzehn Tage alten Neffen schrieb er über den Beschneider: »Ein kleiner krummbeiniger Mann, . . . der schon zweitausendundachthundert Beschneidungen hinter sich hat, führte die Sache sehr geschickt aus . . . Jetzt sieht man Blut und rohes Fleisch, der Moule [Beschneider] hantiert darin kurz mit seinen langnägeligen zittrigen Fingern und zieht irgendwo gewonnene Haut wie einen Handschuhfinger über die Wunde . . . Jetzt kommt nur noch ein kleines Gebet, während dessen der Moule Wein trinkt und mit seinen noch nicht ganz blutfreien Fingern etwas Wein an die Lippen des Kindes bringt.«[19] Als der Begleiter des Moule nach dem Essen betete, waren die beiden Großväter die einzigen, die nicht vor sich hinträumten oder sich langweilten und die die hebräischen Worte überhaupt verstanden.

Die Jahreswende war für Kafka erneut Anlaß zu Selbstkritik und Selbstprüfung. Er glaubte durchaus, inzwischen über hinreichende Selbsterkenntnis zu verfügen, konnte jedoch angesichts einer Bürotätigkeit, die einen großen Teil seiner Energien aufzehrte, nicht wirklich leben. Kam er mit seinem eigentlichen Daseinszweck, dem Schreiben, vorwärts, hatte das negative Auswirkungen auf alle anderen Gebiete – er »magerte nach allen Richtungen ab«. Ihm blieb nicht genug Kraft für die Freuden der Musik, des Geschlechts, des Essens, des Trinkens oder des Philosophierens. Andererseits las er seinen Schwestern so gern vor, daß er bisweilen sogar Zeit dafür aufwendete, die er sonst dem Schreiben gewidmet hätte. »Vielmehr beherrscht mich nur die Sucht, mich an die guten Arbeiten, die ich vorlese, so sehr heranzudrängen, daß ich mit ihnen nicht durch mein Verdienst, sondern nur in der durch das Vorgelesene aufgeregten und für das Unwesentliche getrübten Aufmerksamkeit meiner zuhörenden Schwestern in eins verfließe und deshalb auch unter der vertuschenden Wirkung der Eitelkeit als Ursache an allem Einfluß teilnehme, welchen das Werk selbst geübt hat.«[20] Allerdings konnte er nur ihnen ohne Hemmungen vorlesen, bei Brod oder Baum war er immer im Zweifel, ob er auch gut genug las: »Ich umfliege das Vorzulesende mit der Stimme, versuche, weil man es will, hie und da einzudringen.«[21]

Um sich wohlzufühlen, mußte er den Eindruck haben, von etwas besessen zu sein, das stärker war als er selbst. Gelegentlich bemerkte er an sich »Kühle und Gleichgültigkeit, wann ich will. Gestern abend beim Spazierengehn war mir jedes kleine Straßengeräusch, jeder auf mich gerichtete Blick, jede Photographie in einem Auslagekasten wichtiger als ich.«[22]

Dabei stieß schon das schlichte Vorhaben spazierenzugehen unter Umständen auf den Widerstand des Vaters, und noch mit achtundzwanzig Jahren konnte Kafka bei schlechtem Wetter nicht einfach beschließen, noch einmal hinauszugehen, wenn er bereits die Hausjacke angezogen hatte, ohne daß der Vater ihm Vorhaltungen machte. Kein Wunder, daß ihn, dem es nicht vergönnt war, sich im Haus frei oder stark zu fühlen, eine Welle der Kraft durchflutete, sobald er auf der Gasse stand. Allein, daß ihm das gelungen war, erschien ihm bereits wie ein kleines Abenteuer. Kafkas mangelnde Bereitschaft, sich in das Leben seiner Familie einbeziehen zu lassen, bedeutete allerdings nicht, daß er davon ausgeschlossen sein wollte. So ungern er sich in Streitereien mit dem Vater verwickeln ließ, so wenig war es ihm recht, wenn dieser ihn links liegen ließ.

Die Beziehung zu Brod war nicht mehr ganz so harmonisch wie früher. Zwar bewunderte Kafka nach wie vor Brods Energie, hielt ihm aber insgeheim seine »rechnerische Kleinlichkeit und Eile« vor und fand die Beharrlichkeit, mit der Max immer wieder versuchte, ihn zum Schreiben anzuregen, lästig. Spannungen zwischen den beiden blieben nicht aus, und Kafka schloß daraus, daß er eben unfähig zur Freundschaft sei. Er sah Brod am Silvesterabend nicht an, während er ihm im Gedränge des Grabens die Hand drückte, und sprach überhaupt lieber mit ihm, »wenn sein Gesicht im Dunkeln war, trotzdem dann meines in der Helligkeit sich leichter verraten konnte«[23]. Kafka beschloß, über sein Verhältnis zu Brod ein getrenntes Tagebuch zu führen. »Was nicht aufgeschrieben ist, flimmert einem vor den Augen, und optische Zufälle bestimmen das Gesamturteil.«[24]

Mitte Januar verwandte er wenig Zeit auf sein Tagebuch und war auch selten mit Brod zusammen, dafür um so häufiger mit den jiddischen Schauspielern. Da er unbedingt besser verstehen wollte, was Jüdischsein heißt, las er Bücher über jiddische Literatur und Judentum. Zum ersten Mal ging er auch zu einem vom Bar Kochba organisierten Vortrag eines Dr. Theilhaber im Festsaal des Jüdischen Rathauses über den unaufhaltsamen Untergang der deutschen Juden.

Wenn er sich wohlfühlte, war er geradezu euphorisch; so zum Beispiel Anfang Februar auf dem Weg zu *Orpheus in der Unterwelt*. »Wie Honig schmeckte ich mein Inneres. Trank es in ununterbrochenem Zug.«[25] Die Vorstellung gefiel ihm dann allerdings nicht, so daß er nach dem zweiten Akt »weglief«, was seine Euphorie rasch dämpfte. Einige Tage zuvor war er in einer Aufführung von Frank Wedekinds *Erdgeist* gewesen – der Autor und seine Frau Tilly spielten selbst mit. Besonders beeindruckt hatte ihn die »klare gestochene Stimme der Frau. Schmales mondsichelförmiges Gesicht. Der beim ruhigen Stehn sich seitlich abzweigende Unterschenkel. Klarheit des Stückes auch im Rückblick, so daß man ruhig und selbstbewußt nach Hause geht.«[26]

War seine Selbstbeobachtung auch nicht immer genau, so war sie doch unbarmherzig, vor allem dann, wenn er eine Verärgerung unterdrückte oder sich freundlicher zeigte, als ihm zumute war:

> Ich reiße mich vom Sessel los, umlaufe den Tisch, mache Kopf und Hals beweglich, bringe Feuer in die Augen, spanne die Muskeln um sie herum. Arbeite jedem Gefühl entgegen, begrüße A. stürmisch, wenn er jetzt kommen wird, dulde B. freundlich in meinem Zimmer, ziehe bei C. alles, was gesagt wird, trotz Schmerz und Mühe mit langen Zügen in mich hinein.[27]

Wenn er pflichtschuldig, aber lustlos in die Asbestfabrik ging, die fünfundzwanzig Leute beschäftigte, wußte er nicht, wie er sich den Mädchen gegenüber verhalten sollte.

> In ihren an und für sich unerträglich schmutzigen und gelösten Kleidern, mit den wie beim Erwachen zerworfenen Frisuren, mit dem vom unaufhörlichen Lärm der Transmissionen und von der einzelnen, zwar automatischen, aber unberechenbar stockenden Maschine festgehaltenen Gesichtsausdruck, sind [sie] nicht Menschen, man grüßt sie nicht, man entschuldigt sich nicht, wenn man sie stößt, ruft man sie zu einer kleinen Arbeit, so führen sie sie aus, kehren aber gleich zur Maschine zurück, mit einer Kopfbewegung zeigt man ihnen, wo sie eingreifen sollen, sie stehn in Unterröcken da, der kleinsten Macht sind sie überliefert und haben nicht einmal genug ruhigen Verstand, um diese Macht mit Blicken und Verbeugungen anzuerkennen und sich geneigt zu machen. Ist es aber sechs Uhr und rufen sie das einander zu, binden sie die Tücher vom Hals und von den Haaren los, stauben sie sich ab mit einer Bürste, die jeden Saal umwandert und von Ungeduldigen herangerufen wird, ziehn sie die Röcke über die Köpfe und bekommen sie die Hände rein, so gut es geht – so sind sie schließlich doch Frauen, können trotz Blässe und schlechten Zähnen lächeln, schütteln den erstarrten Körper, man kann sie nicht mehr stoßen, anschauen oder übersehn, man drückt sich an die schmierigen Kisten, um ihnen den Weg freizumachen, behält den Hut in der Hand, wenn

sie guten Abend sagen, und weiß nicht, wie man es hinnehmen soll, wenn eine unseren Winterrock bereithält, daß wir ihn anziehn.[28]

In Erinnerung an einen Rezitationsabend, den Löwy im Vorjahr allein bestritten hatte, plante Kafka unter dem Patronat des zionistischen Studentenvereins Bar Kochba einen Vortragsabend vor größerem Publikum im Festsaal des Jüdischen Rathauses zu veranstalten. Er organisierte alles selbst – mietete den Saal, sorgte für Eintrittskarten, für Zeitungsannoncen, kümmerte sich um den Kartenverkauf und informierte die Zensoren der Polizei und der Kultusgemeinde. Er gewann Oskar Baum für eine einleitende »Rede über die jiddische Sprache«, mußte den Vortrag dann aber selbst übernehmen, da Baum seine Zusage rückgängig machte.

Bei seinem Vortrag empfand Kafka, der vorher furchtbar aufgeregt gewesen war, ein »stolzes, überirdisches Bewußtsein« und Kälte gegenüber den Zuhörern.[29]

In der Besprechung der Veranstaltung nannte die jüdische Wochenschrift *Selbstwehr* Kafkas Einführung »fein« und »liebenswürdig« und rühmte Löwy als machtvollen Rezitator. In einem der von Löwy vorgetragenen Gedichte, Morris Rosenfelds *Die historischen Päckchen* (auch *Die Grine,* also die »Grünschnäbel«), geht es um die Ankunft unerfahrener jüdischer Auswanderer in New York – für Kafka im Zusammenhang mit dem *Verschollenen,* an dessen erster Fassung er gerade arbeitete, sicherlich von besonderem Interesse.

Trotz seiner Erfolge fiel es Kafka nicht leicht, seine Schüchternheit zu überwinden. Als er nach einer Lesung Hofmannsthals diesem vorgestellt wurde, blieb er stumm. Er beneidete den andern, weil der frei war von der Routine eines Büroalltags: »Dieses unter aller Täuschung befriedigte Gesicht der nach ihrem Belieben arbeitenden Menschen.«[30] Als er aber einen Monat später zwei Jungen dabei ertappte, wie sie ein wehrlos vor ihnen gehendes Dienstmädchen mit einem großen Ball bewarfen, packte Kafka den einen, »würgte ihn in großer Wut, stieß ihn beiseite und schimpfte. Ging dann weiter und sah das Mädchen gar nicht an.«[31]

Zwischen der Arbeit im Büro und in der Fabrik hin und her gerissen, kam Kafka kaum noch zum Schreiben, und in gewisser Hinsicht bestätigte er sogar durch das Führen des Tagebuchs sein Versagen täglich aufs neue. Wohl schrieb er, aber er schrieb keinen Roman. In einem Kampf, der nur durch einen entschlossenen Angriff gewonnen werden konnte, begnügte er sich mit Vorhutgefechten. Daher war für ihn das Durchlesen von früher Geschriebenem besonders qualvoll. Nur selten gelang es ihm, über das Autobiographische hinaus etwas literarisch zu fassen, wie beispielsweise jene sommerliche Verführungsszene in einem kleinen Ort im Isergebirge: »Unbegreiflich, wie manchmal Lungenkranke werden, warf er das Mädchen, die Tochter seines Hauswirts, die am Abend nach der Arbeit gerne einen Spaziergang mit ihm machte, nach einem kurzen Überredungsversuch in das Gras am Flußufer und nahm sie . . . in Besitz. Später mußte er mit hohlen Händen Wasser aus dem Fluß holen und über das Gesicht des Mädchens schütten, um sie nur zum Leben zu bringen.«[32] Seltsam hierbei ist, daß er sich bereits zu dieser Zeit mit einem »Lungenkranken« identifizierte.

Am 11. Juni wurde Kafka von Dr. Siegmund Kohn untersucht, woraufhin er einen einwöchigen Krankenurlaub beantragte. In Dr. Kohns ärztlichem Zeugnis hieß es: »Der ergebenst Gefertigte leidet seit längerer Zeit an krankhaften nervösen Zuständen, die sich vor allem in fast ununterbrochenen Verdauungsstörungen und in schlechtem Schlafe äußern.«[33] Obwohl Ärzte ihm gelegentlich etwas Erleichterung zu schaffen vermochten, brachte er ihnen äußerstes Mißtrauen entgegen und erklärte: »Hätte ich doch die Kraft, einen Naturheilverein zu gründen.«[34]

Zusammen mit Brod trat er am 28. Juni eine Urlaubsreise nach Weimar an. Die beiden ersten Nächte – in Leipzig – teilten sie sich ein Hotelzimmer. Wegen des Straßenlärms schloß Brod in der Nacht die Fenster, woraufhin Kafka sich wie »lebendig begraben« fühlte. Auch bei Tageslicht stimmte die Stadt ihn nicht freundlicher: »Viele stark verbundene Studenten . . . Viel Monokel.«

Am Vormittag ihres zweiten Tages in Leipzig ging Brod mit Proben von Kafkas Arbeiten zu Ernst Rowohlt; am Nachmittag stellte er dem Verleger Kafka persönlich vor, der Rowohlt mit folgenden Worten beschrieb: »Jung, rotwangig, stillstehender Schweiß zwischen Nase und Wangen, erst von den Hüften an beweglich.«[35] Ebenfalls anwesend waren Walter Hasenclever und Gerd von Bassewitz, Verfasser des *Judas*. »Alle drei schwenken Stöcke und Arme.«[36] Da Rowohlt unbedingt etwas von Kafka veröffentlichen wollte, versprach dieser, einige Prosastücke für einen Band zusammenzustellen. Wieder war es Brod, dem er diese Chance zu verdanken hatte.

Um fünf Uhr nachmittags traten sie die kurze Reise nach Weimar an. Das Goethehaus erreichten sie nach Einbruch der Dunkelheit. »Sofortiges Erkennen. Gelbbraune Farbe des Ganzen. Fühlbare Beteiligung unseres ganzen Vorlebens an dem augenblicklichen Eindruck. Das Dunkel der Fenster der unbewohnten Zimmer. Die helle Junobüste. Anrühren der Mauer.«[37] Am nächsten Vormittag besichtigten sie dann das Schillerhaus. »Nicht mehr menschliche Haarlocken, gelb und trocken wie Grannen.«[38] Bei einem erneuten Besuch des Goethehauses gingen sie durch die Repräsentationsräume und warfen einen flüchtigen Blick in Goethes Schreib- und Schlafzimmer. »Trauriger, an tote Großväter erinnernder Anblick. Dieser seit Goethes Tod fortwährend wachsende Garten. Die sein Arbeitszimmer verdunkelnde Buche.«[39]

Als Brod und Kafka im Treppenhaus saßen, lief die hübsche Tochter des Hausmeisters mit ihrer kleinen Schwester an ihnen vorüber. Da Kafka meinte, ihre Stimme im Garten zu hören, ging er hinaus. Er sah sie auf einem Balkon stehen, später dann kam sie mit einem jungen Mann herunter. Im Vorübergehen dankte Kafka ihr dafür, daß sie die beiden Freunde auf den Garten aufmerksam gemacht hatte. Das junge Mädchen, Margarethe Kirchner, war gerade im Begriff, mit ihren Eltern nach Schloß Tiefurt zu fahren; die Einladung, sich anzuschließen, nahm Kafka an. Unterwegs wurden einige Fotos gemacht.

Als Kafka und Brod das Mädchen am Abend mit einer Freundin spazierengehen sahen, begleiteten sie sie zum Goetheplatz, und Margarethe meinte, Kafka könne gern jeden Abend nach sechs in den Garten kommen. Am folgenden Tag sah er sie nicht, ging aber am Tag darauf wieder hin. Er besuchte mit Brod das Liszthaus und kehrte dann erneut zum Goethehaus zurück. Dort zeigte der Vater ihm die Aufnahmen, die in Tiefurt gemacht worden waren. »Sie lächelt mir sinnlos nutzlos hinter dem Rücken des Vaters zu. Traurig.«[40] Am folgenden Tag, einem Mittwoch, erklärte sie sich bereit, ihn am Donnerstag wiederzusehen, kam aber nicht. Abends ging Kafka noch einmal zum Goethehaus und sprach mit ihr. »Sie liebt mich sicher nicht, einigen Respekt aber hat sie.«[41] Er schenkte ihr eine von einem Kettchen mit herzförmigem Anhänger umwundene Schokoladenschachtel, und sie versprach, ihn am folgenden Morgen um elf vor dem Goethehaus zu erwarten. Da er wußte, daß sie kochen mußte, rechnete er nicht mit ihrem Erscheinen, doch sie kam und ging sogar eine Stunde lang mit ihm spazieren. Zu einem rosa Kleid trug sie sein Geschenk, das kleine Herz. »Ohne jede Beziehung zu ihr gewesen. Abgerissenes, immer wieder angefangenes Gespräch. Einmal besonders rasches, dann wieder besonders langsames Gehen. Anstrengung, um keinen Preis deutlich werden zu lassen, wie wir mit keinem Fädchen zusammenhängen. Was treibt uns gemeinsam durch den Park? Nur mein Trotz?«[42] Am Abend verabschiedete er sich an der Küchentür von ihr. Ihr Ballkleid schien ihm weniger schön als ihr alltägliches Gewand. Sie hatte verweinte Augen, »offenbar wegen ihres Haupttänzers, der ihr schon überhaupt viel Sorgen gemacht hat«[43]. Kafka sah sie nie wieder, fragte aber auf einer Karte an, ob sie gern weitere Nachrichten von ihm erhalten würde, worauf sie erwiderte, es werde ihren Eltern und ihr eine große Freude sein. Außerdem schickte sie drei Fotos von sich mit.

Als Brod am 7. Juli nach Prag zurückkehrte, fuhr Kafka – über Halle und Halberstadt – allein in das Naturheilsanatorium »Rudolf Just'sche Kuranstalt« in Jungborn im Harz. »Mein Haus heißt ›Ruth‹. Praktisch eingerichtet. Vier Luken. Vier Fenster, eine Tür. Ziemlich still. Nur in der Ferne spielen sie Fußball, die Vögel singen stark, einige Nackte liegen still vor meiner Tür. Alles, bis auf mich, ohne Schwimmhosen. Im Park, Lesezimmer usw. bekommt man hübsche, fette Füßchen zu sehn.«[44]

Der Arzt, ein ehemaliger Offizier, hatte ein »geziertes, irrsinnig, weinerlich, burschikos aussehendes Lachen. Geht schwunghaft . . . ›Bitte einzutreten!‹ lacht er einem nach.«[45] Er verbot Kafka das Obstessen, »mit dem Vorbehalt, daß ich ihm nicht folgen muß«[46]. Darüber hinaus empfahl er Luftbäder in der Nacht. »Nur soll man sich dem Mondlicht nicht zu sehr aussetzen, das ist schädlich.«[47] Dreimal in der Woche hielt der Arzt Vorträge über seine Theorien. So behauptete er unter anderem, »daß die Bauchatmung zum Wachsen und Reizen der Geschlechtsorgane beitrage, weshalb die auf Bauchatmung hauptsächlich beschränkten Opernsängerinnen so unanständig«[48] seien.

Da Kafka beim gemeinsamen Turnen, zu dem die meisten ebenfalls nackt erschienen, beharrlich seine Badehose trug, bekam er den Spitznamen »der Mann mit den Schwimmhosen«. Die nackten Leiber erregten ihm leichte Übelkeit, und auch »alte Herren, die nackt über Heuhaufen springen«[49] mißfielen ihm. Wahrscheinlich hat er aber insgeheim die anderen um ihre Ungezwungenheit beneidet. »Sie kommen auch so unhörbar heran. Plötzlich steht einer da, man weiß nicht, woher er gekommen ist . . . Zwischen den Heuhaufen auf der Wiese vor meiner Hütte einige schleichende Nackte, die in der Ferne vergehn. In der Nacht, als ich durch die Wiese nach dem Klosett wandere, schlafen drei im Gras.«[50]

Jeden Abend verbrachte Kafka eineinhalb Stunden im Schreibzimmer, wo nicht gesprochen werden durfte. Trotzdem kam er mit dem *Verschollenen* hier langsamer voran als in Prag. »Der Roman ist so groß, wie über den ganzen Himmel hin entworfen (auch so farblos und unbestimmt wie heute) und ich verfitze mich beim ersten Satz, den ich schreiben will.«[51] Die Selbständigkeit des Lebens im Sanatorium gefiel ihm jedoch und förderte die Stimmung, die er brauchte: »Eine Ahnung von Amerika wird diesen armen Leibern eingeblasen.«[52] Er arbeitete weiter, auch wenn er das Fertige nur ungern überlas.

Eines Tages sprach ihn ein hochgewachsener, braungebrannter, glücklich aussehender bärtiger Mann an, der sich ihm als Landvermesser vorstellte. Kafka hatte ihn schon zuvor gesehen, wie er, drei aufgeschlagene Bibeln vor sich, im Gras lag und Notizen machte. Er gab Kafka einige Erbauungsschriften. »Ich lese wenig und gehe dann zu ihm zurück und versuche, unsicher durch den Respekt, den ich vor ihm habe, ihm klarzumachen, warum gegenwärtig keine Aussicht auf Gnade für mich besteht.«[53] Sie sprachen dann eineinhalb Stunden lang miteinander. »Er sieht mir an, daß ich nahe an der Gnade bin. – Wie ich selbst alle seine Beweise abbreche und ihn an die innere Stimme verweise. Gute Wirkung.«[54]

Enger schloß Kafka sich an den atheistisch eingestellten Dr. Schiller an, einen dreiundvierzigjährigen Breslauer Magistratsbeamten, der ihm einige seiner Ölskizzen zeigte und dem Kafka auch saß. Sie besuchten gemeinsam ein Tanzvergnügen, das anläßlich des Schützenfestes im nahegelegenen Stapelburg stattfand. Kafka sprach ein Mädchen an, und es stellte sich heraus, daß sie Feldarbeiterin war und in wenigen Monaten in ein Kloster eintreten wollte. Kafka tanzte mit ihr, und sie tanzte gern, »wie sich besonders zeigt, als ich sie später dem Dr. Sch. borge«[55].

Nach zwei Wochen im Sanatorium schrieb Kafka: »Sag nichts gegen die Geselligkeit! Ich bin auch der Menschen wegen hergekommen und bin zufrieden, daß ich mich wenigstens darin nicht getäuscht habe. Wie lebe ich denn in Prag! Dieses Verlangen nach

Menschen, das ich habe und das sich in Angst verwandelt, wenn es erfüllt wird, findet sich erst in den Ferien zurecht.«[56] Auf der Heimfahrt wollte er eine Nacht in Dresden verbringen und dort »den zoologischen Garten ansehn, in den ich gehöre«[57].

FELICE ODER DAS »UNERSCHÜTTERLICHE URTEIL«

Wieder in Prag, fiel es Kafka schwer, Texte für das Rowohlt versprochene Buch zusammenzustellen. Schließlich konnte er unmöglich etwas schicken, das eigentlich noch überarbeitet werden mußte. »Schlechte Sachen endgültig schlecht sein lassen, darf man nur auf dem Sterbebett.«[1] Es ärgerte ihn, »wieviel schädliches, lächerliches Selbstbewußtsein beim Lesen alter Dinge im Hinblick auf das Veröffentlichen entsteht«[2]. Schließlich fügte er den bereits in *Hyperion* veröffentlichten neun Stücken lediglich neun weitere hinzu – genug, um damit einunddreißig Seiten zu füllen. Doch über ihre Reihenfolge war er sich noch immer nicht schlüssig, als er Brod die Texte am 13. August, zwei Wochen nach seiner Rückkehr aus dem Urlaub, brachte.

Als er gegen neun Uhr abends »zu Brod kam, saß sie bei Tische und kam mir doch wie ein Dienstmädchen vor. Ich war auch gar nicht neugierig darauf, wer sie war, sondern fand mich sofort mit ihr ab. Knochiges leeres Gesicht, das seine Leere offen trug. Freier Hals. Überworfene Bluse. Sah ganz häuslich angezogen aus . . . Fast zerbrochene Nase, blondes, etwas steifes, reizloses Haar, starkes Kinn. Während ich mich setzte, sah ich sie zum erstenmal genauer an, als ich saß, hatte ich schon ein unerschütterliches Urteil.«[3]

Er zeigte seine Ferienfotos herum, und als die junge Frau aufstand, sah er, daß sie Pantoffeln von Frau Brod trug, weil ihre Schuhe im Regen naß geworden waren. Sie war vier Jahre jünger als Kafka, hielt ihn aber für jünger als sich selbst. Als sie ihn im Gespräch beiläufig fragte, wo er lebe, glaubte er, sie wolle seine Adresse haben, um ihm zu schreiben, und das Mißverständnis war ihm für den Rest des Abends peinlich. Aber beim Abschied versprachen sie einander in die

Hand, im folgenden Jahr gemeinsam nach Palästina zu reisen. Es ist gut möglich, daß beide es nicht so ernst damit meinten, andrerseits hatte Felice Bauer ihm ausdrücklich erklärt, sie sei »nicht wankelmüthig«. Als Brod ihr ein Bild von Goethe in Unterhosen zeigen wollte, sagte sie, in Abwandlung eines Zitats aus Ludwig Fuldas Märchendrama *Der Talisman*: »Er bleibt ein König auch in Unterhosen«, was Kafka irgendwie mißfiel. »Ich spürte von diesem Mißfallen fast einen Druck in der Kehle.«[4] Die Freunde begleiteten sie dann zu ihrem Hotel zurück, wobei Brod die Unterhaltung nahezu allein bestritte. Noch vier Jahre später, nach der zweiten Verlobung mit ihr, erinnerte Kafka sich an jene Stelle auf dem Graben, an der er »ohne Grund aber absichtlich aus Unruhe, Verlangen und Hilflosigkeit vom Trottoir mehrmals in die Fahrbahn stolperte«[5]. Beim Betreten des Hotels drängte er sich tolpatschig »in die gleiche Abteilung der Drehtüre, in der Sie gingen, und stieß fast an Ihre Füße«[6]. Schließlich verabschiedeten sich die drei jungen Leute voneinander, und Felice verschwand im Aufzug.

Zwei Tage später notierte er: »Viel an – was für eine Verlegenheit vor dem Aufschreiben von Namen – F. B. gedacht.«[7] Seine »schreckliche Ruhe« fühlt er gestört – allerdings nicht durch diese Begegnung, sondern durch die »Herausgabe der einunddreißig Seiten«[8]. Am folgenden Tag schrieb er einige Seiten im Weimarer Tagebuch, aber im Grunde hatte er nach wie vor zu nichts recht Lust. »Abends das Wimmern meiner armen Mutter wegen meines Nichtessens.«[9] Sein Vorgesetzter Pfohl war bis zum Monatsende fort, doch statt die Gelegenheit zu nutzen, mit seiner eigenen Arbeit voranzukommen, vertrödelte und verschlief Kafka einen großen Teil dieser Zeit. Er las »unaufhörlich« J. M. R. Lenz, und alles schien seine Stimmung widerzuspiegeln. Selbst eine Straße war ihm Symbol der eigenen Unzufriedenheit, »da jeder von dem Platz, auf dem er sich befindet, die Füße hebt, um wegzukommen«[10].

Auch der Besuch Onkel Alfreds aus Madrid vermochte Kafka nicht aus seiner Lethargie zu reißen, und selbst ein Rezitationsabend im Café Arco, an dem Werfel die *Lebenslieder* und das *Opfer* vortrug, munterte ihn nur für kurze Zeit auf. »Ein Ungeheuer! Aber ich sah ihm in die Augen und hielt seinen Blick den ganzen Abend.«[11] Die deutlichste Erinnerung an den Besuch seines Onkels scheint die Art gewesen zu sein, wie dieser durchs Vorzimmer zur Toilette »schwebte«, ohne sich darum zu kümmern, daß man ihn ansprach. Obwohl

Alfred erklärte, mit seinem Leben unzufrieden zu sein, verriet seine Haltung die Sicherheit eines Menschen, der sich überall zurechtfindet. So tafelte er gern in Gesellschaft hoher Diplomaten und Militärs in exklusiven Restaurants, und wenn er dann auf dem Heimweg gesprächsweise bedauerte, nicht geheiratet zu haben, war das nicht mehr als eine vorübergehende Laune.

Während längerer unproduktiver Phasen hatte Kafka oft den Eindruck, sich nie wieder zur Arbeit aufraffen zu können. »Bin ich als große Masse in meinen schmalen Wegen endgültig festgerannt?«[12] Eines solchen Nachmittags hörte er im Bett liegend jemanden einen Schlüssel im Schloß umdrehen und hatte »einen Augenblick lang Schlösser auf dem ganzen Körper wie auf einem Kostümball, und in kurzen Zwischenräumen wurde einmal hier, einmal dort ein Schloß geöffnet oder zugesperrt«[13].

Schließlich war es ein Traum, der ihm weiterhalf, der ihm die Atmosphäre und eine Menge Einzelheiten für das Anfangskapitel seines Romans vermittelte. »Ich befand mich auf einer aus Quadern weit ins Meer hineingebauten Landzunge, . . . rechts hinter mir das weite, klar umschriebene Meer, mit vielen reihenweise aufgestellten, festverankerten Kriegsschiffen. Rechts sah man New York, wir waren im Hafen von New York.«[14] Lange Stämme waren statt zu Flößen zu einem riesigen runden Bündel zusammengeschnürt, »das in der Fahrt immer wieder mit der Schnittfläche je nach der Höhe der Wellen mehr oder weniger auftauchte und dabei auch noch der Länge nach sich in dem Wasser wälzte. Ich setzte mich, zog die Füße an mich, zuckte vor Vergnügen, grub mich vor Behagen förmlich in den Boden ein und sagte: Das ist ja noch interessanter als der Verkehr auf dem Pariser Boulevard.«[15] Wie im Schlußsatz vom *Urteil,* das er nur wenige Tage später schrieb, liegt hier das Gewicht auf dem Doppelsinn des Wortes »Verkehr«. Möglicherweise hatte der Besuch des Onkels Kafkas schon vor langer Zeit begrabenen Wunsch wieder wach werden lassen, in Madrid zu leben, für ihn, wie das ihm ebenfalls unbekannte New York, gleichbedeutend mit der Möglichkeit einer Flucht aus der Prager Gefangenschaft.

Am 15. September wurde Vallis Verlobung bekanntgegeben. Valli war die hübscheste der drei Schwestern und hatte ihm nie so nahegestanden wie Ottla, aber der Gedanke an Felice wurde durch das Ereignis wieder lebendig.

Fünf Tage später, am Vortag des Jom Kippur, schrieb er Felice

8

8 Franz Kafka,
etwa zehn Jahre alt, mit den
Schwestern Valli (links)
und Elli (Mitte).

9

10

9 Klassenbild (1898) mit Schuldirektor Frank (links) und Klassenordinarius Emil Gschwind (rechts). Zweiter von links in der oberen Reihe: Kafka

10 Ein Porträt, etwa 1899.

11 Max Brod, lebenslanger Freund Kafkas.

12 Die ersten Zeilen des Manuskripts von ›Beschreibung eines Kampfes‹ (1904).

13 Etwa zur Zeit der Promotion (1906).

11

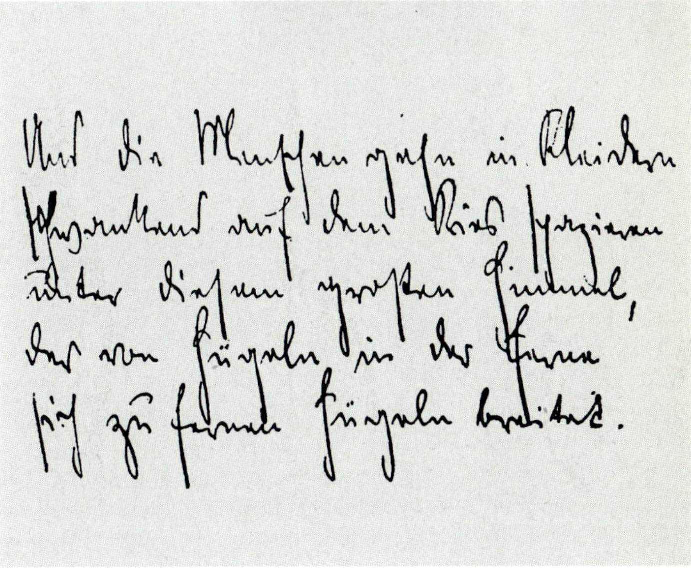

Und die Menschen gehen in Kleidern
schwankend auf dem Kies spazieren
unter diesem großen Himmel,
der von Hügeln in der Ferne
sich zu fernen Hügeln breitet.

12

13

nach Beendigung seiner Büroarbeit auf der Büroschreibmaschine den ersten Brief. Er stellte sich ihr am Anfang des Briefes noch einmal vor, »für den leicht möglichen Fall, daß Sie sich meiner auch im geringsten nicht mehr erinnern könnten«[16], und ging dann auf den Plan der gemeinsamen Palästinareise ein. Auf jeden Fall wollte er gern in einen Briefwechsel mit ihr treten, »und darauf käme es ja vorläufig nur an«[17]. Natürlich würde er nicht erwarten, daß sie seine Briefe immer gleich beantworte, »selbst wenn ich einen Brief mit täglich neuer Spannung erwarte, bin ich niemals enttäuscht, wenn er nicht kommt und kommt er schließlich, erschrecke ich gern«[18]. Er bezeichnete sich selbst als unpünktlichen Briefschreiber, erklärte aber: »Wenn auch einmal meine Launen zu einem Brief nicht hinreichen sollten, so sind schließlich die Fingerspitzen zum Schreiben immer noch da«[19] – wobei ihm allerdings maschinengeschriebene Briefe einer anderen Kategorie anzugehören schienen als handgeschriebene.

Möglicherweise erlöste dieser Brief ihn aus seiner Passivität. Zwei Tage später schrieb er *Das Urteil*. Auch über Felice Bauer hatte er gleich am ersten Abend »das Urteil« gefällt – und ob positiv oder negativ, Kafka nannte es »unerschütterlich«. War es möglich, daß er sich dazu verurteilt hatte, eine Verbindung mit ihr einzugehen? Die Art, wie er sie im Tagebuch beschreibt, ist kaum schmeichelhaft, schon gar nicht romantisch verklärend. Offensichtlich zog sie ihn nicht in derselben Weise an wie Margarethe Kirchner oder Mania Tschissik, doch war sie frei und, wie sie ihm erklärt hatte, nicht wankelmütig. Es ist deutlich erkennbar, daß er bereits an die Möglichkeit einer Verlobung dachte – um damit die stärkste aller Waffen gegen seinen Vater in die Hand zu bekommen: die Drohung mit der Heirat.

Als Kafka sich an jenem »zum Schreien unglücklichen Sonntag« zum Schreiben niedersetzte, wollte er eigentlich »einen Krieg beschreiben«, doch an die Stelle eines Massengetümmels trat der Zweikampf zwischen Vater und Sohn.[20] Kafka nimmt in dieser Erzählung Stellung gegen sich selbst wie noch nie zuvor in seinem Leben. Er läßt den Sohn die genannte stärkste Waffe einsetzen, dennoch gewinnt der Vater, und es ist erstaunlich, wieviel Sohnesliebe noch durch die Feindseligkeit hindurchschimmert. Das Ödipusmuster wird allerdings insofern umgekehrt, als der Sohn das vom Vater über ihn verhängte Todesurteil gehorsam ausführt. Vermutlich war Hermann Kafka ebensowenig daran gelegen, daß sein Sohn erwachsen und unabhängig würde, wie Kafka daran interessiert war, das Leben ohne den Schutz der Eltern zu bestehen, doch erweckt der erste Teil der Erzählung den Eindruck, die Reife des Sohnes sei mit einer harmonischen Zusammenarbeit von Vater und Sohn im Geschäft vereinbar. Nur zu Lebzeiten der Mutter – sie ist einige Jahre vor den beschriebenen Ereignissen gestorben – hatte der Despotismus des Vaters den Sohn an seiner beruflichen Entfaltung gehindert, in den zwei Jahren seit ihrem Tod aber hat sich dank seines Einsatzes die Zahl der Angestellten verdoppelt und der Umsatz verfünffacht.

Im *Urteil* sitzt der Vater in der Ecke eines dunklen Zimmers, die mit verschiedenen Andenken an seine verstorbene Frau geschmückt ist – und, als wolle er Georgs Liebe zurückweisen, bevor dieser eine Gelegenheit hat, sie auszudrücken, beklagt sich der alte Mann darüber, daß der Tod seiner Frau ihn viel mehr getroffen habe als den Sohn. Außerdem geschehe im Geschäft vieles ohne sein Wissen. Georg bietet dem Vater an, das dunkle Zimmer mit seinem – helleren – Raum zu tauschen. »Aber das alles hat Zeit, jetzt lege dich noch ein wenig ins Bett, du brauchst unbedingt Ruhe. Komm, ich werde dir beim Ausziehn helfen, du wirst sehn, ich kann es. Oder willst du gleich ins Vorderzimmer gehn, dann legst du dich vorläufig in mein Bett.«[21] Die sexuellen Anklänge werden noch stärker, wenn Georg den kräftigen Mann auf seinen Armen nach nebenan trägt. Der Vater will nicht von ihm aufs Bett gelegt werden und hält sich an Georgs Uhrkette fest, als wolle er sich in den natürlichen Zeitablauf drängen, der das Machtverhältnis zwischen den Generationen verändert. Wenn Georg auch nicht bereit ist, die Verlobung aufzugeben, kann man aus all seinen Versuchen, den Vater günstig zu stimmen, ablesen, daß er jedes Opfer bringen würde, um sich der Liebe dieses Despoten zu versichern. Ohne es ausdrücklich zu sagen, beschließt er, den Vater in seinen künftigen Haushalt aufzunehmen.

Falls Kafka sich zu einer Verlobung mit Felice entschlossen hatte, war sein Hauptziel, auf diese Weise dem Gefängnis der elterlichen Wohnung zu entfliehen. Er sagte einmal eines Abends zu dem ihn nach Hause begleitenden Janouch: »In Wirklichkeit steige ich in einen speziell für mich installierten Kerker, der um so härter ist, da er einer ganz gewöhnlichen bürgerlichen Wohnung gleicht und von niemandem – außer von mir – als ein Gefängnis erkannt wird. Dadurch schwinden auch alle Ausbruchsversuche. Man kann keine

Ketten zerbrechen, wenn es keine sichtbaren Ketten gibt.«[22] Doch sein unumstößlicher Entschluß läßt neue Schuldgefühle wach werden. Obwohl Georgs Vater nicht recht verstehen kann, was seinem Sohn an Frieda Brandenfeld gefällt, drücken seine Vermutungen genau Kafkas Selbstverachtung und Selbstverdammung aus:

»Weil sie die Röcke so gehoben hat, die widerliche Gans«, und er hob, um das darzustellen, sein Hemd so hoch, daß man auf seinem Oberschenkel die Narbe aus seinen Kriegsjahren sah, »weil sie die Röcke so und so und so gehoben hat, hast du dich an sie herangemacht, und damit du an ihr ohne Störung dich befriedigen kannst, hast du unserer Mutter Andenken geschändet.«[23]

Viele Jahre später griff Hermann Kafka seinen Sohn wegen der Verlobung mit Julie Wohryzek mit ganz ähnlichen Worten an: »Sie hat wahrscheinlich irgendeine ausgesuchte Bluse angezogen, wie das die Prager Jüdinnen verstehn«[24], und Kafka kannte seinen Vater zu gut, als daß diese Reaktion ihn überrascht hätte. In der Erzählung springt der Vater triumphierend aus dem Bett, Georg weicht zurück und denkt daran, daß er sich vorgenommen hatte, »alles vollkommen genau zu beobachten, damit er nicht irgendwie auf Umwegen, von hinten her, von oben herab überrascht werden könnte«[25]. Selbst seinen Erfolg im Geschäft wischt der Vater mit einer Handbewegung beiseite, indem er behauptet, es handele sich dabei um Abschlüsse, die er selbst vorbereitet habe. Georg durchfährt die wilde Hoffnung, der alte Mann werde aus dem Bett fallen und sich zu Tode stürzen; doch das geschieht nicht. Der Vater setzt die Entmannung seines Sohnes fort, indem er droht, er werde ihm die Braut abspenstig machen – den besten Freund hat er ihm bereits genommen. Der Sohn ist längst gedemütigt und besiegt, bevor das Todesurteil über ihn verhängt wird.

Soweit Kafka sich im *Urteil* selbst verdammt, geschieht es aus demselben Grund, aus dem er sich sein übriges Leben lang verdammen wird: Er kann einer der Zentralvorstellungen des Judentums nicht gerecht werden. In seinem Tagebuch hatte er schon 1911 einen Satz aus dem Talmud notiert, den er in Gordins *Schechíte* gehört hatte: »Ein Mann ohne Weib ist kein Mensch.«[26] Auch Scharkanskys Stück *Kol Nidre,* in dem ein Großinquisitor über seine eigene Tochter zu Gericht sitzen muß, und Gordins *Gott, Mensch und Teufel* – ein sich am

Tod eines anderen schuldig Fühlender erhängt sich mit dem blutgetränkten Gebetsschal des Toten – haben Kafkas Erzählungen offenbar beeinflußt.

Aber nicht nur die jiddischen Stücke mögen ihm die eine oder andere Anregung gegeben haben. So hat er etwa fünf Wochen vor Entstehung des *Urteils* seinen Schwestern Grillparzers *Armen Spielmann* vorgelesen. In dieser Erzählung geht es um den weichen, introvertierten und den Anforderungen des Lebens nicht gewachsenen Sohn eines hohen und einflußreichen Staatsbeamten. Als er sich nach dem Tod des Vaters auch noch um sein reiches Erbe betrügen läßt, verläßt ihn die Frau, die er liebt; da nimmt er seine Geige und zieht fortan als Spielmann in der Welt umher.

Fast ein Drittel des *Urteils* macht ein Brief Georgs an einen Jugendfreund aus, der »mit seinem Fortkommen zu Hause unzufrieden, vor Jahren schon nach Rußland sich förmlich geflüchtet hatte«[27]. Brod meint, der Freund in Rußland trage manche Züge des Schauspielers Löwy, der russischer Herkunft und, wie jener, unverheiratet war. In einem späteren Brief an Felice schreibt Kafka, er habe von Löwy Briefe empfangen, die (wie die Briefe, die Georg von seinem Freund aus Rußland bekam) monoton und voller Klagen seien, »dem armen Menschen ist nicht zu helfen«[28]. Vielleicht hat Kafka bei der Gestalt des Jugendfreundes aber auch an Brod gedacht, der sich gerade verlobt hatte und daher allen gegenteiligen Beteuerungen zum Trotz in Zukunft weit weniger Zeit für den Freund haben würde als bisher: »Schließlich wird er mir doch wegverlobt.«[29]

Soweit die Gegensätzlichkeit von Georg und seinem Freund die »zwei Seelen« Kafkas widerspiegelt, ist Georg der Geschäftsmann, der nicht schreibt, sich aber verlobt, während der Freund das schreibende Ich verkörpert, das sich für das Alleinleben entscheidet. Nichts hätte Kafka dem Gedanken an Selbstmord näherbringen können, als der Verlust seiner Fähigkeit zu schreiben.

Kafka widmete diese Erzählung gleich bei ihrer ersten Veröffentlichung Felice und teilte ihr das am 24. Oktober 1912 mit. 1913 erschien sie in Brods Jahrbuch *Arkadia* – mit der Widmung »Für Fräulein Felice B.«.

Die nun beginnende, umfangreiche Korrespondenz Kafkas mit Felice Bauer – vor der Abfassung dieser Erzählung hatte er erst einen Brief an sie geschrieben – ist in erster Linie ein »literarischer«

Briefwechsel, deutlich weniger privat als das meiste, was Kafka sonst schrieb, obwohl er bei Abfassung der Briefe gewiß nicht an eine Veröffentlichung dachte. Doch von nun an verwendete er einen großen Teil seiner literarischen Energie, die bis dahin dem Tagebuch zugute gekommen war, auf den Schriftverkehr mit Felice, und nach dem 25. September 1912 notierte er fast fünf Monate lang nichts ins Tagebuch. Dafür bittet er sie gleich in seinem zweiten Brief, für ihn ein »kleines Tagebuch« zu führen. Das sei »weniger verlangt und mehr gegeben«, als ständig Briefe zu schreiben. »Natürlich müssen Sie mehr hineinschreiben, als für Sie allein nötig wäre, denn ich kenne Sie doch gar nicht. Sie müssen also einmal auch eintragen, wann Sie ins Bureau kommen, was Sie gefrühstückt haben, wohin die Aussicht aus Ihrem Bureaufenster geht, was das dort für eine Arbeit ist, wie Ihre Freunde und Freundinnen heißen, warum man Ihnen Geschenke macht, wer Ihrer Gesundheit mit Confektgeschenken schaden will und die tausend Dinge, von deren Dasein und Möglichkeit ich gar nicht weiß.«[30] Von Anfang an war er entschlossen zu verhindern, daß sie sich seinem Interesse an den alltäglichen Einzelheiten ihres Daseins verschloß, wie Hedwig Weiler das getan hatte.

Obwohl die Gewißheit, das *Urteil* so gut und richtig geschrieben zu haben, daß er sich mit seinem Roman eigentlich »in schändlichen Niederungen des Schreibens«[31] bewegte, wandte er sich der weiteren Arbeit daran in geradezu euphorischer Stimmung zu. Max Brod notierte am 29. September: »Kafka in Ekstase, schreibt die Nächte durch«, am 1. Oktober: »Kafka in unglaublicher Ekstase«, und am 2. Oktober: »Kafka, der weiter sehr inspiriert ist.«[32] Inzwischen hatte er das erste Kapitel – »Der Heizer« – beendet und las es Brod am 6. Oktober vor.

Dieser glänzend geschriebene Text läßt bereits Kafkas späteren Stil vorausahnen. Zwei Monate vor seiner Niederschrift war Kafka in der Fabrik des Schwagers gewesen und hatte dort zwei Stunden im gasgeschwängerten Motorenraum verbracht. »Die Energie des Werkmeisters und des Heizers vor dem Motor«[33] hatten ihn dabei besonders beeindruckt. Der Heizer im Roman hat nicht näher definierte, aber allem Anschein nach begründete Beschwerden gegen seinen Vorgesetzten vorzubringen, und ein sechzehnjähriger Passagier, der allein und mit wenig Geld nach Amerika auswandert, versucht, ihm Gerechtigkeit zu verschaffen, indem er sich bei der höchsten Autorität des Schiffs, dem Kapitän, zu seinem Fürsprecher aufwirft. Allerdings läßt er sich danach von seinem Onkel mit an Land nehmen und überantwortet so den Heizer dem vermutlich wenig abgewogenen Urteilsspruch des Kapitäns.

Wie in Kafkas schon erwähntem Traum liegt das Schiff im Hafen von New York vor Anker. Der junge Auswanderer, Karl Roßmann, von der immer größer werdenden Menge der Gepäckträger bis an die Reling geschoben, will gerade das Schiff verlassen, als ihm einfällt, daß er seinen Regenschirm unten im Schiff vergessen hat. (An dem Tag, an dem Kafka Felice kennenlernte, hatte sie auf der Herfahrt ihren Schirm im Zug stehenlassen.) Er bittet einen jungen Mann, den er auf der Überfahrt flüchtig kennengelernt hat, auf seinen Koffer zu achten, und eilt nach unten, um seinen Schirm zu suchen.

Die Gefahr, daß er nicht nur den Schirm, sondern auch noch den Koffer einbüßt, wächst, als er sich in einer winzigen Kabine von einem riesigen Mann – dem Heizer – in ein Gespräch verwickeln läßt. »Durch irgendeine Oberlichtluke fiel ein trübes, oben im Schiff längst abgebrauchtes Licht in die klägliche Kabine, in welcher ein Bett, ein Schrank, ein Sessel und der Mann knapp nebeneinander, wie eingelagert, standen.«[34] Wie Kafkas Vater ist der Heizer ein großer breitschultriger Mann mit kurzem dunklen Haar. Und die Art, wie Karl wegen der Enge in der Kabine auf dem Bett liegt, während der andere seine Beine darauf ausstreckt, erinnert an eine entsprechende Szene im *Urteil*. Zur größten körperlichen Nähe zwischen Karl und dem Heizer kommt es, als Karl ihn verlassen will. Er zieht die rechte Hand des Mannes aus dem Gürtel, hält sie spielerisch in der seinen und fragt ihn, warum er eigentlich alles widerstandslos hinnehme. Später sagte Kafka einmal etwas Ähnliches über Arbeiter, die bei Unfällen verletzt worden waren: Warum fanden sie sich mit diesen gefährlichen Arbeitsbedingungen einfach ab? Schließlich bewegt Karl seine Finger zwischen denen des Heizers hin und her, der mit glänzenden Augen zuhört, als Karl ihm rät, sich zu wehren. Schließlich weint Karl, »während er die Hand des Heizers küßte, und nahm die rissige, fast leblose Hand und drückte sie an seine Wangen, wie einen Schatz, auf den man verzichten muß«[35]. Eine Umkehrung des *Urteils*: Zögernd und schuldbewußt läßt der Sohn die Vaterfigur im Stich, die nicht die Macht hat, ihn zu halten.

Nach Amerika geschickt haben Karl seine offenbar wenig verständnisvollen Eltern. Ihnen ging es nur darum, einen Skandal zu vermeiden und dem Dienstmädchen Johanna Brummer, das Karl verführt und von ihm ein Kind bekommen hatte, keine Alimente zahlen zu müssen. Obwohl Karl es allein ihr zu verdanken hat, daß sein Onkel überhaupt etwas von seiner Ankunft in Amerika weiß – Johanna hat ihm einen Brief geschrieben –, empfindet er nichts für sie. Ihre sexuelle Begehrlichkeit erinnert an Kafkas Ladenmädchen, und Karl ist bei der Verführung nicht nur der passive Teil, sondern fühlt sich von den Vorgängen geradezu angewidert:

> Dann legte sie sich auch zu ihm und wollte irgendwelche Geheimnisse von ihm erfahren, aber er konnte ihr keine sagen, und sie ärgerte sich im Scherz oder Ernst, schüttelte ihn, horchte sein Herz ab, bot ihre Brust zum gleichen Abhorchen hin, wozu sie Karl aber nicht bringen konnte, drückte ihren nackten Bauch an seinen Leib, suchte mit der Hand, so widerlich, daß Karl Kopf und Hals aus dem Kissen herausschüttelte, zwischen seinen Beinen, stieß dann den Bauch einige Male gegen ihn – ihm war, als sei sie ein Teil seiner selbst, und vielleicht aus diesem Grunde hatte ihn eine entsetzliche Hilfsbedürftigkeit ergriffen. Weinend kam er endlich nach vielen Wiedersehenswünschen ihrerseits in sein Bett.[36]

Das erzählte Geschehen entspricht so sehr dem autobiographischen, daß ihn die Niederschrift und das erneute Lesen heftig bewegten. Er weinte nur selten, doch »da hat es mich allerdings in meinem Lehnsessel geschüttelt, zweimal kurz hintereinander, ich fürchtete, mit meinem nicht zu bändigenden Schluchzen die Eltern nebenan zu wecken«.[37]

Die produktive Phase, die begann, nachdem er am 28. September an Felice geschrieben hatte, währte bis zum 7. Oktober. Vermutlich hätte sie noch länger gedauert, wäre nicht Karl Hermann auf eine etwa vierzehntägige Geschäftsreise gegangen. Da die Familie meinte, man könne die Fabrik nicht der Aufsicht des Werkmeisters und Karl Hermanns jüngerem Bruder allein anvertrauen, der Vater keine Zeit hatte, sich um die Fabrik zu kümmern, und auch die Mutter im Geschäft so eingespannt war, daß sie häufig nicht einmal zum Mittagessen nach Hause kam, wurde Franz mit Nachdruck auf seine angebliche Verantwortung der Fabrik und der Familie gegenüber hingewiesen.

Daß sich auch Ottla, die den Bruder gewöhnlich gegen die Angriffe der Eltern in Schutz nahm, dieser Forderung anschloß, erfüllte ihn mit Bitterkeit, und er sah »vollkommen klar ein, daß es für mich jetzt nur zwei Möglichkeiten gab, entweder nach dem allgemeinen Schlafengehen aus dem Fenster zu springen oder in den nächsten vierzehn Tagen täglich in die Fabrik und in das Bureau des Schwagers zu gehn. Das erstere gab mir die Möglichkeit, alle Verantwortung sowohl für das gestörte Schreiben als auch für die verlassene Fabrik abzuwerfen, das zweite unterbrach mein Schreiben unbedingt – ich kann mir nicht den Schlaf von vierzehn Nächten einfach aus den Augen wischen – und ließ mir, wenn ich genug Kraft des Willens und der Hoffnung hatte, die Aussicht, in vierzehn Tagen möglicherweise dort anzusetzen, wo ich heute aufgehört habe ... Ich bin lange am Fenster gestanden und habe mich gegen die Scheibe gedrückt und es hätte mir öfters gepaßt, den Mauteinnehmer auf der Brücke durch meinen Sturz aufzuschrecken ... Es schien mir auch, daß das Amlebenbleiben mein Schreiben – selbst wenn man nur, nur vom Unterbrechen spricht – weniger unterbricht als der Tod.«[38]

Brod war hinreichend beunruhigt, um einzugreifen. Einem vertraulichen Brief, den er an Julie Kafka richtete, legte er eine Abschrift dieses Briefs vom 8. Oktober bei, ließ allerdings das von Kafka nachts um halb eins angefügte Postskriptum weg, in dem es heißt: »Ich hasse sie alle der Reihe nach und denke, ich werde in diesen vierzehn Tagen kaum die Grußworte für sie fertig bringen. Aber Haß – und das richtet sich wieder gegen mich – gehört doch mehr außerhalb des Fensters, als ruhig schlafend im Bett.«[39] Kafkas Mutter beantwortete Brods Brief sofort: »Sie werden an meiner zitternden Schrift erkennen, wie mich derselbe aufgeregt hat.«[40] Vom Vater mußte man, wegen seiner Krankheit, allen Ärger fernhalten, doch versprach sie, dafür zu sorgen, daß Franz nicht mehr in die Fabrik gehen müsse.

Obwohl die Selbstmordgefahr jetzt geringer war, vertiefte Felices Schweigen seine Depression. Eines Nachts schrieb er »im Halbschlaf ununterbrochen Briefe [an sie], im Gefühl war es ein ununterbrochenes kleines Hämmern«[41]. Zwei Briefe an sie sandte er nicht ab, und am 13. Oktober, fünfzehn Tage nach seinem zweiten Brief, schrieb er einen fünften – den dritten, den er zur Post gab. Am folgenden Tag forderte er brieflich Brods Schwester Sophie Friedmann auf, die gleichfalls in Berlin wohnte und Felice kannte, ihm »ein paar aufklärende Worte« zu schreiben. In Wirklichkeit hatte Felice einen Brief geschickt, der aber nicht bei ihm eingetroffen war. Am 23. Oktober erhielt er endlich eine Nachricht von ihr und beantwortete sie postwendend aus dem Büro. In seinen folgenden Briefen wollte er immer neue Einzelheiten über ihr Leben und den Ablauf ihres Alltags erfahren, und da sie auf seine Frage, was für Geschenke sie empfange, Bücher, Schokolade und Blumen genannt hatte, erwog er, die Widmung des *Urteils* »Für Fräulein Felice B.« mit dem Zusatz zu versehen: »Damit sie nicht immer nur von andern Geschenke bekommt.«[42]

Nun schrieben sie einander fast jeden Tag und Felice erkundigte sich, ob es ihm nicht unangenehm sei, so oft Briefe von ihr zu bekommen. Woraufhin er erklärte, von allen Leuten, die in der Ansicht, am richtigen Platz zu sein, sein Büro betraten, habe eigentlich nur der Briefbote wirklich recht.

Ihre Fragen nach seiner Lebensweise dienten ihm in seinem Schreiben vom 11. November als Vorwand, sie statt wie bisher als »Gnädiges Fräulein« mit »Liebes Fräulein Felice« anzureden, da »ich doch wahrscheinlich einige für mich heikle Dinge sagen [muß], die ich gegenüber einem ›gnädigen Fräulein‹ kaum herausbrächte«.[43] So zum Beispiel einiges über die Bedeutung, die das Schreiben in seinem Leben besaß. »Gibt es also eine höhere Macht, die mich benützen will oder benützt, dann liege ich als ein zumindest deutlich ausgearbeitetes Instrument in ihrer Hand; wenn nicht, dann bin ich gar nichts und werde plötzlich in einer fürchterlichen Leere übrig bleiben.«[44]

Dann schildert er ihr seinen Tagesablauf:

> Von 8 bis 2 oder 2½ Bureau, bis 3 oder ¼4 Mittagessen, von da ab schlafen im Bett (meist nur Versuche ...) bis ½8, dann 10 Minuten turnen, nackt bei offenem Fenster, dann eine Stunde Spazierengehn allein oder mit Max ... dann Nachtmahl innerhalb der Familie ... dann um ½11 niedersetzen zum Schreiben und Dabeibleiben je nach Kraft, Lust und Glück bis 1, 2, 3 Uhr ... Dann wieder turnen, wie oben, nur natürlich mit Vermeidung jeder Anstrengung, abwaschen und meist mit leichten Herzschmerzen und zuckender Bauchmuskulatur ins Bett.[45]

Die Erschöpfung garantierte keineswegs einen tiefen Schlaf: Meist grübelte er über sein Schreiben oder überlegte, ob ein Brief von ihr unterwegs sei. »Vor einiger Zeit stand auf einem Korridor, über den ich immer zu meinem Schreibmaschinisten gehe, eine Bahre, auf der Akten und Drucksorten transportiert werden, und immer wenn ich an ihr vorüberging, schien sie mir vor allem für mich geeignet und auf mich zu warten.«[46]

Seit August 1909 war Felice Bauer Stenotypistin bei der Firma Carl Lindström AG in Berlin und bekleidete seit 1912 eine leitende Stellung in der Parlographenabteilung dieses Unternehmens. Kafka wollte nun wissen, ob die Firma außer Parlographen noch etwas anderes herstelle, sie wiederum hätte gern mehr über seine Arbeit im Büro erfahren, doch darüber mochte er sich nicht so recht äußern.

Anfang November standen sie trotz der nach wie vor förmlichen Anrede schon auf so vertrautem Fuße, daß sie begannen, sich um einander Sorgen zu machen. So fragte Kafka, ob es sie nicht zu sehr anstrenge, abends noch zusätzlich bei einem Professor zu arbeiten, und sie wiederum meinte, er mute sich zuviel zu. Auf ihre freundlich gemeinte Aufforderung, stets mit »Maß und Ziel« an die Dinge heranzugehen, bekam sie zur Antwort: »Müßte ich mich nicht auf dem einzigen Fleck, wo ich stehen kann, mit allem einsetzen, was ich habe?«[47]

Nach dreitägigem Schweigen bekam er zwei Briefe und ihr Versprechen, täglich zu schreiben. »Herz, höre, jeden Tag einen Brief!«[48] Doch fürchtete er, sie mit seinen Briefen zu quälen: »Durch mein Dasein, durch mein Dasein quäle ich Sie. Ich bin im Grunde unverwandelt, drehe mich weiter in meinem Kreise, habe nur ein neues, unerfülltes Verlangen zu meinem übrigen unerfüllten bekommen und habe eine neue menschliche Sicherheit, vielleicht meine stärkste, geschenkt erhalten zu meinem sonstigen Verlorensein.«[49] Schuldbewußt gestand er sich ein, daß er mehr von ihr bekommen hatte, als sie von ihm, und daß sie ihn und seine Lebensweise aus der Nähe betrachtet unerträglich finden würde.

> Monatelang mußte mein Vater während meines Nachtessens die Zeitung vors Gesicht halten, ehe er sich daran gewöhnte.[50] Seit einigen Jahren bin ich nun auch ganz unordentlich angezogen. Der gleiche Anzug dient mir für das Bureau, für die Gasse, für den Schreibtisch zu Hause, ja sogar für Sommer und Winter. Ich bin gegen Kälte fast besser abgehärtet als ein Stück Holz, aber selbst das wäre schließlich noch kein Grund dafür, so wie ich es tue herumzugehen, also z. B. bis jetzt in den November hinein keinen Überrock, weder einen leichten oder einen schweren, getragen zu haben, auf der Gasse unter eingepackten Passanten einen Narren

im Sommeranzug mit Sommerhütchen abzugeben, grundsätzlich ohne Weste zu gehen (ich bin der Erfinder der westenlosen Kleidung), wobei ich noch von nicht weiter zu beschreibenden Merkwürdigkeiten der Wäsche schweige. Wie würden Sie erschrecken, wenn Ihnen bei der Kirche, die ich mir am Beginn Ihrer Straße denke, ein solcher Mann entgegenträte![51]

Franz Werfel machte sich einmal über Kafka lustig, »weil er sich so viel um seinen Kadaver kümmere . . . Kafka zog sein Hosenbein hoch und zeigte in der frostigen Nacht die nackte Wade.«[52] Er besaß nur einen Anzug, trank keinen Alkohol, keinen Kaffee, aß selten Schokolade, rauchte nicht und war sich darüber im klaren, daß er alles, was er seiner Gesundheit zuliebe tat, durch zu wenig Schlaf wieder zunichte machte. Aber er bat Felice flehentlich, ihn nicht zu verdammen und ihn so zu nehmen, wie er war. Hatte er doch am Abend zuvor, im Eßzimmer allein geblieben, ein solches Verlangen nach ihr empfunden, »daß ich am liebsten das Gesicht auf den Tisch gelegt hätte, um irgendwie gehalten zu sein«[53].

Eines Abends fühlte er sich so erschöpft, daß er, statt ihr zu schreiben, zwei Stunden durch die kalten Straßen ging und erst heimkehrte, als seine Hände in den Taschen fast steifgefroren waren. Dann schlief er sechs Stunden lang tief und fest und träumte von ihr. Aufgeweckt wurde er, früher als sonst, dadurch, daß Fräulein Marie Werner mit der Nachricht in die Wohnung stürmte, seine Schwester Elli habe kurz nach Mitternacht ein Mädchen zur Welt gebracht. Kafka empfand bei dieser Mitteilung »nur Neid, nichts als wütenden Neid gegen meine Schwester oder besser gegen meinen Schwager, denn ich werde niemals ein Kind haben«[54].

Daß wegen der Geburt seines Schwesterchens Kafkas Neffe mit in die Wohnung einquartiert wurde, verstärkte Kafkas Depression. Am folgenden Tag, einem Samstag, schrieb er, nachdem er die ganze Nacht hindurch die Viertelstundenschläge der Uhr verfolgt hatte: »Liebstes Fräulein! Sie dürfen mir nicht mehr schreiben, auch ich werde Ihnen nicht mehr schreiben. Ich müßte Sie durch mein Schreiben unglücklich machen, und mir ist doch nicht zu helfen . . . Vergessen Sie rasch das Gespenst, das ich bin, und leben Sie fröhlich und ruhig wie früher.«[55] Er brachte es dann aber nicht über sich, den Brief abzuschicken. Als er bei einem Spaziergang Brod seine mißliche Lage schilderte, achtete er einen Augenblick lang nicht auf den Weg und wäre fast von einer Kutsche angefahren worden. Da stampfte er auf den Boden und rief etwas – »Ich war im Augenblick tatsächlich darüber wütend, nicht überfahren worden zu sein«[56]–; der Kutscher, der das selbstverständlich mißverstand, schimpfte zurück.

Am Wochenende sprach und aß er während der gemeinsamen Mahlzeiten der Familie noch weniger als sonst, so daß die Mutter am Montagmorgen, bevor sie ins Geschäft ging, weinend in sein Zimmer kam, ihn streichelte und fragte, was ihm denn fehle. »Ich habe sie aber sehr vernünftig getröstet, geküßt und schließlich zum Lächeln gebracht, ja sogar noch erreicht, daß sie mich schon mit halb trockenen Augen wegen meines (übrigens schon seit Jahren geübten) Nichtjausens ziemlich energisch ausgezankt hat.«[57] Kafka fährt dann in seinem Brief an Felice fort: »Ich bin jetzt so in der Laune, mich, ob Sie wollen oder nicht, vor Sie hinzuwerfen und Ihnen hinzugeben, daß keine Spur und kein Andenken für irgend jemand andern von mir bleibt.« Später am selben Tag schrieb er ihr: Sie dürfe nur noch einmal in der Woche schreiben, es sei unerträglich, jeden Tag von ihr zu hören. »Wie ich Dir angehöre, es gibt wirklich keine andere Möglichkeit es auszudrücken.«[58] Und eben deshalb will er nicht wissen, ob sie ihm wohlgesonnen ist.

> Denn warum sitze ich, Narr, dann noch in meinem Bureau oder hier zuhause, statt mit geschlossenen Augen mich in den Zug zu werfen und sie erst zu öffnen, wenn ich bei Dir bin. Oh es gibt einen schlimmen, schlimmen Grund dafür, warum ich das nicht tue und kurz und gut: Ich bin noch knapp gesund für mich, aber nicht mehr zur Ehe und schon gar nicht zur Vaterschaft.[59]

Als er ihr schließlich mitteilt: »Lassen wir alles, wenn uns unser Leben lieb ist«[60], ist klar, daß er ihre Zustimmung dazu weder erwartet noch wünscht. Dem Blumengruß zu ihrem Geburtstag fügt er die Worte bei: »Für das, was in einem einzigen Menschen Platz hat, ist die Außenwelt zu klein, zu eindeutig, zu wahrhaftig.«[61]

Inzwischen hatte Felice sich vertraulich mit Max Brod in Verbindung gesetzt, der sie zu beruhigen versuchte und ihr erklärte, Kafka sei »ein Mensch, der nur das Unbedingte will, das Äußerste in Allem«[62], und sein unvollendeter Roman stelle »alles Literarische, das ich kenne, in den Schatten«[63] – ein etwas übertriebenes Lob. Kafka selbst war nicht bereit, mehr als das erste Kapitel dieses

Romans zu veröffentlichen, und betrachtete alles übrige (mit Ausnahme einzelner kürzerer oder längerer Abschnitte) als »gleichsam in Erinnerung an ein großes aber durchaus abwesendes Gefühl hingeschrieben und daher zu verwerfen«[64].

Später stellte er den »Heizer« und vor allem den Rest des *Verschollenen* als eine »glatte Dickens-Nachahmung« hin, und zwar speziell des *David Copperfield.* »Koffergeschichte, der Beglückende und Bezaubernde, die niedrigen Arbeiten, die Geliebte auf dem Landgut, die schmutzigen Häuser u. a., vor allem aber die Methode. Meine Absicht war, wie ich jetzt sehe, einen Dickens-Roman zu schreiben, nur bereichert um die schärferen Lichter, die ich der Zeit entnommen, und die matten, die ich aus mir selbst aufgesteckt hätte. Dickens' Reichtum und bedenkenloses mächtiges Hinströmen, aber infolgedessen Stellen grauenhafter Kraftlosigkeit, wo er müde nur das bereits Erreichte durcheinanderrührt. Barbarisch der Eindruck des unsinnigen Ganzen, ein Barbarentum, das allerdings ich, dank meiner Schwäche und belehrt durch mein Epigonentum, vermieden habe. Herzlosigkeit hinter der von Gefühl überströmenden Manier.«[65]

Am 12. November schloß er das sechste der acht Kapitel ab – in dem Bewußtsein, das Buch wohl nicht beenden zu können.

Kafka, der nach seinem euphorischen Ausbruch schöpferischer Kraft mittlerweile einen depressiven Tiefpunkt erreicht hatte, fühlte sich Mitte November durch den ersten Brief, in dem Felice ihn mit »Du« anredete, aufs neue beflügelt. »Liebste, Liebste! Wenn es so viel Güte in der Welt gibt, dann muß man sich nicht fürchten, muß nicht unruhig sein.«[66] Der Brief machte ihn so ruhig, »wie ich es mir schon lange gewünscht und worum ich vor 3 Tagen in der Nacht gebetet habe«[67]. Er hatte einen der drei Briefe, die er ihr am 11. November geschickt hatte, entsprechend dem für ihn bezeichnenden Mangel an Selbstvertrauen, mit einer Selbstanklage beendet: »Wollte ich mich mit ›Dein‹ unterschreiben? Nichts wäre falscher. Nein, mein und ewig an mich gebunden, das bin ich und damit muß ich auszukommen suchen.«[68]

Doch ihre Antwort bewegte ihn zutiefst. In einer Beziehung, die nur auf Worten gründete, hatte das alles entscheidende Wort, die Anrede, sich geändert. »Kann ich jetzt Deiner sicher sein? Das ›Sie‹, das gleitet wie auf Schlittschuhen . . . das Du aber, das steht doch, das bleibt wie Dein Brief da, der sich nicht rührt und sich von mir küssen und wieder küssen läßt.«[69] Er ließ sie wissen, sie könne so oft schreiben, wie sie wolle, auch telefonieren – allerdings erfüllte ihn der Gedanke daran eher mit Besorgnis als mit Freude. Vor dem Schlafengehen schrieb er ihr noch einmal und spekulierte darüber, ob sie schon schlief oder noch las, bei einer Probe mit ihrer Laienspielgruppe war oder träumte. »Und bitte keine wüsten Träume ... Ich mache in Gedanken einen Rundgang um Dein Bett und befehle Stille.«[70] Er forderte, ihre Korrespondenz müsse auf die Dauer geradezu telepathisch werden. Sie sollte ihm mitteilen, was sie jeweils zum Zeitpunkt seines Briefschreibens getan habe, damit er seine Ahnungen mit Hilfe dieser Angaben kontrollieren konnte. »Wäre es dann so unglaublich, daß sie beide endlich nach vielen Proben zusammentreffen und eine einzige große Wirklichkeit werden, deren man immer sicher ist ... Bleib in der Täuschung, daß Du mich nötig hast. Denke Dich noch tiefer hinein. Denn sieh, Dir schadet es doch nichts, willst Du mich einmal los sein, so wirst Du immer genug Kräfte haben, es auch zu werden, mir aber hast Du in der Zwischenzeit ein Geschenk gemacht, wie ich es in diesem Leben zu finden auch nicht geträumt habe.«[71]

Doch schon binnen zwölf Stunden war das Gefühl der Sicherheit wieder dahin: Als am Vormittag kein Brief von ihr kam, eilte er unruhig durch die Gänge des Bürogebäudes und schickte Boten aus dem vierten Stock zum Posteingang hinunter. In jener Nacht träumte er, der Briefträger habe zwei Einschreibebriefe von ihr gebracht und sie ihm »mit einer prachtvoll präcisen Bewegung der Arme, die wie die Kolbenstangen einer Dampfmaschine zuckten«[72] überreicht. »Es waren Zauberbriefe. Ich konnte soviel beschriebene Bogen aus den Umschlägen ziehn, sie wurden nicht leer.«[73] Er sah sich auf einer Treppe stehend die gelesenen Bogen auf die Stufen werfen, um die weiteren aus den Umschlägen herausnehmen zu können, und um ihn herum rauschte das Papier.

Als Kafkas Mutter zufällig einen der Briefe Felices an ihren Sohn las, stieß sie auf die Bemerkung, er möge mit seiner Mutter sprechen, die ihn sicher liebe. Das gab ihr den Mut, sich brieflich mit der Bitte an Felice zu wenden, ihren Einfluß auf ihn geltend zu machen. »Er schläft und ißt so wenig, daß er seine Gesundheit untergräbt und ich fürchte, daß er erst zur Einsicht kommt, wenn es Gott behüte zu spät ist.«[74] Felice sollte ihn nach seiner Lebensweise und seinen täglichen

Mahlzeiten fragen, und wenn sie der Mutter vertraulich antworten wollte, so konnte sie den Brief an die Geschäftsadresse schicken und mit »Privat« kennzeichnen.

DER KÄFER GREGOR

»Als Gregor Samsa eines Morgens aus unruhigen Träumen erwachte, fand er sich in seinem Bett zu einem ungeheueren Ungeziefer verwandelt.«[1] Mit diesem Satz beginnt eine der berühmtesten Erzählungen Franz Kafkas: *Die Verwandlung*. Am Morgen des 17. November 1912, einem Sonntag, dachte er zum ersten Mal an diese »kleine Geschichte«, die ihm »in dem Jammer im Bett eingefallen ist und mich innerlichst bedrängt«[2]. Den ganzen Sonntag und dann wieder Montag abend arbeitete er daran. »Gerade setzte ich mich zu meiner gestrigen Geschichte mit einem unbegrenzten Verlangen, mich in sie auszugießen, deutlich von aller Trostlosigkeit aufgestachelt.«[3] Vom Vater mit Tiervergleichen gekränkt und behandelt, als gehöre er einer anderen, niederen Spezies an, sich von jeher mit allen nur erdenklichen Erniedrigungs-Phantasien quälend, sah Kafka schließlich im Bild des Insekts eine Möglichkeit, jene Selbstentfremdung, die Entfremdung vom eigenen Körper, darzustellen, die er so häufig empfunden hatte.

Die Familie Gregor Samsas verhält sich im Prinzip so, wie es von der Familie Kafka zu erwarten gewesen wäre, und auch die Grundrisse der beiden Wohnungen – der samsaschen und der kafkaschen – entsprechen einander: Gregors Zimmer liegt zwischen Elternschlafzimmer und Wohnzimmer. Die Schwester flüstert ihm aus dem Nebenzimmer zu, daß der Prokurist gekommen sei, und der Vater fordert ihn auf, die Tür zu öffnen, der Besuch werde die Unordnung gewiß entschuldigen. Einmal rufen Mutter und Schwester einander durch Gregors Zimmer hindurch etwas zu, dann wieder ruft der Vater durch das Vorzimmer in die Küche und klatscht dabei in die Hände.

Kaum erblickt der Vater seinen zum Insekt gewordenen Sohn, da ballt er »mit feindseligem Ausdruck die Faust«, beschattet dann mit den Händen die Augen und weint, daß es ihn schüttelt. Kafka karikiert damit die meist übertriebenen Reaktionen seines Vaters auf weit weniger auffällige Abweichungen von der menschlichen Norm. Eine Szene verdeutlicht auf besonders eindrucksvolle Weise, in welchem Maße Kafka die Verachtung des Vaters verinnerlicht und gegen sich selbst gekehrt hat: Der Vater drängt den Sohn – das Insekt Gregor – mittels Schwenken einer Zeitung und eines Stocks in sein Zimmer zurück. Auch die Zeitung, die sein Vater bei den Mahlzeiten vors Gesicht hielt, war eine Waffe, und Kafkas Ärger darüber, von der Kutsche nicht überfahren worden zu sein, ist nicht weit entfernt von dem Wunsch, wie ein Insekt zerquetscht zu werden. Wie er selbst sagte, war sein »Ich hasse sie alle« von Selbsthaß praktisch nicht zu unterscheiden. Wie Kafka fügt das Insekt niemandem Schaden zu, dennoch tritt ihm niemand freundlich entgegen. Selbst die Schwester, die er liebt – er hat die Absicht, ihr ein Violinstudium auf dem Konservatorium zu finanzieren –, möchte, daß er aus der Wohnung verschwindet.

Das zweite *alter ego*, Gregor, wird allmählicher und grausamer hingerichtet als der Georg – man beachte die Ähnlichkeit der Namen – im *Urteil*. Kafka hat seine Beziehung zur Familie aus dem Gefühl heraus, für sie eine Last und Enttäuschung zu sein, allegorisiert. Walter Benjamin irrt, wenn er sagt, Kafkas Erzählungen seien Parabeln, die eine nicht existierende Lehre interpretieren: Sie interpretieren seine persönlichen Erfahrungen. Ohne die Ereignisse der zurückliegenden dreizehn Monate hätte er sie aber wohl kaum literarisch verdichten können: die Vorstellungen des jiddischen Theaters, die Gespräche mit Löwy über das Ostjudentum, die ernsthafte Beschäftigung mit jüdischer Literatur, das Zusammentreffen mit Felice, sein »unerschütterliches Urteil« über sie und der Beginn ihres Briefwechsels sowie die neuerliche Beschäftigung mit dem Talmud. Wie den Talmudgelehrten war es ihm gegeben, Ideen als Realität zu nehmen und sie unerbittlich weiterzuverfolgen. Der Grundgedanke zur *Verwandlung* war ein »Geschenk« des Vaters: die Aufforderung, sich als Ungeziefer zu betrachten.

Am 20. November schrieb er vorwurfsvoll an Felice: Warum quälte sie ihn, indem sie seine Briefe nicht beantwortete? Es war unerträglich. Am Abend schrieb er erneut und forderte sie auf, »wenn irgendeiner meiner Feinde aus mir heraus Dir solche Briefe schreibt, wie es der heutige vom Vormittag war, dann glaube ihm nicht, sondern schau durch ihn hindurch in mein Herz«[4]. Am zweiten Tag seiner Arbeit an der Erzählung war er, tief beunruhigt durch ihr Schweigen, das weiter andauerte, auch nachdem er ihr ein Telegramm geschickt hatte, fest entschlossen, sich zu seinem Heil mit dem schlesischen Landvermesser in Verbindung zu setzen, der ihn in Jungborn hatte bekehren wollen. Wäre nicht doch noch ein Telegramm von Felice gekommen – er hätte es wohl wirklich getan. Aber nach wie vor war er abwechselnd wütend und traurig darüber, daß er ihr durch seine heftigen Gemütsbewegungen wehtat. Bisweilen schlug er ihr vor, endlich aufzuhören mit der gegenseitigen Quälerei, schickte dann aber den Brief gar nicht ab oder erst, wenn er nicht mehr zur Situation paßte und also keine Gefahr bestand, daß sie entsprechend reagierte.

> Ertrage ich etwas nicht, reiße ich Dich doch mit der Unwiderstehlichkeit der Schwäche mit in meinen Kreis, . . . es kommt nicht darauf an zu schreiben, wenn man das Verlangen dazu hat, das ist keine Lösung im guten Sinn, das ist nur ein weiteres Peitschen, denn das Verlangen zu schreiben und Deine Briefe zu lesen habe ich jeden Augenblick, den Gott mir gibt.[5]

Sie würde mitwirken müssen bei der Behandlung, die er sich selbst verordnet hatte: »Du bist zwar mein eigenes Selbst und dieses quäle ich von Zeit zu Zeit, das tut ihm gut.«[6] Gelegentlich schrieb Kafka über sich (oder ein *alter ego*) in der dritten Person: »Am Ende laufst Du dann vor ihm davon. Bedenke, Du hast ihn ja nur einmal und bei Gaslicht gesehn und ohne damals auf ihn besonders zu achten. Er kommt aber bei Tag fast nicht ins Freie und hat davon geradezu ein Nachtgesicht bekommen . . . Aber vielleicht gewöhnst Du Dich doch an ihn, Liebste, denn sieh, auch ich, der Briefschreiber, den Du so gut behandelt hast, hat sich an ihn gewöhnen müssen.«[7]

Etwa um diese Zeit begann Kafka, eine göttliche Macht in sein Denken einzubeziehen, die die Daseinsbedingungen bestimmte, und sein Bewußtsein bewegte sich nun in dem Raum, den Gott, Felice und seine beiden Ichs umschrieben.

Auf die Fragen, die sie – der Bitte seiner Mutter folgend – über seine Ernährung gestellt hatte, erklärte er, er esse alles ihr zuliebe:

zum Frühstück Kompott, Kekse und Milch, mittags, was die anderen essen, »nur im ganzen etwas weniger . . . und im einzelnen noch weniger Fleisch als wenig«[8]. Im Winter nahm er abends etwas Joghurt, Simonsbrot, Butter, Nüsse aller Art und Obst zu sich. Er trank nicht viel – lieber Fruchtsäfte als Wein.

Als er später merkte, daß seine Mutter Felices Brief an ihn gelesen hatte, fuhr er sie »in einem fast gänzlich unbeherrschten Ausbruch«[9] an, konnte aber danach offener mit ihr reden als seit Jahren. »So viel Kälte oder falsche Freundlichkeit, wie ich sie seit jeher meinen Eltern entgegenbringen mußte, (durch meine Schuld und durch die ihre) habe ich in keiner anderen verwandten oder bekannten Familie beobachten können.«[10] Die Mutter war durch sein Zimmer gegangen, als er gerade nicht da war, hatte den Brief in einer Brusttasche gesehen und ihn »mit der Zudringlichkeit der Liebe« herausgezogen. »Ihre Liebe zu mir ist gerade so groß, wie ihr Unverstand mir gegenüber, und die Rücksichtslosigkeit, die aus diesem Unverstand in ihre Liebe übergeht, ist womöglich noch größer . . . Nichts wollen die Eltern als einen zu sich hinunterziehn in die alten Zeiten, aus denen man aufatmend aufsteigen möchte.«[11]

Bis zum 6. Dezember arbeitete er weiter an der *Verwandlung*. Er berichtete Felice, die Geschichte sei »ausnehmend ekelhaft«, geradezu »grenzenlos ekelhaft«, und sie werde ihr »tüchtig Angst machen«, doch »wer weiß, je mehr ich schreibe und je mehr ich mich befreie, desto reiner und würdiger werde ich vielleicht für Dich, aber sicher ist noch vieles aus mir hinauszuwerfen und die Nächte können gar nicht lang genug sein für dieses übrigens äußerst wollüstige Geschäft«[12].

Seine negativen und positiven Empfindungen dem Schreiben gegenüber waren ähnlich gemischt wie seine Gefühle für den Vater. »Eine solche Geschichte müßte man höchstens mit einer Unterbrechung in zweimal 10 Stunden niederschreiben, dann hätte sie ihren natürlichen Zug und Sturm, den sie vorigen Sonntag in meinem Kopf hatte.«[13] Er aber mußte in Kratzau die Anstalt bei einem Prozeß vertreten und fürchtete, nach Prag zurückgekehrt, den zur Weiterarbeit nötigen Schwung eingebüßt zu haben. So schrieb er am 27. November, daß »die neue Geschichte zwar zu Ende geht, mich aber seit zwei Tagen glauben machen will, daß ich mich verrannt habe«[14].

Prag und Berlin lagen nicht mehr als acht Bahnstunden voneinander entfernt, und so wäre es ihm, hätte der Wunsch bestanden, ein leichtes gewesen, Felice zu Weihnachten zu treffen. Sie erkundigte sich Mitte November nach seinen Plänen für diese Zeit, und er teilte ihr mit, er werde fünf oder sechs freie Tage haben, davon allerdings einen für die Hochzeit seiner Schwester brauchen, und wolle im übrigen an seinem Roman weiterarbeiten. Obwohl er von dem »Gefühl des nutzlosesten Aufenthaltes in Zimmern, in denen Du nicht bist«[15] sprach, fürchtete er ein Wiedersehen. Hinzu kam, daß er ohne die »Droge Schreiben« kaum mehr leben konnte. So müde er auch war, er mußte einfach weitermachen, »auf die Heftseiten hinuntersehn, die sich endlos mit Dingen füllen, die man haßt, die einem Ekel oder wenigstens eine trübe Gleichgültigkeit verursachen . . . Könnte ich doch die Seiten, die ich seit 4 Tagen geschrieben habe, so vernichten, als wären sie niemals da gewesen.«[16]

Bisweilen hatte er den Eindruck, seine ganze Arbeit am Roman sei »nichts anderes als unterdrückte Lust« ihr zu schreiben, und gelegentlich, wenn er völlig erschöpft war, saß er im Schlafrock, mit einer Decke um die Beine »in gänzlichem Nichtstun« in einen Sessel zurückgelehnt in seinem eiskalten Zimmer. Manchmal bekam er auch ein derartiges Kopfweh, daß er nicht weiterschreiben konnte, und wenige Tage vor Weihnachten war er einem Zusammenbruch nahe.

> Den Kopf hatte ich voll Schlafsucht (dabei habe ich schon nächtelang nichts geschrieben, außer an Dich), wo ich mich anlehnte, dort blieb ich auch lehnen, in meinen Lehnsessel fürchtete ich mich zu setzen, aus Angst nicht mehr aufstehn zu können, vom Federhalter benutzte ich nur das untere Ende, um es mir beim Lesen von Akten in die Schläfen zu drücken und mich so wachzuhalten. [17]

Sobald seine Ferien begannen, bedauerte er, die Gelegenheit zu einem Zusammensein mit ihr versäumt zu haben. Ein absichtsvolles Selbstmartyrium, das keineswegs nur »kafkaesk« ist – auch der Held von Musils (1924 begonnenem) Roman *Der Mann ohne Eigenschaften*, Ulrich, kennt dieses Gefühl. Er liebt so sehr, daß er nichts sehnlicher wünscht, »als vor lauter Liebe so rasch und so weit wie möglich aus der Nähe des Ursprungs dieser Liebe zu kommen. Er reiste blindlings darauflos, bis eine Küste dem Schienenweg ein Ende machte, ließ sich noch von einem Boot auf die nächste Insel übersetzen, die er sah, und hier, an einem unbekannten Zufallsort blieb er, notdürftig behaust und verpflegt, und schrieb gleich in der ersten Nacht den ersten einer Reihe langer Briefe an die Geliebte, die er niemals absandte.«[18]

Am Abend des 22. Dezember ging Kafka bereits vor neun zu Bett, wachte um zwei Uhr nachts auf und dachte im Halbschlaf »an eine mögliche Berliner Reise . . . Es ergaben sich schöne leichte Verbindungen ohne jede Störung, die Automobile flogen wie Liebende, Telephongespräche klappten als hielte man sich währenddessen bei der Hand.«[19] Nachdem er zwei Stunden wach gelegen hatte, stand er auf, machte seine Gymnastik, wusch sich, »schrieb für mich zwei Seiten, ließ aber auch das vor Unruhe, schrieb dann die vorigen zwei Seiten, ließ dann auch das und ging mit brummendem Kopf ins Bett zurück, wo ich bis 9 Uhr früh in einem schweren Schlaf liegen blieb«[20]. Er war zutiefst erschöpft. »Schlafsucht wälzt sich mir im Kopf herum. Spannungen oben auf dem Schädel rechts und links.«[21] Gegen Jahresende fühlte er sich zwar besser, doch warnten ihn »ganz ungewohnte Zuckungen und Muskelspiele im Kopf vor allzulangen Nachtwachen«[22]. In diesem Zustand störte ihn jedes Geräusch. »Natürlich gab es da schon den gewöhnlichen Unterhaltungslärm im Nebenzimmer, der mich zeitweise, wenn mich meine Müdigkeit gerade ein wenig in den Schlaf getaucht hatte, desto höher wieder herausgerissen hat.«[23]

Er fühlte sich hin- und hergerissen zwischen seinen beiden Bedürfnissen: für sich selbst und an Felice zu schreiben. Am Weihnachtstag arbeitete er am Roman – was er dann nachts in einem Brief an sie bedauerte, da er vor lauter Müdigkeit nicht mehr dazu kam, ihr all das mitzuteilen, was er ihr eigentlich zu sagen hatte.

Er war unschlüssig, ob er eine Silvestereinladung zu Verwandten von Felix Weltsch annehmen sollte oder nicht, versuchte zu arbeiten, verbrachte statt dessen aber die Zeit im Bett liegend, »nicht müde, nicht frisch, aber unfähig aufzustehn, bedrückt von diesem allgemeinen Silvesterfest, das ringsherum anfing«[24]. Kurz nach Mitternacht schrieb er an Felice. Zwar konnte er beim Blick aus dem Fenster fast niemanden auf der Straße oder der Brücke sehen, wohl aber hörte er Leute schreien, hörte Glockenläuten und Uhrenschlagen. All das machte ihn »noch trostloser und vergrabener« und im Grunde froh, das Risiko einer Reise zu ihr nicht auf sich genommen zu haben. Zweimal hatte sie ihm – wie auch er ihr – brieflich versichert, daß sie unbedingt zusammengehörten. Und wie wäre es, wenn sie einige

Tage miteinander verbrächten, beispielsweise in Frankfurt? Seine Phantasie war leider imstande, sich jede nur denkbare Entwicklung dieses Treffens auszumalen: Sie hatten also einen gemeinsamen Theaterbesuch geplant, und Kafka sollte Felice von einer Ausstellung abholen. Wenn er nun nicht käme? Wenn sie dann nach langem Warten in sein Hotel führe und ihn dort im Bett liegend fände, »nicht müde, nicht frisch«, einfach unfähig, das Bett zu verlassen? Er würde durch liebevollstes Verhalten versuchen, den schrecklichen Fehler wiedergutzumachen, aber nicht dafür einstehen können, daß er sich nicht jederzeit in seinem ganzen Umfang wiederholte.

»Ich würde an Deiner Stelle vor meinem Bett nicht zögern, vor Ärger und Verzweiflung den Schirm zu erheben und an mir zu zerschlagen.«[25] Andererseits hat er »jetzt in den ersten Stunden des neuen Jahres keinen größern und keinen närrischeren Wunsch, als daß wir an den Handgelenken Deiner linken und meiner rechten Hand unlösbar zusammengebunden wären«[26] – wie er es von einem Paar gelesen hatte, das zur Zeit der Französischen Revolution auf diese Weise zum Schafott geführt wurde.

Als Felice schrieb, daß sie um seinetwillen die Aufmerksamkeiten eines Kinderarztes zurückgewiesen habe, reagierte er eifersüchtig – und mit erneuter Selbsterniedrigung: »Wer bin denn ich, daß ich mich ihm in den Weg zu legen wage? Ein Schatten, der Dich unendlich liebt, den man aber nicht ans Licht ziehen kann.«[27] Selbstverständlich wäre er eifersüchtig gewesen, wenn sie seinen Nebenbuhler ermuntert hätte, aber bot er ihr denn genug, um irgendwelche Ansprüche anmelden zu dürfen? Beide scheuten sich, miteinander zu sprechen – sogar telefonisch –, er aber lag nachts, wenn der Schlaf ihn floh, stundenlang wach im Bett und hielt »Ansprachen« an sie: »Auf dem Rücken liegend, die Füße gegen die Bettpfosten gestemmt, wie rede ich da für die liebste Zuhörerin still in mich hinein!«[28]

Wegen der drohenden Kriegsgefahr – Österreich und Rußland hatten Ende November 1912 mit der Mobilmachung begonnen – war Vallis Hochzeit auf den 12. Januar verschoben worden. Obwohl der Bräutigam seiner Schwester Kafka nicht gefiel und er sich selbst grollte, weil er nichts gegen die Verbindung unternommen hatte, mußte er in seinem »alten Frack, mit zersprungenen Lackstiefeln, viel zu kleinem Cylinderhut ... als Kranzelherr neben einer ... Cousine in den Tempel«[29] gehen und einige Sätze zur Begrüßung der Gäste sprechen. Nie zuvor hatte er gemerkt, wie sehr er der Unterstützung Ottlas bedurfte, die seine Trauer über Vallis Eheschließung spürte und nach Gründen dafür suchte, obwohl sie selbst die Sache anders sah.

Die Erlebnisse im Zusammenhang mit der Hochzeit seiner Schwester – die den Eltern übrigens trotz der hohen Kosten rundum gelungen schien – verstärkten Kafkas Hang zur Einsamkeit, die auch durch den Briefwechsel mit Felice nicht wirklich aufgehoben wurde. Er hatte die für ihn richtige Frau gefunden, die er außer mit Worten nicht berühren wollte und die sich damit zufriedengab. Die Illusion ihrer Anwesenheit machte die tatsächlich Abwesende zu einer idealen Komplizin für das, was er sich selbst antat – die um die Feder kreisende allmähliche Selbstzerstörung und das damit einhergehende offene Zurschaustellen seiner Gefühle.

> Schreiben heißt ja sich öffnen bis zum Übermaß; die äußerste Offenherzigkeit und Hingabe, in der sich ein Mensch im menschlichen Verkehr schon zu verlieren glaubt und vor der er also, solange er bei Sinnen ist, immer zurückscheuen wird – denn leben will jeder, solange er lebt –, diese Offenherzigkeit und Hingabe genügt zum Schreiben bei weitem nicht . . . deshalb kann man nicht genug allein sein, wenn man schreibt, deshalb kann es nicht genug still um einen sein, wenn man schreibt . . . Oft dachte ich schon daran, daß es die beste Lebensweise für mich wäre, mit Schreibzeug und einer Lampe im innersten Raume eines ausgedehnten, abgesperrten Kellers zu sein. Das Essen brächte man mir, stellte es immer weit von meinem Raum entfernt hinter der äußersten Tür des Kellers nieder. Der Weg um das Essen, im Schlafrock, durch alle Kellergewölbe hindurch wäre mein einziger Spaziergang . . . Was ich dann schreiben würde! Aus welchen Tiefen ich es hervorreißen würde![30]

Am 16. Januar hielt Martin Buber auf dem Festabend des Bar Kochba einen Vortrag über den *Mythos der Juden*.[31] Kafka hatte ihn schon früher sprechen hören und einen »öden Eindruck« von ihm gewonnen. Als er ihn aber im Anschluß an den Vortrag kennenlernte und zwei Tage später erneut traf, revidierte er sein Urteil und bezeichnete ihn als jemanden, »der persönlich frisch und einfach und bedeutend ist und nichts mit den lauwarmen Sachen zu tun zu haben scheint, die er geschrieben hat«[32]. Kafkas *Verwandlung* und vor allem seine späteren Tierlegenden sind in gewisser Weise verwandt mit den von Buber übersetzten chassidischen Erzählungen.

Er hatte sich übrigens nur schwer entschließen können, den Vortrag zu besuchen, denn er ging abends nur noch selten aus und erklärte, er sei gewiß seit einem Jahr nicht mehr im Theater gewesen. Doch drei Tage nach dem Abend mit Buber besuchte er das russische Ballett, das ihn zwei Jahre zuvor so begeistert hatte, als die Eduardowa tanzte. Jetzt sah er Nijinsky und Lydia Kyast, »zwei fehlerlose Menschen, im Innersten ihrer Kunst, und es geht von ihnen die Beherrschung aus wie von allen solchen Menschen«[33].

Brod, der kurz vor seiner Hochzeit stand, traf er nur noch selten, besuchte ihn aber am 23. Januar, und mußte sich sagen lassen, er sehe aus wie jemand, der gerade aus dem tiefsten Schlaf getrommelt worden sei. Brod hatte in Kafkas Augen »etwas Ehemännisches, von Launen Unabhängiges, trotz Leiden und Unruhe oberflächlich Fröhliches«[34] an sich. Zwei Tage später fühlte Kafka sich nicht besonders wohl, und da er den Eindruck hatte, es habe mit dem Roman zu tun, hielt er es für klüger, die Arbeit daran vorerst einzustellen. Statt dessen beschäftigte er sich mit Hebbels Briefen. »Das war ein Mensch, der Leid zu ertragen und Wahrheit auszusprechen verstand, weil er sich eben im Innersten gehalten fühlte.«[35]

Nach all seinen Ratschlägen darüber, wie sie ihr Leben einrichten sollte, glaubte Felice sich berechtigt, auch ihm einen Zeitplan für seinen Tagesablauf vorzuschlagen – der ihm allerdings völlig unannehmbar erschien, hatte sie doch nur ein bis zwei Stunden fürs Schreiben vorgesehen und gar keine Zeit für die Korrespondenz mit ihr.

Anfang Februar war er ein Wochenende lang mit dem damals gerade zweiundzwanzig Jahre alten Werfel zusammen, der ihm einige seiner Gedichte vorlas. Kafka teilte Felice mit: »Ich habe den Jungen täglich lieber.«[36]

> Und der Junge ist schön geworden und liest mit einer Wildheit (gegen deren Einförmigkeit ich allerdings Einwände habe)! Er kann alles, was er je geschrieben hat, auswendig und scheint sich beim Vorlesen zerfetzen zu wollen, so setzt das Feuer diesen schweren Körper, diese große Brust, die runden Wangen in Brand.[37]

Neben der Küche war der einzige geheizte Raum in der kafkaschen Wohnung das Wohnzimmer, wo die Familie, wenn es im Schlafzimmer zu kalt war, »einer über dem andern« schlief. So nahm Kafka am Sonntagmorgen seine Zuflucht in der Küche, um dort, nur gestört durch das laute Schlagen der Uhr, seinen täglichen Brief an Felice zu schreiben. Am folgenden Tag mußte er schon in der Früh nach Leitmeritz fahren, um dort die Anstalt in einem Prozeß zu vertreten. Ottla hatte sich kurzfristig entschlossen, ihn zu begleiten; der Vater war damit einverstanden, denn die Familie hatte Verwandte in Leitmeritz, und an der Pflege verwandtschaftlicher Beziehungen war ihm stets sehr gelegen.

Gewöhnlich arbeitete Ottla im Geschäft mit, und zwar von Viertel nach sieben, wenn es geöffnet wurde – der Vater kam um halb neun – bis vier oder fünf Uhr nachmittags; sie ging nicht einmal zum Mittagessen nach Hause. Kafka freute sich auf die gemeinsame Reise, »denn für jemanden sorgen zu können, ist mein geheimer, ewiger, vielleicht von niemandem in meiner Umgebung erkannter oder geglaubter Wunsch«[38], trotzdem war er nach drei oder vier Stunden in ihrer Gesellschaft froh, allein zum Gericht gehen zu können. »Manchmal, Liebste, glaube ich wirklich, daß ich für den Verkehr mit Menschen verloren bin.«[39] Als größten Mangel seines Agnostizismus betrachtete er das Fehlen einer festen, dauernden Beziehung zu »einer beruhigend fernen, womöglich unendlichen Höhe oder Tiefe«[40]. »Wer das immer fühlt, der muß nicht wie ein verlorener Hund herumlaufen und bittend aber stumm herumschaun, der muß nicht das Verlangen haben, in das Grab zu schlüpfen, als sei es ein warmer Schlafsack und das Leben eine kalte Winternacht.«[41]

Kafka ging in seinen Erniedrigungsphantasien sogar noch einen Schritt weiter: So sah er sich beispielsweise als ein grobes Stück Holz, das die Köchin gegen ihren Leib stemmt und »aus der Seite dieses steifen Holzstückes (also etwa in meiner Hüftengegend) das Messer mit beiden Händen heranziehend mit aller Kraft Spähne zum Anmachen des Feuers losschneidet«[42]. Und hinter dem Bild der Köchin lauerten andere Bilder – Vater, Metzger, ritueller Schächter, Rächer hingeschlachteter Tiere und gemeuchelter Christen. Bisweilen fühlte Kafka sich so »gelockert« in seiner Haut, »daß mich nur irgend jemand hätte schütteln müssen und ich hätte mich ganz verloren«[43].

Max Brod besprach die Sammlung »Betrachtung« in der Münchner Monatszeitschrift *März*: »In unserer Zeit der Kompromisse wirkt da im stillen, im tiefen eine Macht von mittelalterlicher Innigkeit, von einer neuen Moral und Religiosität . . . hier ist die mystische Versunkenheit in das Ideal endlich einmal erlebt.«[44] Kafka war der Ansicht, Brod überschätze ihn »in einer solchen Weise, die mich beschämt und eitel und hochmütig macht«[45]; er wußte, daß Brod in Wirklichkeit nicht die Texte, sondern ihn selbst meinte. »Wo bin ich denn? Wer kann mich nachprüfen? Ich wünschte mir eine kräftige Hand nur zu dem Zweck, um in diese unzusammenhängende Konstruktion, die ich bin, ordentlich hineinzufahren . . . Wenn ich in mich hineinschaue, sehe ich soviel Undeutliches noch durcheinandergehn, daß ich nicht einmal meinen Widerwillen gegen mich genau begründen und vollständig übernehmen kann.«[46] Konnte Felice an jemanden glauben, der aus seinem Leben so wenig machte wie er, der »nichts anderes leistet, als ein riesiges Loch zu umlaufen und zu bewachen«[47]?

Bei seinem vergeblichen Versuch, sich erneut auf den Roman zu konzentrieren, lenkten ihn nach wie vor die Geräusche ab, die durch die Wand drangen. Eines Sonntagmorgens weckte ihn der Vater »aus dem Vormittagsschlaf durch ein wahnsinniges, einförmiges, ununterbrochenes, immer wieder mit frischer Kraft einsetzendes Geschrei und Singen und Händeklatschen, mit dem er einen Großneffen belustigte«[48], und am Nachmittag wiederholte er die Vorstellung für seinen Enkel. Kafka erwog ernsthaft, ob er nicht »von zuhause auswandern« sollte – dabei war er ganz einfach eifersüchtig auf die Kinder der Geschwister. Als zwei Wochen später Elli und Karl den kleinen Felix zum Mittagessen mitbrachten, beobachtete er voll Unmut, wie Felix »Dje-dje« rief – Großvater –, »und nun öffnet der Vater zitternd vor Freude noch einigemal die Tür, steckt einigemal noch schnell den Kopf ins Schlafzimmer und entlockt so dem Kind noch ein paar Dje-dje-Rufe«[49].

Am 28. Februar begann Kafka mit einer neuen Erzählung, brachte aber nur etwa vier Seiten zustande[50], bevor er zu einem Besuch bei Brod aufbrach, der gerade von seiner Hochzeitsreise zurückgekehrt war. Wenn die Sache gut war, tröstete er sich, würde er auch am nächsten Tag weiterarbeiten können. Er tat es jedoch nicht und hatte, als er in der Nacht von Samstag auf Sonntag schlaflos im Bett lag, ein schlechtes Gewissen, weil er nicht aufstand und schrieb. Nachdem er sich von der Geschichte schon »fast gänzlich abgeworfen«[51] fühlte, wollte er nicht auch noch Felice verlieren.

So erkundigte er sich eine Woche vor Ostern plötzlich, ob sie am Ostersonntag oder -montag eine Stunde für ihn erübrigen könnte, falls er nach Berlin käme. Allerdings wollte er nicht mit ihren Verwandten zusammentreffen – ja, eigentlich war es überhaupt noch nicht sicher, ob er fahren würde. Ihre Zustimmung traf am Mittwoch, dem 19. März, ein, aber er zögerte nach wie vor. Am späten Karfreitagabend schickte er einen Eilbrief, in dem er erklärte, er wisse immer noch nicht, ob er reisen werde, sollte er aber kommen, werde er höchstwahrscheinlich im Askanischen Hof in der Königgrätzer Straße wohnen. Samstagmorgen folgte ein weiterer Eilbrief: »Noch immer unentschieden«, aber im Laufe des Tages reiste Kafka dann ab, kam abends um elf Uhr an und wartete am folgenden Vormittag mehrere Stunden im Hotel auf sie, bis er ihr durch Boten eine Nachricht sandte.

Ursprünglich hatte er Sonntag um fünf Uhr wieder abreisen wollen, doch an diesem oder dem folgenden Tag kam er mit Felice zusammen und ging mit ihr im Grunewald spazieren. Am Ostermontag fuhr er nach Leipzig, wo er übernachtete und sich mit Kurt Wolff, Franz Werfel, Otto Pick und František Khol traf. Auch Jizchak Löwy sah er wieder, der sich von seiner alten Truppe getrennt und eine neue, angeblich bessere, gegründet hatte, mit der er – in Konkurrenz zum alten Ensemble – zwischen Berlin und Leipzig hin- und herpendelte. In Wirklichkeit verdiente er weit weniger als früher. Erschöpfung und die Sorge, wovon er seine Schulden bezahlen sollte, hatten seine Gesundheit untergraben. Kafka riet ihm zur Auswanderung nach Palästina.

Nachdem er am Dienstag nach Prag zurückgekehrt war, arbeitete er am Mittwoch bis halb zwölf Uhr nachts Akten für eine Dienstreise nach Aussig durch und konnte anschließend keinen Schlaf finden, obwohl er um halb fünf bereits wieder aufstehen mußte. Er sprang in seinen »zerworfenen Gedanken viertelstundenlang ununterbrochen aus dem Fenster, dann kamen wieder Eisenbahnzüge und einer hinter dem andern fuhr über meinen auf den Schienen liegenden Körper und vertiefte und verbreiterte die zwei Schnitte im Hals und in den Beinen«[52].

Zwar fragte er Felice erst Mitte Juni, ob sie seine Frau werden wolle, doch der Wunsch, sie zu heiraten, bestand offensichtlich schon seit längerer Zeit – stets verbunden allerdings mit Selbstmord- und Selbsterniedrigungsphantasien.

Meine eigentliche Furcht ... ist die, daß ich Dich niemals werde besitzen können. Daß ich im günstigsten Falle darauf beschränkt bleiben werde, wie ein besinnungslos treuer Hund Deine zerstreut mir überlassene Hand zu küssen, was kein Liebeszeichen sein wird, sondern nur ein Zeichen der Verzweiflung des zur Stummheit und ewigen Entfernung verurteilten Tieres.[53]

Kafkas »unmenschliches« Selbst-Bild hat gewiß auch seine Sexualität beeinflußt, doch Elias Canettis Annahme, er habe sich insgeheim vor Impotenz gefürchtet, ist kaum haltbar angesichts jener Tagebucheintragung, in der er den Geschlechtsakt als »Bestrafung des Glückes des Beisammenseins«[54] bezeichnet. Er war so offensichtlich verstört, daß seine Mutter, die ja eigentlich gewöhnt war, ihn deprimiert zu sehen, unter einem Vorwand in sein Zimmer kam und ihm zum ersten Mal in zehn Jahren einen Gutenachtkuß gab. »›So ist es recht‹, sagte ich. ›Ich habe es niemals gewagt‹, sagte die Mutter, ›ich dachte, du hast es nicht gern. Aber wenn du es gern hast, habe ich es auch sehr gern.‹«[55] Gewöhnlich wechselte er nur etwa zwanzig Worte am Tag mit ihr, während er mit seinem Vater über die tägliche Begrüßung hinaus praktisch nichts sprach. Auch als er im Mai den Eltern den »Heizer« vorlas, hörte der Vater nur »höchst widerwillig« zu. Mit seinen verheirateten Schwestern und den Schwägern redete er nie, nicht etwa, weil er mit ihnen nicht auf gutem Fuße stand, sondern weil er mit ihnen »nicht das Allergeringste zu sprechen« hatte. »Gespräche nehmen allem, was ich denke, die Wichtigkeit, den Ernst, die Wahrheit.«[56]

Am Montag, den 7. April, begann er mit einer neuen Art der Selbstbestrafung – täglich zwei Stunden körperliche Arbeit in einer Vorstadtgärtnerei in Nusle, südlich von Prag, »im kühlen Regen nur in Hemd und Hosen. Es hat mir gutgetan ... Mein Hauptzweck war, mich für ein paar Stunden von der Selbstquälerei zu befreien, im Gegensatz zu der gespensterhaften Arbeit im Bureau, die mir förmlich davonfliegt, wenn ich sie fassen will – *dort im Bureau ist die wahre Hölle, eine andere fürchte ich nicht mehr.*«[57] Nach vier Tagen Gartenarbeit kam ihm seine »ganze Figur etwas schwerer und aufrechter« vor, und auch sein Selbstwertgefühl schien ihm gestärkt.

Den größten Teil des Sonntags verbrachte er grübelnd im Bett. Felice hatte in Frankfurt für ihre Firma eine Ausstellung vorbereitet und dort einen jungen Mann kennengelernt, der möglicherweise weit besser zu ihr paßte, »besonders da Du damit die Bitte unzähliger meiner Briefe erfüllt hättest«[58]. In der Mitte der Woche hörte er wieder von ihr. »Abgemüdet, verkühlt und heiser und ich habe an der Ermüdung auch meinen Teil.«[59] – »Fällt Dir, Felice, nicht auf, daß ich Dich in meinen Briefen nicht eigentlich liebe, denn dann müßte ich doch nur an Dich denken und von Dir schreiben, sondern daß ich Dich eigentlich anbete und irgendwie Hilfe und Segen in den unsinnigsten Dingen von Dir erwarte.« Noch immer war er – wie sein Raban – der Ansicht, er könne die Zuneigung einer Frau gewinnen, wenn er ihr nur recht klarmachte, was in ihm vorging, doch gelang es seinen Briefen nie, ihr wirklich sein Innerstes mitzuteilen.

Überzeugt, ihre Haltung ihm gegenüber habe sich geändert, schlug er vor, zum »Sie« zurückzukehren – und erklärte im gleichen Atemzug, daß er sie gern Pfingsten in Berlin besuchen würde und bereit sei, ihre Familie kennenzulernen. Als er diesen Reiseplan seiner Mutter mitteilte, mußte er lachen. An dem Tag, an dem er anfragte, ob er im schwarzen Anzug kommen müsse oder einen gewöhnlichen Sommeranzug tragen dürfe und ob er ihrer Mutter Blumen mitbringen solle, drängte sich, wie so oft, plötzlich ein Messer in seine Vorstellungen – ein breites Selchermesser, »das eiligst und mit mechanischer Regelmäßigkeit von der Seite her in mich hineinfährt und ganz dünne Querschnitte losschneidet«[60]. Anfang des Monats hatte er übrigens wieder begonnen, Tagebuch zu führen: Briefe waren wohl nicht mehr das geeignete Medium für das, was er schriftlich festhalten wollte.

Zu Pfingsten (am 11. und 12. Mai) fuhr er nach Berlin und lernte diesmal auch Felices Familie kennen. »Alle standen so riesengroß um mich herum mit einem so fatalistischen Zug im Gesicht . . . sie besaßen Dich und waren deshalb groß, ich besaß Dich nicht und war deshalb klein . . . Ich muß einen sehr häßlichen Eindruck auf sie gemacht haben.«[61] Ihre ganz in Schwarz gekleidete Mutter wirkte auf ihn »traurig, ablehnend, vorwurfsvoll, beobachtend, unbeweglich, fremd innerhalb der Familie«, und nur Felices Schwester Erna fühlte er sich »gleich näher«[62].

Als er im Hotel seinen Koffer für die Heimreise packte, mußte er denken: »Ohne sie kann ich nicht leben und mit ihr auch nicht.«[63] Rückblickend beunruhigte ihn die Art, wie er sich verhalten hatte, und er schrieb Felice: »Mir aber gegenüber erschlaffst Du, siehst weg oder ins Gras, läßt meine dummen Worte und mein viel begründeteres Schweigen über Dich ergehn, willst nichts ernstlich von mir erfahren, leidest, leidest, leidest nur.«[64]

Felice reagierte mit dem einzigen Mittel, das ihr gegen seine endlose und wortgewaltige Selbstzerfleischung zu Gebote stand – mit Schweigen. Am 26. Mai rief er sie voller Sorge an, verstand aber nur wenig von dem, was sie sagte, und begann seinen Brief am nächsten Tag mit den Worten: »Das ist also das Ende.« Er bat sie, nicht mehr zu schreiben, und erklärte, auch er werde nicht mehr schreiben. Am folgenden Tag aber erhielt er einen Brief von ihr, der drei Tage unterwegs gewesen war, weil sie ihn aus Versehen unfrankiert eingeworfen hatte. Wenn er Kafka auch nur wenig Trost bot, so lieferte er ihm doch einen Vorwand, ihr voller Selbstmitleid erneut zu schreiben: Allein Löwys Anwesenheit in Prag habe ihm geholfen, die letzten Tage zu überleben. Kafka hatte sich, ganz gegen seine sonstige Art, noch einmal als Impresario betätigt und für Löwy einen Vortragsabend im Hotel Bristol organisiert. Dem Brief an Felice fügte er eine Zeitungsnotiz darüber bei.

> Noch hat man seine vorjährigen Leistungen nicht vergessen, seine Darstellung verstockter Bösewichter, zerknirschter Halunken, seine Dienerrollen, die er als orientalisch-pfiffiger Sampo [sic] Pansa spielte, das zapplige Spiel seiner Hände, sein durchfurchtes Gesicht, in das sich sein hinreißendes Lächeln eingrub, seinen Gang, seine wandlungsfähige, im Gesang männlich schöne Stimme.[65]

Löwy war an dem Abend nicht besonders gut, aber immerhin kam er auf diese Weise wieder zu etwas Geld.

Am 1. Juni schrieb Felice, sie werde nun wieder täglich schreiben, doch blieb das der einzige Brief, den er bis Sonntag, den 7., erhielt. Eine Woche lang – bis zum 16. – schlug er sich daraufhin mit einer, von ihm so genannten, »Abhandlung« herum, in der er sie fragte, ob sie ihn heiraten wolle. Er bezeichnete dieses Ansinnen sogleich selbst als eine »verbrecherische Frage« und fuhr fort, er glaube nicht, jemals mit einem Menschen zusammengekommen zu sein, der »im Menschenverkehr . . . kümmerlicher wäre als ich«, denn er wisse tatsächlich von den meisten Dingen weniger als ein Schulkind. Nicht einmal mit Max Brod habe er jemals ein »großes, zusammenhängendes, mein ganzes Wesen heraushebendes Gespräch . . . geführt«[66].

Ein entmutigenderer Heiratsantrag läßt sich kaum denken – und keine kürzere Antwort darauf. Nur einen Tag später schickte sie ihm eine Postkarte, auf der nichts stand als: »Ja«. Zwei Tage danach folgte ein Brief, in dem sie ihre Entscheidung bekräftigte. Kafka blieb jedoch besorgt. »Die ungeheure Welt, die ich im Kopfe habe. Aber wie mich befreien und sie befreien, ohne zu zerreißen. Und tausendmal lieber zerreißen, als in mir sie zurückhalten oder begraben. Dazu bin ich ja hier, das ist mir ganz klar.«[67] Würde sie sich mit seinem Schreiben abfinden können? Würde sie, wenn sie je zusammenlebten, sich vielleicht sogar damit anfreunden können? Er versuchte, seine Phantasie als eine Verbündete darzustellen: »Hätte ich dies nicht, diese Welt im Kopf, die befreit sein will, ich hätte mich nie an den Gedanken gewagt, Dich bekommen zu wollen.«[68] War ihr klar, wie wenig Zeit sie miteinander würden verbringen können? Er würde nach der Büroarbeit schlafen und abends schreiben. Und war ihr klar, wie arm sie sein würden?

Er sprach den Punkt »Kinder« nicht ausdrücklich an, doch war seine Aversion unverkennbar: Seine Angehörigen, klagte er, »verloren« sich alle, wenn sie mit Felix spielten, »mein Vater geradezu wild allen voran, ganz besinnungslos zuunterst im Geschlechtlichen«[69]. Nach sechs Geburten war seine Mutter »aufgedunsen und gekrümmt«, und Elli, noch vor zwei Jahren ein junges Mädchen, ähnelte schon nach nur zwei Kindern der Mutter; auch bei Valli war es nicht viel anders. »Liebste, wie ich mich zu Dir geflüchtet habe!«[70]

Wie sollte sie darauf reagieren? Ein Brief läßt erkennen, wie er sich gefühlt haben würde, hätte es in seinem Haushalt je Windeln und Töpfchen gegeben: Seinen eigenen Worten zufolge bewunderte er den Vater, der sich mit jener Unordnung abfand, die Familienleben nun mal mit sich bringt, mit jener »widerlichen Mischung aller möglichen Dinge auf den Betten«, damit, daß Ellis Mann an ihrem Bett saß und sie »mein Gold« und »mein Alles« nannte, mit ihrem kleinen Jungen, der, während man mit ihm spielte, seine Notdurft auf den Fußboden verrichtete, damit, daß die Mutter »Gansleberfett auf das Brot« strich, das »günstigsten Falles auf die Hände« tropfte. Später, sechs Wochen nach ihrer ersten Entlobung, sprach er das Problem unmittelbar und deutlich an: »Wie kann ich in eine neue Familie eintreten und dann eine Familie begründen, ich, der ich in meiner eigenen Familie so locker sitze, daß ich mich von keiner Seite mit jemandem zu berühren glaube?«[71]

In seinem Tagebuch versuchte er, die Argumente für und gegen die Ehe abzuwägen. Da war einerseits seine »Unfähigkeit, allein das Leben zu ertragen«, andererseits gab ihm alles »gleich zu denken. Jeder Witz im Witzblatt, die Erinnerung an Flaubert und Grillparzer, der Anblick der Nachthemden auf den für die Nacht vorbereiteten Betten meiner Eltern, Maxens Ehe«.[72] Alles von einigem Wert, das er erreicht hatte, war das Ergebnis seiner Einsamkeit. »Die Angst vor der Verbindung, dem Hinüberfließen. Dann bin ich nie mehr allein.«[73] Vor seinen Schwestern fühlte er sich »furchtlos, bloßgestellt, mächtig, überraschend, ergriffen wie sonst nur beim Schreiben«[74]. Wenn die Ehe ihn anderen Menschen gegenüber auch so empfinden lassen könnte, wäre das Leben unvergleichlich besser – solange er dadurch »nicht dem Schreiben entzogen« würde.

Ottla, die nach wie vor ohne große Begeisterung im elterlichen Geschäft mitarbeitete, merkte, wie er litt. Die Verständigung zwischen ihnen erfolgte meist ohne Worte: Als sie an einem Samstagabend aus dem Geschäft kam, sah sie ihn auf dem Sofa sitzen und »leer im Zimmer herum« blicken. Da sie wußte, daß er fast nichts zu sich genommen hatte, fragte sie ihn, ob er nicht zu Abend essen wolle. Er gab ihr keine Antwort, sie sahen einander nur stumm an. Am folgenden Tag um die Mittagszeit erkundigte die Mutter sich nach dem Grund seiner Trübsal, aber wie stets fand sie nicht die richtigen Worte. Er behauptete, Ärger im Büro zu haben.

Seine Verlobung teilte er der Mutter am 3. Juli 1913, seinem dreißigsten Geburtstag, beim Mittagessen mit. Sie bat ihn, erst an Felices Vater zu schreiben, nachdem sie Erkundigungen über die Familie Bauer eingezogen habe. Felice schickte er eine Postkarte mit dem Bild seiner Eltern: »Sehn sie nicht unfaßbar, wie alle fremden Menschen aus, nur daß die Fremdheit vielleicht durch das uns gemeinsame Judentum gemildert ist?«[75] Drei Tage später zog er die seiner Mutter gegebene Erlaubnis hinsichtlich der Nachforschungen wieder zurück.

Allmählich begann er, an eine gemeinsame Zukunft mit Felice zu glauben, und streifte »in der Gegend herum, wo wir meinen Träumen nach zusammen wohnen sollten. Es wird schon gebaut, aber auf einem Teil des Geländes wohnen noch Zigeuner . . . gestern nach dem Regen war die Luft besonders rein. Mir war dort gestern auch sehr wohl.«[76] Gelegentlich überlegte er, ob es nicht schöner wäre, mit ihr in den Süden zu ziehen, auf eine Insel oder an einen See, wo sie sich von Gras und Früchten ernähren könnten, dann wieder wollte er *»nur die Nächte mit Schreiben durchrasen . . . Und daran zugrunde gehn oder irrsinnig werden, . . . weil es die notwendige längst vorausgefühlte Folge dessen ist.«*[77] Schließlich trat er einer Baugenossenschaft bei, in deren Häusern im Mai des folgenden Jahres eine Wohnung bezugsfertig sein würde. Am Samstag, den 2. August, schlug er Felice vor, sich offiziell – im Beisein der Eltern – zu verloben. Wenn sie auf dem Rückweg aus ihrem Urlaub einige Stunden in Prag bliebe, könne er sie dann nach Berlin begleiten.

Der Hausarzt, der Kafka Ende Juni untersuchte, stellte nichts Außergewöhnliches fest, doch erklärte er Anfang August, er habe Herzklopfen sowie Stechen und Schmerzen in der Herzgegend. Zwar hatte er die Gartenarbeit wieder aufgegeben, war dafür aber »zu viel geschwommen und zu viel und zu schnell marschiert . . ., um mich zu ermüden und auf diese Weise des Verlangens nach Dir Herr zu werden«[78]. Er suchte den Arzt erneut auf, war aber nicht bereit, etwas einzunehmen, und befolgte auch den Rat nicht, das Schwimmen zu unterlassen.

Eines Nachts bekam er »einen förmlichen Irrsinnsanfall, die Vorstellungen ließen sich nicht mehr beherrschen, alles ging auseinander, bis mir in der größten Not die Vorstellung eines schwarzen napoleonischen Feldherrnhutes zu Hilfe kam, der sich über mein Bewußtsein stülpte und es mit Gewalt zusammenhielt. Dabei klopfte das Herz geradezu prächtig, und ich warf die Decke ab, trotzdem das Fenster vollständig offen und die Nacht ziemlich kühl war.«[79] Am Morgen fühlte er sich ungeachtet der Schmerzen in der Herzgegend seiner Büroarbeit durchaus gewachsen, entschloß sich aber, seinen Urlaub in einem Sanatorium zu verbringen. Da er um Felices Gesundheit kaum weniger besorgt war als um seine eigene, bat er sie, ihm blind etwas zu versprechen. Nachdem sie das getan hatte, forderte er sie auf, mit den Übungen nach Müller zu beginnen, er werde ihr gleich in den nächsten Tagen dessen »System für Frauen« zusenden.

Da er Felice ihre Ferien auf Sylt ungern mit mißmutigen Briefen vergällen wollte, vertraute er seine Zweifel und Bedenken dem Tagebuch an:

> Wir zwei können nicht für uns zwei einen Weg in einen Felsen schlagen, es ist genug, daß wir ein Jahr lang daran geweint und uns

abgequält haben. Sie wird es aus meinen letzten Briefen einsehn. Wenn nicht, dann werde ich sie gewiß heiraten, denn ich bin zu schwach, ihrer Meinung über unser gemeinsames Glück zu widerstehn und außer Stande, etwas, was sie für möglich hält, nicht zu verwirklichen, soweit es an mir liegt.[80]

Hätte sie ihn zurückgewiesen, wäre er vor allem erleichtert gewesen – statt dessen trafen am folgenden Tag gleich drei Briefe von ihr ein. »Dem letzten konnte ich nicht widerstehn. Ich habe sie lieb, soweit ich dessen fähig bin, aber die Liebe liegt zum Ersticken begraben unter Angst und Selbstvorwürfen.«[81] Die einzige Möglichkeit, die Ehe zu ertragen, wäre es, asketisch zu leben, »asketischer als ein Junggeselle«. Unterschätzte sie nicht, all seinen schmerzlich aufrichtigen Erklärungen zum Trotz, was sie würde aufgeben müssen?

Sie hatte seine Handschrift einem Mann in ihrer Pension gezeigt, der behauptete, Graphologe zu sein. Er nannte Kafka »sehr bestimmt in seiner Handlungsweise, überaus sinnlich, gutherzig, sparsam, freigebig und künstlerisch interessiert«. Der letzte Punkt ärgerte Kafka am meisten, der bis auf »sparsam« alle diese Eigenschaften nicht gelten lassen wollte. »Ich habe kein literarisches Interesse, sondern bestehe aus Literatur, ich bin nichts anderes und kann nichts anderes sein.«[82] Paul Friedrich hatte in seiner Rezension der »Betrachtung« von Kafkas »Junggesellenkunst« gesprochen, und Kafka ließ im Zusammenhang damit Felice wissen, es erwarte sie kein fröhliches Plaudern Arm in Arm, »sondern *ein klösterliches Leben an der Seite eines verdrossenen, traurigen, schweigsamen, unzufriedenen, kränklichen Menschen*«[83]. »Du wirst Dich verlassen fühlen, wenn ich lebe, wie ich muß, und Du wirst wirklich verlassen sein, wenn ich nicht so lebe.«[84] Sie hatte geschrieben, sie werde sich an ihn und seinen »Hang zum Schreiben« gewöhnen – auch dieser Ausdruck irritierte ihn, und er fragte zurück, ob sie imstande sei, sich ein Leben vorzustellen, bei dem tagaus, tagein, auch im Herbst und Winter, für sie beide »gerade nur *eine* gemeinsame Stunde sein wird«.[85]

Am nächsten Morgen erwachte er in einer qualvollen Stimmung, in der ihm die »einzige Lösung im Sprung aus dem Fenster« zu liegen schien, doch ein heftiger Wortwechsel mit der Mutter, die ihn fragte, ob er dem Onkel Alfred schreiben werde, der ein Telegramm und einen Brief geschickt hatte, änderte seine Laune. »›Er meint es so gut mit dir.‹ – ›Das sind nur Äußerlichkeiten‹, sagte ich, ›er ist mir ganz fremd, er mißversteht mich vollständig, er weiß nicht, was ich will und brauche, ich habe nichts mit ihm zu tun.‹ – ›Also keiner versteht dich‹, sagte die Mutter, ›ich bin dir wahrscheinlich auch fremd und der Vater auch. Wir alle wollen also nur dein Schlechtes.‹ – ›Gewiß, ihr seid mir alle fremd, nur die Blutnähe besteht, aber sie äußert sich nicht. Mein Schlechtes wollt ihr gewiß nicht.‹«[86]

Schließlich gewann er den Eindruck, daß in seiner »immer größer werdenden innern Bestimmtheit und Überzeugtheit Möglichkeiten [lagen], in einer Ehe trotz allem bestehen zu können«[87]. Später am Tag verfaßte er einen Dialog zwischen einem großen und starken Mann namens Leopold und dessen Frau Felice, die sich zwar nicht leicht einschüchtern läßt, im Endeffekt aber tut, was er von ihr verlangt.

Drei Tage darauf sprach er seinen Vater zum ersten Mal direkt auf die Verlobung an und fragte, indem er das Kartenspiel seiner Eltern nach dem Mittagessen unterbrach: »›Vater, was sagst Du also dazu, daß ich heiraten will?‹« Die Erwiderung des Vaters lief letzten Endes darauf hinaus, daß der Sohn finanziell gar nicht in der Lage sei, eine Ehe einzugehen. Hatte er dem Vater nicht schon genug Schwierigkeiten dadurch bereitet, daß er ihn zur Beteiligung an der Asbestfabrik verlockt hatte, die keine Gewinne abwarf? Genügte es für einen kranken Mann, der bereits Sorgen im Überfluß hatte, nicht, daß seine beiden Schwiegersöhne sich um Unterstützung an ihn wandten? Wie stets reagierte Kafka mit keinem Wort auf diese Fragen und Vorwürfe. Schließlich hatte der Vater sich soweit beruhigt und erklärte, er sei bereit, nach Berlin zu fahren und seine Bedenken Felices Eltern persönlich vorzutragen. Stimmten sie dann trotz allem einer Heirat zu, werde er nichts mehr dagegen einwenden.

Nachdem er drei Monate gezögert hatte, entwarf Kafka jetzt endlich einen Brief an Felices Vater, übertrug ihn am 21. August in sein Tagebuch, formulierte ihn um, damit er noch abschreckender wirkte, und schickte die »Endfassung« am 28. ab. Darin hieß es, sein Leben mit Felice werde »mönchisch« sein – ein Wort, das er bereits in zwei Briefen an sie verwendet hatte.

Dennoch gaben die Eltern Bauer ihre Zustimmung, was Kafka ganz offensichtlich enttäuschte, und geradezu ärgerlich wurde er, als Felice ihm sagte, ihre Mutter werde ihn gewiß lieben. Was sollte er mit einer Liebe anfangen, die er niemals erwidern und der er niemals entsprechen konnte oder wollte? »Erkenne das doch, Felice, ich liege auf dem Boden vor Dir und bitte, stoße mich fort, alles andere ist unser beider Untergang.«[88]

Alles in ihm drängte danach, der Literatur jedes Opfer zu bringen: »Die Lust, für das Schreiben auf das größte menschliche Glück zu verzichten, durchschneidet mir unaufhaltsam alle Muskeln.«[89] Er fühlte sich Grillparzer, Dostojewski, Kleist und Flaubert verwandt (von denen lediglich Dostojewski verheiratet war) und meinte, daß »vielleicht nur Kleist, als er sich im Gedränge äußerer und innerer Not am Wannsee erschoß, den richtigen Ausweg gefunden«[90] hatte.

GRETE BLOCH – DIE FREUNDIN ALS MITTLERIN

In Wien, der ersten Station seiner Sommer-Urlaubsreise, nahm Kafka am II. Internationalen Kongreß für Rettungswesen und Unfallverhütung teil (von ihm selbst als »Kongreß für Rettungswesen und Hygiene« bezeichnet), auf dem auch sein Vorgesetzter Eugen Pfohl und der Direktor Robert Marschner Vorträge hielten. Am 9. September 1913 besuchte er eine Sitzung des IX. Zionisten-Kongresses, obwohl er früher einmal versichert hatte, seine Gleichgültigkeit gegenüber jeglicher Art von Zionismus sei »grenzenlos und unausdrückbar«[1]. Auch nach dieser Versammlung erklärte er Felice auf einer Ansichtskarte aus Wien: »Die richtige Anknüpfung fehlt mir.« Doch bald darauf trat er dem kurz zuvor gegründeten »Verein jüdischer Beamter« bei, dessen Ziele eindeutig zionistisch waren, und im Januar 1914 bezeichnete er seiner Schwester Ottla gegenüber den Zionismus gar als eines der Dinge, die ihn förmlich zusammenhielten und ihm »etwas Festigkeit und Hoffnung« gaben; im Februar spendete er für eine zionistische Organisation.

Auf dem Weg nach Wien litt er unter Schlaflosigkeit, gegen die auch kalte Umschläge nicht halfen. »Ich sage ab, wo ich nur kann und bin doch mit schrecklich vielen Leuten zusammen und sitze dort als das Gespenst bei Tisch.«[2]

Am 14. September reiste er weiter nach Triest und fuhr von dort mit dem Schiff nach Venedig. Die Überfahrt war zwar nur kurz, doch wurde er »im Sturmwind« so seekrank, daß er selbst an Land noch unter den Folgen litt.

Ich bin hier allein, rede fast mit keinem Menschen außer den Angestellten in den Hotels, bin traurig, daß es fast überläuft, und bin doch, das glaube ich zu fühlen, in dem mir entsprechenden, von einer überirdischen Gerechtigkeit mir zugemessenen, von mir nicht zu überschreitenden und bis zu meinem Ende weiter zu tragenden Zustand ... Ich kann mich aber nicht vorwärtsbringen, ich bin wie verstrickt, reiße ich mich vorwärts, reißt es mich stärker wieder zurück ... Aber was soll ich tun, Felice? Wir müssen Abschied nehmen.[3]

Nach Venedig, das er »schön« fand, besuchte er Verona. Tagebuch führte er auf dieser Reise keines. »Ich wüßte nicht, warum ich es führen sollte, mir begegnet nichts was mich im Innersten bewegt. Das gilt auch wenn ich weine wie gestern in einem Kinematographentheater in Verona. Das Genießen menschlicher Beziehungen ist mir gegeben, ihr Erleben nicht.«[4] Sein nächstes Ziel hieß Desenzano am Südufer des Gardasees – aber sein einziges Glücksgefühl an diesem herrlich gelegenen Ort bestand darin, daß niemand wußte, wo er war. »Ich bin in allen Winkeln meines Wesen leer und sinnlos, selbst im Gefühl meines Unglücks.«[5]

Von Desenzano begab er sich nach Riva, in Dr. von Hartungens Sanatorium und Wasserheilanstalt. Er sprach nur wenig und fühlte sich durch jede Unterhaltung »verunreinigt«. Bei Tisch saß er zwischen einem alten General und einer kleinen, italienisch aussehenden Schweizerin »mit dumpfer Stimme«. Er mußte stets an Felice denken, sehnte sich nach Alleinsein und empfand Widerwillen beim Anblick von Hochzeitsreisenden. »Wenn ich mir Ekel erregen will, brauche ich mir nur vorzustellen, daß ich einer Frau den Arm um die Hüfte lege.«[6]

Doch wie so oft zog ihn, was einerseits seinen Abscheu erregte, zugleich auch an – und nach etwa zwei Wochen war er der Schweizerin nähergekommen als irgendeiner Frau seit seinem Erlebnis in Zuckmantel. Die auffordernden Blicke einer Russin, die ihn womöglich »nachts in ihr Zimmer eingelassen hätte«[7], beachtete er dagegen nicht. Mit der Schweizerin, die übrigens im Gegensatz zu allen Mädchen, die er bis dahin gekannt hatte, keine Jüdin war, verständigte er sich durch Klopfen an die Decke seines unter dem ihren liegenden Zimmers. Am liebsten hätte er Märchen für sie geschrieben, »die sie einmal beim Essen unter den Tisch hält, in den Pausen liest und fürchterlich errötet, als sie bemerkt, daß der Sanatoriumsarzt schon ein Weilchen hinter ihr steht und sie beobachtet«[8]. Begierig lauschte er auf Klopfzeichen von oben und hörte ihr Husten und Singen vor dem Einschlafen. Die vertraute Beziehung dauerte nur etwa zehn Tage, und beide wußten, daß sie nicht von Dauer sein konnte. Trotzdem mußte Kafka große Veranstaltungen treffen, daß sie beim Abschied nicht vor der ganzen Gesellschaft zu schluchzen anfing«, und ihm selbst »war nicht viel besser« zumute.[9]

Ende Oktober bekam er zu seiner Überraschung gleich zwei Briefe: einen von Felice, den anderen von Grete Bloch, einer Freundin Felices, die auf deren Wunsch Kafka in Prag besuchen und zwischen den beiden vermitteln wollte. In seinem Antwortbrief an Felice ließ Kafka durchblicken, er werde möglicherweise zu Weihnachten nach Berlin kommen. »Ein Verlangen habe ich nach Dir, daß es mir auf der Brust liegt wie Tränen, die man nicht herausweinen kann.«[10] Allerdings widersprach eine solche Fahrt seinen innersten Überzeugungen, und er erklärte: »Es ist lauter Schurkerei. In einer bestimmten, nicht der tiefsten Tiefe will ich nichts anderes als zu Dir hingerissen werden, und auch daß ich es sage, ist noch Schurkerei.«[11] Er wollte die Ehrlichkeit so weit treiben, daß sie sich gegen ihn selbst kehrte.

Grete Bloch erwies sich bei ihrem Besuch nicht als das ältere Fräulein, das er wohl erwartet hatte, sondern als eine lebhafte einundzwanzigjährige Stenotypistin, die bei ihrer ersten Begegnung sogar eine ziemlich auffällige Pelzstola trug. Im direkten Gespräch mit Grete außerstande, seine vorbereiteten Worte anzubringen, mußte Kafka sich eine ausführliche Beschreibung von Felices maroden Zähnen – in seinen Augen eines der »widerlichsten Gebrechen« – anhören, sowie einen Bericht über die aufgelöste Verlobung ihres Bruders. Nachdem er am folgenden Abend noch einmal mit Grete zusammengetroffen war, beschloß er, nicht bis Weihnachten zu warten, sondern Felice gleich am nächsten Wochenende zu besuchen.

Obwohl er unter ähnlichen Umständen schon einmal fünf Stunden auf eine Botschaft hatte warten müssen, verzichtete er erneut auf klare Abmachungen und teilte Felice lediglich mit, er werde am Samstag um drei Uhr von Prag abreisen, in Berlin wieder im Askanischen Hof logieren und am Sonntag zwischen vier und fünf zurückfahren. Als niemand am Bahnhof war und er auch im Hotel keine Nachricht vorfand, vermutete er zwar, sie habe vielleicht seinen Brief nicht bekommen, rief aber trotzdem nicht bei ihr an. Als er auch am Sonntagmorgen um halb neun immer noch nichts von ihr gehört hatte, schickte er einen Boten zu ihr, der um neun mit der Mitteilung zurückkehrte, Felice werde in einer Viertelstunde anrufen – was sie aber erst um zehn Uhr tat. Kafka ging dann mit ihr im Tiergarten spazieren und erfuhr dabei, daß sie um zwölf Uhr zu einer Beerdigung müsse. Er begleitete sie zum Friedhof und sah sie, flankiert von zwei Herren, durch das Gittertor treten und zwischen den Leuten verschwinden. Sie hatte versprochen, um drei Uhr anzurufen und ihn zum Bahnhof zu begleiten. Doch sie meldete sich nicht mehr, und er fuhr von Berlin ab »wie einer, der ganz unberechtigterweise hingekommen ist. Und darin lag allerdings eine Art Sinn.«[12] Hatte er den Eindruck gewinnen wollen, daß er dort eigentlich nichts verloren hatte?

Ihm schien, als kenne er Felice in viererlei Gestalt: Die Felice, die er in Berlin getroffen hatte, mochte ihn nicht besonders und hatte auch nicht viel mit den drei anderen zu tun – weder mit der, die ihn in Prag besucht hatte, noch mit der, die ihm Briefe schrieb, nicht einmal mit der, die mit ihm fremden Leuten verkehrte und von der er schriftlich oder mündlich hörte. Von Prag aus schrieb er erst an Grete Bloch, dann an Felice und bot bei der Schilderung der Berlinreise sein ganzes literarisches Können auf, um Grete auf seine Seite zu ziehen. Nach einer Woche hatte Felice noch immer nicht geantwortet, wohl aber Grete. Er schrieb ihr erneut und gestand ihr, wie enttäuschend Felices Briefe der vergangenen sechs Monate gewesen waren, verglichen mit ihren früheren. »Und das Schlimmste daran ist, daß dann wieder von beiden Seiten Briefe kommen, die von nichts anderem handeln als vom Schreiben, leere, zeitverschwenderische Briefe, im Geheimen nichts anderes als Darstellungen der Plage, die ein Briefwechsel bedeutet, vielmehr bedeuten kann.«[13] Da seine Beziehung zu Grete Bloch mit einem zwangsläufig sehr vertraulichen Gespräch begonnen hatte, befriedigte die Korrespondenz mit ihr schon bald dasselbe Bedürfnis wie früher der Briefwechsel mit Felice: Kafka brauchte unbedingt einen Menschen, mit dem er auf schriftlichem Wege vertraut über das reden konnte, was ihn bewegte.

Etwa Mitte des Monats zog die Familie Kafka – durch die Heirat von zwei Töchtern kleiner geworden – um. Noch nie zuvor hatten sie so lange in einer Wohnung gelebt. Die neue Vierzimmerwohnung lag im vierten Stock des Oppeltschen Hauses in der Niklasstraße, Ecke Altstädter Ring, dessen Eingangstür Säulen mit Karyatiden einfaßten. Von seinem Zimmer aus konnte Kafka die große Kuppel der Russischen Kirche mit ihren zwei Türmen und in der Ferne ein Stück des Laurenzibergs mit einer ganz kleinen Kirche darauf sehen. Zur Linken blickte man auf das Rathaus und den Rathausturm.

Brods Heirat kam Kafka vor wie ein Verrat, ihm war, als habe er einen Freund verloren, »denn ein verheirateter ist keiner. Was man ihm sagt, erfährt stillschweigend oder ausdrücklich auch seine Frau, und es gibt vielleicht keine Frau, in deren Kopf sich bei diesem Übergang nicht alles verzerrte.«[14] Dabei bemühte Elsa Brod sich sogar, Kafka zu helfen, und lud Felice, die sie in Berlin kennengelernt hatte, zu Weihnachten nach Prag ein.

Doch Anfang Dezember befand Kafka sich in einem solchen Zustand heilloser Verwirrung, daß sogar Selbstmord ihm als zu einfache Lösung vorkam, denn »sterben hieße nichts anders, als ein Nichts dem Nichts hinzugeben, aber das wäre dem Gefühl unmöglich, denn wie könnte man sich auch nur als Nichts mit Bewußtsein dem Nichts hingeben und nicht nur einem leeren Nichts, sondern einem brausenden Nichts, dessen Nichtigkeit nur in seiner Unfaßbarkeit besteht«[15]. Törichtes Handeln erschien ihm weniger bedenklich als Lähmung durch Unentschlossenheit, und er hatte Angst, »Narrheit in jedem geradeaus strebenden, alles andere vergessen machenden Gefühl [zu] sehn«[16]. Zu Hause wütete er gegen seine Mutter, und selbst Ottla hatte unter seinem Zustand zu leiden.

Als er eines Tages Pfohl einen Bericht des Direktors vorlas und dabei zufällig hochsah, fiel ihm ein lachender, jungenhafter, listiger und gelöster Ausdruck auf, der Pfohls Gesicht fremd wirken ließ. Zwei Tage lang betrachtete er immer wieder sein eigenes Gesicht im Spiegel, und es kam ihm »besser vor, als ich nach eigener Kenntnis bin. Ein klares, übersichtlich gebildetes, fast schönes begrenztes Gesicht. Das Schwarz der Haare, der Brauen und der Augenhöhlen dringt wie Leben aus der übrigen abwartenden Masse. Der Blick ist ... unglaublicherweise energisch, aber vielleicht war er nur beobachtend, da ich mich eben beobachtete und mir Angst machen wollte.«[17]

Unfähig, Felices Schweigen länger zu ertragen, schickte er ihr am 14. Dezember einen Eilbrief und erkundigte sich bei Grete, ob Felice vielleicht krank sei. Am 17. bat er einen gemeinsamen Freund, den Schriftsteller Ernst Weiß, ihr persönlich einen Brief ins Büro zu bringen, und sie versprach daraufhin, Kafka noch am selben Tag

Nachricht zu geben. Doch kein Brief traf bei ihm ein. Kafka schrieb erneut und erhielt ein telegrafisches Versprechen, bald von ihr zu hören. Als auch dieses unerfüllt blieb, rief er Felice schließlich an. Sie wollte nicht, daß er zu Weihnachten nach Berlin kam, versprach aber einmal mehr zu schreiben. Als wieder nichts geschah, telegrafierte Kafka und bekam als Antwort ein Telegramm, in dem sie beteuerte, daß der Brief geschrieben sei. Aber es dauerte noch einige Zeit, bis er endlich eintraf, und dann stand nur wenig und wenig Erfreuliches darin.

Vier Tage nach Weihnachten begann Kafka mit einem langen Brief an Felice, und als er am 2. Januar 1914 fertig war, umfaßte er nahezu vierzig Seiten. Nichts könne ihn dazu bringen, sie freiwillig aufzugeben, erklärte er, und er werde auf das kleinste Wort von ihr sofort an ihre Eltern schreiben. Vor allem zwei Sätze in ihrem Brief hatten ihn verletzt: »›Wir würden beide durch eine Heirat viel aufzugeben haben, wir wollen es nicht gegenseitig abwägen, wo ein Mehrgewicht entstehen würde. Es ist für uns beide recht viel.‹«[18] Sie sagte damit auf ihre Weise nur, was er wieder und wieder auf seine Art erklärt hatte, doch nun reagierte er so, als müsse es das Ende bedeuten – und das wollte er unter allen Umständen verhindern, da er angeblich ohne Felice nicht leben konnte. Er gestand ihr seine Untreue und betonte, die Schweizerin in Riva habe gewußt, »daß ich im Grunde nach nichts anderem strebte, als Dich zu heiraten«[19]. Ihm erschien die Ehe als die einzige Form, »in der die Beziehung zwischen uns erhalten werden kann, die ich so sehr brauche«, und er bat sie, nicht weiterhin von ihm zu erwarten, er solle »›mehr in der Wirklichkeit‹ leben« und sich »nach dem, was gegeben ist, richten«.[20] Man dürfe die Menschen nicht ändern, erklärte Kafka, und er liebe sie, wie sie sei, sogar das an ihr, was ihm nicht gut scheine. »Ich liebe Dich, Felice, mit allem, was an mir menschlich gut ist, mit allem, was an mir wert ist, daß ich mich unter den Lebendigen herumtreibe. Ist es wenig, so bin ich wenig.«[21]

Felice antwortete ihm nicht, doch schrieb sie an Grete Bloch und nannte Kafka in ihrem Brief offenbar einen »armen Kerl«, der »um den heißen Brei herum« rede. Grete gab den Brief an Kafka weiter, und er versprach ihr, Felice nichts davon zu sagen. Eine Woche darauf schrieb er ihr erneut und wollte wissen, ob er sie gekränkt habe, oder ob der Grund für ihr Schweigen schlechte Nachrichten seien. Sobald Gretes Antwort eintraf, schrieb er wieder und forderte sie zu größtmöglicher Offenheit in ihren Briefen auf. »Und Sie sollen, wenn Sie von sich schreiben, nicht mehr hinzufügen, ›die Tatsache, daß Sie sich dafür nicht interessieren können‹.«[22] Er erkundigte sich nach einigen persönlichen Einzelheiten und schrieb ihr in den folgenden Tagen mehrfach. In der Hauptsache ging es dabei um Felice, die ihm mittlerweile eine Postkarte geschickt hatte, was er auf Gretes Fürsprache zurückführte. Er bat Felice, nicht wieder in Schweigen zu verfallen, doch gerade das geschah, und so wechselte er weiterhin Briefe mit »Fräulein Bloch«. Ende Februar bedurfte er ihrer Dienste als Vermittlerin nicht mehr: »Ich will keine Hilfe mehr, nur hören will ich (wenn Sie es nur ein wenig wollen), wie es Ihnen geht.«[23] Während dieser Brief drei oder vier Tage lang unbeendet liegenblieb, sandte Grete ihm Auszüge aus Felices neuestem Schreiben an sie, und er versicherte ihr, Stillschweigen über den Vertrauensbruch zu bewahren.

Mitte Februar beschloß er, Ende des Monats nach Berlin zu fahren, ohne Felice vorher davon in Kenntnis zu setzen. Am 28., einem Samstag, ließ er sich in ihrem Büro als »Herr Gotthart« melden, dessen Visitenkarte er zufällig bei sich trug. Felice zeigte sich überrascht, war aber nicht unfreundlich. Allerdings bat sie ihn auch nicht herein. Sie verabredeten sich für mittags und saßen eine Stunde in einer Konditorei. Nachmittags gingen sie zwei Stunden lang Arm in Arm spazieren, am Abend aber mußte Felice auf einen Ball, den sie angeblich aus geschäftlichen Gründen nicht versäumen durfte. Den Sonntagvormittag verbrachten sie im Tiergarten. Sie erklärte ihm, niemand anderen heiraten zu wollen, wußte andrerseits aber auch nicht, ob sie auf die Dauer seine Eigenheiten ertragen und Berlin entbehren könnte.

Die meiste Zeit redete jedoch Kafka, der sich, durch ihr konstantes Schweigen so lange seiner einzigen Kommunikationsmöglichkeit beraubt, zu übertriebenen Versprechungen hinreißen ließ. »Sag ›ja‹, auch wenn du dein Gefühl für mich als nicht genügend für eine Ehe ansiehst, meine Liebe zu dir ist groß genug, um auch das Fehlende zu ersetzen, und überhaupt stark genug, um alles auf sich zu nehmen.« – »Ich habe dich lieb genug, um alles abzulegen, was dich stören könnte. Ich werde ein anderer Mensch werden.«[24] – »Hör doch auf zu bitten. Immerfort willst Du das Unmögliche.« – »Es ist so. Du mußt es glauben. Halte Dich doch nicht an jedes Wort.« – »Ich kann Dich ganz gut leiden, aber das langt nicht zur Ehe. Halbes aber tue ich nicht.«[25]

Als sie sich im Flur ihres Hauses voneinander verabschiedeten, hielt sie ihm die behandschuhte Hand zum Kuß hin. Als er den Handschuh aufriß, um ihre Hand zu küssen, machte sie, wie er schreibt, eine »ganz feindselige Grimasse«[26]. Von Prag aus nahm er schriftlich die Versprechen zurück, die er sowieso nicht hätte halten können. Grete Bloch teilte er mit, daß Felice draußen, an der frischen Luft, ja recht gut ausgesehen habe, im Zimmer aber »manchmal müde, gealtert mit fleckiger rauher Haut. Ihre Zähne sind noch in schlechterem Zustand, alle, durchwegs alle plombiert. Diesen Montag begann für sie wieder eine Reihe von Besuchen beim Zahnarzt, der ihr neue Goldkronen machen wird.«[27] Er schickte ihr ein Exemplar des *Urteils* und gab – wohl kaum ohne Hintergedanken – eine Bemerkung von Felice an sie weiter: »Dir scheint an Frl. Bloch sehr viel zu liegen.«

Länger als ein Jahr hatte er außer Entwürfen im Tagebuch keine Erzählung mehr geschrieben. All seine Gedanken kreisten um Felice; er sagte selbst, er gehe »an alles zögernd heran und bringe nichts mit dem ersten Schlag fertig«[28]. Doch als Grete Bloch plötzlich Bedenken wegen ihrer Korrespondenz bekam, gelang es Kafka, diese auf überzeugende Weise zu zerstreuen. Er fragte sogar an, ob sie nicht gemeinsam einen Sonntag in der Grenzstadt Gmünd, auf halbem Weg zwischen Wien – wo Grete seit einiger Zeit lebte – und Prag, verbringen wollten. Er hatte sich die Zugverbindungen angesehen und festgestellt, daß sie am Samstagabend um sieben und er um halb acht dort sein könnten. Sein nächster Brief war allerdings wieder voller Fragen nach Felice, deren alter Vater wohl nicht mehr lange in der Lage sein würde zu arbeiten, so daß sie sich möglicherweise verpflichtet fühlte, die Familie zu unterstützen. Grete übernahm wieder ihre Rolle als Seelentrösterin und gab zu bedenken, Felice habe das von ihm kürzlich vorgeschlagene Treffen in Dresden vielleicht deshalb abgelehnt, weil sie die Reisekosten nicht aufbringen konnte.

Da er Felices Schweigen nicht zu ertragen vermochte, telegrafierte er ihr: »Wenn Du nicht nach Dresden kommst, komme ich Samstag nach Berlin. Bist Du damit einverstanden? Wirst Du zur Bahn kommen?«[29] Als er auch darauf keine Antwort erhielt, schrieb er erneut und brachte noch am selben Tag seine Mutter dazu, Felice zu bitten, »dem Franz auf seine Briefe sogleich zu antworten, denn ich sehe, welche Sorgen ihm Ihr Stillschweigen verursacht«[30]. Grete teilte

Kafka mit, er sehe sich zu einer Begegnung mit ihr außerstande, und Felices Eltern versicherte er brieflich, er werde nichts weiter tun, als auf Nachricht zu warten, »wie ich schon seit langem unfähig bin, etwas anderes zu tun«[31].

Am 21. März bekam er drei Telegramme, einen Brief und einen Anruf, den er im »Praesidialzimmer« entgegennehmen mußte, während einer der Direktoren hinter ihm stand und Späße machte. Kafka konnte Felice nicht besonders gut verstehen und erklärte, seine Stimme mühsam beherrschend, er werde auf alle Fälle nach Berlin kommen. Widerstrebend erklärte sie sich bereit, ihn am Bahnhof abzuholen. Er stürzte auf die Straße und ging dort mitten im Regen auf und ab, bemüht, seine Fassung wiederzugewinnen. Erst als er zu Hause ein Telegramm von Herrn Bauer vorfand, verstand er, was Felice ihm am Telefon hatte klarmachen wollen: Er hätte ihren Eltern nicht schreiben dürfen. Jetzt sah auch er ein, daß es besser war, nicht nach Berlin zu fahren.

So schlecht er sich im persönlichen Gespräch durchzusetzen vermochte, so gut gelang ihm das in Briefen – er brachte es immer wieder fertig, alles, was sie sagte, gegen sie zu verwenden. Der Brief, in dem er sein Äußerstes tat, sie zurückzugewinnen, gipfelte in einem befristeten Ultimatum. Grete gegenüber erklärte er dazu: »Vielleicht ist es die gleiche Gewalt, die mich an ihr festhält und sie von mir abhält. Da gibt es wirklich keine Hilfe.«[32] Aber so niedergeschlagen, daß er nicht aus der Ferne mit Grete hätte flirten können, war er nun auch wieder nicht: »Sie sind – jetzt sage ich eine ungeheuere Dummheit oder vielmehr: dumm ist nicht, was ich sage, sondern daß ich es sage – Sie sind also das beste, liebste und bravste Geschöpf.«[33]

Trotz ihrer wenig ermutigenden Briefe schlug er Felice erneut ein Treffen in Berlin vor. Als sie ihn telefonisch davon abzubringen versuchte, versprach er, mit seinem Besuch bis Ostern zu warten. »Das telephonische Einvernehmen war recht gut, soweit mir schien und soweit ich über diese für mich neue Erfindung urteilen kann, mit der ich fast nichts anzufangen weiß . . . und wie ich schon beim gewöhnlichen Telephonieren mangels jeglicher Schlagfertigkeit nichts sagen und vor lauter Nachdenken über diese Unfähigkeit auch kaum etwas verstehen kann.«[34] Inzwischen wechselte er weiterhin vertraute Briefe mit Grete Bloch.

Ostern (am 12. und 13. April) fuhr Kafka nach Berlin und – verlobte sich mit Felice. »Ich wüßte von nichts, das ich mit solcher

Bestimmtheit jemals getan hätte.«[35] Die Hochzeit sollte allerdings erst im September stattfinden. In seiner Antwort auf Gretes Glückwunsch erklärte Kafka: »Statt des Telegramms« hielte er lieber »ihre Hand, so wäre es schöner . . . Meine Verlobung oder meine Heirat ändert nicht das geringste an unserem Verhältnis, in welchem wenigstens für mich schöne und ganz unentbehrliche Möglichkeiten liegen.«[36] In der folgenden Woche schrieb er ihr täglich, und im Brief vom 15. April heißt es gar: »Ich habe eine ganz offenbare und wirkliche Sehnsucht nach Ihnen.«[37] Er fragte an, ob sie sich mit ihm und Felice in Prag oder Gmünd würde treffen können. Als sie plötzlich alle ihre Briefe zurückhaben wollte, tat er so, als verstehe er sie nicht. »Was helfen überhaupt Regeln Menschen und gegenüber Menschen?«[38] Gretes Wunsch, ihre Briefe zu verbrennen, sobald er geheiratet habe, begegnete er mit der Erklärung: Noch sei er ja nicht verheiratet.

Die beiden Ostertage in Berlin scheinen seine Erwartungen trotz der Verlobung nur bedingt erfüllt zu haben. »Ich will übrigens nicht sagen, daß es schöne Tage waren und daß in ihnen nicht die Möglichkeit gelegen wäre, viel schöner zu sein . . . Das Häßlichste und geradezu Wüste aber war, daß wir niemals oder nur in Augenblicken auf der Gasse allein waren und daß ich mir niemals in einem Kuß Ruhe bei Dir holen konnte. Du hättest mir die Möglichkeit geben können und hast es nicht getan.«[39] Seiner künftigen Schwiegermutter versicherte er: »Denke, liebste Mutter, . . . zuerst daran, daß Du Felice einem Menschen gibst, der sie gewiß nicht weniger lieb hat als Du.«[40] Während er Felice warnend wissen ließ: »Wir sind doch äußerlich gegensätzliche Menschen, müssen also einer mit dem andern Geduld haben.«[41] Er bekannte, »immer verschlossener, immer menschenscheuer«[42] geworden zu sein, sich in Anwesenheit anderer unbehaglich zu fühlen und »zur Herstellung vollständiger, lückenloser Beziehungen«[43] praktisch unfähig zu sein.

Am 21. April erschien Felices Verlobungsanzeige im *Berliner Tageblatt*; am 24. die Kafkas im *Prager Tagblatt*. An einem gemeinsamen Treffen mit Grete in Gmünd zeigte sie sich nicht interessiert. Grete gegenüber erklärte Kafka jedoch, Felice habe sich zu dem Vorschlag gar nicht geäußert. Ob sie nicht vielleicht nach Prag kommen könnte? »Ich verstehe es noch nicht richtig auszudrücken, aber es scheint mir manchmal für mich förmlich notwendig, daß Sie dabei sind, wenn F. zum ersten Mal bei mir zu Hause ist.«[44]

Anfang Mai bat Kafka Grete, die ihm ein Bild von sich geschickt hatte, um weitere Aufnahmen und schickte ihr zugleich ein Foto von sich selbst, »nicht etwa zum Dank dafür, das wäre komisch, sondern aus eigenem Antrieb«[45]. Felice traf gutgelaunt am 1. Mai in Prag ein, obwohl sie ursprünglich erklärt hatte, nicht vor dem 5. kommen zu können. »Meine Verwandten haben sie fast lieber als mir lieb ist.«[46]

Es zeigte sich bald, daß ihre Vorstellungen von der zukünftigen Wohnung stark voneinander abwichen. Sie wünschte sich eine angenehme, gut eingerichtete, »standesgemäße« Wohnung, während Kafka, der ohnehin nicht in der Lage war, eine solche zu bezahlen, schon beim bloßen Gedanken daran zurückschreckte. Ganz anders übrigens als seinerzeit Sigmund Freud, der seiner Braut in einem Brief all das aufzählte, was sie für ihre »kleine Welt von Glück« brauchen würden – Tische und Stühle, Betten, einen Lehnstuhl, Teppiche, »Wäsche mit zierlichen Bändern gebunden im Kasten und Kleidchen von neuem Schnitt und Hüte mit künstlichen Blumen, Bilder an der Wand, Gläser für alltägliches Wasser und festlichen Wein, Teller und Schüsseln, ... ein großer Schlüsselbund, der hörbar klirren muß ... Sollen wir unser Herz an so kleine Dinge hängen? Solange nicht ein großes Schicksal an die stille Tür pocht – ja und ohne Bedenken.«[47] Dennoch behauptete Kafka Grete gegenüber, er habe gewiß »allen Grund, glücklich zu sein, und F. ist gewiß der Hauptteil dieses Glücks«[48].

Er hatte erreicht, was er sich vorgenommen hatte, wenn auch nicht vollständig, nicht ohne Umwege und Mühen, eigentlich erst im letzten Augenblick – ja, »auf dem Rückweg«[49]. Als wollte er zeigen, daß sein Ziel jetzt Grete hieß, teilte er ihr unumwunden mit, er und Felice hätten beschlossen, sie müsse unbedingt einige Zeit bei ihnen leben, sobald sie verheiratet seien. »In meinem Verhältnis zu F. gibt es meines Wissens nicht das Geringste, was Sie, liebes Fräulein Grete, nicht ebenso wie F. wissen könnten.«[50] Er korrespondierte nach wie vor häufig und ausführlich mit ihr und bat sie, ihre Briefe ans Büro zu schicken. Nachdem sie »für ihn« das Grillparzerzimmer in Wien besucht habe, bestehe, versicherte er ihr, zwischen ihm und diesem Raum eine physische Beziehung. Er vertraute ihr auch seine Gefühle und Reaktionen im Zusammenhang mit Felices Zähnen an. »In der ersten Zeit mußte ich, um die Wahrheit zu sagen, vor F.'s Zähnen die Augen senken, so erschreckte mich dieses glänzende Gold ... und das graugelbe Porzellan. Später sah ich ... absichtlich hin, ... um mich zu quälen und um mir schließlich zu glauben, daß das alles wirklich wahr sei.« Später merkte er, daß dieser »für die Augen niemals wegzuleugnende, menschliche Fehler« ihn Felice näherbrachte, als es ein »im gewissen Sinn auch fürchterliches, gesundes Gebiß imstande wäre«[51].

Am 1. Juni fand die Verlobungsfeier im Hause der Familie Bauer statt; auch Grete Bloch war nach Berlin gekommen. Ende Mai hatte Kafka im Tagebuch eine Verlobungsgesellschaft skizziert: »Das Festessen war beendet ... Die Braut stand in einem Kreise von Freundinnen und guten Bekannten«, während der »Bräutigam ... allein am Eingang zum Balkon lehnt und hinausschaut«, bis die Mutter der Braut zu ihm tritt und ihn fragt: »›Du stehst hier so allein? ... Habt ihr Streit gehabt?‹« Er verneint. »›Nun also, ... dann geh zu deiner Braut. Dein Benehmen fällt ja schon auf.‹«

Bevor Kafka Prag verließ, hatte er Grete aufgefordert: »Beeilen Sie sich nur zu F., der ich nichts verraten habe, zu kommen, ohne Rücksicht auf das Kleid, verbessern Sie nichts mehr daran, es wird, wie es auch sein mag, mit den, nun, mit den zärtlichsten Augen angesehen werden.«[52] Nach Prag zurückgekehrt schrieb er dann:

> Was Sie für mich im ganzen bedeuten, das können Sie nicht wissen, aber selbst das, was Sie davon wissen, muß Ihnen das Bewußtsein geben, daß Sie mir gegenüber in einer von Ihnen durchaus nicht durchschauten aber gänzlich mitgefühlten Lage für mich vielleicht alles tun, was ein Mensch für den andern tun kann, und daß dieses Alles immer wieder in allem, was Sie tun, besonders in Ihrem Blick vereinigt ist und wirkt.[53]

Sollte Kafka, wie Max Brod glaubte, mit Grete Bloch ein Kind gehabt haben, müßte es etwa um jene Zeit gezeugt worden sein. Sie erwähnt im April 1940, in einem Brief an den Musiker Wolfgang Schocken, ihren Besuch an Kafkas Grab in Prag und erklärt: »Er war der Vater meines Jungen, der nahezu sieben Jahre alt plötzlich in München starb.«[54] Außer diesem Brief gibt es keinen Hinweis auf die Existenz des Jungen oder auf Kafkas Vaterschaft, und es wäre immerhin denkbar, daß sich Grete Blochs Geist in späteren Jahren verwirrt hat. Auf jeden Fall müßte der Junge irgendwann zwischen Sommer 1914 und Frühjahr 1915 zur Welt gekommen sein, denn als Grete mit Kafka und Felice am 24. Mai 1915 einen Ausflug unternahm, dürfte sie kaum schwanger gewesen sein. Das Kind könnte sie Pflegeeltern übergeben haben, ohne Kafka oder ihrer Freundin etwas davon zu sagen. Die Herausgeber von Kafkas Briefen an Felice meinen nämlich, es sei »so gut wie undenkbar«[55], daß seine Reaktionen auf Mitteilungen Felices über Gretes »Leid« und »bedrängte Lage« so unverbindlich ausgefallen wären, wenn er sich als Vater in spe hätte betrachten müssen. Und Binder erklärt in diesem Zusammenhang: »Eine derartige Deutung ist unhaltbar, weil es für die vermutete Vaterschaft Kafkas keinerlei konkrete Hinweise gibt, sogar alle Einzelumstände dagegen sprechen.«[56]

Im Mai 1914 war Kafka sich nach wie vor unklar über die Zukunft seiner Beziehung zu Grete, auf jeden Fall fühlte er sich seit der Verlobungsfeier wie gefesselt. »In der Gegenwart schien kein Augenblick vor dem Ende des Erlebens gesichert. Ich dachte an nicht viel anderes, als es möchte doch endlich ein gutes Nervenfieber oder sonst etwas kommen, was mich vor aller Augen niederschlägt und mir das Recht gibt, mich nachhause tragen zu lassen.«[57] Aber nichts schlug ihn nieder, und er kam sich vor, als sei er »gebunden wie ein Verbrecher. Hätte man mich mit wirklichen Ketten in einen Winkel gesetzt und Gendarmen vor mich gestellt und mich nur auf diese Weise zuschauen lassen, es wäre nicht ärger gewesen ... Alle bemühen sich, mich zum Leben zu bringen, und da es nicht gelang, mich zu dulden, wie ich war. F. allerdings am wenigsten von allen, vollständig berechtigterweise, denn sie litt am meisten.«[58]

Wie sollte es wohl weitergehen, wenn die Verlobungszeit schon so begann? »Eine auf die Festigkeit der Frau begründete Ehe? Das wird ein schiefes Gebäude, nicht?«[59]

Voller Verzweiflung notierte er: »Jeder bringt sich auf seine Weise aus der Unterwelt hinauf, ich durch das Schreiben. Darum kann ich mich, wenn es sein soll, nur durch das Schreiben, nicht durch Ruhe und Schlaf, oben erhalten.«[60] Das in dieser Zeit geschriebene Fragment *Verlockung im Dorf* weist auf die beiden Romane *Der Prozeß* und *Das Schloß* voraus: Ein Mann kommt in ein Dorf und möchte dort übernachten. Doch der einzige Gasthof, sagt man ihm, sei »unbewohnbar«, »eine elende Wirtschaft«, schmutzig und stinkend. Ein Mann, der »mit herabbaumelnden Beinen und aneinanderschlagenden Knien« auf einer Hofmauer sitzt, erlaubt ihm, die Nacht in dem angrenzenden Bauernhof zu verbringen. Kinder zeigen ihm sein Lager auf dem Boden, wo auch sie ihren Platz haben. Nach nur kurzem Schlaf erwacht er wieder und sieht ganz in seiner Nähe einen Hund liegen. Als er ihn forttragen will, weckt er aus Versehen die schlafenden Kinder.

Grete Bloch vertraute er an, daß er im vergangenen Jahr keine schriftstellerische Arbeit zustande gebracht hatte, er habe sich aber über Musils Angebot, *Die Verwandlung* in der *Neuen Rundschau* herauszubringen, sehr gefreut. Trotz seiner eigenen schwierigen Lage war er keineswegs so ausschließlich mit sich selbst beschäftigt, daß er die Kriegsgefahr nicht gespürt hätte. Am 28. Juni wurde der österreichisch-ungarische Thronfolger Erzherzog Franz Ferdinand und seine Gemahlin in Sarajewo ermordet, und schon bald nach der Ende Juli erfolgten Kriegserklärung zogen die ersten russischen Truppen über österreichisches Gebiet.

Diese Umstände machten es noch unwahrscheinlicher, daß Kafka wirklich bald heiraten würde, und möglicherweise klammerte er sich an Grete, die nun in Berlin und damit in Felices Nähe lebte, weil er halb unbewußt hoffte, sie werde die von ihm geäußerten Zweifel Felice mitteilen. Doch scheint er nicht mit ihrer Eifersucht gerechnet zu haben. Als er klagte, es seien noch drei Monate bis zur Hochzeit, erwiderte sie grob: »Drei Monate werden Sie doch noch erleben können.«[61] Doch ihn verlangte so sehr nach unkritischem Mitgefühl, daß er ihr weiter schrieb, als sei just das von dieser Seite zu erwarten. Er berichtete ihr von seiner Schlaflosigkeit, vom Schwimmen und Turnen und vergaß auch nicht, ihr mitzuteilen, daß er saure Milch getrunken hatte. Außerdem versicherte er Grete erneut, ihre Briefe niemals Felice zu zeigen. Er versuchte ihr, wie auch früher schon einmal Felice, in geschäftlichen Dingen zu helfen und dafür zu sorgen, daß der Chef einer Prager Wäschefabrik sie zu einer Vorführung der Maschinen einlud, die ihre Firma herstellte, damit sie den Arbeitern, die damit nicht zurechtkamen, deren richtige Handhabung zeigen konnte.

Am 27. Juni fuhr er mit dem Schriftsteller Otto Pick nach Hellerau bei Dresden, wo Emile Jacques Dalcroze eine reformpädagogische Gymnastikschule leitete. Die eurhythmischen Tänze, die Kafka dort sah, erschienen ihm schöner als die Darbietungen des russischen Balletts. Dann reisten sie weiter nach Leipzig, wo er sowohl mit Franz Werfel als auch mit dem Verleger Kurt Wolff zusammentraf. Am 29. Juni nach Prag zurückgekehrt, schrieb Kafka in vier Tagen vier Briefe an Grete. Sie konnte jedoch den mit dieser Korrespondenz verbundenen seelischen Druck nicht länger ertragen und erklärte, sie bereue, in ihrer »lächerlichen unverantwortlichen Weichlichkeit«[62] frühere Briefe von ihm beantwortet zu haben. Sie riet ihm von der für das folgende Wochenende geplanten Reise nach Berlin ab, wenn er sie nicht »klar, in sich gefestigt und *absolut* freudig«[63] antreten könne. Voller Bestürzung mußte er erfahren, daß sie Felice aus seinen Briefen vorgelesen hatte. Dieser plötzliche Sinneswandel wäre verständlich, wenn sie tatsächlich ein Kind von ihm erwartetet hätte und ihm dies verschweigen wollte. Allem Anschein nach setzte sie sich für Felice ein und tat alles, damit die Freundin einen ihr in jeder Hinsicht ebenbürtigen Mann bekam. Kafka antwortete: »Entweder, Fräulein Grete, man ist ›heiter, temperamentvoll, intelligent und grundgut‹ oder man ist es nicht, sondern ist traurig, schwerfällig, auf sich eingeschränkt und vielleicht nach dem Guten strebend, aber mit schwachen Kräften.«[64]

Kafkas Mutter schrieb, in völliger Unkenntnis der sich anbahnenden Krise, einen gefühlvollen Brief an Felices Mutter, in dem sie berichtete, sie sei soeben in Franzens Zimmer gewesen und habe ihn dabei überrascht, »wie er mit Wonne die Fotographie der l. Felice«[65] betrachtete.

Kafka reiste am 11. Juli nach Berlin ab. Im Askanischen Hof kam es am folgenden Tag zu einer von ihm als »Gerichtshof« bezeichneten Aussprache zwischen ihm, Felice, Grete Bloch, Felices Schwester Erna und Ernst Weiß. »Das Gesicht F.s. Sie fährt mit den Händen in die Haare, gähnt. Rafft sich plötzlich auf und sagt gut Durchdachtes, lange Bewahrtes, Feindseliges.«[66] Kafka erkannte daran, auch wenn er die ganze Bedeutung des Gehörten und Beobachteten erst später erfaßte, daß all seine eifrigen Erklärungen nichts gegen ihre Ungeduld und Mißbilligung auszurichten vermocht hatten. Er verteidigte sich nicht, obwohl er sah, daß die Katastrophe durch ein offenes Geständnis abzuwenden gewesen wäre. Grete Bloch sagte vermutlich um so mehr. In Kafkas Briefen an sie sind zahlreiche seiner Vorbehalte gegenüber Felice rot unterstrichen – vermutlich jene Stellen, die sie entweder vorher Felice privat oder jetzt beim »Gerichtshof« vorgelesen hatte.

Als er Felices Eltern besuchte, fand er die Mutter in Tränen aufgelöst. Der Vater, der eigens mit dem Nachtzug aus Malmö gekommen war, saß in Hemdsärmeln da und schien alles zu verstehen. Kafka fühlte sich »teuflisch in aller Unschuld. Scheinbare

Schuld des Fräulein Bl.«[67] Erna weinte. Beim Abschied winkten ihm Felices Eltern und die Tante nach, Felice jedoch nicht. Nach nur sechswöchiger Dauer war die Verlobung gelöst.

Am folgenden Tag versicherte Kafka Felices Eltern in einem Brief: Trotz allem sei es möglich, daß sie »einander gut bleiben können und gut bleiben, wenn auch die Verbindung, die wir alle wünschten, sich jetzt ebenso allen als unmöglich erwiesen hat. Felice hat Euch gewiß ebenso wie mich überzeugt.«[68] Er selbst bezeichnete dieses Schreiben allerdings als »unehrlich und kokett«[69].

Da er seinen Urlaub in Gleschendorf am Pönitzer See nahe der Ostseeküste verbringen wollte, fuhr er nach Lübeck, wo er sich in einem Hotel in Bahnhofsnähe einquartierte. Am nächsten Tag machte er einen Ausflug nach Travemünde. Abends traf er sich in Lübeck mit Ernst Weiß und dessen Freundin, der Schauspielerin Rahel Sanzara. Sie überredeten Kafka, zusammen mit ihnen ins dänische Ostseebad Marienlyst zu fahren. In einem Brief an Max Brod und Felix Weltsch über die Auflösung der Verlobung schrieb Kafka, er sei »dieser Sache gegenüber, da es eine so klare Notwendigkeit ist, nicht so unruhig wie man glauben könnte«[70]. Den Strand in Marienlyst fand er »ziemlich öde«, außerdem war sein Körper zur Zeit mindestens so durcheinander wie seine Seele, da er angefangen hatte, Fleisch zu essen. Während er sich zuvor aus purem Trotz gegen Felices Abneigung vor seinen vegetarischen Speisen erst recht auf diese beschränkt hatte, aß er nun »fast nur Fleisch, daß mir übel wird und ich früh nach schlechten Nächten mit offenem Mund den mißbrauchten und gestraften Körper wie eine fremde Schweinerei in meinem Bett fühle«[71].

Auf keinen Fall wollte er so weiterleben wie bisher. Sein Vater hatte recht gehabt: Es war ihm nicht gut bekommen, in vollständiger Abhängigkeit und in äußerlich wohlgeordneten Verhältnissen aufgewachsen zu sein. »Es wird mir alles so nahe angeboten.«[72] Von seinen Ersparnissen würde er zwei Jahre leben können, und in dieser Zeit wollte er schreiben und schaffen, was er »in Prag zwischen innerer Schlaffheit und äußerer Störung in dieser Deutlichkeit, Fülle und Einheitlichkeit nicht erreichen könnte«[73].

Viel mehr, als ihm je bewußt wurde, war er zur Aufrechterhaltung seines seelischen Gleichgewichts auf Mädchen angewiesen gewesen, die er nicht gut kannte. Bei seiner Abreise von Berlin hatte Erna Bauer ihn wortlos zum Bahnhof begleitet, aber zu verstehen gegeben, daß sie ihm trotz des »Gerichtshofs« im Hotel nach wie vor vertraute. Er traf sie auf seiner Rückreise von Dänemark erneut in Berlin, und sie gingen gemeinsam essen. Eine Frau im Zug von Berlin nach Prag erinnerte ihn an die Schweizerin aus dem Sanatorium, und ihr gegenüber fühlte er »das erste Leben, das seit vielen Monaten Menschen gegenüber in mir war«[74].

Die Kriegserklärung Österreich-Ungarns an Serbien vom 28. Juli lieferte ihm eine Rechtfertigung dafür, vorerst in Prag zu bleiben. »Meine Unfähigkeit, zu denken, zu beobachten, festzustellen, mich zu erinnern, zu reden, mitzuerleben wird immer größer, ich versteinere, ich muß das feststellen. Meine Unfähigkeit wird sogar im Bureau größer. Wenn ich mich nicht in einer [sic] Arbeit rette, bin ich verloren.«[75] Der Entschluß, sich in eine Arbeit »zu retten«, wurde ihm gewiß durch die Mitteilung erschwert, *Die Neue Rundschau* werde *Die Verwandlung* nur veröffentlichen können, wenn er die Erzählung um die Hälfte kürzte – das erschien ihm völlig undenkbar.

Bei der Generalmobilmachung am 31. Juli wurden seine beiden Schwäger einberufen, und Elli zog mit ihren zwei Kindern in Kafkas Zimmer. Da sich Valli mit ihrem Kind noch bei den Schwiegereltern in einer Kleinstadt östlich von Prag aufhielt, konnte Kafka am 3. August ihre Wohnung in der Bilekgasse beziehen.

DER PROZESS

Der Name Josef K. taucht zum ersten Mal am 29. Juli 1914 in Kafkas Tagebuch auf: »Josef K., der Sohn eines reichen Kaufmanns, ging eines Abends nach einem großen Streit, den er mit seinem Vater gehabt hatte – der Vater hatte ihm sein liederliches Leben vorgeworfen und dessen sofortige Einstellung verlangt – ohne bestimmte Absicht . . . in das Haus der Kaufmannschaft.« Der Türhüter dort verneigt sich tief vor ihm, der ihn nur flüchtig und grußlos ansieht. Bei sich denkt Josef: »Diese stummen untergeordneten Personen machen alles, was man von ihnen voraussetzt . . . Denke ich, daß er mich mit unpassenden Blicken beobachtet, so tut er es wirklich.«[1] Unmittelbar auf dies in der dritten Person verfaßte Fragment folgt ein weiteres als Ich-Erzählung: Ein Angestellter soll entlassen werden, weil er – nach fünfjähriger Betriebszugehörigkeit – einen Fünf-Gulden-Schein gestohlen hat, um mit seinem Mädchen ins Theater zu gehen; dabei hätte er drei Tage später ohnehin sein Gehalt bekommen.

Als am 6. August die Artillerie über den Graben zog, wurde sie mit Blumen und begeisterten Zurufen begrüßt. Kafka aber fühlte sich elend und ausgelaugt.

> Ein leeres Gefäß, noch ganz und schon unter Scherben oder schon Scherbe und noch unter den Ganzen. Voll Lüge, Haß und Neid. Voll Unfähigkeit, Dummheit, Begriffsstutzigkeit . . . Ich entdecke in mir nichts als Kleinlichkeit, Entschlußunfähigkeit, Neid und Haß gegen die Kämpfenden, denen ich mit Leidenschaft alles Böse wünsche . . . Der Sinn für die Darstellung meines traumhaften innern Lebens hat alles andere ins Nebensächliche gerückt,

> und es ist in einer schrecklichen Weise verkümmert und hört nicht auf zu verkümmern. Nichts anderes kann mich jemals zufriedenstellen.[2]

Mißmutig blickte er auf die patriotischen Umzüge und lauschte zynisch den Reden und Heilrufen auf den Kaiser. Endlich hatten jüdische Handelsleute wieder einmal Gelegenheit, ihre nationalistischen Gefühle zu pflegen. Kafka zog sich aufs Schreiben zurück, und sobald er mit der Arbeit am *Prozeß* begann, hatte sein »regelmäßiges, leeres, irrsinniges junggesellenmäßiges Leben« wieder »eine Rechtfertigung«[3]. Endlich war es ihm gelungen, sich von der Familie zu lösen, nicht länger verschwendete er seine Energie auf private Korrespondenz. Am 29. August schrieb er: »Ich darf mich . . . nicht verlassen, ich bin ganz allein«[4], und ging dann mit sich selbst ins Gericht, weil es ihm nicht gelungen war, in der Nacht ein Kapitel weiterzuschreiben, das er so »schön« begonnen hatte. Am nächsten Tag notierte er ins Tagebuch: »Kalt und leer. Ich fühle allzusehr die Grenzen meiner Fähigkeit, die, wenn ich nicht vollständig ergriffen bin, zweifellos nur eng gezogen sind.«[5]

Die erst im Entwurf vorhandenen Bilder für den Roman gehen zurück auf seine Erfahrungen mit Felice. Kafka hatte befürchtet, er selbst werde ihr Ansprüche auf seine Person zugestehen, die ihn an der Verwirklichung seiner schriftstellerischen Aufgabe hindern könnten. Die Symbolwelt der von ihm nach der Verlobungsfeier verfaßten Erzählfragmente, in denen es um Fesselung und Überwachung geht, wird im ersten Kapitel des Romans weiterentwickelt: Josef K. erfährt, er habe sich als verhaftet zu betrachten, müsse aber auf seinen Prozeß noch warten. Diese paradoxe Verbindung von Freiheit und Einengung ist eine der psychischen Grunderfahrungen Kafkas: Praktisch sein Leben lang hatte er sich weder wirklich frei gefühlt – die Köchin, die ihn zur Schule begleitete, hätte ebensogut eine Gefängniswärterin sein können – noch ganz als Gefangener, doch hatte ihn diese Ambivalenz nie so stark bedrückt wie in den Wochen seiner Verlobung mit Felice. Sie betrachtete er als Erzfeindin seiner Freiheit, seiner »freien« Schreib-Zeit.

Es ist eine seltsame Koinzidenz, daß Kafkas Berliner Hotel gerade Askanischer *Hof* hieß – was lag da, für ihn, näher, als die Zusammenkunft mit Felice, Grete, Erna und Weiß »Gerichtshof« zu nennen. »Sie saßen zwar im Askanischen Hof als Richterin über mir«[6], schrieb er an Grete, aber für ihn war es ja nichts Neues, daß der Hauptankläger zugleich die Rolle des Richters spielte, wie der Vater im *Urteil*. Auch bei dem Flüstern und Lachen mit Ottla im Badezimmer und den Gesprächen, die der Vater als Anschläge »frecher Verschwörer« brandmarkte, ging es in Wirklichkeit stets um »diesen schrecklichen Prozeß, der zwischen uns und Dir schwebt, in allen Einzelheiten, von allen Seiten, bei allen Anlässen, von fern und nah . . . diesen Prozeß, in dem Du immerfort Richter zu sein behauptest, während Du, wenigstens zum größten Teil . . . ebenso schwache und verblendete Partei bist wie wir«[7].

Kafka hat stets Partei gegen sich selbst ergriffen. Im Askanischen Hof, erklärte er Grete, habe es nur so ausgesehen, als sei sie die Richterin, »in Wirklichkeit saß ich auf Ihrem Platz und habe ihn bis heute nicht verlassen«[8]. Und im ersten Kapitel des *Prozeß* heißt einer der Wächter, die Josef K. verhaften und ihm mitteilen, sie stünden ihm »jetzt wahrscheinlich von allen Ihren Mitmenschen am nächsten«[9], Franz.

Gleich der erste Satz des Romans macht klar, daß Josef K. sich nichts hat zuschulden kommen lassen – auch die Wächter wissen nicht, was man ihm zur Last legt. Vermutlich besitzt die Anklage nicht mehr Bedeutung, als er ihr beimißt: zu Frau Grubach, seiner Vermieterin, sagt er ausdrücklich: »Hätte ich vernünftig gehandelt, so wäre nichts weiter geschehen.«[10] Auch die Beschuldigungen seines Vaters konnten Kafka nur insoweit schaden, als er sie anerkannte.

Wie der Josef K. im Fragment, und ähnlich Karl Roßmann im *Verschollenen*, ist der Josef K. im *Prozeß* ein Meister in der Kunst, sich die Schlinge selbst um den Hals zu legen. Im traumähnlichen zweiten Kapitel des Romans gibt er sich die größte Mühe, zum Verhör zu erscheinen, obwohl er ebensogut hätte fernbleiben können, denn man hatte ihm weder eine Zeit noch einen genauen Ort genannt. Kaum aber steht er vor dem Untersuchungsrichter, prangert der bis dahin umgängliche, ja beflissene Mann die Methoden der Behörden an, und »beraubt« sich durch sein ganzes Auftreten »des Vorteils . . ., den ein Verhör für den Verhafteten in jedem Falle bedeutet«[11]. Josef K.s trotzige Beredsamkeit wirkt wie eine groteske Kompensation von Kafkas Unvermögen, beim »Gerichtshof« im Hotel etwas Zusammenhängendes vorzubringen: Als Kafka Freunden die ersten Seiten vorlas, konnte er sich vor Lachen kaum halten.

Der Roman blieb nicht ohne Rückwirkungen auf seine Beziehung zu Felice. Als er ihr nach dreimonatigem Schweigen wieder schrieb – den Brief vorher durch ein Telegramm ankündigend –, erläuterte er seinen inneren Konflikt mit den Worten: »Es waren und sind in mir zwei, die miteinander kämpfen. Der eine ist fast so wie Du ihn wolltest, und was ihm zur Erfüllung Deines Wunsches fehlt, das könnte er durch weitere Entwicklung erreichen.«[12] (Auch hier widerspricht er seiner früheren Behauptung, man könne Menschen nicht ändern.) Der andere aber, fuhr er fort, denke nur ans Schreiben, »der Tod seines besten Freundes würde sich ihm zuallererst als ein wenn auch vorübergehendes Hindernis der Arbeit darstellen«[13], doch werde der erste den zweiten keinesfalls besiegen können, sondern ihm notfalls helfen und nicht anders sein wollen als er.

Kafka sah nach wie vor seine Chance, sich je frei zu fühlen, in der Literatur. Und wenn es mit dem Schreiben nicht klappen wollte, war sein ganzes Inneres stumpf und wie tot. So wie am 1. September, als er vermerkt, er habe in »gänzlicher Hilflosigkeit kaum zwei Seiten geschrieben . . . trotzdem ich gut geschlafen hatte«[14].

Kafka wurde zwar gemustert, aber als Beamter eines staatsnotwendigen Instituts vom Waffendienst befreit. Dennoch bedrückten ihn Gedanken an den Krieg, »in der quälenden Art, mit der sie mich in den verschiedensten Richtungen zerfressen, ähnlich den alten Sorgen wegen F. Ich bin unfähig, Sorgen zu tragen, und bin vielleicht dazu gemacht, an Sorgen zugrunde zu gehn«[15].

Die russische Armee rückte auf Ostpreußen vor, nachdem Österreich-Ungarn am 6. August Rußland und am 12. August England und Frankreich Österreich-Ungarn den Krieg erklärt hatten. Als Kafka am 13. September wieder einmal nicht mehr als zwei Seiten zustande gebracht hatte, schrieb er: »Zuerst dachte ich, die Traurigkeit über die österreichischen Niederlagen und die Angst vor der Zukunft«[16] seien der Grund dafür, doch später kam er zu dem Ergebnis, es liege an seinem »Dumpfsein«. Ständig grübelte er über den Wert seines Lebens nach und fragte sich, ob er überhaupt ein Recht zum Weiterleben habe. Das Leben anderer stellte er nie in dieser Weise in Frage. Anfang Oktober, als er eine Woche Urlaub genommen hatte, um den Roman voranzutreiben, nach mehreren Tagen aber immer noch nicht recht weitergekommen war, überlegte er, ob diese drei »vertanen« Tage schon den Schluß zuließen, daß er eben nicht würdig sei, ohne Büroarbeit zu leben.

Nachdem er sich eine weitere Woche »geprüft« hatte – er verlängerte seinen Urlaub und blieb an den meisten Tagen bis fünf Uhr morgens, einmal sogar bis halb acht, am Schreibtisch –, setzte er die Selbstbestrafung zur Bewährung aus. Er dachte zwar nach wie vor an Selbstmord, aber immerhin hatte er, trotz ständiger Kopfschmerzen, einiges geschrieben und nicht nur aufschlußreiche Einblicke in seine persönliche Lage gewonnen, sondern auch gelernt, Selbstmordneigungen und Spekulationen darüber, wie ein Leben nach dem Tode aussehen könnte, falls das Bewußtsein erhalten bliebe, künstlerisch umzusetzen: Das letzte Kapitel des *Verschollenen*, das Brod (der den Roman übrigens später in *Amerika* umtaufte) mit der Überschrift »Das Naturtheater von Oklahoma« versah, entstand Anfang Oktober, und es ist weit allegorischer als irgendein vor diesem Zeitpunkt geschriebener Teil des Romans.

Am 15. Oktober erhielt Kafka überraschend einen Brief von Grete Bloch, in dem sie andeutet, eine Heirat mit Felice sei immer noch nicht ausgeschlossen. Allen unangenehmen Erinnerungen zum Trotz fand er diese Aussicht einen Moment lang verlockend, fühlte er sich gedrängt, die ausgestreckte Hand zu ergreifen. Aber er war doch der Ansicht, es sei für alle drei die beste Lösung, den Briefwechsel ein für alle Male zu beenden, und formulierte eine ablehnende Antwort – zugleich wissend, daß es so nicht enden würde. Schließlich hatte er zwei Monate lang mit Erna korrespondiert – und dabei von ihrer Schwester Felice geträumt wie von einer Toten. Jetzt aber war sie »wieder der Mittelpunkt des Ganzen. Sie stört wohl auch meine Arbeit.«[17] Drei Wochen lang schrieb er fast nichts. Ungeduldig erwartete er Gretes Antwort. Als sie jedoch eintraf, wußte er nicht, wie er darauf reagieren sollte. »Gedanken so gemein, daß ich sie gar nicht aufschreiben kann . . . Vor Traurigkeit vollständig unfähig.«[18]

Anfang November kam Kafkas Schwager Josef Pollak mit einer Verwundung an der Hand auf Genesungsurlaub nach Hause und berichtete, er habe den Krieg wohl nur dank eines Maulwurfs überlebt: Als er ihn im Schützengraben unter sich wühlen sah, nahm er das als Fingerzeig Gottes, von jener Stelle wegzurücken.

> Kaum war er fort, traf ein Schuß einen Soldaten, der ihm nachgekrochen war und sich jetzt über dem Maulwurf befand. – Sein Hauptmann. Man sah deutlich, wie er gefangengenommen wurde. Am nächsten Tag fand man ihn aber nackt, von Bajonetten durchbohrt, im Wald. Wahrscheinlich hatte er Geld bei sich, man

hatte ihn durchsuchen und berauben wollen, er aber hatte, »wie die Offiziere sind«, sich nicht freiwillig anrühren lassen.[19]

Von seinem Schwager erfuhr Kafka auch, man habe Soldaten zur Bestrafung an Bäume gebunden, bis sie vor Kälte blau anliefen. Solche Kriegsberichte haben vielleicht die Erzählung *In der Strafkolonie* mit beeinflußt, die er Ende November beendete. Durch die Dreyfus-Affäre und die deutsche Kriegspropaganda hatte er wahrscheinlich von den Strafkolonien in Französisch-Guayana und auf der Teufelsinsel gehört. Kafka las die Erzählung am 2. Dezember Brod, Werfel und Pick vor. »Nicht ganz unzufrieden, bis auf die überdeutlichen unverwischbaren Fehler.«[20]

Gleichzeitig hatte er am *Prozeß* und an einem Kapitel des *Verschollenen* gearbeitet. Identität, Bürokratie und Provinzialismus sind dabei drei ganz zentrale Problemkomplexe in Kafkas Romanen. Unzufrieden mit dem, was er in der Vergangenheit zur Bestätigung und Stärkung seines Ichs tun konnte, möchte Karl Roßmann – sei es im Leben oder nach dem Tode – einen Ort finden, wo diese Dinge keine Rolle spielen. Als er ein Plakat des »Naturtheaters von Oklahoma« sieht, auf dem es heißt, das Theater engagiere jeden, der sich meldet, ist er nicht darauf gefaßt, daß man ihn nach Papieren oder seinem früheren Leben fragt, aber genau das geschieht. Er nennt einfach einen falschen Namen – und die Antworten, die er auf die Fragen gibt, werden auch nicht überprüft. Auf ganz ähnliche Weise wird K. im *Schloß* sich als Landvermesser ausgeben. Den Führer der Theatertruppe lernt Karl nicht kennen; wie Josef K. wird er auf der Beamten- und Angestelltenebene von Leuten mit eindrucksvoll klingenden Titeln abgefertigt.

Vor allem weil er die Abneigung seines Vaters zum Großteil verinnerlicht hatte, war Kafka äußerst verwundbar gegenüber jedem auch nur vermuteten Angriff auf seine Person. Für ihn sind wie für Garcin in Sartres Stück *Bei geschlossenen Türen* die anderen die Hölle – *l'enfer c'est les autres*. Im dritten Kapitel vom *Prozeß* erlaubt die Frau des Gerichtsdieners, daß K. – Kafkas Identifizierung mit ihm scheint stärker, wenn er den Vornamen Josef nicht benutzt – sich die Bücher auf dem Tisch des Untersuchungsrichters ansieht. Alles in diesem Zimmer ist schmutzig, und die Folianten enthalten nicht Pandekten, sondern Pornographie.

Gefühlsmäßig beneidete Kafka seinen Vater um dessen Selbstsicherheit und Tüchtigkeit, während er vom Verstand her mehr Wert auf die intellektuellen Eigenschaften legte, die er besaß und die dem Vater fehlten. Unberücksichtigt bei einer solchen Analyse bleibt die Sexualität, die dafür im Roman immer wieder in den Vordergrund gerückt wird. So unterbricht im zweiten Kapitel ein Kreischen die Untersuchung: Ein Mann, der eine Frau an sich drückt, stößt es aus. Dieselbe Frau bietet sich später K. an, der sie trotz seines Verdachts, sie könnte ihn »für das Gericht einfangen« wollen, begehrenswert findet. Sie verspricht K., sich ihm hinzugeben, fügt aber hinzu, sie müsse zuvor mit Bertold – jenem krummbeinigen Studenten, der sie vorhin im Sitzungssaal umarmt hat und der jetzt die beiden nicht aus den Augen läßt – sprechen.

Diese Stelle bildet eine deutliche Parallele zu Kafkas eigener ersten sexuellen Erfahrung. K., der zusehen muß, wie der Student die Frau umarmt, geht ungeduldig und betont geräuschvoll im Zimmer auf und ab. Jeder der beiden Rivalen möchte den anderen am liebsten fortschicken, doch Bertold sitzt am längeren Hebel, da er, wie die Frau behauptet, im Auftrag des Untersuchungsrichters gekommen ist, der sie gleichfalls begehrt. Die ganze Szene hat, wie das Interesse K.s an dieser Frau, eine unverkennbar ödipale Komponente und erinnert an Gustav Klimts »Jurisprudenz« genannten Entwurf zu einem Deckengemälde für den Festsaal der neuen Wiener Universität, auf dem die Rebellion gegen die Autorität des Rechts im Ansatz gleichfalls ödipal interpretiert erscheint: Die Fangarme eines Mollusken, der an eine Gebärmutter denken läßt, umschlingen das Opfer, einen gebeugten, hoffnungslosen älteren Mann, der ebenso hilflos ist wie ein Fötus. Die ihn wollüstig und gleichgültig zugleich umringenden drei Furien sind weit größer dargestellt als die Richter, die lediglich durch macht- und körperlose welke Köpfe repräsentiert werden.

Der Untersuchungsrichter im *Prozeß* ist »ein kleiner, dicker, schnaufender Mann«, und Josef K. möchte ihm nur zu gern die Frau abspenstig machen. Später, im Arbeitszimmer des Advokaten Dr. Huld, wird K. ein großes Bild von einem Mann im Richtertalar sehen, der auf einem hohen Thronsessel sitzt. Seine imposant dargestellte Erscheinung entspricht nicht der Wirklichkeit, denn er ist, wie Leni sagt, »fast winzig klein«.

Als die Frau im Sitzungszimmer schließlich zuläßt, daß Bertold sie davonträgt, zum Untersuchungsrichter, wie sie sagt, sieht K. ein,

»daß das die erste zweifellose Niederlage war, die er von diesen Leuten erfahren hatte. Es war natürlich kein Grund, sich deshalb zu ängstigen, er erhielt die Niederlage nur deshalb, weil er den Kampf aufsuchte. Wenn er zu Hause blieb und sein gewohntes Leben führte, war er jedem dieser Leute tausendfach überlegen und konnte jeden mit einem Fußtritt von seinem Weg räumen.«[21]

Hier liegt der Kafka, der schreiben will und muß, im Widerstreit mit dem Kafka, der gern verlobt wäre. Während die Frau auf den Dachboden getragen wird (ein überraschender Aufenthaltsort für einen Untersuchungsrichter), winkt sie Kafka zu – wie Felices Eltern ihm nachgewunken haben oder damals, vor gut einem Jahrzehnt, das Ladenmädchen.

K.s erste Begegnung mit Leni trägt noch deutlichere ödipale Züge. Sein Onkel Karl, eine übermächtige Vaterfigur, bringt ihn zu seinem früheren Schulkameraden, dem invaliden Advokaten Albert Huld, den ein Mädchen mit puppenförmig rundem Gesicht pflegt. Gerade stattet der Kanzleidirektor, dem Josef K.s Fall anvertraut ist, Huld einen Besuch ab; er scheint K. freundlich gesonnen, wie auch der einflußreiche Huld hilfsbereit wirkt. Da hört man aus dem Vorzimmer Lärm wie von zerbrechendem Porzellan, und K. geht hinaus, um nachzusehen, was es gibt. Er stellt fest, daß Leni einen Teller an die Wand geworfen hat, um ihn herauszulocken. Als er endlich zurückkehrt, ist der Kanzleidirektor schon fort, und der Onkel wartet vor Wut schnaubend in seinem Auto auf ihn. »Wie konntest du nur das tun? Du hast deiner Sache, die auf gutem Wege war, schrecklich geschadet. Verkriechst dich mit einem kleinen, schmutzigen Ding, das überdies offensichtlich die Geliebte des Advokaten ist, und bleibst stundenlang weg.«[22] K. hat eine neue Liebesbeziehung angeknüpft um den Preis, drei machtvolle Vaterfiguren gegen sich aufgebracht zu haben.

Nachdem er den größten Teil des Novembers hindurch ziemlich viel geschrieben hatte, glaubte Kafka, an eine Grenze gestoßen zu sein. »Ich bin an der endgültigen Grenze, vor der ich vielleicht wieder jahrelang sitzen soll, um dann vielleicht wieder eine neue, wieder unfertig bleibende Geschichte anzufangen. Diese Bestimmung verfolgt mich. Ich bin auch wieder kalt und sinnlos, nur die greisenhafte Liebe für die vollständige Ruhe ist geblieben.«[23] Trotzdem schreibt er weiter, und im Dezember entsteht das Kapitel mit der berühmten »Türhüterlegende«.

K. hat mittlerweile erfahren: Noch nie wurde jemand vor dem Gericht freigesprochen, noch nie wurden dessen abschließende Entscheidungen veröffentlicht, und günstigstenfalls kann er auf einen – vorläufigen – Freispruch oder eine Verschleppung hoffen. Ein Prediger teilt Josef K. von der Kanzel des Doms herab mit, es stehe schlecht um seinen Prozeß, man erwäge einen Schuldspruch. K. diskutiert daraufhin mit ihm über die Frage, ob alle Menschen schuldlos oder schuldig sind, und meint: »Wir sind hier doch alle Menschen, einer wie der andere.« Da steigt der Priester von der Kanzel herab und erzählt ihm die Türhüterlegende, die Geschichte des Mannes vom Lande, der um Einlaß bittet in das Gesetz. »Aber der Türhüter sagt, daß er ihm jetzt den Eintritt nicht gewähren könne. Der Mann überlegt und fragt dann, ob er also später werde eintreten dürfen. ›Es ist möglich‹, sagt der Türhüter, ›jetzt aber nicht.‹« Er besorgt dem Mann einen Schemel, und dieser wartet Tage und Jahre, erkundigt sich immer wieder, ob er nun eintreten dürfe, versucht sogar, den Türhüter zu bestechen, nie aber, den Weg ins Innere an ihm vorbei zu erzwingen, denn er fürchtet sich vor dem Türhüter in seinem Pelzmantel, mit der großen Spitznase und dem langen, dünnen, schwarzen Tatarenbart. Außerdem haben dessen Berichte von noch weit mächtigeren Türhütern ihn tief beeindruckt. Unmittelbar vor seinem Tode, als ihm klar wird, daß in all den Jahren niemand außer ihm selbst an dieser Tür Einlaß begehrt hat, erhält er als Antwort auf seine entsprechende Frage: »Hier konnte niemand sonst Einlaß erhalten, denn dieser Eingang war nur für dich bestimmt. Ich gehe jetzt und schließe ihn.«[24]

Wie der Priester erklärt, gibt es keinen Grund zu der Annahme, daß der Türhüter lügt. Der Widerspruch zwischen seinen Worten am ersten und denen am letzten Tag ist nur scheinbar. Er kann bedeuten, daß das Tor zum Gesetz zugleich das Tor zum Tode ist, daß das Gesetz des Lebens dem des Todes entspricht, das Selbstmordverbot es aber dem Manne verwehrt, den Augenblick selbst zu bestimmen – er wird ihm zudiktiert. Das ist seine Strafe, auch wenn er sich nichts hat zuschulden kommen lassen. Freispruch ist nicht vorgesehen.

Das Gebäude, zu dem das Tor gehört, wird nicht näher beschrieben; wir erfahren lediglich: »Vor dem Gesetz steht ein Türhüter.« Was dieser über weitere Türhüter sagt, läßt jedoch vermuten, daß es sich um ein größeres Bauwerk handelt, vielleicht ein Schloß. In einigen kabbalistischen Parabeln ist die Rede von sieben Palästen in der höheren Welt, jeder bewacht von einer Vielzahl Türhüter. An der höchsten Stelle aber sitze Gott, umgeben von ehrfurchtgebietendem Geheimnis.

Auch der Ausdruck »ein Mann vom Lande« ist jüdischen Ursprungs, und aus Kafkas Tagebuch geht hervor, daß ihm der Begriff *am ha-Arez* vertraut war, der wörtlich »Landvolk« bedeutet und mit dem der religiös Ungebildete bezeichnet wird, jemand also, der keine Beziehung zum (mosaischen) Gesetz hat. Von daher besteht eine Gemeinsamkeit zwischen dem Mann vom Lande und dem Soldaten aus der einen Monat zuvor geschriebenen *Strafkolonie*, dem die Maschine, die ihn töten wird, zuvor das Gebot auf den Leib schreiben soll, das er unwissend gebrochen hat. Und im Eingangskapitel zum *Prozeß* hört K. vom Wächter Franz, die Behörde werde »wie es im Gesetz heißt, von der Schuld angezogen«, und auf K.s Erwiderung, er kenne dieses Gesetz nicht, erhält er die Antwort: »Sie werden es zu fühlen bekommen.«[25]

Was aber meint Kafka mit »Gesetz«? Für die Juden symbolisiert und repräsentiert die Thora, die fünf Bücher Mose, das kosmische, allgemeingültige Gesetz, von dem in der Kabbala, der jüdischen Mystik, gesagt wird, es habe schon vor der Erschaffung der Welt existiert. Es heißt, die göttlichen Geheimnisse ließen sich zum Teil durch Deutung der Thora enthüllen, und mit der Türhüterlegende erreichte Kafka, was er – in Ansätzen bereits im Kapitel über das Naturtheater und dann mit schon größerer Sicherheit in der *Strafkolonie* – angestrebt hatte: eine erzählerische Dramatisierung des Paradoxen. Aus dem Kontext ergibt sich eine Verbindung zwischen dem Gesetz und der Behörde, die K. anklagt, doch es scheint, als liege seine Schuld – falls er schuldig ist – zum Teil in seiner Unfähigkeit herauszubekommen, gegen welches Gesetz er verstoßen haben soll. Bereits bestehende Schuldgefühle werden durch Unsicherheit verstärkt, und so steuert das Verfahren geradewegs auf einen Schuldspruch zu. In einem Punkt läßt das Gesetz sich mit den Gesetzen der Juden gleichsetzen: Ihnen zufolge ist Josef K., wie auch Kafka, schuldig geworden, weil er keine Nachkommen gezeugt hat. (»Seid fruchtbar und mehret euch« lautet das göttliche Gebot.) Und außerdem ist es auch das der *conditio humana* innewohnende Gesetz, das uns alle zum Tode verurteilt. Darüber hinaus kann die Legende in der kabbalistischen Tradition gedeutet werden, die besagt, daß die Thora jedem einzelnen Juden ein eigenes Gesicht zuwendet, das nur für ihn und niemand anderen erkennbar ist. Daher hat ein Jude seinen wahren Daseinszweck erst erfüllt, wenn er dieses Gesicht wahrnimmt und begreift und es in die Überlieferung einordnen kann. In diesem Punkt ist sich der Chassidismus mit Kierkegaard einig: *Furcht und Zittern* verlangt, daß die Beziehung des einzelnen zum Absoluten persönlich und einzigartig zu sein hat.

Kafka fürchtete, er selbst sei ein »Mann vom Lande«, also ein *am ha-Arez* im überlieferten Sinne, jemand, der nie an den Hof des Königs gerufen würde und nie das Gesicht Gottes oder das ihm zugewandte Gesicht des Gesetzes erkennen werde. Weniger als ein Jahr zuvor hatte er es »Nicht-Narrheit« genannt, »vor der Schwelle, zur Seite des Einganges bettlerhaft zu stehen, zu verwesen und umzustürzen«. Hinter der Weiterentwicklung dieses Bildes in der Parabel steht Kafkas Angst, durch seine Unentschlossenheit paralysiert zu werden. Vielleicht wäre es töricht gewesen, den Hinweis des Türhüters auf weit schrecklichere Türhüter nicht ernst zu nehmen – die Nicht-Narrheit aber war noch schlimmer.

Kafkas Entschlossenheit, seine Vorstellungen in die Wirklichkeit umzusetzen, erklärt die Widersprüchlichkeit seiner Tagebucheintragung vom 30. November: Auf die Einsicht, geblieben sei nichts als die »greisenhafte Liebe für die vollständige Ruhe« folgt der Entschluß, Felice erneut für sich zu gewinnen – falls ihn nicht der Ekel vor sich selbst daran hinderte. Offensichtlich sah er nur zwei Möglichkeiten für sich: Selbstmord oder eine Ehe, die ihn als Schriftsteller lähmen könnte. Felices Vater war am 5. November plötzlich an einem Herzschlag gestorben, und als Erna, die eigentlich Weihnachten zusammen mit Kafka hatte verreisen wollen, ihm einen Monat später die Lage der Familie schilderte, warf er sich vor, Felice unglücklich gemacht und einen Keil zwischen die Schwestern getrieben zu haben. Er deutete den Tod des Vaters als ein Zeichen des Unheils, das er über die Familie Bauer gebracht habe.

Während noch die kleinsten Sorgen ihm größtes Kopfzerbrechen bereiteten, schreckte ihn der Tod nicht. Vorausgesetzt, die Schmerzen seien nicht zu groß, glaubte er, auf dem Sterbebett »sehr zufrieden« zu sein. Er meinte, das Beste, was er geschrieben hatte, habe seinen Grund »in dieser Fähigkeit, zufrieden sterben zu können«.

> An allen diesen guten und stark überzeugenden Stellen handelt es sich immer darum, daß jemand stirbt, daß es ihm sehr schwer

> wird, daß darin für ihn ein Unrecht und wenigstens eine Härte liegt ... Für mich aber ... sind solche Schilderungen im geheimen ein Spiel, ich freue mich ja in dem Sterbenden zu sterben, nütze daher mit Berechnung die auf den Tod gesammelte Aufmerksamkeit des Lesers aus, bin bei viel klarerem Verstande als er, von dem ich annehme, daß er auf dem Sterbebett klagen wird.[26]

Der Vater machte Franz, der ihn angeblich dazu überredet hatte, in die Asbestfabrik zu investieren, erneut Vorwürfe, weil diese ständig mit Verlust arbeitete. »Ging dann nach Hause und schrieb ruhig drei Stunden, im Bewußtsein dessen, daß meine Schuld zweifellos ist, wenn auch nicht so groß, wie sie der Vater darstellt.«[27]

Weihnachten verbrachte er mit dem jungen Ehepaar Brod im Hotel Morawetz in Kuttenberg. Das Fenster seines Zimmers ging, wie das der Mädchenkammer im elterlichen Hause, auf einen Korridor, und es fiel ihm schwer, dort zu schreiben. Unter ständigen Selbstvorwürfen und Entschlüssen, seine Zeit besser zu nutzen, dachte er an eine Erlösung, die praktisch Auslöschung bedeutete: »Aus diesem Heft wird sie nicht kommen, sie wird kommen, wenn ich im Bett bin, und wird mich auf den Rücken legen, so daß ich schön und leicht und bläulichweiß liege, eine andere Erlösung wird nicht kommen.«[28]

EXODUS

Wie die Monate September, Oktober und November des Jahres 1912 war auch der Zeitraum Juni bis Dezember 1914 ungeheuer produktiv gewesen. In den Jahren, die ihm blieben, würde sich dieses Muster stets wiederholen: Nach mehreren Monaten der Hyperaktivität schrieb Kafka jeweils zwei bis drei Jahre nichts.

Zu Beginn des Jahres widerstand er der Versuchung, eine neue Erzählung anzufangen. Schließlich hatte er weder den *Prozeß* und den *Verschollenen* noch die Erzählungen *Der Dorfschullehrer, Erinnerungen an die Kaldabahn* und *Der Unterstaatsanwalt* beendet. Er war zwar der Ansicht, eine wirklich gute Geschichte müsse ihre Struktur besitzen, lange bevor sie fertig ist, doch er wußte auch, daß Geschichten »ausbrechen« und »sich verlaufen« konnten, wenn er sie nicht »durch die Nächte jagte«.[1] Er versuchte weiterhin, nachmittags möglichst viel zu schlafen, um Kräfte für die Nachtarbeit zu sammeln, merkte aber, daß er überhaupt nicht schlafen konnte, wenn er länger als bis ein Uhr aufblieb, und ihm dann der ganze folgende Tag unerträglich war.

Als Karl Hermanns Bruder einberufen wurde, mußte Kafka nahezu jeden Nachmittag in die Asbestfabrik. »Die Gedanken an die Fabrik sind mein dauernder Versöhnungstag.«[2] Und Gedanken an ein Glück mit einer Frau – er hatte bei einer Lesung Brods eine anziehende junge Dame aus Lemberg gesehen – waren »ähnlich den Hoffnungen auf ein ewiges Leben. Von einer gewissen Entfernung aus gesehn, halten sie stand, und man wagt sich nicht näher.«[3] Schließlich legte er den *Dorfschullehrer* und den *Unterstaatsanwalt* doch beiseite und begann am 28. Januar mit einer neuen Erzählung. »Nun stehen vor mir vier oder fünf Geschichten aufgerichtet, wie die Pferde vor dem Zirkusdirektor Schumann bei Beginn der Produktion.«[4]

Die Arbeit in der Fabrik vermittelte ihm den Eindruck, in direktem Kontakt mit dem Erwerbsleben zu stehen, und das schadete seinem Schreiben ebenso wie damals seine Tätigkeit bei den Assicurazioni Generali. Außerdem hatte er Schuldgefühle wegen Ottla. »Ich habe sie wirklich unterdrückt, und zwar rücksichtslos, aus Nachlässigkeit und aus Unfähigkeit ... Wie viele ihrer Fähigkeiten zum Verkehr mit Menschen sind durch meine Schuld unausgenützt.«[5] Sie hielt sich seit einiger Zeit in Berlin auf, und er hoffte, daß sie sich dort – auch von ihm – gut erholen würde.

Als sein Schaffenseifer erlahmte – die nächste Periode der Hyperaktivität sollte erst im November 1916 einsetzen –, wurde der Wunsch in ihm stärker, Felice wiederzusehen, und am 24. Januar trafen sie sich, zum ersten Mal seit der Lösung des Verlöbnisses, in Bodenbach. Erneut hatte er in ihrer Gegenwart das Gefühl, auf eine gemeinsame Zukunft hoffen zu können, obwohl er nach wie vor darauf bestand, deren Mittelpunkt müsse das Schreiben sein, während sie mehr an eine behagliche Wohnung, ein geheiztes Zimmer, Schlafengehen vor elf Uhr abends und die Fabrik dachte, um die er sich ihrer Ansicht nach intensiver kümmern sollte. Sie stellte seine Uhr, »die seit einem viertel Jahr um eineinhalb Stunden vorausgeht, auf die wirkliche Minute ein«[6], nannte Elli und Valli »flach«, unterließ es, nach Ottla zu fragen, und verbreitete in den zwei Stunden, die sie mit Kafka allein war, nur Langeweile und Trostlosigkeit um sich. »Wir haben miteinander noch keinen einzigen guten Augenblick gehabt, währenddessen ich frei geatmet hätte.«[7] Damals in Zuckmantel hatte er geliebt und sich geliebt gefühlt; Felice gegenüber hatte er stets nur »grenzenlose Bewunderung, Untertänigkeit, Mitleid, Verzweiflung und Selbstverachtung«[8] empfunden.

Wenn er ihr vorlas, lag sie meist mit geschlossenen Augen stumm auf dem Kanapee. »Widerlich gingen die Sätze durcheinander, keine Verbindung mit der Zuhörerin.«[9] Beim Vortrag der Türhüterlegende aber zeigte sie sich interessiert und voller Aufmerksamkeit. Er hatte bereits die deutende Unterhaltung zwischen Josef K. und dem Geistlichen geschrieben, meinte aber, die Geschichte erst jetzt zu verstehen, während Felice sie sofort richtig erfaßt hatte. »Dann allerdings fuhren wir mit groben Bemerkungen in sie hinein, ich machte den Anfang.«[10]

Am folgenden Tag begann er einen Brief an sie – und sofort fühlte er sich ihr näher als jemals, wenn sie beieinander waren.

Ein Unglück ist es vielleicht, daß ich nicht streiten kann, ich erwarte etwa förmlich ein Aufblühn der Überzeugung, nach der ich verlange, von innen her, ... wir gehn friedlich nebeneinander her, aber unterdessen zuckt es zwischen uns, als ob jemand unaufhörlich die Luft zwischen uns mit einem Säbel zerschneiden würde.[11]

Nach seinem Treffen mit Felice hatte Kafka den Eindruck, dem Büroleben besser gewachsen zu sein. Auch brauchte er nicht mehr so häufig in die Fabrik zu gehen, da Karl Hermanns Bruder Rudl, der nun in Prag diente, täglich für ein bis zwei Stunden nach den Angestellten sehen konnte. Mit den Erzählungen aber kam er trotzdem nicht voran, sie heischten wie die Kunden in Josef K.s Bank seine Aufmerksamkeit immer gerade dann, wenn er so sehr mit seinen eigenen Angelegenheiten beschäftigt war, daß er gar nicht merkte, wie schlecht er sie behandelte. Nachdem er zwei Wochen lang nicht in der Lage gewesen war, etwas zu schreiben, begann Kafka mit der Erzählung, die später den Titel *Blumfeld, ein älterer Junggeselle* erhielt. Sie hatte zum Teil ihre Wurzeln in seiner Furcht vor jener Zukunft, die ihn erwarten würde, wenn er sich nicht mit Felice einigen konnte – und gefiel ihm selbst überhaupt nicht. Sie erschien ihm »böse, pedantisch, mechanisch auf einer Sandbank ein noch knapp atmender Fisch. Ich schreibe *Bouvard und Pécuchet*[12] sehr frühzeitig. Wenn sich die beiden Elemente – am ausgeprägtesten im ›Heizer‹[13] ... und in der *Strafkolonie* – nicht vereinigen, bin ich am Ende. Ist aber für diese Vereinigung Aussicht vorhanden?«[14]

Während der Zeit in Vallis Wohnung hatte er festgestellt, wieviel besser es sich allein, ohne Familie, leben ließ, und beschlossen, ein eigenes Zimmer zu mieten. Die Suche danach erschien ihm allerdings niederdrückender als damals die Suche nach einer Wohnung für sich und Felice. »Man muß glauben, daß sich die Leute unwissend oder mutwillig im Schmutz begraben ... sie fassen Schmutz, ich meine überladene Kredenzen, Teppiche vor dem Fenster, Photographienaufbaue auf den mißbrauchten Schreibtischen, Wäscheanhäufungen in den Betten, Kaffeehauspalmen in den Winkeln, alles dieses fassen sie als Luxus auf.«[15] Schließlich entschied er sich für ein Zimmer, das in eben dem Haus in der Bilekgasse lag, das auch Valli bewohnte. Zum großen Leidwesen seiner Wirtin stellte er als erstes das Schlagwerk der Uhr in seinem Zimmer ab – konnte aber wegen der dünnen

Wände das aus dem Nebenzimmer um so lauter hören. Wie rücksichtsvoll die Wirtin sich auch verhielt, wie wenig Zeit die anderen Mieter im Hause verbrachten, ständig hörte Kafka Türen öffnen und schließen, husten, die Türglocke läuten, flüsternde Unterhaltungen zwischen der Wirtin und den Mietern. »Zum Lesen, zum Lernen, zum Schlafen, zu nichts braucht man die Ruhe, die ich zum Schreiben brauche.«[16] Zwar war es in seinem neuen Zimmer weniger laut als in der elterlichen Wohnung, doch diese unvertrauten Geräusche störten ihn stärker. Obwohl die Wirtin, die ihn gern als Mieter behalten hätte, erklärte, sie werde vor der Tür seines Zimmers einen schweren Vorhang anbringen, erwog er gleich am ersten Tag, wieder auszuziehen, und tat es drei Wochen später tatsächlich. Tagelang hatte er unter Kopfschmerzen gelitten und, vor allem »aus eigener Unruhe«, nichts zustande gebracht, das ihn wirklich befriedigt hätte.

> Ich will mich quälen, will meinen Zustand immerfort verändern, glaube zu ahnen, daß in der Veränderung meine Rettung liegt, und glaube weiter, daß ich durch solche kleine Veränderungen, die andere im Halbschlaf, ich aber unter Aufregung aller Verstandeskräfte mache, mich auf die große Veränderung, die ich wahrscheinlich brauche, vorbereiten kann. Ich tausche gewiß eine in vielem schlechtere Wohnung ein.[17]

Es handelte sich dabei um ein angenehmes und bequemes Eckzimmer im fünften Stock des Hauses »Zum goldenen Hecht« in der Langen Gasse. Allerdings war darin der Lärm »etwa zehnmal größer . . . als in dem frühern, das aber im übrigen unvergleichlich schöner ist. Ich dachte unabhängig von der Lage und dem Aussehn des Zimmers zu sein. Aber das bin ich nicht.«[18] Von seinem Fenster aus konnte er ein großes Stück Himmel sehen, einen Teil der Altstadt mit der Teinkirche und auf der anderen Seite des Flusses den Laurenziberg. Die Morgensonne schien ungehindert in sein Zimmer, da die meisten Häuser ringsherum weit niedriger waren. Schon am frühen Morgen hörte er die Fuhrwerke auf der Straße rollen, und Stille trat gewöhnlich erst nach elf Uhr abends ein. Er fühlte sich unfähig zur Arbeit und in Gefahr, »alles im letzten halben Jahr mühselig Erworbene zu verlieren«[19]. Am 16. März nahm er sich erneut den *Unterstaatsanwalt* vor und versuchte auch am folgenden Tag, weiter daran zu arbeiten, wurde jedoch durch die lärmende

Unterhaltung einer Gesellschaft nebenan oder unter ihm gestört. »Ein wenig mit dem Lärm gekämpft, dann mit förmlich zerrissenen Nerven auf dem Kanapee gelegen.«[20]

Außerdem dröhnte der Motor des Aufzugs durch die Bodenräume über seinem Zimmer, als habe jemand einen »zwecklosen Lärmapparat aufgestellt, der die Illusion eines Kegelspiels erzeugt. Eine schwere Kugel rollt schnell geschoben über die ganze Länge der Zimmerdecke, trifft in der Ecke auf und rollt schwerfällig krachend zurück.«[21] Er ließ sich aus Berlin Ohropax schicken, »eine Art Wachs von Watte umwickelt. Es ist ... lästig, sich schon bei Lebzeiten die Ohren zu verstopfen.«[22]

Er fühlte sich schuldig, weil er nicht eingezogen worden war, konnte es aber andrerseits auch nicht über sich bringen, sich freiwillig zu melden. In der Armee hätte er sich einfach fehl am Platze gefühlt – was nicht bedeutet, daß er sich in Prag am Platze fühlte. Felice wollte er jedoch auf keinen Fall in seinen Kampf gegen sich selbst mit hineinziehen und erklärte: »Ehe man das Recht auf einen Menschen fühlt und hat, muß man entweder weitergekommen sein als ich oder den Weg, den ich meinen Kräften suche, gar nicht machen.«[23]

Im April begleitete er seine Schwester Elli nach Nagy Mihály in Ungarn, wo ihr Mann diente; doch Anfang Mai fühlte er sich wieder apathisch, lethargisch und völlig kraftlos. »Die Gegenwart ist gespenstisch, ich sitze nicht am Tisch, sondern umflattere ihn.«[24] Als bestes Mittel gegen seine Depression erwies sich Strindberg-Lektüre. »Ich lese ihn nicht, um ihn zu lesen, sondern um an seiner Brust zu liegen. Er hält mich wie ein Kind auf seinem linken Arm.«[25]

Ein Grund für Kafkas Frustration in Phasen schriftstellerischer Untätigkeit war, daß Schreiben ihm die Illusion vermittelte, Schritt für Schritt dem von ihm angestrebten Ziel näherzukommen. Er wollte vom Leser so verstanden werden, wie er sich selbst sah. »Überlegung des Verhältnisses der andern zu mir. So wenig ich sein mag, niemand ist hier, der Verständnis für mich im ganzen hat. Einen haben, der dieses Verständnis hat, etwa eine Frau, das hieße Halt auf allen Seiten haben, Gott haben. Ottla versteht manches, sogar vieles, Max, Felix manches, manche wie E. [Erna Bauer] verstehn nur einzelnes, aber dieses mit abscheulicher Intensität, F. versteht vielleicht gar nichts.«[26]

Was nicht heißt, daß ihn ihr erneutes, fortgesetztes Schweigen nicht beunruhigte. Plötzlich schien sie keine Zeit mehr für ihn zu haben. Er erinnerte sie an die verzweifelten Briefe, die er ihr geschrieben hatte. »Glaube mir, ich bin im Grunde gar nicht weit entfernt davon, sie gleich jetzt wieder zu schreiben. Auf der Spitze meiner Feder lauern sie. Sie werden aber nicht geschrieben.«[27]

Pfingsten verbrachte Kafka mit Felice, deren Freundin Erna Steinitz[28] und Grete Bloch in der Böhmischen Schweiz. Kafka wurde während der ganzen Zeit das Gefühl nicht los, er und Felices Verlobter seien eigentlich zwei verschiedene Männer, die aber im Zug zurück nach Prag »förmlich auf einem Platze saßen«. Der Bräutigam sei »ganz an F. verloren, Du hättest ihn sehen sollen, wie er die lange Fahrt über im Flieder (niemals sonst nimmt er etwas Derartiges mit) die Erinnerung an F. und an ihr Zimmer suchte«[29]. Auch noch am nächsten Tag schrieb er in der dritten Person von sich: »Sieh, er sagt, daß ihm bange ist . . . zwei Tage aber erzeugen schon Verbindungen . . . er bittet um die Heidelbeer-Photographie, will Auskunft über die Zahnschmerzen haben und wartet sehr ungeduldig auf eine Nachricht.«[30] Kafka erklärte, er werde »im Gegensatz zu dem Obigen bald mit ihr an die Ostsee fahren, sollte er beim Militär doch nicht genommen werden«[31]. Die Postkarte klingt recht munter, und Kafka behauptet ausdrücklich, nicht unglücklich zu sein – schreibt jedoch in sein Tagebuch: »Gehe zugrunde. So sinnlos und unnötig zugrunde zu gehn.«[32]

Unter Depressionen zu leiden, war er ja gewohnt, aber nachdem die Familie nicht mehr Angelpunkt seines Daseins war und er weder seine Beziehung zu Felice zu festigen noch seine Ängste literarisch zu fassen vermochte, hatte er einen neuen Tiefpunkt der inneren Qual und Selbstverachtung erreicht. Die Musterungskommission hatte ihn nicht – wie er es sich gewünscht hatte – für tauglich erklärt. Im Juni traf er in Karlsbad mit Felice zusammen und fand es nach seiner Rückkehr in Prag unerträglich. »Ich mußte weg, es drängte mich weg, und da auch Schlaflosigkeit und was damit zusammenhängt mich wegtrieben, gab ich nach.«[33] Am liebsten wäre er nach Wolfgang am See gefahren, doch da ihn die siebzehnstündige Bahnfahrt dorthin schreckte, entschied er sich für ein Sanatorium in der Nähe von Rumburg in Nordböhmen. »Meine Hauptkrankheit ist – ich weiß nicht – Ungeduld oder Geduld.«[34]

Ende Juli hatte er vorübergehend etwas Ruhe gefunden. »Große, schöne Wälder. Ein einfaches, hügeliges, aber noch nicht bergiges Land, so ist es für meinen augenblicklichen Zustand gerade recht.«[35]

In einem Brief an Felice überlegte er, warum er eigentlich in ein Sanatorium gefahren sei, da er doch »von der Narrheit dessen überzeugt« war. »Gibt es dort etwa keine Nächte? Noch ärger, dort sind auch die Tage die Nächte.«[36]

Er malte sich aus, wie er, nach Prag zurückgekehrt, halb verrückt an nichts als an sein oder ihrer beider Unglück denken und weder im Büro noch sonst im Gespräch »mehr als das Alleroberflächlichste« begreifen würde, »und dieses nur unter allen Schmerzen und Spannungen des Kopfes«[37]. Er fing an, Felice so zu behandeln, wie sie ihn früher behandelt hatte, das heißt, er schrieb ihr nicht oder kündigte in einem Telegramm oder auf einer Postkarte einen Brief an, den er dann erst sehr viel später als versprochen abschickte. Weiter in Prag zu leben, erschien ihm sinnlos. Obwohl gar nicht in der Lage, sich auf andere zu konzentrieren, war es ihm ein Greuel, in einem Raum allein zu bleiben; und trotz seiner Schlaflosigkeit erschien ihm der Schlaf nicht verlockender, weil ihn dann wilde Träume plagten. Am schlimmsten war das Bewußtsein, daß in dem Maße, wie die Zeit davonlief, immer weniger Anlaß zu Optimismus bestand. Gab es überhaupt etwas, das seine Lage zu bessern vermochte? Selbst wenn Felice zu ihm nach Prag käme, würde das nur einige der Probleme lösen – und auch die nur um den Preis, daß andere verschärft würden. In seinen Briefen an sie wechselte er nach wie vor zwischen der ersten und der dritten Person hin und her, doch wirkte dies Mittel jetzt verzweifelter und schien einen höheren Grad innerer Zerrissenheit anzudeuten. »Er ist im Fieber, vollkommen unbeherrscht und zerstreut ... Ich konnte ihm schließlich darin nicht Unrecht geben, wenn er nicht schreibt. Richtet er mit dem Schreiben nicht mehr Kummer an als mit Schweigen?«[38]

Von Mai bis September ging es ihm besonders schlecht. Er war »aus aller Regelmäßigkeit des Schreibens gekommen«[39]. Außer einer aus zwei Zeilen bestehenden Tagebucheintragung am 27. Mai notierte er mehrere Monate lang nichts. Dann, am 13. September, begann er plötzlich mit einem neuen Tagebuch, das er jedoch als »nicht so notwendig wie sonst« bezeichnete. Kopfschmerzen und Schlaflosigkeit quälten ihn nicht weniger als zuvor, und Mitte September litt er an einer für ihn neuen Art von Kopfschmerz: kurze stechende Schmerzen oberhalb und seitlich der Augen.

Er ging nicht zum Kol Nidre in die Synagoge, war aber keineswegs der Ansicht, Gottes Zorn könne ihm nichts anhaben, sondern nannte es geradezu »selbstmörderisch, nicht in den Tempel zu gehn«[40]; zur gleichen Zeit modifizierte sich seine immer wiederkehrende Vorstellung, ein Schlachtermesser schneide ihn in Stücke: Nun war er es selbst, der das Messer führte.

> Die ergiebigste Stelle zum Hineinstechen scheint zwischen Hals und Kinn zu sein. Man hebe das Kinn und steche das Messer in die gestrafften Muskeln ... Man erwartet dort ein großartiges Ausströmen des Blutes zu sehn und ein Flechtwerk von Sehnen und Knöchelchen zu zerreißen, wie man es ähnlich in den gebratenen Schenkeln von Truthähnen findet.[41]

Er verarbeitete diese selbstmörderischen Neigungen, indem er seine Gestalten umbrachte. »Roßmann und K., der Schuldlose und der Schuldige, schließlich beide unterschiedslos strafweise umgebracht, der Schuldlose mit leichterer Hand, mehr zur Seite geschoben als niedergeschlagen.«[42] Auch wenn im ersten Satz des Romans gesagt wird, Josef K. habe nichts Böses getan, ist seine Schuld doch von Anbeginn an latent vorhanden, eine Schuld, in die er sich dann durch sein falsches Verhalten mehr und mehr verstrickt. »Wer sucht, findet nicht, aber wer nicht sucht, wird gefunden.«[43] K. hatte nicht gesucht.

Der Prozeß ist Kafkas einziger Roman, der einen Schluß hat. J. J. White hat festgestellt, daß Kafka vor allem solche Arbeiten nur zögernd beendete, in denen der Tod eine mögliche Lösung darstellt: Von etwa fünfundsiebzig abgeschlossenen Erzählungen steht nur in fünfen am Ende der Tod, und Karl Roßmann den Tod finden zu lassen, hat er einfach nicht fertiggebracht. Wenn er auch den Schluß vom *Prozeß* nicht (wie den anderer Texte) vernichtete, hat er darin doch ein solches Netz aus Ambiguität und Negation gesponnen, daß jede Bedeutung, die man in Josef K.s Tod erblicken könnte, gleich wieder aufgehoben wird.

Unter dem 20. Juli 1916 heißt es in Kafkas Tagebuch: »Bin ich verurteilt, so bin ich nicht nur verurteilt zum Ende, sondern auch verurteilt, mich bis ins Ende hinein zu wehren.«[44] Das ist das Gesetz, welches dem *Prozeß* zugrunde liegt: Es gehört zur Strafe, daß ununterbrochen gegen den Verdächtigen verhandelt wird; es gibt keine Grenzscheide zwischen dem Verfahren und seinem Ergebnis, und darin liegt auch einer der Gründe für eine gewisse Unzulänglichkeit des Romanschlusses. Ein weiterer Grund ist, daß Kafka über jene Mischung aus Stärke und Schwäche verfügte, die ihn eben die drei Fragen bejahen ließen, die K. verneinen möchte: Soll ich zeigen, daß ich aus einem ganzen Jahr des Kampfes um meinen Fall nichts gelernt habe? Soll ich die Welt als jemand verlassen, der Entscheidungen ängstlich aus dem Wege geht? Soll es nach meinem Tode heißen, ich hätte am Anfang des Verfahrens sein Ende herbeigesehnt und an seinem Ende gewünscht, es möge von vorn beginnen?

Als K.s Henker das zweischneidige Fleischermesser zücken, das in Kafkas Vorstellungen eine so große Rolle gespielt hat, reichen sie es einander über K. hinweg zu, und dieser erkennt, »daß es seine Pflicht gewesen wäre, das Messer ... selbst zu fassen und sich einzubohren«[45]. (Wieder geht es im Grunde um den Selbstmord und um Kafkas Unvermögen, ihn auszuführen.) »Vollständig konnte er sich nicht bewähren ...«[46] Im Obergeschoß eines nahe gelegenen Hauses öffnet sich ein Fenster, aus dem sich jemand mit weit ausgestreckten Armen beugt. Etwas Göttlicheres als diese Gestalt wird K. nicht mehr erblicken. Es kommt aber keine Hilfe von oben: Bestenfalls hat er einen Zeugen, einen hilflosen oder lediglich zur Hilfe nicht bereiten. »Die Logik ist zwar unerschütterlich, aber einem Menschen, der leben will, widersteht sie nicht. Wo war der Richter, den er nie gesehen hatte? Wo war das hohe Gericht, vor das er nie gekommen war? Er hob die Hände und spreizte alle Finger.«[47] In diesem Augenblick wird ihm das Messer ins Herz gestoßen und zweimal umgedreht. »›Wie ein Hund!‹ sagte er, es war, als sollte die Scham ihn überleben.«[48]

Welche Scham ist gemeint? Und ist das Verlangen nach Scham Teil jenes Gesetzes, nach dem der Prozeß abläuft und das dem »Mann vom Lande« unerreichbar bleibt, der, schimpflich genug, auf der Schwelle stirbt? Ist die Kraft, die will, daß die Scham überlebt, dieselbe Kraft, die forderte, jene Tür solle ausschließlich der »Mann vom Lande« benutzen? Läßt sich der ganze Roman lesen als Parabel über den Zugang zum Tod und über die Unzugänglichkeit der Macht, die die Todesstrafe verhängt? Könnte die Scham in der fehlenden Kongruenz liegen, oder ist sie lediglich Scham über die Unfähigkeit zum Selbstmord, die Unfähigkeit, den Prozeß zu beenden, seine Pflicht zu erfüllen? Und läßt sie sich dann vielleicht mit Selbstzerstörung identifizieren?

Einsamkeit und Unsicherheit treiben ihn zur Hinrichtung, und zwei Henker vollstrecken ein Urteil, von dem das Opfer enttäuscht ist: Das Gericht hätte sich etwas Besseres einfallen lassen können, als ihn von Männern hinrichten zu lassen, die ihm wie unbedeutende Schauspieler aus einer früheren Epoche vorkommen. Ähnlich enttäuscht zeigte Kafka sich darüber, daß etwas so Banales wie Tuberkulose sein Dasein beenden sollte.

Im Oktober 1915 erfuhr Kafka, der Bühnenbildner und Zeichner Ottomar Starke wolle für die *Verwandlung*, die bei Kurt Wolff in einer neuen Ausgabe herauskommen sollte, das Titelbild zeichnen. Kafka, der einige Arbeiten von Starke kannte, fürchtete, dieser werde versuchen, das Insekt selbst wiederzugeben: »Das nicht, bitte das nicht! . . . Das Insekt selbst kann nicht gezeichnet werden. Es kann aber nicht einmal von der Ferne aus gezeigt werden.«[49] Statt dessen, schlug Kafka vor, sollten die Eltern mit dem Prokuristen vor der verschlossenen Tür gezeigt werden oder »noch besser die Eltern und die Schwester im beleuchteten Zimmer, während die Tür zum ganz finsteren Nebenzimmer offensteht«[50]. Als *Die Verwandlung* (in der Reihe »Der Jüngste Tag«) dann erschien, sah man auf dem Umschlag eine teilweise geöffnete Falt-Schiebetür im Hintergrund, während im Vordergrund ein Mann im Cut die Hände vors Gesicht schlägt.

Im November bewegten Kafka zwei Probleme: Ob und wieviel Kriegsanleihe er zeichnen sollte – und wieviel Zeit er in Zukunft fürs Schreiben würde erübrigen können.

> Allmählich verwandelte sich aber die Aufregung, die Gedanken wurden auf das Schreiben hingelenkt, ich fühlte mich dazu fähig, wollte nichts anderes, als die Möglichkeit des Schreibens haben, überlegte, welche Nächte ich in der nächsten Zeit dafür bestimmen könnte, lief unter Herzschmerzen über die steinerne Brücke, fühlte das schon so oft erfahrene Unglück des verzehrenden Feuers, das nicht ausbrechen darf, erfand, um mich auszudrücken und zu beruhigen, den Spruch »Freundchen, ergieße dich«, sang ihn unaufhörlich nach einer besonderen Melodie und begleitete den Gesang, indem ich ein Taschentuch in der Tasche wie einen Dudelsack immer wieder drückte und losließ.[51]

Nichts aber konnte ihn davon abbringen, ständig sein Leben kritisch gegen das anderer abzuwägen. So verglich er sich zum Beispiel mit dem schwer an Tuberkulose erkrankten ostjüdischen Schriftsteller Abraham Grünberg, der nach Prag gekommen war und eine autobiographische Schilderung des großen Pogroms von Siedlce, seiner Heimatstadt, verfaßt hatte. Kafka überlegte, was wäre, wenn einer von ihnen beiden auf der Stelle sterben müßte und er zu entscheiden hätte, wer. Die Antwort stand für ihn fest: »Der ungleich wertvollere Grünberg«[52] sollte am Leben bleiben. Unter dem Eindruck, sich entweder das Leben nehmen oder sich rechtfertigen zu müssen, trug er unermüdlich Argumente zu seinen Gunsten zusammen, die ihm dann doch wieder unzulässig erschienen – eine Folter, die er für sich selbst erdacht hatte.

Seine Kopfschmerzen waren so schlimm wie eh und je; einmal waren es »wehende und bohrende Schmerzen im Kopf«[53], dann wieder empfand er »geradezu brennende Kopfschmerzen«. Zwar hütete er sich vor Selbstmitleid, doch schien es ihm unmöglich, nicht eine göttliche Perspektive in seinem Leiden zu sehen: »Wer kann das von oben vom Anfang bis zum Ende mit offenen Augen überblikken?«[54] Aber selbst wenn er sich wohl genug gefühlt hätte, um Felice zu treffen, hätte sie ohne besondere Erlaubnis nicht nach Prag und er ohne Paß nicht nach Berlin fahren können; den aber hätte er für eine Reise, die nicht als dringend erachtet wurde, nicht erhalten. Anfang Dezember war er froh, wenn »die Stiche im Kopf« nicht allzu tief gingen. »Einen solchen Menschen will ich aber jetzt nicht an Dich heranschieben . . . selbst die wahrhaftige Stimme eines Engels vom Himmel her könnte mich nicht emporbringen; so tief liege ich.«[55]

Ständig glaubte er, man beobachte ihn oder biete ihm Hilfe an – trotz der Mahnung an Josef K., sich nicht zu sehr auf andere zu verlassen. Kafka schob die Schuld an seinem schlechten Zustand weitgehend Prag zu und erklärte, er hätte die Stadt schon vor drei Jahren verlassen sollen. Solange der Krieg dauere, sei er in seiner Bewegungsfreiheit eingeschränkt, aber sobald dieser vorüber sei, werde er sich in Berlin niederlassen.

Am 25. Dezember 1915 fiel ihm beim Blick auf seine letzte Eintragung ins Tagebuch auf, daß er »tausend Eintragungen gleichen Inhalts« in den »letzten drei bis vier Jahren« hätte machen können. »Ich verbrauche mich sinnlos, wäre glückselig, schreiben zu dürfen, schreibe nicht. Werde die Kopfschmerzen nicht mehr los. Ich habe wirklich mit mir gewüstet.«[56] Mit zweiunddreißig Jahren vermochte er nicht mehr – wie noch zehn Jahre zuvor – zu glauben, daß es in seiner Macht lag, die Probleme zu lösen, die ihm das Leben zur Qual machten.

VERLOBUNG IN MARIENBAD

Der Zeit nach dem Krieg sah Kafka ohne besonderen Optimismus entgegen. »Meine Aufgabe wird zunächst sein, mich irgendwo in ein Loch zu verkriechen und mich abzuhören«[1], schrieb er an Felice, die jetzt immer häufiger Grund hatte, über lange Zeiträume des Schweigens von seiner Seite zu klagen. Ihren diesbezüglichen Vorwürfen begegnete er mit der Entschuldigung, er füge anderen nun mal ungern Schmerz zu. »Ist nicht jedes Wort für den Schreiber und den Leser ein Zerren an den Nerven?«[2] Er fühlte sich außerstande, praktikable Vorschläge zu machen, und erklärte, er sehe »kein anderes Gegenmittel als zu warten, selbst wenn man dabei bis zu Staub zerrieben wird ... Ich möchte eine Falltür unter mir sich aufmachen und mich irgendwohin versinken lassen.«[3] Treffen wollte er Felice erst, wenn er sich wieder freier fühlte. Aber wie die Dinge lagen, sah er um sich herum nur »die Gespenster, von denen mich zu befreien das Bureau mich hindert«[4]. Eine einfache Erkältung kam da einer Katastrophe gleich. »Ich bin verzweifelt wie eine eingesperrte Ratte, Schlaflosigkeit und Kopfschmerzen rasen in mir, ich kann wirklich nicht beschreiben, wie ich meine Tage hinbringe.«[5]

Im Büro gab es außergewöhnlich viel zu tun, und so arbeitete Kafka zusätzlich zu seinen normalen Dienststunden von acht bis zwei noch von vier bis sechs und mußte sich außerdem gelegentlich um die Fabrik kümmern. Doch wann immer er – halbherzig – versuchte, die Anstalt zu verlassen, ließ er sich durch Pfohl, der ihm vorhielt, die Abteilung werde ohne ihn völlig zusammenbrechen, zum Bleiben bewegen.

Ursprünglich hatte er Ostern in Marienbad verbringen wollen, wo er am Dienstag nach Ostern geschäftlich zu tun haben sollte, doch wurde die Dienstreise bis Mai verschoben. Daraufhin plante Kafka, sie mit seinem Urlaub zu verbinden und sich dann drei ruhige Wochen in Marienbad zu gönnen. Kurz zuvor hatte nämlich ein Nervenarzt eine Herzneurose bei ihm diagnostiziert und als Therapie »Elektrisieren« vorgeschlagen. »Ging nachhause und schrieb ihm ab: Was hätte die Behandlung eines Folgezustandes für einen Sinn?«[6]

Im Mai unternahm Kafka schließlich einen ernsthaften Versuch, dem Büroleben zu entfliehen, und ersuchte um Beurlaubung von der Anstalt, sollte der Krieg im Herbst zu Ende sein; andernfalls wünschte er, daß die für die Beamten der Anstalt geltende Befreiung vom Kriegsdienst (»Reklamation«) für seine Person aufgehoben würde. Marschner vermutete, Kafka gehe es in Wirklichkeit um die üblichen drei Wochen Urlaub, auf die er wegen der »Reklamation« eigentlich keinen Anspruch mehr hatte. Zwar wäre Kafka am liebsten sechs Monate lang sein eigener Herr gewesen, doch bestand er nicht auf seinem Antrag. »Ich kann es aber nicht anders. Wenn ich nach rechts gehen will, gehe ich zunächst nach links und strebe dann wehmütig nach rechts (die Wehmut ergibt sich dann für alle Beteiligte[n] von selbst und ist das Widerlichste). Der Hauptgrund mag Angst sein: nach links zu gehn muß ich mich nicht fürchten, denn dorthin will ich ja eigentlich gar nicht.«[7]

Seine Dienstreise Mitte Mai führte ihn zunächst nach Karlsbad, dann weiter nach Marienbad, das er »unbegreiflich schön« fand. Trotz trüben, windigen Wetters unternahm er Ausflüge in die umliegenden Wälder. »Ich denke, wenn ich ein Chinese wäre und gleich nachhause fahren würde (im Grunde bin ich ja Chinese und fahre nachhause), müßte ich es doch bald erzwingen, wieder herzukommen.«[8] Er blieb nur wenige Tage und beklagte sich, nach Prag heimgekehrt, über das »Hin- und Hergetriebenwerden, nur die Kopfschmerzen sind treu«[9]. Als auch Ende Mai noch keine Besserung eingetreten war – »im Kopfe wühlt es seit 5 Tagen«[10] –, nahm er die ihm angebotenen drei Wochen Urlaub wahr und plante, sie in Marienbad zu verbringen. Auf Felices Vorschlag, gemeinsam ein Sanatorium aufzusuchen, antwortete er: »Kranke, als solchen fühle ich mich jetzt ernstlich, sollen Sanatorien lieber ausweichen«[11], und er fragte, warum sie ihn nicht nach Marienbad begleiten wolle. Sie kamen überein, sich am 2. Juli dort im Hotel Neptun zu treffen.

Noch in Phasen tiefster Depression war Kafka weiblichen Reizen gegenüber nicht unzugänglich. »Ich zähle: es sind seit dem Sommer mindestens sechs. Ich kann nicht widerstehn, es reißt mir förmlich die Zunge aus dem Mund, wenn ich nicht nachgebe, eine Bewunderungswürdige zu bewundern und bis zur Erschöpfung der Bewunderung zu lieben. Gegenüber allen sechs habe ich fast nur innerliche Schuld, eine aber ließ mir durch jemanden Vorwürfe machen.«[12] Wieder erschien ihm Selbstmord das einzige Mittel, dieses innere Chaos zu beenden. »Alles vergessen. Fenster öffnen. Das Zimmer leeren. Der Wind durchbläst es. Man sieht nur die Leere, man sucht in allen Ecken und findet sie nicht.«[13]

Später im selben Monat las er das Erste Buch Mose und notierte in seinem Tagebuch Auszüge daraus, die er mit Kommentaren versah:

> Wüten Gottes gegen die Menschenfamilie.
> Die zwei Bäume,
> das unbegründete Verbot,
> die Bestrafung aller (Schlange, Frau und Mann),
> die Bevorzugung Kains, den er durch die Ansprache noch reizt.[14]

Während der ersten Tage, die er mit Felice in Marienbad verbrachte, las er nichts außer der Bibel – zumindest ahnend, daß er auf diese Weise lernte, seine Auffassung von Wahrheit auszudrücken. »Nur das Alte Testament sieht – nichts darüber noch sagen.«[15] Wie sein Dr. Huld im *Prozeß*, an dessen Bett sich die Bücher stapeln, stellte Kafka eine Beziehung her zwischen Krankheit und quasi-juristischen bzw. -religiösen Büchern, denen möglicherweise zu entnehmen wäre, wo und wie man Hilfe finden könnte. In einem seiner Erzählfragmente verkündet der Arzt am Bett eines Kranken, nachdem er ein großes medizinisches Werk flüchtig zu Rate gezogen hat, Hilfe komme aus Bregenz, worauf der Kranke erklärt: »Das ist weit.«

In Marienbad holte Felice Kafka vom Bahnhof ab. Im Hotel bewohnten sie getrennte Zimmer, »Tür an Tür, von beiden Seiten Schlüssel«; häßliche Räume, die auf einen Hof gingen. Kafka schlief dort so schlecht, daß sie am nächsten Tag umzogen. Sein neues Zimmer bezeichnete er als »außerordentlich schön«.

Es kam ihm seltsam vor und fiel ihm keineswegs leicht, nach so langem Briefwechsel, so flüchtigen Begegnungen und so kurzer Verlobungszeit, plötzlich derart vertraut mit ihr zu leben. »Elend bin ich. Zwei Brettchen gegen die Schläfen geschraubt habe ich.«[16] Die Aussicht auf ein ständiges Beisammensein schien wenig verheißungs-

14

15

16

17

14 Das Gebäude der ›Arbeiter-Unfall-Versicherungs-Anstalt für das Königreich Böhmen‹ in Prag, wo Kafka von 1908 bis zu seiner Pensionierung 1922 arbeitete.

15 Ernst Rowohlt.

16 Kurt Wolff, der wichtigste Verleger Kafkas.

18

17 Von links: Walter Hasenclever, Franz Werfel und Kurt Pinthus in Leipzig, 1912.

18 Paßfoto, um 1915/16.

19 Kafka mit Felice Bauer in Budapest, Anfang Juli 1917.

19

voll. »Mühsal des Zusammenlebens. Erzwungen von Fremdheit, Mitleid, Wollust, Feigheit, Eitelkeit und nur im tiefen Grunde vielleicht ein dünnes Bächlein, würdig, Liebe genannt zu werden, unzugänglich dem Suchen, aufblitzend einmal im Augenblick eines Augenblicks.«[17]

> Unmöglichkeit mit F. zu leben. Unerträglichkeit des Zusammenlebens mit irgend jemandem. Nicht Bedauern dessen; Bedauern der Unmöglichkeit, nicht allein zu sein. Weiter aber: Unsinnigkeit des Bedauerns, Sichfügen und endlich Verstehn. Von der Erde aufstehn. Halte dich an das Buch. Aber wieder zurück: Schlaflosigkeit, Kopfschmerzen, von dem hohen Fenster hinunterspringen, aber auf den vom Regen durchweichten Boden, auf dem der Aufschlag nicht tödlich sein wird. Endloses Wälzen mit geschlossenen Augen, dargeboten irgendeinem offenen Blick.[18]

Die ersten sechs Tage in Marienbad schärften sein Bewußtsein für jede der beiden Seiten, die seine Beziehung zu ihr besaß. Einige Tagebucheinträge klingen geradezu wie Gebete – wobei lediglich offenbleibt, ob sie Gott oder Felice meinen. »Nimm mich auf in deine Arme, das ist die Tiefe, nimm mich auf in die Tiefe, weigerst du dich jetzt, dann später.« – »Nimm mich, nimm mich, Geflecht aus Narrheit und Schmerz.«[19]

Am 9. Juli kam die Wende, und am 10. teilten sie Felices Mutter in einem gemeinsam verfaßten Brief ihre erneute Verlobung mit. Unter dem 13. heißt es im Tagebuch: »Also öffne dich. Der Mensch komme hervor. Atme die Luft und die Stille.«[20] Eine Woche vorher, am 6. Juli oder ein, zwei Tage danach, hatte es noch geheißen: »Ich war noch niemals, außer in Zuckmantel, mit einer Frau vertraut. Dann noch mit der Schweizerin in Riva.«[21] Die ersten vier Tage mit Felice in Marienbad hatten noch keine vergleichbare Vertrautheit gebracht; diese Zeit bestand aus »einer Reihe schrecklicher Tage, die in noch schrecklicheren Nächten ausgekocht worden sind«.

> Mir schien wirklich, nun sei die Ratte in ihrem allerletzten Loch. Aber da es nicht mehr schlimmer werden konnte, wurde es nun besser. Die Stricke, mit denen ich zusammengebunden war, wurden wenigstens gelockert, ich fand mich ein wenig zurecht, sie, die in die vollkommenste Leere hinein immerfort die Hände zur

Hilfe gestreckt hatte, half wieder und ich kam mit ihr in ein mir bisher unbekanntes Verhältnis von Mensch zu Mensch, das an Wert bis an jenes Verhältnis heranreichte, das in unsern besten Zeiten der Briefschreiber zur Briefschreiberin gehabt hatte.[22]

Erneut verglich er seine Beziehung zu Felice mit seinen Erfahrungen in Zuckmantel und Riva, diesmal jedoch mit positivem Ergebnis im Hinblick auf das Verhältnis zu seiner Braut.

Jetzt aber sah ich den Blick des Vertrauens einer Frau und konnte mich nicht verschließen. Es wird manches aufgerissen, das ich für immer bewahren wollte (es ist nichts einzelnes, sondern ein Ganzes) ... Ich kannte sie ja gar nicht, ... als sie mir im großen Zimmer entgegenkam, um den Verlobungskuß anzunehmen, ging ein Schauder über mich.[23]

Sie kamen überein, gleich nach Kriegsende zu heiraten, eine Zwei- oder Dreizimmerwohnung in einem Berliner Vorort zu mieten, wirtschaftlich aber voneinander unabhängig zu bleiben, was bedeutete, daß Felice weiterhin berufstätig sein würde.

Will man sich allerdings das Verhältnis anschaulich darstellen, so ergibt sich der Anblick zweier Zimmer, etwa in Karlshorst, in einem steht F. früh auf, läuft weg und fällt abends müde ins Bett; in dem andern steht ein Kanapee, auf dem ich liege und mich von Milch und Honig nähre ... Trotzdem – jetzt ist darin Ruhe, Bestimmtheit und damit Lebensmöglichkeit.«[24]

Am 13. Juli fuhr Kafka mit Felice nach Franzensbad, wo seine Mutter und seine Schwester Valli zur Kur waren. Daß er sich an diesem Tag in Gegenwart seiner Mutter völlig glücklich fühlte, erschien ihm »so außerordentlich, daß es mich gleichzeitig stark erschreckt«[25].

Als er übrigens später im selben Jahr Reiseratschläge auf das Titelblatt eines »Führers in die Umgebung von Marienbad« schrieb, den er seinem Onkel Siegfried Löwy schickte, mußte man den Eindruck gewinnen, er und Felice hätten sich während ihres Aufenthalts dort ausschließlich der Nahrungsaufnahme gewidmet:

> Im Dianahof frühstücken (süße Milch, Eier, Honig, Butter), schnell im Maxtal gabelfrühstücken (saure Milch), schnell im Neptun beim Oberkellner Müller mittagessen, zum Obsthändler Obst essen, flüchtig schlafen, im Dianahof Milch im Teller essen (vorher bestellen!), im Maxtal saure Milch trinken, zum Neptun nachtmahlen, dann sich in den Stadtpark setzen und sein Geld nachzählen, zum Konditor gehen, dann mir ein paar Zeilen schreiben und soviel in einer Nacht schlafen, als ich in den 21 Nächten zusammen.[26]

Frisches – nichts besonders sauberes – Obst konnte man billig in der Judengasse kaufen, und empfehlenswert war bei Neptun: »Gemüseomlette, Emmentaler, Kaiserfleisch, Portion Roheier mit Portion grüne Erbsen.«[27]

Bei Gesprächen über den Chassidismus muß Kafka immerhin so viel Anteilnahme gezeigt haben, daß Brod es für der Mühe wert hielt, ihn von der Anwesenheit des Belzer Rabbi (eines der führenden Köpfe der Chassidim) in Marienbad zu unterrichten. Kafka setzte sich daraufhin mit Georg Langer, dem Bruder des Dramatikers František Langer, in Verbindung, der als Herausgeber einer tschechischen Monatsschrift einige Auszüge aus den »Betrachtungen« veröffentlicht hatte, und dieser vermittelte den Kontakt zum Belzer Rabbi. Noch am selben Tag konnte Kafka ihn auf einem Spaziergang begleiten. Mit seinem wallenden weißen Bart und seinen ungewöhnlich langen Schläfenlocken erinnerte er Kafka an einen Sultan aus Gustave Dorés Illustration zu Münchhausens Abenteuern. Er war auf einem Auge blind und hatte einen schiefen Mund, »es sieht gleichzeitig ironisch und freundlich aus. Er trägt einen seidenen Kaftan, der vorn offen ist; einen starken Gurt um den Leib; eine hohe Pelzmütze, die ihn äußerlich am meisten hervorhebt. Weiße Strümpfe, und wie L. sagt, weiße Hosen.«[28]

Während sonst, wie Langer berichtete, der Regen aufzuhören pflegte, wenn der Rabbi seinen Spaziergang im Wald unternahm, regnete es diesmal einfach weiter. Der Rabbi stellte zu allem, was er sah, interessierte Fragen, und seine zahlreichen Begleiter beeilten sich, dem Meister Bescheid zu geben. »Im Ganzen sind es die belanglosen Reden und Fragen umziehender Majestäten, vielleicht etwas kindlicher und freudiger, ... Langer sucht oder ahnt in allem tiefern Sinn, ich glaube, der tiefere Sinn ist der, daß ein solcher fehlt, und das ist meiner Meinung nach wohl genügend.«[29]

Wenn auch die Beschreibung des Rabbis nicht weniger ironisch ausfiel als die Rudolf Steiners, scheint das Zusammentreffen nicht ohne Wirkung geblieben zu sein, wie der Tagebucheintrag vom 20. Juli – eine direkte Anrufung Gottes – zeigt:

> Erbarme dich meiner, ich bin sündig bis in alle Winkel meines Wesens. Hatte aber nicht ganz verächtliche Anlagen, kleine gute Fähigkeiten, wüstete mit ihnen, unberatenes Wesen, das ich war, bin jetzt nahe am Ende, gerade zu einer Zeit, wo sich äußerlich alles zum Guten für mich wenden könnte. Schiebe mich nicht zu den Verlorenen. Ich weiß, es ist eine lächerliche, in der Ferne und schon sogar in der Nähe lächerliche Eigenliebe, die daraus spricht, aber lebe ich einmal, so habe ich auch die Eigenliebe des Lebendigen, und ist das Lebendige nicht lächerlich, dann auch seine notwendigen Äußerungen nicht. – Arme Dialektik![30]

Mit einsetzender Selbstkritik verläßt seine Diktion die Ebene liturgischer Rhetorik:

> An dem Sonntagvormittag kurz vor meiner Abreise schienst du mir beistehn zu wollen. Ich hoffte. Bis heute leeres Hoffen. Und was ich auch klage, ist ohne Überzeugung, selbst ohne wirkliches Leid, schwingt wie der Anker eines verlorenen Schiffes weit über der Tiefe, die Halt geben könnte.
> Gib mir nur Ruhe in den Nächten – kindisches Klagen.[31]

Am Tag vor seiner Abreise kamen seine Mutter und Valli von Franzensbad herüber, und er ging mit ihnen zum »Egerländer«, einem Restaurant am Stadtrand, in dem er häufig mit Felice gegessen hatte. Seine letzte Nacht in Marienbad war die beste von allen, denn er schlief fast sechs Stunden ununterbrochen, doch in Prag setzten seine Depressionen gleich wieder ein. In Marienbad hatte er Felice einen Teil der *Blumfeld*-Erzählung vorgelesen, die er, wie ja auch *Das Urteil*, als ihr zugehörig betrachtete, obwohl er ihr keine vollständige Fassung schickte – das sei »zu umständlich«. Trotz Kopfschmerzen, Alpträumen und Schlaflosigkeit gewann er Befriedigung aus der inneren Nähe zu ihr, und aus der Erinnerung an die erholsamen Stunden in den Wäldern. Er hatte an Selbstvertrauen gewonnen, aber je stärker er sich fühlte, um so heftiger rebellierte er gegen den

Alltagstrott im Büro, den er als immer belastender empfand. Wie schon früher erklärte er Felice, daß er sich um sie sorge, und ermahnte sie, sich doch nicht den ganzen Tag über mit einer Tasse Kakao und einem Brötchen zu begnügen. Auch erkundigte er sich, ob sie Dr. Siegfried Lehmann bei der Arbeit im Jüdischen Volksheim helfe, das Buber und Brod im Juli in Berlin für die Kinder jüdischer Flüchtlinge gegründet hatten. »Die geringe Zeit, die Dir bleibt, kannst Du (Spazieren und Turnen nehme ich aus) nicht besser verwenden als dort.«[32]

In der Julisonne entdeckte er »ein neues Vergnügen für die freie Zeit: im Gras liegen . . . auf den Spielplätzen . . ., wo arme Leute mit ihren Kindern sitzen . . . Letzthin lag ich dort fast im Straßengraben (das Gras ist heuer aber auch im Straßengraben hoch und dicht), als ein ziemlich vornehmer Herr, mit dem ich manchmal amtlich zu tun habe, zweispännig zu einem noch vornehmern Fest vorüber fuhr. Ich streckte mich und fühlte die Freuden (allerdings nur die Freuden) des Deklassiertseins.«[33] Gelegentlich wanderte er zu einem Wäldchen außerhalb der Stadt und legte sich dort an einem ruhigen Plätzchen nieder, von wo aus er den Fluß und schwachbewaldete Höhen sehen konnte sowie einen einzelnen Hügel »mit einem mir schon seit der Kindheit rätselhaften, weich in die Gegend eingefügtem alten Haus und rings herum friedliches, welliges Land«[34].

Am 18. August konsultierte Kafka den Internisten Dr. Mühlstein, »der so gut ist, wie Ärzte sein können«[35]. Dieser stellte eine »allerdings außerordentliche Nervosität« bei ihm fest und riet seinem Patienten, weniger zu rauchen, weniger zu trinken, mehr Gemüse als Fleisch zu essen, zu schwimmen und ordentlich zu schlafen. Die Untersuchung ließ Kafka etwas zuversichtlicher in die Zukunft schauen – aber nur was seine Gesundheit anbelangte, denn sofort tauchten neue Zweifel an seiner Ehetauglichkeit auf. Sorgfältig erwog er das Für und Wider:

> Ich halte alle meine Kräfte zusammen.
> Du bleibst außerhalb des Zusammenhangs, wirst ein Narr, fliegst in alle Windrichtungen, kommst aber nicht weiter, ich ziehe aus dem Blutkreislauf des menschlichen Lebens alle Kraft, die mir überhaupt zugänglich ist.
> Nur für mich verantwortlich.
> Desto mehr für (in) dich vernarrt. (Grillparzer, Flaubert)
> Keine Sorge. Konzentration auf die Arbeit.

Da ich an Kräften wachse, trage ich mehr. Hier ist aber eine gewisse Wahrheit.[36]

Wie ernst aber sollte er seine Zweifel nehmen? Brods Tagebuch zufolge tobten in Kafka schreckliche innere Kämpfe. »Was Verantwortungsgefühl ist und als solches sehr ehrenwert wäre, ist im letzten Grunde Beamtengeist, Knabenhaftigkeit, vom Vater her gebrochener Wille . . . Laß auch den unsinnigen Irrtum, daß du Vergleiche anstellst, etwa mit Flaubert, Kierkegaard, Grillparzer. Das ist durchaus Knabenart.«[37]

Als Felice die »Kinderfrage« ansprach, war er froh darüber und gab zu, daß diese »sogar wesentlichen« Anteil an seinen Verzweiflungsanfällen hatte. »Sie ist weder zu lösen noch zu vernachlässigen. Was für eine Peitsche ist aus dieser höchsten Ermächtigung gedreht worden!«[38]

Auch seine Geräuschempfindlichkeit wurde in keiner Weise geringer, und so teilte er Felice mit: »Ich glaube die Stille weicht mir aus, wie das Wasser vor dem an den Strand ausgeworfenen Fisch.«[39] Seine Spaziergänge außerhalb der Stadt, auf denen ihn bisweilen Ottla begleiten durfte, unternahm er zum Teil auf der Suche nach der ersehnten Ruhe. Er fand zwei »wunderbare Orte«, die ihm noch besser gefielen als der früher von ihm beschriebene Platz am Waldrand. »Beide Orte still wie das Paradies nach der Vertreibung der Menschen. Ich las zur Störung der Ruhe Ottla Plato vor, sie lehrt mich Singen. Ich muß irgendwo in der Kehle Gold haben, wenn es auch nur wie Blech erklingen will.«[40] Das offene Land gefiel ihm immer mehr. »Ich bin heimlich, ohne es zu merken im Laufe der Jahre aus einem Stadtmenschen ein Landmensch oder wenigstens etwas ihm sehr Ähnliches geworden.«[41]

Ottla, die sich mit Josef David, einem Nicht-Juden, befreundet hatte, suchte eine Wohnung, in der sie sich mit ihm treffen konnte. Sie wußte nicht, ob sie die Kraft haben würde, ihn gegen den Widerstand der Eltern zu heiraten, und verriet nicht einmal dem Bruder den wahren Grund für ihren Wunsch nach einem »ruhigen Ort«. Er nahm an, daß sie einfach irgendwo allein sein wollte. Nach langer vergeblicher Suche stießen sie endlich auf ein kleines, heruntergekommenes Haus im Alchimistengäßchen. Es war ab November zu mieten, und Ottla richtete es her.

Die ehrenamtliche Arbeit Felices in Dr. Lehmanns Jüdischem

Volksheim freute ihn aus der Ferne, und nicht nur schien sie ihm eine sehr enge geistige Verbindung zwischen ihnen herzustellen, er bot ihr auch an, jeden Besuch im Heim, den sie machte, als gleichwertig einem Brief zu betrachten. Als sie ihm schrieb: »Ich fühle mich unter den Kindern sehr wohl und eigentlich viel besser am Platze als im Bureau«, klang ihm das »als allerbeste Musik im Ohr«.[42] Zusammen mit Pfohl beteiligte Kafka sich an der Gründung eines »Deutschen Vereins zur Errichtung und Erhaltung einer Volksnervenheilanstalt in Deutschböhmen«. In der Klinik sollten Nervenerkrankungen von Kriegsteilnehmern behandelt werden. Sie wurde im Sanatorium Frankenstein bei Rumburg eingerichtet, wo Kafka Ende Juli 1915 selbst als Patient gewesen war, und er übernahm auch die redaktionelle Bearbeitung eines Aufrufs, der als Flugblatt gedruckt wurde.

Einige seiner Briefe an Felice enthielten versteckte Äußerungen gegen ihren Wunsch nach Kindern. Auf seine Anregung hin besuchte sie in Berlin die Ausstellung »Mutter und Säugling«, und als sie sich lobend darüber äußerte, schrieb er ihr, die Ausstellung sei unvollständig, denn es fehle eine »Schreckenskammer«, in der Gruppen zu zeigen wären wie zum Beispiel eine seiner Cousinen mit ihrem Mann und ihrem hübschen, blonden, blauäugigen Kind von zwei Jahren. »Es ist ganz leblos, es liegt breit und unbeweglich im Wägelchen, die Augen dreht es ziellos und gleichgültig. Es kann gar nicht sitzen, um den Mund gibt es kein Lächeln, kein Wort ist ihm zu entlocken.«[43] Nachdem er eine Lebensbeschreibung Erdmuthe Dorotheas, Gräfin von Zinzendorf, gelesen hatte, berichtete er Felice über deren zwölf Kinder: Alle seien früh gestorben, mit Ausnahme eines einzigen, das das zwanzigste Jahr erreichte, dann aber auch den anderen folgte.

Selbst ohne Furcht vor der Vaterschaft war er sich der psychischen Schäden, die einem Kind im Zuge des Erziehungsprozesses drohen, so sehr bewußt, daß er sich nicht an dieser »Verschwörung der Großen« beteiligen wollte. »Wir ziehen die frei Umhertobenden unter Vorspiegelungen, an die wir auch, aber nicht in dem vorgegebenen Sinne glauben, in unser enges Haus.«[44] Die gemeinsame Arbeit mit Felice am Jüdischen Volksheim, die er mit Büchersendungen und -empfehlungen sowie mit Ermutigungen unterstützte, war eine Art stellvertretender Elternschaft mit begrenzter Verantwortlichkeit, die sein Privatleben nicht störte und ihn nicht in Berührung mit Säuglingsexkrementen brachte.

Felice schickte Kafkas Eltern Glückwünsche zum jüdischen Neujahr (28./29. September), und seine Mutter antwortete nach dem Versöhnungstag darauf: »Wir hatten vor den Feiertagen im Geschäfte sehr viel zu thun und darum war ich verhindert Dir früher zu schreiben. – Wir hielten die jüdischen Feiertage wie rechte Juden. Neujahr hatten wir beide Tage das Geschäft gesperrt und gestern am Versöhnungstage haben wir gefastet und fleißig gebetet.«[45] Kafka jedoch unterließ es offenbar, Felices Mutter zum jüdischen Neujahrsfest zu schreiben: »So gut ich einsehe, daß Deine Mutter den Kopf schütteln muß und wahrscheinlich mehr als das ... Ich habe übrigens kaum zuhause ein Wort über Neujahr gesagt und Dir gar nicht[s], ganz entsprechend der Bedeutungslosigkeit, welche das Datum jetzt für mich hat.«[46]

Als Felice in ihrer Antwort durchblicken ließ, daß es für sie nicht gerade zu den größten Freuden gehöre, mit seinen Eltern und Geschwistern zusammenzusitzen, fühlte er sich gedrängt, seine enge Familienbindung zu analysieren:

> Nun stamme ich aber aus meinen Eltern, bin mit ihnen und den Schwestern im Blut verbunden, ... achte es aber im Grunde mehr als ich weiß. Das eine Mal verfolge ich auch das mit meinem Haß; der Anblick des Ehebettes zuhause, der gebrauchten Bettwäsche, der sorgfältig hingelegten Nachthemden kann mich bis nahe zum Erbrechen reizen, kann mein Inneres nach außen kehren, es ist, als wäre ich nicht endgiltig geboren, käme immer wieder aus diesem dumpfen Leben in dieser dumpfen Stube zur Welt, müsse mir dort immer wieder Bestätigung holen, sei mit diesen widerlichen Dingen, wenn nicht ganz und gar, so doch zum Teil unlöslich verbunden, noch an den laufenwollenden Füßen hängt es wenigstens, sie stecken noch im ersten formlosen Brei.[47]

Oft aber schienen ihm die Eltern auch »notwendige, immer wieder Kraft gebende Bestandteile« seiner selbst zu sein, »nicht nur als Hindernis, sondern auch als Wesen« zu ihm gehörig.[48]

> Dann will ich sie so haben, wie man das Beste haben will; habe ich seit jeher in aller Bosheit, Unart, Eigensucht, Lieblosigkeit doch vor ihnen gezittert – und tue es eigentlich noch heute, denn damit kann man doch niemals aufhören – und haben sie, Vater von der einen Seite, Mutter von der andern, meinen Willen, wiederum

notwendiger Weise, fast gebrochen, so will ich sie dessen würdig sehn.[49]

Lieber hätte er es allerdings gesehen, wäre seine Mutter mehr wie Ottla gewesen – »rein, wahrhaftig, ehrlich, folgerichtig, Demütigkeit und Stolz, Empfänglichkeit und Abgrenzung, Hingabe und Selbständigkeit, Scheu und Mut in untrüglichem Gleichgewicht«[50].

In diesem ungewöhnlich heftigen und stellenweise unlogischen Brief heißt es dann weiter: »Du nun gehörst zu mir, ich habe Dich zu mir genommen; ich kann nicht glauben, daß in irgendeinem Märchen um irgendeine Frau mehr und verzweifelter gekämpft worden ist als um Dich in mir, seit dem Anfang und immer von neuem und vielleicht für immer. Also Du gehörst zu mir.«[51] Seine Eltern durften sie keinesfalls als Verbündete gegen ihn ansehen oder ihn als jemanden betrachten, der zu ihnen übergelaufen war: Noch war der Kampf nicht ausgestanden. »Weil ich förmlich vor meiner Familie stehe und unaufhörlich die Messer im Kreise schwinge, um die Familie immerfort und gleichzeitig zu verwunden und zu verteidigen. Laß mich in diesem ganz Dich vertreten, ohne daß Du mich Deiner Familie gegenüber vertrittst.«[52]

Ende Oktober war es fast zwei Jahre her, daß er irgend etwas von Bedeutung geschrieben hatte. Er fühlte sich innerlich zerrissen: Einerseits zehrte er von dem, was er aus Felices Leben erfuhr, andererseits empfand er den heftigen Drang nach Arbeit. Dieser »andere Teil aber ist wie ein losgemachtes Spinngewebe, frei sein von Rüttelung, frei sein von Kopfschmerzen ist seine höchste, nicht allzu häufige Seligkeit«[53].

Im November sollte er in München in der Galerie Goltz lesen. Er sagte zu, wenn auch nicht ohne Schuldgefühle: »Ich habe . . . nach 2jährigem Nichtschreiben den phantastischen Übermut gehabt, öffentlich vorzulesen, während ich seit 1½ Jahren in Prag meinen besten Freunden nichts vorgelesen habe.«[54] Er bezeichnete die Lesung, bei der er nach einigen Gedichten von Max Brod seine Erzählung *In der Strafkolonie* vortrug, als »großartigen Mißerfolg«. An den Lyriker Gottfried Kölwel, den er anläßlich der Lesung kennengelernt hatte, schrieb er: »Ich . . . las dort meine schmutzige Geschichte in vollständiger Gleichgültigkeit, kein leeres Ofenloch kann kälter sein.«[55]

Möglicherweise hat er in der Buchhandlung Goltz auch Rilke getroffen, allerdings ist dessen Anwesenheit an jenem Abend nicht zweifelsfrei belegt. Jedenfalls äußerte Rilke »nach etwas sehr Liebenswürdigem über den ›Heizer‹ . . . weder in *Verwandlung* noch in *Strafkolonie* sei diese Konsequenz wie dort erreicht«. Die von Kafka »einsichtsvoll« genannten Äußerungen Rilkes hat jener entweder nach der Lesung getan, oder – was wahrscheinlicher ist – er kannte das sechs Wochen zuvor nach München gesandte Manuskript und hatte mit dem ihm befreundeten Eugen Mondt darüber gesprochen, der vielleicht seinerseits Rilkes Kommentar an Kafka weitergab. Jedenfalls wollte Rilke von da an alles lesen, was Kafka schrieb.

Zwischen Felice, die nach München gekommen war, und Kafka ging es weniger friedlich zu als in den Marienbader Tagen. Nach einem Streit in einer Konditorei meinte er, sie würden wohl nur selten friedlich miteinander leben können. Zu Felices wiederholtem Vorwurf der »Eigensucht« erklärte er: »Unrichtig ist nur, daß Du, gerade Du mir ihn machst, daß Du damit vielleicht viel weniger durch die Tat als durch Worte, eine Berechtigung dieser Eigensucht leugnest, die weniger, unvergleichlich weniger auf die Person als auf die Sache geht.«[56] Er war auf sie als Hauptzeugin der Verteidigung angewiesen.

Da es nun eine Frau gab, die bereit war, ihn zu heiraten, fühlte er sich sicher genug, erneut nach einem ruhigen Zimmer zu suchen. Er hatte sich nach wie vor viel im Elternhaus aufgehalten, denn in seinem Zimmer in der Langen Gasse empfand er nur zu sehr die »Unmöglichkeit zum Frieden zu kommen, vollkommene Heimatlosigkeit, Brutstätte allen Wahnes, immer größere Schwäche und Aussichtslosigkeit«[57]. Er überwand sich, bei einer Zimmervermittlung nachzufragen. Eine der ersten Wohnungen, die man ihm anbot, lag auf der Kleinseite, in der Marktgasse. Sie war Teil des Schönborn-Palais, eines Baus aus dem 18. Jahrhundert. Zwei Zimmer und ein Vorzimmer, dessen eine Hälfte als Badezimmer eingerichtet war, sollten 600 Kronen Jahresmiete kosten. Die in Rot und Gold gehaltenen hohen, schönen Räume erinnerten ihn an Versailles. Vier Fenster gingen auf einen stillen Hof, ein weiteres in den Garten. Da der frühere Mieter, ein Beamter, der versetzt worden war, 650 Kronen Abstand verlangte, entschloß Kafka sich, von der Inhaberin der Wohnungsvermittlung, der Hausmeisterin des Hauses und dem Dienstmädchen des bisherigen Mieters dazu ermutigt, lieber eine unmöblierte Wohnung im zweiten Stock des Palais zu mieten, die sich infolge ihrer niedrigeren Decken leichter heizen ließ, allerdings ohne Küche und Badezimmer war.

Da er hoffte, in der neuen Wohnung mehr und besser arbeiten zu können, wollte er Felice über Weihnachten lieber nicht sehen, um jede Ablenkung zu vermeiden. Diese Selbstzucht erwies sich aber als eine zweischneidige Sache: »Vielleicht ist die verhältnismäßige Ruhe nur Aufspeicherung der Unzufriedenheit, die dann in einer Nacht wie z. B. der letzten gesammelt hervorbricht, daß man heulen möchte und daß man den nächsten Tag also den heutigen herumzieht wie sein eigenes Begräbnis.«[58] Immer wieder kreisten seine Gedanken um den eigenen Tod; um sich ganz im Leben zu fühlen, mußte er den Tod zugleich fürchten und nicht fürchten.

Ottla hatte das kleine Haus im Alchimistengäßchen, das sie vor der übrigen Familie geheimhielt, mit Rohrmöbeln eingerichtet. Zwar übernachtete Kafka in der Langen Gasse und später im Schönborn-Palais, lebte und arbeitete aber bei Ottla. »Kleine Verbesserungen werden noch ausgeführt . . . So aber gehe ich zu Beginn der schönen Zeit nachhause, zuerst um 8, später um ½ 9, jetzt auch nach 9. Sonderbar wenn man in dieser engen Gasse unter Sternenlicht sein Haus versperrt.«[59] Später blieb er häufig bis Mitternacht. Seine ständige Anwesenheit muß die Schwester, die ihm nie sagte, warum sie das Haus eigentlich gemietet hatte, ziemlich belastet haben, und Kafka scheint sich weiter keine Gedanken darüber gemacht zu haben.

Glücklich, nach zweijähriger Pause wieder schreiben zu können, arbeitete er täglich mehrere Stunden, bis die Kohlenknappheit im Dezember diese Gewohnheit bedrohte. Er schrieb dort einen später mit dem Titel *Der Gruftwächter* versehenen Dialog, kurze Erzählungen (*Die Brücke* und *Ein Traum*), verschiedene Fragmente sowie die beiden ersten Abschnitte von *Der Jäger Gracchus*, eine Variation des Motivs vom Fliegenden Holländer, das er aus zum Teil persönlichen Gründen adaptierte und dabei auf seine Empfindungen zurückgriff, als Lebender tot zu sein: Der Jäger Gracchus lebt »gewissermaßen« noch, sein Todeskahn »verfehlt die Fahrt, eine falsche Drehung des Steuers, ein Augenblick der Unaufmerksamkeit des Führers, eine Ablenkung durch meine wunderschöne Heimat, ich weiß nicht, was es war, nur das weiß ich, daß ich auf der Erde blieb und daß mein Kahn seither die irdischen Gewässer befährt«.[60] Andererseits ist er schon lange tot, denn er stürzte zu einer Zeit von einem Felsen im Schwarzwald, als es dort noch Wölfe gab.

Im Laufe des Winters schrieb Kafka dann die Erzählungen *Ein*

Landarzt, *Auf der Galerie*, *Ein Brudermord*, *Das nächste Dorf*, *Ein Besuch im Bergwerk* (möglicherweise unter dem Eindruck der Bergarbeiterstreiks im Ruhrgebiet), *Der Kübelreiter* (dazu offensichtlich durch die Kohlenknappheit angeregt) sowie *Schakale und Araber* und *Der neue Advokat*.

KABBALIST DER NEUZEIT

Allem Anschein nach war Kafka im Frühjahr 1915 durchaus – wenn auch nicht von ganzem Herzen – bereit, sich einziehen zu lassen, und sicherlich hatte er die Kriegsanleihe im November 1915 in der Überzeugung gezeichnet, das Richtige zu tun. Bis zum März 1917 hatte sich seine Einstellung allerdings geändert, und wer ihn für die vaterländische Sache gewinnen wollte, holte sich eine Abfuhr.

Da Ottla, um mehr Unabhängigkeit zu gewinnen, Landwirtschaft studieren wollte, versuchte er herauszufinden, welche Kurse da am ehesten für sie in Frage kämen. Sein Zögern, die Wohnung im zweiten Stock des Schönborn-Palais zu mieten, hatte zum Teil mit den Annehmlichkeiten von Ottlas kleinem Haus zu tun, denn ihm behagten der Spaziergang vom Büro zum Haus, das Abendessen, das sie ihm zubereitete, und auch der Heimweg zur Langen Gasse um Mitternacht, der, wie er meinte, seinen Schlaf förderte. Nur selten zeigte Ottla sich verärgert, weil er ihr so wenig privaten Freiraum ließ, meist war sie freundlich und großzügig. Sie freute sich, daß er mehr Nutzen aus dem Haus zog als sie selbst, die nur die Sonntage dort verbrachte und gelegentlich mittags hinging. Nahm Kafka jedoch die Wohnung im Schönborn-Palais, hätten er und Felice »die wunderbarste Wohnung, die ich in Prag denken kann, für Dich vorbereitet, allerdings nur für verhältnismäßig kurze Zeit, während welcher Du auch auf eigene Küche und sogar aufs Badezimmer verzichten müßtest«[1]. Anfang März bezog er sie, benutzte aber Ottlas Haus bis Anfang Mai weiter. Am 18. April, unmittelbar, nachdem Ottla Prag verlassen hatte und das Feuer ausgegangen war, verbrannte er Zeitungen und – einige seiner Manuskripte, um sich zu wärmen.

Es war Ottla schließlich gelungen, sich von der Familie und dem Geschäft zu lösen; sie leitete jetzt ein landwirtschaftliches Anwesen in Zürau, einem kleinen Dorf in Nordwestböhmen, in der Nähe von Saaz. Es gehörte ihrem Schwager Karl Hermann, der nach wie vor an der Front war. Wegen der Asbestfabrik, die inzwischen geschlossen hatte, machte Vater Kafka im April, als Karls Bruder Rudl sich vor seiner Abreise nach Bielitz verabschiedete, diesem eine Szene, in deren Verlauf er Karl einen »Defraudanten« nannte. Rudl verwahrte sich dagegen und wurde des Hauses verwiesen – die gewöhnlich freundliche Julie Kafka half noch mit, ihn aus der Wohnung zu drängen.

Im Frühjahr schrieb Kafka eine weitere Erzählung über eine Metamorphose: *Ein Bericht für eine Akademie.* Hier geht es, im Unterschied zur *Verwandlung*, um den Übergang vom Tier zum Menschen. Der Erzähler ist ein Affe, der seit fünf Jahren Mensch ist. Wie es war, als er noch in Freiheit lebte, hat er völlig vergessen. Seine Erinnerungen reichen nur bis zu dem Boot zurück, das ihn von der Goldküste herbrachte. Sein Käfig war so niedrig, daß er nicht darin stehen, und so eng, daß er nicht sitzen konnte. Da erkannte er, daß es für ihn nur eine Fluchtmöglichkeit gab: Er durfte nicht länger Affe sein. So ahmte er die Schiffsbesatzung nach, lernte spucken und Alkohol trinken, und nachdem er erstmals eine Flasche Schnaps geleert hatte, meisterte er auch die menschliche Sprache.

Wer einen Ausweg sucht, lernt, was erforderlich ist, ohne Rücksicht auf sich selbst zu nehmen. »Man beaufsichtigt sich selbst mit der Peitsche; man zerfleischt sich beim geringsten Widerstand. Die Affennatur raste, sich überkugelnd, aus mir hinaus und weg, so daß mein erster Lehrer selbst davon fast äffisch wurde, bald den Unterricht aufgeben und in eine Heilanstalt gebracht werden mußte . . . Es gibt eine ausgezeichnete deutsche Redensart: sich in die Büsche schlagen; das habe ich getan, ich habe mich in die Büsche geschlagen.«[2] Nur eines quält ihn: der Blick seiner Gefährtin, einer kleinen halbdressierten Schimpansin, in dem er »den Irrsinn des verwirrten dressierten Tieres« erkennt. Die Erzählung vereinigt in sich Elemente der Satire auf Darwins Evolutionstheorie, die ketzerische Unterstellung, die Evolution schreite rückwärts, sowie Kafkas ureigenste Erfahrung, daß er einer anderen Spezies als jener der Menschen anzugehören schien und sich bemühte, diese seine Natur zu überwinden. Außerdem spiegelt sich darin Kafkas Bewußtsein wider, daß Assimilation für den verfolgten Juden Rettung bedeuten konnte.

Doch so wie zahlreiche andere Arbeiten Kafkas, die sich zum Teil aus seiner Kenntnis und unmittelbaren Erfahrung des Antisemitismus herleiten, kann man auch diese Erzählung interpretieren, ohne auf die besonderen Erfahrungen des Autors als Jude näher einzugehen, denn Kafka spielt nicht auf sie an, sondern benutzt sie lediglich. Die Erzählung wurde zusammen mit *Schakale und Araber* in zwei aufeinanderfolgenden Heften einer von Martin Buber herausgegebenen Monatszeitschrift, *Der Jude*, veröffentlicht. Kafka bat ihn, die Erzählungen nicht als Gleichnisse zu betrachten; als Obertitel schlug er »Zwei Tiergeschichten« vor.

Kafka beendete *Ein Bericht für eine Akademie*, bevor er in der letzten Aprilwoche *Die Sorge des Hausvaters* schrieb. Darin erfand er (und nahm damit José Luis Borges' *Buch der imaginären Wesen* vorweg) ein Geschöpf mit dem Phantasienamen »Odradek«.

Dies Wesen Odradek sieht »zunächst aus wie eine flache sternartige Zwirnspule«[3], aus deren Mitte ein kleines Querstäbchen hervorkommt, an das sich im rechten Winkel noch eines fügt. Auf die Frage, wo er lebe, sagt Odradek »›unbestimmter Wohnsitz‹, ... und lacht; es ist aber nur ein Lachen, wie man es ohne Lungen hervorbringen kann. Es klingt etwa so, wie das Rascheln in gefallenen Blättern.«[4]

Borges, der selbst Kafka als einen seiner Vorläufer ansieht, hat sich zwar immer wieder Gedanken gemacht über die literarisch-philosophischen Wurzeln seines Schreibens, nie jedoch erwähnt er dabei den Talmud oder die Kabbala. Trotzdem betrachtet George Steiner sowohl Kafka wie auch Borges als moderne Kabbalisten.

Kafka beschäftigte sich allerdings immer wieder mit talmudischen und biblischen Texten, so auch im Zusammenhang mit der Frage, wie das Gesetz entstand: In einer kleinen allegorischen Geschichte der jüdischen Diaspora deutet er den Turmbau als Versuch, das Gesetz als Grundlage für einen Griff aus der Sphäre des Materiellen in die des Spirituellen zu benutzen. »Wenn es möglich gewesen wäre, den Turm von Babel zu erbauen, ohne ihn zu erklettern, es wäre erlaubt worden.«[5] Ganz ähnlich lautet in Kafkas Erzählung *Beim Bau der chinesischen Mauer* die geheime Parole der Erbauer: »Suche mit allen deinen Kräften die Anordnungen der Führerschaft zu verstehen, aber nur bis zu einer bestimmten Grenze, dann höre mit dem Nachdenken auf.«[6]

Die Erzählung wurzelt in dem zermürbenden Gefühl provinzieller

Ferne vom unerreichbaren Mittelpunkt, an dem alle wichtigen Entscheidungen fallen. An die Stelle von Nietzsches Bild eines Gottes, der tot ist, tritt das Bild eines unnahbaren, sterbenden Kaisers. Wie können Menschen, die Tausende von Meilen entfernt von ihm leben, irgend etwas über ihn wissen? Nicht einmal, wenn man ihn hinrichtete, würden sie das erfahren. Und was wäre, wenn der Kaiser einem einzelnen, »dem jämmerlichen Untertanen, dem winzig vor der kaiserlichen Sonne in die fernste Ferne geflüchteten Schatten ... von seinem Sterbebett aus eine Botschaft gesendet«[7] hätte? Der Bote, »ein kräftiger, ein unermüdlicher Mann«, bahnt sich einen Weg durch die vielen Menschen im Palast. »Er kommt auch leicht vorwärts« – aber alle seine Mühe ist nutzlos, denn zu groß ist die Menge, »ihre Wohnstätten nehmen kein Ende ... immer noch zwängt er sich durch die Gemächer des innersten Palastes; niemals wird er sie überwinden; und gelänge ihm dies, nichts wäre gewonnen: ... Die Höfe wären zu durchmessen; und nach den Höfen der zweite umschließende Palast; und wieder Treppen und Höfe; und wieder ein Palast; und so weiter durch Jahrtausende; und stürzte er endlich aus dem äußersten Tor – aber niemals, niemals kann es geschehen –, liegt erst die Residenzstadt vor ihm ... Niemand dringt hier durch und gar mit der Botschaft eines Toten. – Du aber sitzt an Deinem Fenster und erträumst sie Dir, wenn der Abend kommt.«[8]

Die persönliche Botschaft – »gerade Dir hat der Kaiser von seinem Sterbebett aus eine Botschaft gesendet« – erinnert an die Tür, die nur für einen ganz bestimmten Menschen vorgesehen war, während das Gleichnis vom Boten an jenen nachlässig gekleideten König denken läßt, der all seine Untertanen beim Namen kennt: Er bleibt in der Tür einer Schneiderwerkstatt stehen, in der ein gewisser Franz in einer dunklen Ecke arbeitet. Der König fragt nach ihm und fordert ihn auf mitzukommen, nachdem er sich aus seiner Ecke zur Tür durchgearbeitet hat. Beim Weggehen sagt der König zum Meister: »Er übersiedelt ins Schloß.«

Wichtig in diesem Zusammenhang ist die Doppelbedeutung des Wortes »Schloß«: Kafka verzweifelte daran, jemals den Schlüssel zu finden, zumal sich die »Wegweiser« – etwa in den Gesetzen der Schrift oder den Paragraphen der Rechtswissenschaft – meist als nutzlos oder gar irreführend entpuppten.

Zu den ebenfalls immer wiederkehrenden Bildern in seinem Werk gehört die Mauer, die für Undurchdringlichkeit steht, sowie das Tor oder die Tür, die weniger die Möglichkeit des Eintretens signalisiert als vielmehr die Vorstellung von Ausgeschlossensein heraufbeschwört. In der Traumerzählung *Der Schlag ans Hoftor* steht die Strafe in krassem Mißverhältnis zur »Tat«. Der Erzähler weiß nicht mehr, ob seine Schwester aus Mutwillen im Vorbeigehen an ein Hoftor schlug oder nur die Faust hob, doch die verschreckten Dorfbewohner kommen und warnen die beiden vor dem »Hofbesitzer«. »Und wirklich, bald sahen wir Reiter ins weit offene Hoftor einreiten.« Nachdem er seine Schwester aufgefordert hat, heimzugehen und sich umzukleiden, damit sie vor dem Herrn einen guten Eindruck macht, wird er allein zum Richter und seinem Gehilfen geführt und in einen Raum gebracht, der mehr einer Gefängniszelle als einer Bauernstube gleicht. »Große Steinfliesen, dunkel, ganz kahle Wand, irgendwo eingemauert ein eiserner Ring, in der Mitte etwas, das halb Pritsche, halb Operationstisch war.«[9]

Im Juli kam Felice nach Prag, sie verlobten sich nun auch offiziell zum zweiten Mal und absolvierten dann die obligaten Antrittsbesuche bei Freunden und Bekannten. »Der Anblick der beiden ziemlich verlegenen Menschen, vor allem Franzens im ungewohnt hohen Stehkragen, hatte etwas Rührendes und zugleich Schauerliches«[10], schrieb Brod nach dem Besuch der Verlobten bei ihm und seiner Frau. Zwei Tage später fuhren sie nach Ungarn zu Felices Schwester, die in Arad lebte. In Budapest, wo Jizchak Löwy sich seit Kriegsausbruch aufhielt, unterbrachen sie die Reise. Wieder einmal versuchte Kafka, Löwy zu helfen, und schlug ihm vor, einen Artikel über die Lage der jiddischen Schauspieler zu schreiben. Da Löwy diese Anregung gerne aufgriff, erkundigte Kafka sich bei Martin Buber, ob ein solcher Artikel sich nicht für *Der Jude* eigne.

Ein Streit mit Felice erfolgte urplötzlich und aus einem allem Anschein nach heiteren Himmel. Kafka verließ sie in Budapest und fuhr allein nach Wien zurück, wo er den Dichter und Übersetzer Rudolf Fuchs besuchte. Dieser erklärte später, Kafka habe den Eindruck erweckt, daß die Beziehung zu Felice ohne Zukunft sei. In den vier Wochen nach seiner Rückkehr schrieb Kafka ihr mindestens zwei Briefe aus Prag, die aber nicht mehr existieren; möglicherweise hat sie sie vernichtet. Später nannte er diese Briefe »ungeheuerlich und es ließ sich weder geradezu noch an ihnen vorbei etwas antworten«[11], dennoch sollten sie wohl keinen endgültigen Bruch bewirken. In einem Brief, den er am 27. Juli an Kurt Wolff schrieb, sprach er noch davon, daß er nach dem Kriege heiraten und aus Prag wegziehen wolle, »vielleicht nach Berlin«[12].

BLUTSTURZ

Anfang August 1917 spuckte Kafka zum ersten Mal etwas Blut, maß dem aber wenig Bedeutung bei.

> Plötzlich im August etwa – also heiß war es, schön, alles außer meinem Kopf war in Ordnung – spuckte ich auf der Civilschwimmschule etwas Rotes aus. Das war merkwürdig und interessant, nicht? Ich sah es ein Weilchen an und vergaß es gleich. Und dann geschah es öfters und überhaupt, wann ich ausspucken wollte, brachte ich das Rot zustande, es lag ganz in meinem Belieben. Da war es nicht mehr interessant, sondern langweilig, und ich vergaß es wieder.[1]

Er sprach zu niemandem darüber und machte sich bis zu seinem ersten Lungenblutsturz, der gegen vier Uhr morgens am 10. August erfolgte, weiter keine Sorgen:

> Ich wache auf, wundere mich über merkwürdig viel Speichel im Mund, spucke es aus, zünde dann doch an, merkwürdig, es ist ein Patzen Blut. Und nun beginnts. Chrlení, ich weiß nicht, ob es richtig geschrieben ist, aber ein guter Ausdruck ist es für dieses Quellen in der Kehle. Ich dachte es werde gar nicht aufhören. Wie sollte ich es zustopfen, da ich es nicht geöffnet hatte. Ich stand auf, gieng im Zimmer herum, zum Fenster, sah hinaus, gieng zurück – immerfort Blut, schließlich hörte es auf und ich schlief ein, besser, als seit langem.[2]

Als am nächsten Morgen seine Bedienerin hereinkam und das Blut sah, sagte sie: »Pane doktore, s Vámi to dlouho nepotrvá« (Herr Doktor, mit Ihnen dauert's nicht mehr lange).[3] Er jedoch ging wie immer ins Büro und suchte erst am Nachmittag einen Arzt, Dr. Mühlstein, auf. Dieser diagnostizierte einen Bronchialkatarrh, gab ihm drei Flaschen Medizin und forderte ihn auf, in einem Monat wiederzukommen, falls das Bluten aufhöre, andernfalls sofort. In der folgenden Nacht spuckte er jedoch wieder Blut, wenn auch weniger. Er ging erneut zum Arzt, dessen Diagnose nunmehr »akute Verkühlung« lautete. Auszuschließen waren seinen Worten zufolge Schwindsucht und Lungenspitzenkatarrh. Brod riet dem Freund, einen Spezialisten zu konsultieren, was Kafka aber erst am 4. September tat. Am 24. August heißt es in Brods Tagebuch: »Maßnahmen wegen Kafkas Krankheit. Er stellt sie als psychisch dar, gleichsam Rettung vor der Heirat. Er nennt sie: seine endgültige Niederlage! Doch schläft er seither gut.«[4]

Gewiß fühlte Kafka sich erleichtert, den inneren Kampf um seine Beziehung zu Felice nicht weiterführen zu müssen. Der letzte Tagebucheintrag vor dem Blutsturz war: »›Nein, laß mich! nein, laß mich!‹ so rief ich unaufhörlich die Gassen entlang und immer wieder faßte sie mich an, immer wieder schlugen von der Weite oder über meine Schultern hinweg die Krallenhände der Sirene in meine Brust.«[5] Felice erfuhr über einen Monat lang nichts von der Krankheit, ebensowenig wie die Eltern – er vertraute sich lediglich seiner Cousine Irma an und Ottla, der er seine Erleichterung angesichts der »Niederlage« eingestand.

> Ein Sieg (der sich z. B. in einer Heirat darstellen könnte, F. ist vielleicht nur Representantin des wahrscheinlich guten Princips in diesem Kampf) ich meine, ein Sieg mit halbwegs erträglichem Blutverlust hätte in meiner privaten Weltgeschichte etwas Napoleonisches gehabt. Nun scheint es daß ich den Kampf auf diese Weise verlieren soll. Und tatsächlich, so als wäre abgeblasen worden, schlafe ich seit damals 4 Uhr nachts besser, wenn auch nicht viel besser, vor allem aber hat der Kopfschmerz, vor dem ich mir damals nicht mehr zu helfen wußte, gänzlich aufgehört. Die Beteiligung an dem Blutsturz denke ich mir so, daß die unaufhörlichen Schlaflosigkeiten, Kopfschmerzen, fiebrigen Zustände, Spannungen mich so geschwächt haben, daß ich für etwas Schwindsüchtiges empfänglich geworden bin.[6]

Er sah sich selbst entweder passiv – als Schlachtfeld – oder im Plural: als loses Bündnis von Fürstentümern.

> Es war so, daß das Gehirn die ihm auferlegten Sorgen und Schmerzen nicht mehr ertragen konnte. Es sagte: »ich gebe es auf; ist hier aber noch jemand, dem an der Erhaltung des Ganzen etwas liegt, dann möge er mir etwas von meiner Last abnehmen und es wird noch ein Weilchen gehn.« Da meldete sich die Lunge, viel zu verlieren hatte sie ja wohl nicht. Diese Verhandlungen zwischen Gehirn und Lunge, die ohne mein Wissen vor sich gingen, mögen schrecklich gewesen sein.[7]

Das hier von ihm verwendete Bild ist eine Weiterentwicklung jener Metapher vom Ringkampf zwischen zwei Ichs, mit deren Hilfe er Felice im Oktober 1914 seinen Seelenzustand zu erklären versuchte. Die Krankheit machte es ihm noch schwerer, sich als Ganzes, als Einheit zu sehen: Wie konnte dieser Aufruhr gegen ihn aus ihm selbst kommen? Auch wenn Selbstkritik den Nährboden für die Krankheitserreger gebildet hätte, konnten sie doch nur durch den anderen, den Richter, ihre lebensbedrohende Kraft erhalten haben. Als Heranwachsender wie als Erwachsener hatte er sich immer wieder gefragt, ob er überhaupt würdig sei zu leben. Die Tuberkulose muß ihm wie eine Antwort von außen vorgekommen sein, ein auf seinen Leib geschriebenes Urteil, eine strenge Erinnerung an das Gesetz, das er nie zu finden und nie zu befolgen vermocht hatte.

Seit dem Blutsturz war er kurzatmig und hustete viel; manchmal hatte er Fieber und hin und wieder schwitzte er nachts etwas. Am 29. August suchte er erneut Dr. Mühlstein auf, der seine Lunge auskultierte und die Lungengeräusche besser fand. Er erklärte noch einmal, es handele sich nicht um Schwindsucht, war aber auf Kafkas Drängen hin bereit, ihn zu röntgen. Daß der Arzt diese Untersuchung nicht von sich aus vorschlug, darf nicht weiter verwundern, da Röntgenaufnahmen erst seit den dreißiger Jahren zum Diagnose-Alltag gehören. Als Kafka schließlich in Begleitung Brods einen Spezialisten aufsuchte, Professor Friedl Pick, stellte dieser einen Lungenspitzenkatarrh an beiden Lungenflügeln fest, der sich zu einer Tuberkulose weiterentwickeln könnte. Brod notierte dazu: »Die Krankheit betrachtet er als Strafe, weil er sich oft eine gewaltsame Lösung gewünscht hat. Doch diese ist ihm zu grob. Er zitiert, gegen Gott, aus den Meistersingern:

›Ich hätt' ihn für feiner gehalten.‹«[8] Professor Pick verordnete ihm drei Monate Urlaub, die ihm die Anstalt auch gewährte.

Zwar hatte Kafka zunächst erwogen, in ein Sanatorium zu gehen, doch jetzt wollte er nichts mehr davon wissen. Obwohl Professor Pick einen Aufenthalt in der Schweiz lieber gesehen hätte, beschloß Kafka, nach Zürau zu Ottla zu gehen, weil es dort, wie er sagte, keinen Arzt gab, der sich um ihn kümmern konnte. Er gab seine Wohnung im Schönborn-Palais auf und zog am 1. September erneut ins Haus seiner Eltern, wo er bis zum 12., dem Tag, an dem er zu Ottla fuhr, im Zimmer der Schwester wohnte. In Zürau blieb er acht Monate, länger, als er je zuvor von Prag fortgewesen war.

LEBEN AUF DEM LANDE

In Zürau fühlte er sich sofort wohl, trotz der auf einem Bauernhof unvermeidlichen ständigen Geräuschkulisse. Auch lag sein Zimmer zwar ruhig, doch war ihm gegenüber »das einzige Klavier von Nordwestböhmen untergebracht«[1]. Max Brod berichtete er: »Ottla trägt mich wirklich förmlich auf ihren Flügeln durch die schwierige Welt, das Zimmer . . . ist ausgezeichnet, luftig, warm und das alles bei fast vollkommener Hausstille.«[2] In sein Zimmer kam keine Sonne, aber er fand einen geschützten Platz zum Sonnenbaden, wo er täglich etwa acht Stunden ruhte. Nur selten störte ihn jemand, denn seine Beziehung zu den Dorfleuten, die einen ihm fast unverständlichen Dialekt sprachen, war »so locker; das ist schon gar kein Erdenleben mehr«[3].

Dafür fühlte er sich innerlich einem von ihm als »Wanderer« bezeichneten zweiundsechzigjährigen Landstreicher verwandt, den Ottla schon zweimal bewirtet hatte. Er war unverheiratet geblieben, weil seine vor zehn Jahren verstorbene Mutter ihm immer von der Ehe abgeraten hatte. Er wanderte planlos umher, oft im Kreis, was aber wenig ausmachte, da die Leute, die ihm zu essen gaben, ihn kaum je wiedererkannten.

Die Krankheit erschien Kafka weniger als Feindin denn als Zuflucht – wie die Rockfalten einer Mutter, an die ein Kind sich klammert. Den Tod brachte ihm seiner Ansicht nach vielmehr das Schreiben, und Brod hielt er für ähnlich selbstmörderisch veranlagt wie sich selbst. »Es ist das gleiche Messer, an dessen Schärfe sich unsere Hälse, armer Tauben Hälse, einer hier, einer dort, zerschneiden. Aber so langsam, so aufreizend, so Blut sparend, so Herz quälend, so Herzen quälend.«[4]

Das Landleben gefiel ihm mit jedem Tag mehr. »Du biegst aus dem Haus, und auf dem Gartenweg treibt dir entgegen die Göttin des Glücks ... Der Dorfplatz, hingegeben der Nacht. Die Weisheit der Kleinen, Vorherrschaft der Tiere ... – Kühe, mit äußerster Selbstverständlichkeit über den Platz ziehend. Mein Sofa über dem Land.«[5]

Ottla meinte, er könne bis zum Ende des Kriegs auf dem Hof bleiben und sich dann in Zürau ein eigenes Häuschen mit einem kleinen Kartoffelacker kaufen. Bis es so weit war, arbeitete er in Ottlas Gemüsegarten, spaltete Holz, pflügte und lenkte ein Fuhrwerk.

Als er in Zürau ankam, wog er (bei einer Körpergröße von 1,82 Meter) 61,5 Kilogramm, und zu seiner Freude hatte er schon nach Ablauf der ersten Woche ein Kilo zugenommen – denn nur, wenn er abnahm, würde Dr. Pick darauf dringen, daß er ein Sanatorium aufsuchte. Anfang Oktober zeigte die Waage dann sogar 65 Kilo an. So wohl fühlte er sich in Ottlas Gesellschaft, daß er an Max Brod schrieb: »Mit Ottla lebe ich in kleiner guter Ehe; Ehe nicht auf Grund des üblichen gewaltsamen Stromschlusses, sondern des mit kleinen Windungen geradeaus Hinströmens.«[6] Felice, die aufgrund seines einen Briefes oder seines langen Schweigens wußte, daß sie im Begriff stand, ihn zu verlieren, nahm eine strapaziöse dreißigstündige Fahrt in Kauf, nur um ihn zu sehen, und traf am 20. September in Zürau ein.

> Ich hätte es verhindern müssen. So wie ich es mir vorstelle, trägt sie, wesentlich durch meine Schuld, ein Äußerstes an Unglück ... In Kleinigkeiten hat sie unrecht, unrecht in der Verteidigung ihres angeblichen oder auch wirklichen Rechtes, im ganzen aber ist sie eine unschuldig zu schwerer Folter Verurteilte; ich habe das Unrecht getan, wegen dessen sie gefoltert wird, und bediene außerdem das Folterinstrument.[7]

Er stellte fest, daß sich alle ihre Gespräche, die sie in Zürau miteinander führten, in vier Zeilen zusammenfassen ließen:

> Ich: So weit habe ich es also gebracht.
> F.: So weit habe *ich* es gebracht.
> Ich: So weit habe ich dich gebracht.
> F.: Das ist wahr.[8]

Als – nach ihrer Abfahrt – ein Brief von Felice eintraf, öffnete er ihn zunächst nicht, und als er es schließlich doch tat, erwies sich, daß er schon vor ihrem Besuch in Zürau geschrieben worden und lange unterwegs gewesen war, weil sie ihn falsch adressiert hatte. Als am 1. Oktober zwei weitere Briefe kamen, öffnete Kafka sie erst am Abend und beantwortete sie dann. »Sicher ist nur, daß es nichts gibt, dem ich mich mit vollkommenerem Vertrauen hingeben könnte, als der Tod«[9] – doch falls inzwischen die Todesstrafe über ihn verhängt war, bedeutete das nicht zugleich die Einstellung des Verfahrens, ebensowenig wie seine Bereitschaft zu sterben bedeutete, daß er dem Prozeß unbeteiligt gegenüberstand. Er schrieb an Felice, als erwögen zwei Gerichte seinen Fall – ein menschliches und ein nichtmenschliches. Er sprach die Frage der Wahrhaftigkeit ihr gegenüber an und versicherte ihr, »daß ich keinem Menschen gegenüber bewußte Lügen so stark zurückgehalten habe oder, um noch genauer zu sein, stärker zurückgehalten habe als gegenüber Dir«[10].

Allerdings ergab sich bei genauer Prüfung, daß er nicht eigentlich danach strebte, »ein guter Mensch zu werden und einem höchsten Gericht zu entsprechen, sondern, sehr gegensätzlich, die ganze Menschen- und Tiergemeinschaft zu überblicken, ihre grundlegenden Vorlieben, Wünsche, sittlichen Ideale zu erkennen, sie auf einfache Vorschriften zurückzuführen, und mich in dieser Richtung möglichst bald dahin zu entwickeln, daß ich durchaus allen wohlgefällig würde, und zwar (hier kommt der Sprung) so wohlgefällig, daß ich, ohne die allgemeine Liebe zu verlieren, schließlich, als der einzige Sünder, der nicht gebraten wird, die mir innewohnenden Gemeinheiten offen, vor aller Augen, ausführen dürfte. Zusammengefaßt kommt es mir also nur auf das Menschengericht an und dieses will ich überdies betrügen, allerdings ohne Betrug.«[11]

Gelegentlich setzte er das »Menschengericht« vollständig mit Felice gleich, dann wieder sah er sie in dem Kampf, der sein Leben ausmachte, auf seiner Seite, und gelegentlich sogar als den Preis, um den der Kampf tobte, als Gebiet, das zu besitzen er gehofft hatte. »Ich halte nämlich diese Krankheit im geheimen gar nicht für eine Tuberkulose, sondern für meinen allgemeinen Bankrott. Ich glaubte, es ginge noch weiter und es ging nicht. – Das Blut stammt nicht aus der Lunge, sondern aus dem oder aus einem entscheidenden Stich eines Kämpfers.«[12]

Eine Frage, auf die es keine Antwort gibt: Wäre er von der

Krankheit verschont geblieben, wenn er eine andere Frau oder eine andere Frau ihn gewählt hätte? Herrschte in ihm eine Spannung, die sich in dieser Beziehung nie lösen konnte und die ihren einzigen möglichen Ausweg in dieser »Krankheit zum Tode« fand? Ahnte er etwas von dieser Entwicklung, als er Felice kennenlernte, und war das unumstößliche Urteil, das er über sich gesprochen hatte, nichts weniger als sein Todesurteil? Immerhin hatte er *Das Urteil* als »ihre« Erzählung bezeichnet. Aber noch konnte er sich frei bewegen – wie Josef K. nach seiner Festnahme. Zwar bestand keine Aussicht, daß das Gericht ihn freisprechen würde, dennoch war der Blutsturz eher ein Anfang als ein Ende. Wenn Kafka auch in den letzten sieben Jahren seines Lebens mühevoller atmete als zuvor, tat er es doch mit weniger Angst.

Es fiel ihm keineswegs leicht, seinen Anspruch auf Felice aufzugeben. Ein Wort von ihr würde genügen, erklärte er, und er wäre wieder zu ihren Füßen. Doch würde die Tuberkulose ihn wieder von ihr forttreiben. »Es ist eine Waffe, neben der die fast zahllosen früher verbrauchten, von der ›körperlichen Unfähigkeit‹ bis zur ›Arbeit‹ hinauf und bis zum ›Geiz‹ hinunter in ihrer sparsamen Zweckhaftigkeit und Primitivität dastehn.«[13] Auch wenn er sich gegen diese Vorstellung auflehnte, wußte er doch, »trotzdem mich das bei Arbeitsversuchen und beim Denken rings um mich in der Ferne fallende Dunkel vielleicht überzeugen könnte . . .: ich werde nicht mehr gesund werden. Eben weil es keine Tuberkulose ist, die man in den Liegestuhl legt und gesund pflegt, sondern eine Waffe, deren äußerste Notwendigkeit bleibt, solange ich am Leben bleibe. Und beide können nicht am Leben bleiben.«[14]

Felix Weltsch, der ihm den Willen zum Gesundwerden als wichtigstes Moment im Genesungsprozeß darstellte, antwortete er:

> Den habe ich, allerdings, soweit sich dies ohne Ziererei sagen läßt, auch den Gegenwillen. Es ist eine besondere, wenn man will, eine verliehene Krankheit, ganz anders als alle, mit denen ich bisher zu tun hatte. So wie ein glücklicher Liebhaber etwa sagt: »Alles Frühere waren nur Täuschungen, jetzt erst liebe ich.«[15]

Diese Selbstzufriedenheit veranlaßte Brod zu der ungeduldigen Bemerkung: »Du bist in Deinem Unglück glücklich« – eine verständliche, aber Kafka dennoch ärgernde Vereinfachung. Mit diesem Satz, erwiderte er dem Freund, habe man vermutlich Kain das Mal aufgedrückt.

> Wenn einer »im Unglück glücklich« ist, so heißt das zunächst, daß er den Gleichschritt mit der Welt verloren hat, es heißt aber weiter, daß ihm alles zerfallen ist oder zerfällt, daß keine Stimme ungebrochen mehr ihn erreicht und er daher keiner aufrichtig folgen kann. Ganz so schlimm steht es mit mir nicht oder war es wenigstens bisher nicht; ich bin schon vom Glück und Unglück voll getroffen worden.[16]

Vier Tage später beschuldigte er Felice in seinem letzten Brief an sie (bzw. dem letzten erhaltenen), indem er auf ihre Vorwürfe über sein Verhalten in Zürau einging, sie nehme denselben Standpunkt ein wie Max Brod. Sich selbst klagte er an, über das Ende ihrer Beziehung nicht, wie sie, unglücklich zu sein. »Ich fühlte den ganzen Jammer weniger, als ich ihn sah, erkannte, ihn in seiner alle meine Kräfte (zumindest meine Kräfte als die eines Lebendigen) übersteigenden Ungeheuerlichkeit feststellte, und in dieser Erkenntnis verhältnismäßig ruhig dabei verblieb, die Lippen fest, sehr fest geschlossen zu halten.«[17] Felice machte kein Hehl daraus, wie traurig sie war – »über die sinnlose Reise, mein unbegreifliches Verhalten, über alles«[18] –, und sie war offensichtlich verärgert ob seiner Weigerung oder Unfähigkeit, sich von ihrem Kummer betroffen zu zeigen. Er gab zu, »dabei wahrscheinlich noch ein wenig Komödie«[19] gespielt zu haben, machte sich deswegen aber keine Vorwürfe. »Der Anblick, den ich hatte . . . war zu höllisch, als daß man den Anwesenden nicht mit ein wenig ablenkender Musik hätte zuhilfe kommen wollen.«[20] Erneut beklagte er sich über Brods »Kains-Begriffe«: »Es bedeutet . . ., daß der, welcher das Zeichen trägt, die Welt zerschlagen hat und, unfähig sie wieder lebend aufzurichten, durch ihre Trümmer gejagt wird.«[21]

Es schien Kafka, als habe er die Prüfung nicht bestanden und sich »in der Stadt, in der Familie, dem Beruf, der Gesellschaft, der Liebesbeziehung . . . nicht bewährt«[22]. Und sein Versagen hielt er für schlimmer als das aller anderen Menschen. Obwohl die Vorstellung ungelebten Lebens und verpaßter Gelegenheiten ihn, wie er behauptete, weniger tief traf als die den Versäumnissen zugrunde liegenden Umstände, war die daraus entstehende Qual doch so sinnlos, daß er sie nicht weiter ertragen wollte. Seit seiner Kindheit hatte ihm Selbstmord stets als Fluchtmöglichkeit vor Augen gestanden – durfte er aber auf diese Weise nach den Sternen greifen? »Du, der Du nichts tun kannst, willst gerade dieses tun? Wie kannst Du den Gedanken wagen? Kannst Du Dich morden, mußt Du es gewissermaßen nicht mehr.«[23]

An Tuberkulose zu sterben war ein einfacherer Ausweg, »den ich aus eigenen Kräften (soweit die Tuberkulose nicht zu ›meinen Kräften‹ gehört) nicht gefunden hätte«[24]. Er meinte, diesen Weg noch nicht gewählt, sondern lediglich erkannt zu haben; um ihn zu beschreiten und zu Ende zu gehen, brauchte er nur genauso weiterzuleben wie bisher. Neu war allein der Eindruck, die Überfahrt gleichsam abzuarbeiten. An Brod schrieb er: »Unsere immer enger werdende Nähe wird darin bestehn, daß wir beide ›gehn‹; bisher fühlte ich mich zu oft als Deine Last.«[25] Kafka sah den Freund als jemanden, der alle Prüfungen bestand und jeden einzelnen Punkt der Anklage gegen sich zu entkräften vermochte. »Du kannst das Widerstrebende zusammenhalten, ich nicht oder wenigstens noch nicht.«[26]

Nie kam ihm der Gedanke, seine Werke könnten einmal höher eingeschätzt werden als die Brods, was zum Teil daran lag, daß er sie gar nicht wirklich drucken lassen wollte. Wie *Der Verschollene* war *Der Prozeß* unvollendet und unveröffentlicht: Kafka hatte sich damit begnügt, seine Lieblingspassagen aus beiden Romanfragmenten zu publizieren – das »Heizer«-Kapitel und die Türhüterlegende. Als Brod von ihm im November 1917 Material für einen Leseabend in Frankfurt erbat, antwortete er: »Schicke ich es, tue ich es nur aus Eitelkeit, schicke ich es nicht, ist es auch Eitelkeit, aber nicht aus Eitelkeit, also etwas Besseres. Die Stücke, die ich schicken könnte, bedeuten für mich wesentlich gar nichts, ich respektiere nur den Augenblick, in dem ich sie geschrieben habe.«[27] Von derselben Haltung wurde seine letzte Anweisung an Brod diktiert, alle seine unveröffentlichten Arbeiten zu vernichten. Als später Elsa Brod einiges von Kafka im Rahmen eines Leseabends vortragen wollte, schickte er ihr weder den *Verschollenen* noch den *Prozeß*.

> Warum die alten Anstrengungen aufrühren? Nur deshalb weil ich sie bisher nicht verbrannt habe? Bis . . . wenn ich nächstens komme, geschieht es hoffentlich. Worin liegt der Sinn des Aufhebens solcher »sogar« künstlerisch mißlungener Arbeiten? Darin, daß man hofft, daß sich aus diesen Stückchen mein Ganzes

zusammensetzen wird, irgendeine Berufungsinstanz, an deren Brust ich werde schlagen können, wenn ich in Not bin.[28]

Sieben Jahre vor seinem Tod erklärte er: »Man schämt sich nicht mehr, sterben zu wollen; man bittet, aus der alten Zelle, die man haßt, in eine neue gebracht zu werden, die man erst hassen lernen wird. Ein Rest von Glauben wirkt dabei mit, während des Transportes werde zufällig der Herr durch den Gang kommen, den Gefangenen ansehen und sagen: ›Diesen sollt ihr nicht wieder einsperren. Er kommt zu mir.‹«[29] Später notierte er noch: »Dieses Gefühl: ›hier ankere ich nicht‹ – und gleich die wogende, tragende Flut um sich fühlen!«[30] Diese Gefangenenphantasie erinnert an das Fragment über den schlechtgekleideten König, während es in einer anderen, ebenfalls nur im Entwurf vorhandenen Erzählung noch einmal um die Botschaft des sterbenden Kaisers geht:

Es wurde ihnen die Wahl gestellt, Könige oder der Könige Kuriere zu werden. Nach Art der Kinder wollten alle Kuriere sein. Deshalb gibt es lauter Kuriere, die jagen durch die Welt und rufen, da es keine Könige gibt, einander selbst die sinnlos gewordenen Meldungen zu. Gerne würden sie ihrem elenden Leben ein Ende machen, aber sie wagen es nicht wegen des Diensteides.[31]

Im Bewußtsein, daß seine Dichtungen teils auf Träume zurückgingen, teils auf chassidische Erzählungen mit einer genau umrissenen Moral, sah Kafka auch sich selbst als einen dieser nutzlosen Kuriere; zwar war es möglich, die Wahrheit über persönliche Erfahrungen zu berichten, nicht aber, die Kluft zu überbrücken zwischen diesen Erfahrungen und dem Gesetz. »Unsere Kunst ist ein von der Wahrheit Geblendet-Sein: Das Licht auf dem zurückweichenden Fratzengesicht ist wahr, sonst nichts.«[32] Im *Schloß* entwickelt Kafka das Bild des Boten weiter, der sein unwirksam Bestes tut, um bedeutsame Botschaften zwischen den beiden Bereichen hin- und herzutragen.

Im Denken wie im Schreiben reproduzierte er Rhythmen und Strukturen, die er in der Bibel und in kabbalistischen Schriften gefunden hatte. Auch chassidische Vorstellungen über die der Sprache zukommende Bedeutung beeinflußten ihn. Der Sohar[33], das heilige Buch der Kabbala und eine mystische Exegese der Thora, geht auf eine Überlieferung zurück, derzufolge Gottes Wort keinen spezifischen Sinn besitzt, sondern von ihm erst mit einem Sinn versehen wird, der dem menschlichen Verstand jedoch für immer weithin dunkel bleiben muß. Zwar glaubte Kafka nicht, selbst göttlich inspiriert zu sein, aber er war sich klar über die Divergenz zwischen den ausgesprochenen Worten und den dahinterstehenden Überzeugungen. »Aussprache bedeutet nicht grundsätzlich eine Schwächung der Überzeugung – darüber wäre auch nicht zu klagen –, aber eine Schwäche der Überzeugung.«[34]

Sein Kampf um den Glauben war ein Versuch, seine Existenz auch dann zu retten, wenn sein Leib nicht mehr zu retten war. »Glauben heißt: das Unzerstörbare in sich befreien, oder richtiger: sich befreien, oder richtiger: unzerstörbar sein, oder richtiger: sein.«[35] Er las die Zeitschrift *Der Jude* und freute sich über ihre antimaterialistische Haltung. Ein Autor formulierte: »Die Bibel ist ein Heiligtum, die Welt ein Scheißtum«[36], und Kafka erklärte: »Wir sind von Gott beiderseitig getrennt: Der Sündenfall trennt uns von ihm, der Baum des Lebens trennt ihn von uns.«[37] Da das Paradies selbst von der Vertreibung des Menschen nicht betroffen wurde, sei das »menschliche Urteil über menschliche Handlungen . . . wahr und nichtig, nämlich zuerst wahr und dann nichtig«[38]. Kafka legte noch weniger als je zuvor Wert auf irgendein Handeln, dafür um so mehr auf eine gewisse Haltung. Wer sich in bloßen Aktivitäten erschöpfte, schien ihm die beiden Hauptfragen des menschlichen Daseins mißzuverstehen: die nach dem Wert des Lebens und die nach den lohnenden Zielen.

Kafka hatte keine Schmerzen, und zumindest physisch kam ihm seine Krankheit kaum zu Bewußtsein. Im Liegen und Sitzen spürte er seine Kurzatmigkeit nicht, und wenn er ging oder arbeitete, atmete er »eben zweimal so schnell als früher, eine wesentliche Beschwerde ist das nicht«[39]. Lediglich beim Gehen zu reden fiel ihm schwer. Er schrieb nicht viel, und die Arbeit im Gemüsegarten ermüdete ihn rasch, doch hatte die Krankheit ihn von der öden Büroroutine und von Prag befreit. Als Brod am 27. Oktober im Zionistenverein von Komotau eine Rede hielt, fuhr Kafka aus dem nahegelegenen Zürau hin und am folgenden Tag zusammen mit Brod und Ottla nach Prag, um den Arzt und den Zahnarzt aufzusuchen und einige Dinge für die Anstalt zu regeln. Vor der Abreise notierte er: »traurig, nervös, körperlich unwohl, Angst vor Prag, im Bett.«[40] Sollte er doch für mehrere Tage »aus Freiheit in Knechtschaft und Trauriges«[41] gehen.

Selten in seinem Leben hatte er sich so zufrieden gefühlt wie bei Ottla in Zürau. »Ich würde mich sonst nirgends so wohl befinden, nirgends so wenig Ablenkungen haben ... nirgends mit weniger Trotz, Galle, Ungeduld die Haus- und Hotelwirtschaft ertragen als hier bei meiner Schwester.«[42] Auch die Nähe so vieler Tiere gefiel ihm, und als er einmal während des Sonnenbadens sah, daß die schmackhaftesten Blätter an den Sträuchern für die futtersuchenden Ziegen zu hoch hingen, bog er ihnen die Zweige herunter.

> Diese Ziegen also – sind äußerlich vollkommen jüdische Typen, meistens Ärzte, doch gibt es auch Annäherungen an Advokaten, polnische Juden und vereinzelt auch junge Mädchen. Besonders Dr. W., der Arzt, der mich behandelt, ist stark unter ihnen vertreten. Das aus drei jüdischen Ärzten bestehende Konsilium, das ich heute gefüttert habe, war so mit mir zufrieden, daß es sich abend kaum forttreiben lassen wollte, um gemolken zu werden.[43]

Weniger angenehm war ihm dagegen die Gesellschaft von Mäusen, die er eines Nachts Mitte November in seinem Zimmer entdeckte. »Nirgends in meinem ganzen Wesen ein Halt, aufstehn, anzünden wagte ich nicht, das Einzige waren einige Schreie, mit denen ich sie einzuschüchtern versuchte ... am Morgen konnte ich vor Ekel und Traurigkeit nicht aufstehn, blieb bis 1 Uhr im Bett.«[44] Von da an nahm er jede Nacht die Katze mit ins Zimmer, obwohl er sie insgeheim von jeher haßte und sie ihn beim Schreiben störte. In seiner »platten Angst« vor den Mäusen sah er einen Zusammenhang mit dem »unerwarteten, ungebetenen, unvermeidbaren, gewissermaßen stummen, verbissenen, geheimabsichtlichen Erscheinen dieser Tiere ..., mit dem Gefühl, daß sie die Mauern ringsherum hundertfach durchgraben haben und dort lauern, daß sie sowohl durch die ihnen gehörige Nachtzeit als auch durch ihre Winzigkeit so fern uns und damit noch weniger angreifbar sind«[45].

Da er Weihnachten in Prag verbringen wollte, verließ er Zürau am 22. Dezember – früher als zunächst beabsichtigt, da Felice ihren Besuch angekündigt hatte. Außer am ersten gemeinsam verbrachten Tag, als sie jeder Erörterung »der Hauptsache« peinlichst aus dem Wege gingen, machten sie es einander nicht leicht. Kafka aber war fest entschlossen, die Beziehung ein für alle Male zu beenden. Den Weihnachtsabend verbrachten sie bei den Brods, und Max konstatierte: »Beide unglücklich, reden nichts.«[46] Am 26. Dezember kam Kafka »früh um halb acht« zu ihm. »Ich soll ihm den Vormittag schenken. Café Paris. Doch will er mich nicht als Berater, sein Entschluß ist bewundernswert fest. Nur die Zeit verbringen. Er hat gestern F. alles ganz klar gesagt. Wir sprachen von allem, nur nicht davon. Kafka über Tolstois *Auferstehung*: ›Man kann die Erlösung nicht schreiben, nur leben.‹«[47]

Möglicherweise identifizierte Kafka sich mit dem Odysseus seiner im Oktober entstandenen Erzählung *Das Schweigen der Sirenen*: Um sich vor dem Gesang der Sirenen zu schützen, verstopft Odysseus seine Ohren mit Wachs und läßt sich am Mast festschmieden (sic). Doch als die Sirenen ihn sehen, singen sie nicht – sie schweigen. Vielleicht glauben sie, »diesem Gegner könne nur noch das Schweigen beikommen, sei es, daß der Anblick der Glückseligkeit im Gesicht des Odysseus, der an nichts anderes als an Wachs und Ketten dachte, sie allen Gesang vergessen ließ ... Vielleicht hat er, obwohl das mit Menschenverstand nicht mehr zu begreifen ist, wirklich gemerkt, daß die Sirenen schwiegen, und hat ihnen und den Göttern den obigen Scheinvorgang nur gewissermaßen als Schild entgegengehalten.«[48]

Am Nachmittag unternahmen Kafka und Felice mit den Ehepaaren Baum, Weltsch und Brod einen Ausflug. Zu Brod sagte Kafka: »Was ich zu tun habe, kann ich nur allein tun. Über die letzten Dinge klar werden. Der Westjude ist darüber nicht klar und hat daher kein Recht zu heiraten. Es gibt hier keine Ehen. Es sei denn, daß ihn diese Dinge nicht interessieren, zum Beispiel Geschäftsleute.«[49] Vermutlich war seine Hoffnung, Klarheit über die letzten Dinge zu gewinnen, größer als seine Zuversicht, eine erfolgreiche Ehe zu führen, es je gewesen war.

Am nächsten Morgen brachte er Felice zur Bahn und ging dann in Brods Büro. »Sein Gesicht war blaß, hart und streng. Aber plötzlich begann er zu weinen. Es war das einzige Mal, daß ich ihn weinen sah.«[50] Der Kollege, mit dem Brod den in einer ehemaligen Wohnung eingerichteten Arbeitsraum teilte, befand sich im Zimmer, und so mußte Kafka neben Max Schreibtisch auf dem »Sesselchen« Platz nehmen, »das für Bittsteller, Pensionisten, Beschuldigte bereit stand«. Während ihm die Tränen über die Wangen liefen, sagte er schluchzend: »Ist es nicht schrecklich, daß so etwas geschehen muß?«[51] Später schrieb er an Ottla: »Am letzten Vormittag habe ich mehr geweint als in allen Nach-Kinderjahren.«[52] In sein Oktavheft notierte er: »Alles schwer, unrecht und doch richtig.«[53] Und gut zwei Wochen darauf: »Aus eigenem Willen, wie eine Faust drehte er sich und vermied die Welt.«[54]

Am Nachmittag nach Felices Abreise ging Kafka zur Praxis von Professor Pick. Da dieser von einer Reise noch nicht zurück war, suchte er dann Dr. Mühlstein auf, der Kafkas »moralische Berechtigung« einer Pensionierung betonte und seinen Entschluß, nicht zu heiraten, guthieß.

Im November hatte Ottla die Eltern von der bis dahin geheimgehaltenen Krankheit des Bruders informiert und diese zugleich als Grund für die Auflösung des Verlöbnisses angeführt. Da die Eltern nicht einsehen konnten und wollten, daß ihre beiden unverheirateten Kinder so weit von zu Hause entfernt leben mußten, machte der Vater ihnen Vorwürfe – sie seien verrückt oder undankbar. Kafka widersprach dem, gestand aber Ottla gegenüber ein, »daß wir es (gleichgültig ob durch sein Verdienst oder seine Schuld) zu leicht haben; er kennt keine andere Erprobung als die des Hungers, der Geldsorgen und vielleicht noch der Krankheit, erkennt, daß wir die ersteren, die zweifellos stark sind, noch nicht bestanden haben und leitet daraus das Recht ab, jedes freie Wort uns zu verbieten. Darin liegt Wahres, und, weil es wahr ist, auch Gutes.«[55] Nach wie vor überschätzte er das Urteilsvermögen des Vaters.

Ende Januar bat Kafka den Verleger Kurt Wolff, als er diesem die Korrekturen der fünfzehn Erzählungen sandte, die Wolff unter dem Titel *Ein Landarzt* veröffentlichen wollte, ihnen ein Widmungsblatt mit den Worten »Meinem Vater« voranzustellen.

Nachdem er in zwei aufeinanderfolgenden Nächten ziemlich viel Blut gehustet hatte, rechnete er nicht mehr damit, noch lange zu leben. Ähnlich Georg Bendemann vollzog er die in den Drohungen des Vaters (»Ich zerreiße dich wie einen Fisch«) enthaltene Strafe und erklärte: »So darf ich sagen, daß ich mich selbst zerrissen habe.« – »Die Welt – F. ist ihr Repräsentant – und mein Ich zerreißen in unlösbarem Widerstreit meinen Körper.«[56] Er erinnerte sich auch an die unbarmherzigen Worte des Vaters über einen lungenkranken Angestellten: »Er soll krepieren, der kranke Hund.«[57]

Während er in Prag auf die Rückkehr Professor Picks wartete und sich um seine Pensionierung kümmerte, sehnte er sich nach dem Leben auf dem Lande. Die einzigen Menschen, in deren Gesellschaft er sich wohlfühlte, waren Ottla und Max Brod. Am letzten Abend, den Kafka bei den Brods verbrachte, kam es zu einem Streit zwischen den Eheleuten, in dessen Verlauf Elsa Max vorwarf, er tauge nicht zur Ehe. Dieser Meinung schloß Kafka sich sofort an. »Natürlich hast Du in Deiner Gänze geheiratet, aber mit dem jener Teilung entsprechenden Fernblick, den Du allerdings zunächst zum Schielen zwangst, was nicht taugen konnte.«[58]

Nachdem man seinen Antrag auf vorzeitige Pensionierung abgelehnt hatte, kehrte Kafka um den 6. Januar 1918 in Begleitung seines blinden Freundes Oskar Baum, der eine gute Woche in Zürau bleiben wollte, auf den Hof zurück. Er fühlte sich »trüb, schwach, ungeduldig«[59]. Noch bevor der Monat zu Ende ging, hatte er eine Variante zum *Urteil* entwickelt: »Der Selbstmörder ist der Gefangene, welcher im Gefängnishof einen Galgen aufrichten sieht, irrtümlich glaubt, es sei der für ihn bestimmte, in der Nacht aus seiner Zelle ausbricht, hinunter geht und sich selbst aufhängt.«[60]

Trotz der extremen Minustemperaturen draußen schlief Kafka auch Ende Januar stets bei offenem Fenster und wusch sich morgens kalt von Kopf bis Fuß – nachdem er die Eisschicht, die sich während der Nacht stets auf dem Waschwasser bildete, zerbrochen hatte. Und obwohl er es von früher her gewohnt war, sich in Tag und Nacht geheizten Räumen aufzuhalten, erkältete er sich nicht.

Dem, was er als sein Versagen im Leben und in der Literatur betrachtete, stand er jetzt etwas positiver gegenüber. Nicht aus Trägheit, bösem Willen oder Ungeschicklichkeit mißlang ihm alles, es war »der Mangel des Bodens, der Luft, des Gebotes«.

> Diese zu schaffen ist meine Aufgabe, nicht damit ich dann das Versäumte etwa nachholen kann, sondern damit ich nichts versäumt habe, denn die Aufgabe ist so gut wie eine andere. Es ist sogar die ursprünglichste Aufgabe oder zumindest ihr Abglanz ... Es ist das auch keine ausnahmsweise Aufgabe, sie ist gewiß schon oft gestellt worden. Ob allerdings in solchem Ausmaß, weiß ich nicht. Ich habe von den Erfordernissen des Lebens gar nichts mitgebracht, so viel ich weiß, sondern nur die allgemeine menschliche Schwäche. Mit dieser – in dieser Hinsicht ist es eine riesenhafte Kraft – habe ich das Negative meiner Zeit, die mir ja sehr nahe ist, die ich nie zu bekämpfen, sondern gewissermaßen zu vertreten das Recht habe, kräftig aufgenommen. An dem geringen Positiven sowie an dem äußersten, zum Positiven umkippenden

Negativen, hatte ich keinen ererbten Anteil. Ich bin nicht von der allerdings schon schwer sinkenden Hand des Christentums ins Leben geführt worden wie Kierkegaard und habe nicht den letzten Zipfel des davonfliegenden jüdischen Gebetmantels noch gefangen wie die Zionisten. Ich bin Ende oder Anfang.[61]

Mitte Februar fuhr Kafka noch einmal nach Prag, um eine weitere Verlängerung seiner Befreiung vom Militärdienst zu erwirken. Bei seiner Rückkehr kam er »förmlich wie vollgetrunken an, so als wäre ich in Zürau beispielsweise zu dem Zweck, um nüchtern zu werden und machte, wenn ich erst auf dem Wege zur Nüchternheit wäre, immer gleich die Fahrt nach Prag, um mich vorzeitig wieder vollzutrinken«[62]. Hatte er sich erst wieder an die ländliche Ruhe und die grenzenlose Muße gewöhnt, verspürte er nicht nur keine Lust zu irgendwelchen Äußerungen, er fühlte sich sogar unfähig dazu. Es war, als sei seine Kurzatmigkeit symbolhafter Ausdruck dafür. »Es ergibt sich von selbst, meine Welt wird durch die Stille immer ärmer; ich habe es immer als mein besonderes Unglück gefühlt, daß ich . . . förmlich nicht genug Lungenkraft hatte, der Welt die Mannigfaltigkeit für mich einzublasen, die sie ja, wie die Augen lehren, offenbar hat; jetzt gebe ich mir diese Mühe nicht mehr.«[63]

Nach der Lektüre Kierkegaards stimmte er mit Brod dahingehend überein, daß dessen Hauptproblem »seine Ehe-Verwirklichung« gewesen sei. Kafka fühlte keine Verwandtschaft mehr mit Kierkegaard – »aus dem Zimmernachbar ist irgendein Stern geworden«[64] –, und später erklärte er, von Kierkegaard gehe so viel Licht aus, »daß in alle Tiefen etwas davon kommt«[65]. Regine Olsen konnte sich Kafkas Ansicht nach glücklich schätzen, »diesem Folterwerk, das jetzt leer lief . . . entgangen zu sein«[66]. In ähnlicher Weise, meinte Kafka, habe Felice Glück gehabt, ihm »entgangen« zu sein. Denn »leiblich und psychisch ganz gesund ein wahres Geistesleben führen – das kann kein Mensch«[67].

Am 18. April kehrte Ottla mit der Nachricht aus Prag zurück, daß die Anstalt ihm keinen weiteren Urlaub gewähren würde; und am 30. April 1918 verließ Kafka Zürau, wo er nur zu gern geblieben wäre, und nahm am 2. Mai seine Arbeit wieder auf.

BEINAHE-EHEFRAU JULIE

Wieder einmal wohnte Kafka im Haus der Eltern und teilte Ottla in einem Brief mit, daß er sich in ihrem Zimmer eingerichtet habe, sich aber in der Stadt noch nicht »eingerichtet« fühle. Die ersten Tage war er »kaum recht wach«, er schlief schlecht, atmete mühsam, und mit der Schwester fehlte ihm die Vertraute – »bei Elli habe ich es versucht aber es ist nicht das Richtige«.[1] Erst Mitte des Monats hatte er sich wieder etwas eingewöhnt: »Es ist hier schwieriger zu leben als in Zürau, aber das ist gewiß kein Grund, es nicht zu versuchen.«[2] Nachmittags arbeitete er im Pomologischen Institut in Troja bei Prag und fühlte sich mit der Zeit, wie Max Brod bemerkte, »in Prag besser, denn in Zürau faulenzte er. Hier betrachtet er Hebräisch und Gartenbau als Positiva seines Lebens. Will sich diese ganz rein erhalten, sie sind das ›Ländliche‹. Will sich von allem andern zurückziehen.«[3] Als Johannes Urzidil wegen eines Beitrags für die expressionistische Zeitschrift *Der Mensch* an ihn herantrat, teilte Kafka ihm mit, er habe nichts zum Veröffentlichen.

Im Laufe des Sommers fuhr er auch ein paarmal in die Klinik nach Frankenstein bei Rumburg, an deren Gründung er beteiligt gewesen war, und im Oktober beantragte die »Staatliche Landeszentrale für das Königreich Böhmen zur Fürsorge für heimkehrende Krieger« beim Prager Polizeipräsidium, Kafka »wegen Verdienstes auf dem Gebiete der Kriegsbeschädigtenfürsorge« auszuzeichnen.

Gelegentlich suchte Brod ihn in Troja auf, sie gingen zusammen spazieren oder auch zum Schwimmen, aber im allgemeinen sahen sie sich nicht mehr so häufig wie früher. »Schlaflose Nacht wegen Kafka«, klagte Brod am 3. Juli.

> Fühle mich verlassen, aber respektiere seinen Entschluß. Es gab nie eine Trübung. Seine gute Art, an allen (auch an Gegnern) das Positive zu sehen, das, worin sie recht haben, worin sie nicht anders können . . ., tröstete mich oft, gab mir Grundlagen. Sein Vertrauen darauf, daß eine reine Absicht, eine sachliche Arbeit niemals sinnlos bleibt, daß nichts Gutes verloren gehen kann, – darauf stütze ich mich.[4]

Dabei war ihre Beziehung gar nicht so schlecht, daß sie diesen »Nachruf« (wie Brod es nannte) nötig gehabt hätte.

Mit der Gesundheit Kafkas, der sich den ganzen Sommer über bemühte, geistig anstrengende Arbeit möglichst zu vermeiden, ging es immer weiter bergab. Im Herbst begann er »wirklich krank« zu werden, wollte aber nichts von einem Sanatoriumsaufenthalt wissen. Katherine Mansfield und D. H. Lawrence, die zu etwa derselben Zeit wie er Opfer der Tuberkulose wurden, verweigerten sich übrigens mit ähnlicher Beharrlichkeit der institutionalisierten Heilkunde.

Wie der Gregor aus Kafkas *Verwandlung* in brüderlicher Liebe das Violinstudium der Schwester finanzieren will, so unterstützte Kafka Ottla in ihrem Vorhaben, eine Landwirtschaftsschule zu besuchen. In Zürau hatte sie versucht, von den Bauern etwas zu lernen, bei der Bewirtschaftung des Hofes aber dennoch schwerwiegende Fehler gemacht und einiges Geld eingebüßt. Im August schrieb Kafka für sie eine ganze Reihe möglicher Ausbildungsstätten an und meinte schließlich, es sei »vielleicht nicht einmal gar so wichtig«, für welche sie sich entscheide, »will man lernen so erlernt man doch überall, zur Not mit Hilfe von Büchern, alles was nötig ist«.[5] Auf keinen Fall sollte sie mit dem Vater über die Kosten der Ausbildung reden. »Ich zahle es sehr gern, das Geld hat so wie so immer weniger Wert und so lege ich es bei Dir an, es wird dann die erste Hypothek auf Deiner künftigen Wirtschaft sein.«[6]

Mitte Oktober erkrankte Kafka an der gerade in Europa grassierenden Spanischen Grippe und hatte über 40 Grad Fieber. Als sein Zustand lebensgefährlich wurde, quartierten die Eltern ihn in ihrem Schlafzimmer ein. »Die Mutter weinte den ganzen Tag«, schrieb Ottla, die gerade aus Zürau gekommen war, »ich beruhigte sie, so gut ich konnte.«[7] Der Vater trat leise ins Zimmer, blieb auf der Schwelle stehen und hob grüßend die Hand. »Zu solchen Zeiten legte man sich hin und weinte vor Glück und weint jetzt wieder, während man es schreibt.«[8]

Die Krankheit fesselte ihn fast volle vier Wochen ans Bett. Am 9. November, zwei Tage, nachdem Kafka zum ersten Mal wieder aufstehen konnte, dankte Kaiser Wilhelm II. ab, am 11. November wurde der Waffenstillstand zwischen dem Deutschen Reich und den Alliierten unterzeichnet, und am 14. November trat die Tschechoslowakische Nationalversammlung erstmals in Prag zusammen. Karel Kramář erklärte das Haus Habsburg für abgesetzt und proklamierte den tschechoslowakischen Staat als Republik, zu dessen erstem Präsidenten Tomáš Masaryk gewählt wurde.

Kafka nahm am 19. November die Arbeit wieder auf, erkrankte aber nach weniger als einer Woche erneut, hatte hohes Fieber, konnte nur schwer atmen und litt an Schweißausbrüchen. Er verbrachte »die ganze Woche halb liegend halb sitzend«[9], fuhr aber dennoch mit seinen Hebräisch-Studien fort. Seine Mutter schlug ihm vor, sich in dem nahe Liboch gelegenen Schelesen zu erholen, und fuhr am 30. November mit ihm dorthin, wo er ein Zimmer in der Pension Stüdl nahm. Statt der vier Wochen, die er dort höchstens verbringen wollte, blieb er volle vier Monate. »So gut wie in Zürau ist es hier nicht, wenn auch gar nicht schlecht natürlich, und lehrreich wie überall. Außerdem erstaunlich billig; 6 frc. pro Tag.«[10] Vor seiner Abreise aus Prag hatte er Brod versprochen, eine überwiegend hebräisch geschriebene Liste von Fragen zur hebräischen Grammatik zusammenzustellen, die Brod seiner Ansicht nach alle leicht auf hebräisch würde beantworten können. Diesen »Fragebogen über hebräische Zweifel« schickte er ihm aus Schelesen, versuchte aber im übrigen nicht zuviel zu arbeiten. »Der Tag ist kurz, Petroleum ist wenig und viele Stunden liege ich im Freien. Nicht einmal meine Bücher lese ich, nur aus der Hausbibliothek . . . die ›Geschichte meines Lebens‹ von Meissner.«[11]

Ottla war mittlerweile Schülerin der »Landwirtschaftlichen Winterschule« in Friedland geworden, und er machte sich Sorgen um sie, da sie Heimweh hatte, nicht genug zu essen bekam und kein eigenes Zimmer besaß – in fast allem ging es ihr schlechter als in Zürau. »Sollte das Lernen oder Deine Gesundheit leiden, kommst Du natürlich zurück.«[12] Über seinen eigenen Zustand versuchte er sie zu beruhigen: »Es geht mir ja sehr gut, wenn ich auch immerhin ein etwas schwächerer Atmer und stärkerer Herzklopfer geworden bin.«[13]

Es sah so aus, als würde seine Krankheit ihn für den Rest des

Lebens noch einsamer machen; dabei gab es seiner Ansicht nach nur zwei Arten von Menschen, die nicht »offensichtlich sozial« waren: »Die, welche ganz am Rand herumlungern und bald abfallen, und dann diejenigen, welche übermenschlich imstande sind, die ganze Sozietät in die enge Brust zu fassen.«[14] Dieser letztgenannten Kategorie hätte er nur zu gern angehört.

Über Weihnachten fuhr er nach Prag und beantragte am 12. Januar 1919 weitere drei Monate Krankenurlaub. Obwohl man ihm nur drei Wochen zugestand, kehrte er am 22. Januar nach Schelesen zurück, und der dortige Arzt, Ernst Fröhlich, schickte der Anstalt ein Attest. Daraufhin wurde sein Urlaub am 7. Februar um weitere vier Wochen verlängert.

Der Freund und die Schwester fehlten Kafka am meisten, was sich ganz deutlich in seinen Träumen ausdrückte. Vor allem Ottla vermißte er: »Heute in der Nacht zwischen dem 31. I und dem 1. II wachte ich etwa um 5 Uhr auf und hörte Dich vor der Zimmertür ›Franz‹ rufen, zart, aber ich hörte es deutlich. Ich antwortete gleich aber es rührte sich nichts mehr. Was wolltest Du?«[15] Sogar die Mutter erschien gelegentlich in seinen Träumen – zum Beispiel in jenem über eine Troikafahrt durch Lappland.

Zu Beginn des Jahres lernte Kafka eine junge Frau kennen, die ihn an Grete Bloch erinnerte: Julie Wohryzek, siebenundzwanzig Jahre alt, Tochter eines Prager Schuhmachers und »Schammes«, also Synagogendieners, die in derselben Pension wie er Erholung suchte.

> Nicht Jüdin und nicht Nicht-Jüdin, nicht Deutsche, nicht Nicht-Deutsche, verliebt in das Kino, in Operetten und Lustspiele, in Puder und Schleier, Besitzerin einer unerschöpflichen und unaufhaltbaren Menge der frechsten Jargonausdrücke, im ganzen sehr unwissend, mehr lustig als traurig – so etwa ist sie. Will man ihre Volkszugehörigkeit genau umschreiben, muß man sagen, daß sie zum Volk der Komptoiristinnen gehört. Und dabei ist sie im Herzen tapfer, ehrlich, selbstvergessend, – so große Eigenschaften in einem Geschöpf, das körperlich gewiß nicht ohne Schönheit, aber so nichtig ist, wie etwa die Mücke, die gegen mein Lampenlicht fliegt.[16]

Zuerst verband sie nichts als ein geradezu »quälendes« Lachen: »Wir lachten einige Tage lang, wann wir einander begegneten, ununterbrochen, beim Essen, beim Spazierengehn, beim Einander-gegen-über-sitzen. Das Lachen war im Ganzen nicht angenehm, es war ohne sichtbaren Grund, es war ... beschämend. Es trug dazu bei, daß wir uns von einander ferner hielten, das gemeinsame Essen aufgaben, seltener einander sahn.«[17]

Geschwächt, wie er war, merkte er noch deutlicher als früher, wieviel Kraft eine menschliche Beziehung kostet. Nach einer Unterhaltung mit Julie, deren Verlobter im Krieg gefallen war, konnte Kafka zum ersten Mal seit nahezu einem Jahr nachts nicht schlafen: Alle alten Wunden schienen wieder aufzubrechen. Er zog sich daraufhin zurück, verbrachte den größten Teil des Tages allein und ließ, auf dem Balkon liegend, den Blick über die waldigen Hügel schweifen. Er sah den Bauern bei der Arbeit auf den Rübenäckern zu und schnappte Fetzen von Unterhaltungen der anderen Gäste auf. Lesen mochte er nicht, da er glaubte, aus Büchern weniger lernen zu können als von der »Not, vorausgesetzt daß man noch Kraft hat, dort wo es nötig ist ihr zu widerstehn«[18].

Das Winterwetter aber führte ihn und Julie wieder zusammen, zumal sie mittlerweile praktisch die einzigen Pensionsgäste waren; außerdem hatte Kafka das Gefühl, daß sie einander brauchten. Julie erklärte ihm, sie wolle weder heiraten noch Kinder haben. Auch wenn sich nun näherkamen – ohne jedoch intim miteinander zu werden –, hatte er nicht die Absicht, sie in Prag wiederzusehen, und obwohl sie ihre Adressen ausgetauscht hatten, schrieben sie einander auch nicht, nachdem Julie die Pension Anfang März verließ.

Ottlas Freund Josef David, der nach seiner Entlassung vom Militär wieder bei der »Prager Städtischen Sparkasse« eingetreten war, stattete den Eltern Kafka im November einen ersten offiziellen Besuch ab. Die Vorstellung, ihre Tochter könnte einen – noch dazu mittellosen – Christen heiraten, brachte sie außer sich, doch war Ottla schon selbstbewußt und unabhängig genug, um sich durchzusetzen. Kafka bestärkte sie in ihrem Entschluß und sagte, Josef zu heiraten, sei besser, als zehn Juden zu nehmen. Ihm war zum Teil wohl klar, daß er seiner um neun Jahre jüngeren Schwester gegenüber eine tolerante väterliche Haltung an den Tag legte, die in bezeichnendem Gegensatz zur Unduldsamkeit des Vaters stand, und einmal träumte er, in einem Kinderwagen ein kleines Kind zu schieben, das ihm auf die Frage, wie es heiße, »Ottla« antwortete.

Kaum war er wieder in Prag, meldete er sich auch schon bei Julie. In einem Brief, den er im November des Jahres ihrer Schwester schrieb, heißt es: Wir »flogen ... zu einander wie gejagt. Es gab keine andere Möglichkeit, für keinen von uns.«[19] Sie streiften miteinander in den Wäldern umher, gingen in Černošic schwimmen, machten Spaziergänge in der Stadt, beabsichtigten aber nach wie vor nicht zu heiraten – bis Kafka sich plötzlich eines anderen besann. Obwohl ihm einige von Julies Bekannten nicht gefielen, standen die Aussichten für eine glückliche Ehe besser als je zuvor.

Als Kafka im Sommer dem Vater sagte, Julie habe seinen Heiratsantrag angenommen, kommentierte dieser seine Mitteilung mit Worten wie: »Sie hat wahrscheinlich irgendeine ausgesuchte Bluse angezogen, wie das die Prager Jüdinnen verstehn, und daraufhin hast Du Dich natürlich entschlossen, sie zu heiraten. Und zwar möglichst rasch, in einer Woche, morgen, heute. Ich begreife Dich nicht, Du bist doch ein erwachsener Mensch, bist in der Stadt, und weißt Dir keinen andern Rat, als gleich eine Beliebige zu heiraten. Gibt es da keine anderen Möglichkeiten? Wenn Du Dich davor fürchtest, werde ich selbst mit Dir hingehn.«[20] Er drückte sich in Wirklichkeit noch drastischer aus, obwohl die Mutter im Zimmer war, und der Sohn hat nie so sehr gelitten wie in diesem Moment. »Vielleicht wurde mir ... ein wenig nebelhaft vor den Augen.«[21] Die Mutter – offensichtlich völlig einverstanden mit den Worten des Vaters – nahm etwas vom Tisch und ging damit aus dem Zimmer.

In Julies Gesellschaft fühlte Kafka sich gleichzeitig »lügenhaft und wahr, lügenhaft im Seufzen, wahr in der Gebundenheit, im Vertrauen, im Geborgensein. Unruhiges Herz.«[22] Er hatte nicht nur das Vertrauen verloren in die Möglichkeit, Ereignisse analysieren und steuern zu können, er glaubte auch nicht länger, daß der Versuch, es zu tun, sinnvoll sein könnte.

Die Heftigkeit, mit der sein Vater reagiert hatte, machte jede vernünftige Unterredung unmöglich – niemand war weniger fähig, jenes Einfühlungsvermögen aufzubringen, das sein Sohn so dringend brauchte. Wie immer bildeten Selbstzweifel das Haupthindernis auf Kafkas Weg. Wenn es schon so schwer war, mit dem eigenen Dasein fertig zu werden, wie konnte er dann die Verantwortung für eine Frau und Kinder übernehmen? Durfte er hoffen, Julie glücklich zu machen, oder würden nicht die zusätzliche Nervenbelastung und die

Schwäche seiner Lunge zu seinem Zusammenbruch führen? »Das ganze war ein Wettrennen zwischen den äußern Tatsachen und meiner innern Schwäche.«[23] Dies Rennen verlor er um Haaresbreite. Sie fanden trotz der in Prag herrschenden Wohnungsnot in Wrschowitz eine akzeptable, sofort beziehbare Ein-Zimmer-Wohnung, die allerdings horrend teuer war; das Aufgebot wurde bestellt, doch zwei Tage vor der Trauung erfuhren sie, daß die Wohnung doch nicht frei war. Kafka betrachtete das nicht einfach als einen unglücklichen Zufall, sondern als Verdammung durch eine höhere Macht, als Rüffel für den Vorwitz, mit dem er angenommen hatte, der Weihen des Ehestandes würdig zu sein. Wie sein Blutsturz erschien ihm auch diese Wendung als ein offensichtlich von außen kommender Wink, der ihm im tiefsten Innern willkommen war.

MILENA – VERFÜHRERIN AUS LIEBE

In der Strafkolonie hatte im Mai 1919 erscheinen sollen. Als die Erzählung schließlich im Oktober herauskam, wollte Kafka dem Vater ein Exemplar überreichen, doch der sagte nur, ohne aufzublikken: »Leg's auf den Nachttisch!«[1] Diese Zurückweisung verletzte Kafka zutiefst – noch nach Jahren mußte er daran denken und darüber sprechen. Trotz seines Ärgers über Kurt Wolff – das verzögerte Erscheinen der Erzählung war lediglich das jüngste Beispiel in einer Kette von Widrigkeiten – spielte dessen Absicht, seinen Firmensitz nach München zu verlegen, eine Rolle bei Kafkas Überlegungen, eventuell auch nach München zu ziehen. Vielleicht würde Julie dort bei ihm wohnen können.

Gegen Ende Oktober erhielt Kafka den Brief einer jungen Tschechin, Milena Jesenská Polaková, in dem diese ihn bat, einige seiner Arbeiten ins Tschechische übersetzen zu dürfen. Sie lebte mit ihrem Mann, Ernst Polak, in Wien, doch hatte Kafka sie im Laufe des Jahres bereits kurz in einem Prager Café kennengelernt, ohne sich jedoch an ihr Gesicht erinnern zu können. »Nur wie Sie dann zwischen den Caféhaustischen weggingen, Ihre Gestalt, Ihr Kleid, das sehe ich noch.«[2] Er antwortete ihr und zeigte den Brief Julie.

Anfang November verließ er Prag, um zusammen mit Brod eine Woche in der Pension Stüdl in Schelesen zu verbringen. Dort schrieb Kafka den größten Teil des sogenannten *Briefs an den Vater*, in dem er auch seine Überzeugung zum Ausdruck bringt, er sei »offenbar geistig unfähig zu heiraten. Das äußert sich darin, daß ich von dem Augenblick an, in dem ich mich entschließe zu heiraten, nicht mehr schlafen kann, der Kopf glüht bei Tag und Nacht, es ist kein Leben mehr, ich schwanke verzweifelt herum.«[3]

Immer wieder hatte er darüber nachgedacht, wie es kommt, daß so mancher bereits zu einem sehr frühen Zeitpunkt in seinem Leben nicht wiedergutzumachende Fehler begeht. Er verglich einen solchen Menschen mit einem Rennläufer, der vor der ersten Hürde ausbricht, weil er glaubt, auf diese Weise zu gewinnen. »Dem Schiedsrichter ist klar, daß der Mann nicht gewinnen wird, wenigstens auf dieser Ebene nicht, und es muß sehr lehrreich sein, zuzusehn, wie der Mann von allem Anfang an alles darauf anlegt auszubrechen und alles mit tiefem Ernst.«[4] Kafkas *Brief an den Vater* war ein Versuch zu analysieren, was ihn dazu veranlaßt haben könnte, mit einem derartigen Aufwand an Energie in die falsche Richtung zu laufen.

Zugleich war er ein Versuch, jene Frage zu beantworten, die der Vater ihm in Prag gestellt hatte: Warum er, Franz, Furcht vor ihm habe? Vor allem jedoch sollte der *Brief* etwas leisten, was ihm nie und nimmer gelingen konnte: Ersatz schaffen für das einfühlsame Verständnis, das der Vater ihm nie würde entgegenbringen können. Gelang es Kafka, zumindest theoretisch zu beweisen, daß er Anspruch auf mehr Liebe hatte? Für den Vater waren die einzigen ernsthaften Sorgen materieller Art, und schon von frühester Kindheit an hatte Kafka sich gewöhnen müssen an verständnislose Kommentare zu allem und jedem, was ihn beschäftigte und was ihm wichtig war: »ein ironisches Seufzen, ein Kopfschütteln, ein Fingerklopfen auf den Tisch: ›Hab auch schon etwas Schöneres gesehn‹ oder ›Mir gesagt Deine Sorgen‹ oder ›Ich hab keinen so geruhten Kopf‹ oder ›Kauf Dir was dafür!‹ oder ›Auch ein Ereignis!‹«[5] Der geschäftliche Erfolg des Vaters hatte den Sohn jeder wirtschaftlichen Sorge enthoben, mithin konnte er nur eingebildete Sorgen haben, die nicht nur überflüssig, sondern geradezu kränkende Zeichen von Undank waren. Bei jeder sich bietenden Gelegenheit nörgelte Hermann Kafka an seinem Sohn herum, und obwohl er selbst eindeutig der Geschädigte war, suchte Franz stets – auch in seinem *Brief an den Vater* – die Schuld bei sich. Hatte er nicht, etwa im Unterschied zu Valli, versagt gegenüber dem Wunsch des Vaters, von seinen Kindern etwas Wärme zu empfangen? Der Brief wirkt wie ein Kurs in Psychoanalyse – ohne Therapieabsicht.

Kafka erkannte: »Für mich als Kind war aber alles, was Du mir zuriefst, geradezu Himmelsgebot, ich vergaß es nie, es blieb mir das wichtigste Mittel zur Beurteilung der Welt, vor allem zur Beurteilung Deiner selbst.«[6] Und dieser Liebe zum Vater vermochte auch das

Bewußtsein von dessen Schwächen nichts anzuhaben. »Mein Schreiben handelte von Dir, ich klagte dort ja nur, was ich an Deiner Brust nicht klagen konnte. Es war ein absichtlich in die Länge gezogener Abschied von Dir.«[7] Erfolg als Schriftsteller könnte nie sein Versagen als Mann aufwiegen – »in Deiner abweisenden Miene hatte ich förmlich den Beweis dafür –, daß, je mehr mir gelingt, desto schlimmer es schließlich wird ausgehn müssen«[8]. Wie konnte er da Kinder haben wollen? Und doch erschien ihm nichts erstrebenswerter und zugleich weniger erreichbar. Er hatte die unausrottbare Überzeugung gewonnen, »daß zur Familienerhaltung oder gar zu ihrer Führung alles das notwendig gehört, was ich an Dir erkannt habe, und zwar alles zusammen, Gutes und Schlechtes, so wie es organisch in Dir vereinigt ist«[9].

Am Ende des Briefs versucht Kafka, in die Rolle des Vaters zu schlüpfen: Wie würde Hermann Kafka die Vorwürfe zurückweisen? Er läßt den Vater in einer imaginären Antwort den Sohn des Schmarotzertums bezichtigen. Franz habe ihn stets bekämpft – aber nicht ritterlich, sondern wie ein Ungeziefer, das anderen Lebewesen das Blut aussaugt.

> Lebensuntüchtig bist Du; um es Dir darin bequem, sorgenlos und ohne Selbstvorwürfe einrichten zu können, beweist Du, daß ich alle Deine Lebenstüchtigkeit Dir genommen und in meine Tasche gesteckt habe . . . Im Grunde aber hast Du hier und in allem anderen für mich nichts anderes bewiesen, als daß alle meine Vorwürfe berechtigt waren und daß unter ihnen noch ein besonders berechtigter Vorwurf gefehlt hat, nämlich der Vorwurf der Unaufrichtigkeit, der Liebedienerei, des Schmarotzertums. Wenn ich nicht sehr irre, schmarotzest Du an mir noch mit diesem Brief als solchem.[10]

Während der Ausdruck »lebensuntüchtig« an die Verurteilung zum Tode in der 1912, also mehr als sieben Jahre zuvor, geschriebenen Erzählung *Das Urteil* erinnert, paßt das Bild des schmarotzenden Ungeziefers zur *Verwandlung*, die im selben Jahr entstand.

In der Pension Stüdl in Schelesen lernte Kafka Minze Eisner, eine neunzehnjährige Jüdin aus einer wohlhabenden Teplitzer Familie kennen. Sie suchte dort Erholung nach einer langen Krankheit. Zunächst gefiel sie Kafka gar nicht besonders, doch dann unterhielt er sich viel mit ihr und ermutigte sie, in der Arbeit ein Mittel zur Entwicklung der eigenen Persönlichkeit zu sehen. Wie Ottla, die ihn einige Tage in Schelesen besuchte, wollte Minze Gartenbau studieren.

Um die Monatsmitte kehrte Kafka nach Prag zurück, erkrankte erneut und nahm die Arbeit erst am 21. wieder auf. Als Minze ihm einige Fotos von sich schickte, teilte er ihr daraufhin mit, sie habe »das erstaunliche Material einer Schauspielerin oder Tänzerin und die (im hohen Sinn) göttliche Frechheit des Angeschaut-werden-könnens und Des-dem-Blicke-standhaltens. Das hätte ich nicht gedacht.«[11] Er forderte sie auf, ihm weiterhin zu schreiben. »Es ist doch vielleicht gar nicht so schlimm einen guten Freund zu haben.«[12]

Julie gegenüber fühlte Kafka sich in zunehmendem Maße unsicher. »Donnerstag. Kälte. Schweigend mit J. Im Riegerpark. Verführung auf dem Graben. Das alles ist zu schwer. Ich bin nicht genug vorbereitet. Es ist in einem geistigen Sinn so, wie es vor sechsundzwanzig Jahren der Lehrer Beck, ohne allerdings den prophetischen Spaß zu merken, sagte: ›Lassen Sie ihn noch in die fünfte Klasse gehn, er ist zu schwach, solche Überhetzung rächt sich später.‹«[13]

Obwohl in der letzten Zeit oft krankgemeldet, avancierte Kafka am 1. Januar zum »Anstaltssekretär«. Dabei arbeitete er in bestimmten Fällen sogar insgeheim gegen die Versicherung – zusammen mit seinem Kollegen Janouch als »mitverschworenem Komplicen«. Einmal half er einem alten Arbeiter, dem ein Bausteinelevator das linke Bein zertrümmert hatte, indem er einen namhaften Prager Rechtsanwalt engagierte, beriet und bezahlte, damit er, Kafka, »als Rechtsvertreter der Unfall-Versicherungs-Anstalt den Prozeß mit dem alten Hilfsarbeiter in Ehren verspielen könne«[14] – sonst wäre der Mann um seinen Rentenanspruch gekommen.

Im Frühjahr 1920 stellte Janouch Kafka seinen siebzehnjährigen Sohn Gustav vor, der Gedichte schrieb. Kafka zeigte dem jungen Mann gegenüber freundliches Interesse, und dieser machte Aufzeichnungen über ihre Unterhaltungen. Vor allem beeindruckte ihn die Lebhaftigkeit von Kafkas »braunem Gesicht«. »Wo er das Wort durch eine Bewegung der Gesichtsmuskeln ersetzen kann, tut er es. Ein Lächeln, Zusammenziehen der Augenbrauen, Kräuseln der schmalen Stirne, Vorschieben oder Spitzen der Lippen – das sind Bewegungen, die gesprochene Sätze ersetzen.«[15] Janouch schien es, »als möchte er seine schlanke Größe entschuldigen. Seine ganze

Gestalt sah aus, als möchte sie sagen: ›Ich bin, bitte, ganz unwichtig. Sie machen mir eine große Freude, wenn Sie mich übersehen.‹«[16] Seine Hände beschrieb er als groß und stark mit breiten Handflächen, schlanken feinen Fingern und zarten Knöcheln.

Kafka korrespondierte weiter mit Minze, doch als sie ein Bild von ihm wünschte, schrieb er: »Sind meine Augen in Ihrer Erinnerung, Minze, wirklich klar, jung, ruhig, dann mögen sie dort so bleiben, dann sind sie dort besser aufgehoben als bei mir.«[17]

Sein Gesundheitszustand ließ es angeraten erscheinen, noch vor Frühjahrsbeginn Urlaub zu machen. Der Arzt empfahl ihm Meran, was Kafka jedoch für zu teuer hielt. Da er in seinem Entschluß, kein Sanatorium aufzusuchen, wankend geworden war, ließ er sich aus Kainzensbad bei Partenkirchen einen Prospekt schicken, erfuhr aber gleichzeitig, vor Ende März werde dort kein Zimmer frei sein. In die Bayerischen Alpen wollte er aber auf jeden Fall. »Mein Kopf hat, glaube ich, den Norden lieber, meine Lunge den Süden.« Als das Sanatorium ihm telegrafisch mitteilte, unerwartet sei ein Zimmer für Anfang März frei geworden, wollte er diese Gelegenheit nutzen, mußte aber Ende Februar wieder mit Fieber das Bett hüten. »Es ist . . . kein eigentliches Kranksein, aber allerdings auch kein Gesundsein . . . Gewiß, es ist die Lunge, aber es ist auch wieder die Lunge nicht. Vielleicht fahre ich doch nach Meran oder auch nach dem Mond, wo überhaupt keine Luft ist und sich die Lunge deshalb am besten ausruhn kann.«[18] Ende Februar erhielt er aufgrund eines Attests von Dr. J. Kodym sechs bis acht Wochen Urlaub.

Bevor er das für einen Aufenthalt in Bayern erforderliche Visum beantragen konnte, brauchte er die Einreisegenehmigung der für Kainzensbad zuständigen Gemeindeverwaltung. Als er auf seine entsprechende telegrafische Anfrage hin die Auskunft erhielt, es bestehe »Fremdensperre« und er solle sich an das Bezirksamt wenden, beschloß er, doch lieber nach Meran zu fahren, was er Anfang April auch tat.

Zuerst wohnte er im Hotel Emma, einem der ersten Häuser am Platz. Da es ihm aber für einen längeren Aufenthalt zu teuer war, suchte er am Ostermontag eine neue Unterkunft. Er fand sie in der Pension Ottoburg in Untermais, südlich von Meran, und bezog sein Zimmer dort drei Tage später. Verglichen mit dem vornehmen Hotel hatte die Pension »etwas von einer Familiengruft, nein, das ist falsch, etwas von einem Massengrab«[19] an sich. Die Wirtin war eine rundliche, rotwangige Frau, die sofort sein Prager Deutsch erkannte, sich für seinen »Vegetarianismus« interessierte, jedoch »völligen Mangel vegetarischer Phantasie« zeigte.[20]

Da er sich wegen seiner vegetarischen Kost ein wenig genierte und auch, weil er entschlossen war, alle Speisen gründlich zu kauen (er nannte es nach dem amerikanischen Ernährungswissenschaftler Horace Fletcher, der empfahl, jeden Bissen etwa dreißigmal zu kauen, »Fletschern«), bat er, man möge ihm im Speisezimmer einen eigenen Tisch zuweisen. 1912 hatte er sich, erfreut über die Geselligkeit im Sanatorium von Jungborn, in einem Brief an Brod beklagt, wie wenig Prag sein Verlangen nach Menschen erfüllte; in den darauffolgenden sieben Jahren hatten die Essensgewohnheiten und Diätvorschriften, die er sich selbst auferlegt hatte und die keineswegs weniger streng waren als die der orthodoxen Juden, ihm geholfen, sich von dem Bedürfnis nach der Gesellschaft anderer zu befreien.

Im übrigen gefiel es ihm in Meran recht gut. Er beschrieb es als »unvergleichlich freier, weiter, mannigfaltiger, großartiger, luftreiner, sonnenstärker als Schelesen«[21]. Er konnte auf seinem Balkon sitzen, der »in einen Garten eingesenkt, umwachsen, überwachsen von blühenden Sträuchern«[22] war. »Die Sonne scheint mir stark bis sechs Uhr abends her, das Grün herum ist schön, Vögel und Eidechsen kommen zu mir her.«[23] Und selbst wenn es regnete – »wie kann man auch anderes erwarten so nah bei Prag, nur die Vegetation täuscht« –, »bei einem Wetter, bei dem in Prag fast die Pfützen gefrieren, öffnen sich hier vor meinem Balkon langsam die Blüten«.[24] Obwohl er in Meran keinen Zucker auftreiben konnte und er Süßstoff nicht mochte, wollte er nicht darum bitten, daß man ihm Zucker von zu Hause schickte, denn er hörte schon, wie sein Vater sagte: »Da hast Du Deinen Herrn Sohn. In was für eine Spelunke er da wieder gekrochen ist, nicht einmal Zucker haben sie dort.«[25]

Von Meran aus begann er, an Milena Jesenská zu schreiben, die ihm vor seiner Abreise aus Prag zwei Briefe geschickt, aber auf den seinen nicht geantwortet hatte.[26] Er gab seiner Hoffnung Ausdruck, sie nicht gekränkt zu haben, und deutete an, sie könne doch vielleicht nach Meran kommen. Schwieg sie weiter, würde er das in Richtung »Keine Sorge, mir geht es recht gut«[27] auffassen, andernfalls erbat er einige Zeilen. Sie schrieb ihm; auch sie war krank – lungenkrank. »Mehr oder minder fehlerhafte Lungen hat halb

20

21

22

20/21 Der Schriftsteller Ernst Weiß, ein Freund Kafkas, und dessen Freundin Rahel Sanzara.

22 Kafka mit seiner Lieblingsschwester Ottla, etwa 1914.

23

24

25

26

23/24 Die tschechische Journalistin Milena Jesenká, die Kafka im April 1920 als Übersetzerin seiner frühen Prosatexte kennenlernte.

25 Dora Diamant, die Kafka im Juli 1923 in Müritz an der Ostsee kennenlernte.

26 Minze Eisner, die Kafka in Schelesen kennenlernte und die er bei ihren landwirtschaftlichen Plänen beriet.

27

27 Das letzte Bild Franz Kafkas (1923/24)

28

29

28 Das Grab
auf dem Straschnitzer
Friedhof in Prag, in
dem auch die Eltern
begraben wurden.

29 Die Eltern 1930
in Bad Podiebrad.

Westeuropa«[28], tröstete er sie und fügte hinzu, daß die Krankheit ihm in drei Jahren mehr Gutes als Schlimmes gebracht habe. Er fühlte sich ihr innerlich schon bald so nahe, daß er ihr jenen Blutsturz genau schilderte, der ihn mitten in der Nacht geweckt hatte.

In dem Bemühen, sich an ihr Aussehen zu erinnern, trat ihm lediglich das »fast Bäuerisch-Frische durch alle Zartheit«[29] vor Augen. Sie hatte ihm das Manuskript einer Übersetzung eines seiner Texte geschickt, das er als »irgendwie rührend und beschämend für mich«[30] bezeichnete. Er ermahnte sie, keinen Schlaf für die Übersetzung seiner Arbeiten zu opfern, ähnlich wie er früher Felice gebeten hatte, sich nicht zu überanstrengen. Überhaupt folgen die frühen Briefe an Milena dem Muster der Briefe an Felice: Nach einem kurzen Zusammentreffen schrieb er sehr häufig, sehr ausführlich und mit zunehmender Vertrautheit. Er schuf sich in der Phantasie eine Milena, die mit der wirklichen Frau nicht viel zu tun hatte. Er stellte sich vor, wie ein Liegestuhl im Schatten des Gartens für sie bereit stünde und »etwa zehn Glas Milch in Reichweite Ihrer Hände«[31].

Ihre Übersetzung des »Heizer«-Kapitels gefiel ihm, und er fand, sie sei dabei mit einer Texttreue vorgegangen, »deren Möglichkeit und schöne natürliche Berechtigung, mit der Sie sie üben, ich in der tschechischen Sprache nicht vermutet habe«[32]. Milena hatte ihm auf deutsch geschrieben, nun bat er sie, in Zukunft tschechisch zu schreiben: Nur dann könne er »die ganze Milena« kennenlernen. Später, als sie seinem Wunsch nachgekommen war, meinte er: »Ich sehe Sie deutlicher, die Bewegungen des Körpers, der Hände, so schnell, so entschlossen, es ist fast eine Begegnung, allerdings wenn ich dann die Augen bis zu Ihrem Gesicht heben will, bricht dann im Verlauf des Briefes – was für eine Geschichte! – Feuer aus und ich sehe nichts als Feuer.«[33] Dasselbe Bild verwendete er, als er Brod Milenas Beziehung zu ihrem Mann schilderte:

> Sie ist ein lebendiges Feuer, wie ich es noch nie gesehen habe, ein Feuer übrigens, das trotz allem nur für ihn brennt. Dabei äußerst zart, mutig, klug und alles wirft sie in das Opfer hinein oder hat es, wenn man will, durch das Opfer erworben. Was für ein Mann allerdings auch er, der das erregen konnte.[34]

Ernst Polak war ein deutschsprachiger Jude, und Milenas Vater, ein nationalistisch gesinnter Prager Professor für Kieferorthopädie, brach, da sie nicht bereit war, Polak aufzugeben, alle Kontakte zu seiner Tochter ab. Sie heiratete ihn und zog mit ihm nach Wien, wo er sich der Gruppe um Werfel, Otto Groß und Anton Kuh anschloß, die sich im Wiener Café Herrenhof[35] zu treffen pflegte. Polak machte weder den Versuch, ihr seine ständige Untreue zu verbergen, noch ließ er sie an seinem gesellschaftlichen und geistigen Leben teilhaben. Da sie sich ungeliebt und isoliert fühlte, nahm sie gelegentlich Zuflucht zum Kokain. Um finanziell unabhängig zu werden, versuchte sie, sich eine Existenz als Journalistin aufzubauen. Sie ergriff nur zu gern den Strohhalm des Mitgefühls, den Kafka ihr hinhielt, und vertraute ihm an, wie »blank grausam« ihr Leben sei.

Als sie begannen, nahezu täglich Briefe zu wechseln, verstärkte das Bewußtsein, daß sie ihn brauchte, sein Gefühl, sie zu brauchen. »Zwar ist mein Zimmer nur klein, aber die wirkliche Milena ist hier, die Ihnen Sonntag offenbar entlaufen ist, und, glauben Sie es, es ist wunderbar, bei ihr zu sein.«[36] – »Und dabei wäre es eine Lüge, wenn ich sagte, daß ich Sie vermisse, es ist die vollkommenste, schmerzhafteste Zauberei, Sie sind hier, genau wie ich und stärker; . . . manchmal denke ich mir aus, daß Sie, die Sie ja hier sind, *mich* hier vermissen und fragen: ›Wo ist er denn? Schrieb er nicht, daß er in Meran ist?‹«[37] Auf ihre Frage nach seiner Verlobung, erklärte er, an eine Ehe mit Julie sei nicht zu denken. Zwar bestehe die Beziehung noch, führe aber »ein selbstständiges [sic] Leben auf Kosten der Menschen«[38], ein Schattendasein im Lichte eines Briefwechsels, der so ganz anders war als jener damals mit Felice.

Milenas Einfühlungsvermögen entsprach dem seinen, und sie war auch imstande, es auszudrücken: »Aber es ist unsinnig, diese Lust an Briefen. Genügt nicht ein einziger . . .? Gewiß . . ., aber trotzdem lehnt man sich weit zurück und trinkt die Briefe und weiß nichts, als daß man nicht aufhören will zu trinken.«[39] Schon bald bot er Milena an, ihr Geld zu leihen, damit sie Wien für eine Weile verlassen könnte. Wichtiger war für sie jedoch seine Versicherung, sie brauche sich nicht schuldig zu fühlen: »Man müßte, Milena, Ihr Gesicht zwischen beide Hände nehmen und Ihnen fest in die Augen sehn, damit Sie in den Augen des andern sich selbst erkennen und von da an nicht mehr imstande sind, Dinge, wie Sie sie dort geschrieben haben, auch nur zu denken.«[40] Felice gegenüber hatte er briefliche Vertrautheit geradezu erzwungen, Milenas verzweifelte Lage machte eine literarische Vergewaltigung überflüssig: Beide brauchten die Vertrautheit gleichermaßen.

Obwohl es Kafka in der Pension ganz gut gefiel, fühlte er sich immer wieder durch antisemitische Äußerungen anderer Gäste unangenehm berührt. Ohne Rücksicht auf seine Anwesenheit sprach man von »jüdischer Lumperei, Frechheit, Feigheit (Kriegsgeschichten geben viel Gelegenheit, auch schreckliche Dinge, z. B. ein kranker Ostjude, der am Abend vor dem Abmarsch ins Feld zwölf Juden Trippergift in die Augen spritzt, ist das möglich?), lacht man dabei mit einer gewissen Bewunderung und entschuldigt sich nachher auch noch bei mir«[41]. In diesem Brief an Max Brod widerspricht Kafka auch der weitverbreiteten Ansicht, daß die Juden Deutschlands Zukunft ruinierten, räumt aber ein, es sei möglich, daß sie Deutschlands Gegenwart verdürben. »Sie haben seit jeher Deutschland Dinge aufgedrängt, zu denen es vielleicht langsam und auf seine Art gekommen wäre, denen gegenüber es sich aber in Opposition gestellt hat, weil sie von Fremden kamen.«[42] Auf Milenas Frage, ob er Jude sei (sie stammte aus einer christlichen Familie), antwortete Kafka: »Vielleicht ist das nur Scherz, vielleicht fragen Sie nur, ob ich zu jenem ängstlichen Judentum gehöre.«[43]

Zunächst sah es so aus, als würde er den Kampf gegen die Tuberkulose gewinnen. Er nahm stetig zu, und nach einer Untersuchung Dr. Kohns Ende April, konnte er mitteilen: »Er findet meine Lunge ausgezeichnet, d. h. er findet dort überhaupt fast nichts Störendes.«[44] Doch noch im Mai erfuhr er, daß keine Hoffnung auf Genesung bestand. In einem Brief, den er im Juni an Max Brod schrieb, ließ er durchblicken, diese Diagnose bestätige das Urteil, das er, Brod, dreizehn Jahre zuvor gefällt habe: In seiner Novelle *Die Insel Carina* habe er Carus (alias Franz Kafka) als bloßen Ästheten gezeichnet, und damit decke sich seine Kritik an ihm mit dem Urteil Gottes: Wer so wenig Kraft besitzt, verdient nicht zu leben. Mehr denn je war Kafka davon überzeugt, er könne dem mit beiden Beinen im Leben stehenden Brod (im April hatte dieser, wenn auch erfolglos, bei den Wahlen zur Nationalversammlung des jungen tschechoslowakischen Staates für die Jüdische Partei kandidiert) nicht das Wasser reichen.

Du hast eine ungeheure Festung, ein Ring ist vom Unglück eingenommen, aber Du bist im Innersten oder wo Du sonst zu sein

Lust hast, und arbeitest, arbeitest gestört, unruhig, aber arbeitest, ich aber brenne selbst, ich habe plötzlich gar nichts, ein paar Balken, stützte ich sie nicht mit meinem Kopf, würden sie zusammenbrechen und nun brennt diese ganze Armut.[45]

Auch Milena gegenüber fühlte er sich unterlegen – allerdings weniger aufgrund seiner Krankheit als vielmehr wegen seiner »Unwürdigkeit«:

Ich ... weiß in welcher ungeheueren, für mich wohl unerreichbaren Entfernung von meinem jetzigen Ort ich erst eines gelegentlichen Blickes (von mir, wie erst von andern!) wert sein werde ... Einer liegt im Schmutz und Gestank seines Sterbebettes und es kommt der Todesengel, der seligste aller Engel, und blickt ihn an. Darf der Mann überhaupt zu sterben wagen? Er dreht sich um, vergräbt sich nun erst recht in sein Bett, es ist ihm unmöglich zu sterben.[46]

Sein Krankheitsurlaub lief Ende Mai ab, aber da er noch einen Anspruch auf fünf Wochen Jahresurlaub hatte, bat er um Erlaubnis, bis Ende Juni in Meran zu bleiben.

Mittlerweile konnte er zwar einschlafen, aber immer noch nicht durchschlafen, und der von Dr. Kohn verschriebene Baldriantee wirkte ebensowenig wie Bier oder Brom. Nackt im Liegestuhl, halb in der Sonne, halb im Schatten liegend, schrieb er an Milena: »Wie hätte ich schlafen können, da ich, zu leicht für Schlaf, Sie immerfort umflogen habe ... und wenn ich an einer scheinbar zufälligen Wegdrehung Sie sehe, die ich doch nie zu sehn erwartet habe ..., kann ich nicht schreien, es schreit auch nichts in mir ... und daß ich knie, erfahre ich vielleicht erst dadurch, daß ich ganz nahe vor meinen Augen Ihre Füße sehe und sie streichle.«[47]

Unerwartet hatte sie jenen Wunschtraum mit Leben erfüllt, der ihn begleitete, seit er seine ersten Erzählungen schrieb: Eines Tages würde eine schöne Frau ihm aufmerksam zuhören und ihn voll und ganz verstehen. Bei ihr war eine so umständliche Selbst-Erklärung wie gegenüber Felice nicht erforderlich; Milena konnte seine Texte lesen und ihm in der Sprache seiner Heimat darauf antworten. Ihm war, »als führte ich Sie an der Hand hinter mir durch die unterirdischen, finstern, niedrigen, häßlichen Gänge der Geschichte, fast endlos (deshalb sind die Sätze endlos, haben Sie das nicht erkannt?) fast endlos . . ., um dann beim Ausgang im hellen Tag hoffentlich den Verstand zu haben, zu verschwinden«[48].

Er war das Selbst, das im Bett liegen bleiben konnte, während es seinen »angekleideten Körper« ausschickte.

Sie wollte, daß er auf dem Rückweg nach Prag in Wien Station machte. Doch wie damals, als Felice ihn bat, Weihnachten bei ihr in Berlin zu verbringen, sperrte er sich. Er befürchtete, »die Anstrengung geistig nicht aushalten« zu können. Außerdem schlug Julie, die inzwischen ein Putzmacherinnengeschäft eröffnet hatte, Kafka in einem Telegramm ein Treffen in Karlsbad vor – vielleicht werde er hinfahren, teilte er Milena mit. Sie, Milena, sei noch so jung, und er schon so alt, fast achtunddreißig Jahre (in Wirklichkeit war er nicht einmal siebenunddreißig). »Ich komme ganz bestimmt nicht, sollte ich aber doch – es wird nicht geschehn – zu meiner schrecklichsten Überraschung in Wien sein, dann brauche ich weder Frühstück noch Abendessen, sondern eher eine Bahre, auf der ich mich ein Weilchen niederlegen kann.«[49] Er bat sie, ihm postlagernd nach Karlsbad zu schreiben – oder doch lieber erst nach Prag; sie drohte, den Briefwechsel abzubrechen, wenn er nicht nach Wien käme. Als Milena erkrankte, machte er sich Sorgen, begann zu träumen, er fahre nach Wien und werde zurückgewiesen. In einem Traum sagte sie zu ihm: »Wenn ich aufrichtig sein soll, ich dachte, du wärest fescher«[50], und in einem anderen wehrte sie seine Annäherungsversuche ab. Auch wenn er wach war, irritierten ihn ähnlich beunruhigende Vorstellungen von dem Zusammentreffen:

> Dann wird dort ein langer magerer Mensch stehn, freundlich lächeln (das wird er immerfort tun, er hat das von einer alten Tante, die auch immerfort gelächelt hat, beide aber machen es nicht aus Absicht, nur aus Verlegenheit) und wird sich dann setzen, wohin man zeigen wird. Damit wird eigentlich die Feierlichkeit zuendesein, denn reden wird er kaum, dazu fehlt es ihm an Lebenskraft.[51]

Am Ende des Briefes heißt es: »Wenn Sie gegen Ende der vierzehn Tage noch so fest wie Freitag es wollen, daß ich komme, dann komme ich.«

Drei Tage darauf bestürmte er sie mit den Worten: »*Du gehörst zu mir*, selbst wenn ich Dich nie mehr sehen würde.«[52] Wie sollte es weitergehen? Wenn sie auf seine Briefe positiv reagierte, könne sie unmöglich weiter in Wien leben, doch »ich werde Dir ja die Hand nicht zu reichen wagen, Mädchen, die schmutzige, zuckende, krallige, fahrige, unsichere, heiß-kalte Hand«[53].

Ambivalente Gefühle waren ihm mehr als vertraut, doch noch nie hatte er sie so schmerzhaft empfunden. »Ich lag im Bett wie in der Folter, die ganze Nacht antwortete ich Dir, klagte Dir, suchte Dich von mir abzuschrecken, verfluchte mich.«[54] Am folgenden Tag fuhr er mit einem Ingenieur, den er näher kennengelernt hatte, in die Dolomiten, doch blies ihm auch die Bergluft den Kopf nicht klar. »Ich verdiene nicht viel, aber es würde gut für uns beide reichen, glaube ich, natürlich wenn nicht Krankheit dazwischen kommt.«[55] Noch immer wußte er nicht, ob er nach Wien fahren würde. »Ich sah heute einen Plan von Wien, einen Augenblick lang erschien es mir unverständlich, daß man eine so große Stadt aufgebaut hat, während Du doch nur ein Zimmer brauchst.«[56]

Am 27. Juni verließ er Meran und schrieb ihr nach zwei schlaflos verbrachten Nächten um zehn Uhr morgens aus einem Café in der Nähe des Südbahnhofs einen Kartenbrief, in dem es heißt: »Denn ich bin zwar in Wien, sitze in einem Kaffeehaus am Südbahnhof (was ist das für ein Cakao, für ein Gebäck, davon lebst Du?), aber ich bin doch nicht vollständig hier.« Da sie den Brief erst in zwei Stunden haben würde, hielt er es für besser, sie träfen sich erst am folgenden Vormittag, um zehn Uhr vor dem Hotel Riva, wo er abgestiegen war. »Bitte, Milena, überrasche mich nicht durch Von-der-Seite oder Von-Rückwärts-Herankommen, ich will es auch nicht tun.«[57]

Später schrieb er an Brod: »Glück waren nur die der Nacht entrissenen Bruchstücke von vier Tagen, die förmlich unangreifbar im Kasten schon eingesperrt waren, Glück war das Stöhnen nach dieser Leistung.«[58] Auch wenn das Glück nur Fragment blieb, empfand er es doch äußerst intensiv, vor allem jene Augenblicke im Wald, wo sie ihm versicherte, sie habe es sich »nicht anders gedacht«. Der schönste Tag aber war der vierte. Er liebte wie nie zuvor.

> [Er liebte] die ganze Welt und dazu gehört auch Deine linke Schulter, nein, es war zuerst die rechte und darum küsse ich sie, wenn es mir gefällt (und Du so lieb bist, die Bluse dort wegzuziehn)

> und dazu gehört auch die linke Schulter und Dein Gesicht über mir im Wald und Dein Gesicht unter mir im Wald und das Ruhn an Deiner fast entblößten Brust. Und darum hast Du recht, wenn Du sagst, daß wir schon eins waren, und ich habe gar keine Angst davor.[59]

Und sie verstand seine Angst »bis in den letzten Nerv«:

> Ich habe seine Angst eher gekannt, als ich ihn gekannt habe. Ich habe mich gegen sie gepanzert, indem ich sie begriffen habe. In den vier Tagen, in denen Frank [sic] neben mir war, hat er sie verloren. Wir haben über sie gelacht ... Wenn er diese Angst spürte, hat er mir in die Augen gesehen, wir haben eine Weile gewartet, so als ob wir keinen Atem bekommen könnten oder als ob uns die Füße wehtäten, und nach einer Weile ist es vergangen. Es war nicht die geringste Anstrengung nötig, alles war einfach und klar, ich habe ihn über die Hügel hinter Wien geschleppt, ich bin voraus gelaufen, da er langsam gegangen ist, er ist hinter mir hergestampft, und wenn ich die Augen schließe, sehe ich noch sein weißes Hemd und den abgebrannten Hals und wie er sich anstrengt. Er ist den ganzen Tag gelaufen, hinauf, hinunter, er ist in der Sonne gegangen, nicht ein einziges Mal hat er gehustet, er hat schrecklich viel gegessen und wie ein Dudelsack geschlafen, er war einfach gesund, und seine Krankheit war uns in diesen Tagen etwas wie eine kleine Erkältung.[60]

Beim Abschied auf dem Bahnhof erlebte Kafka »eine Naturerscheinung ..., wie ich sie noch nie gesehn habe: Sonnenlicht, das nicht durch Wolken, sondern aus sich selbst trübe wird«[61].

Sein österreichisches Visum war abgelaufen, man hatte ihm aber in Meran versichert, er brauche es für die Reise nicht. Er kam auch ohne Schwierigkeiten über die österreichische Grenze, doch in Gmünd teilte ihm ein Beamter mit, er müsse wieder umkehren und sich in Wien ein Einreisevisum für die Tschechoslowakei besorgen. Das hätte hin und zurück neun Stunden gedauert, außerdem lag die Fahrt nach Prag noch vor ihm. Schließlich ließ man ihn doch passieren.

Noch am Tag seiner Rückkehr traf er Julie Wohryzek und erzählte ihr von Milena. Julie verlor »kein auch nur von der Ferne böses

Wort«[62] über ihn oder sie, und Kafka versprach, sie am nächsten Tag wiederzutreffen. Sie war ruhiger als am Vortag, »aber als wieder die Hauptsache zur Sprache kam – lange Minuten zitterte das Mädchen neben mir auf dem Karlsplatz am ganzen Körper –, konnte ich doch nur sagen, daß neben Dir alles andere, mag es auch an sich unverändert bleiben, verschwindet und nichts wird«[63]. Schließlich meinte Julie: »Ich kann nicht weggehn, schickst Du mich aber fort, dann gehe ich. Schickst Du mich fort?« Als er diese Frage mit »ja« beantwortet, erklärte sie: »Ich kann doch nicht gehn.«[64] Dann begann sie mit ihm zu diskutieren, sagte, sie sei sicher, daß Milena ihren Mann liebe, beschimpfte Milena, wollte ihre Briefe sehen. Als er ihr das abschlug, drohte sie, ihr selbst zu schreiben. Er stimmte zu, woraufhin sie sich beruhigte. »Und ist meine Angst, daß sie in ihrer Not etwas Hinterlistiges schreiben und Dich damit gegen mich beeinflussen könnte, nicht tief entwürdigend für Dich?«[65] – »Und trotz allem glaube ich manchmal: wenn man durch Glück umkommen kann, dann muß es mir geschehen. Und kann ein zum Sterben Bestimmter durch Glück am Leben bleiben, dann werde ich am Leben bleiben.«[66]

An die Stelle der Furcht vor dem, was Julie schreiben würde, trat nach und nach die Befürchtung, Milena liebe ihren Mann nach wie vor. Kafkas Gesundheitszustand verschlechterte sich, er hatte »starken Husten . . . während des Tages und viertelstundenlang in der Nacht«[67]. Am 13. Juli teilte der Arzt ihm mit, er sei jetzt nicht besser dran als vor seinem Aufenthalt in Meran; die Krankheit saß fest in der linken Lungenspitze. Wenn Kafka daran dachte, wie sorglos Milena mit ihrer Gesundheit umging, schien ihm bisweilen, daß sie »statt zusammen zu leben, uns nur gut und zufrieden zu einander legen werden, um zu sterben«[68].

Am 15. Juli heiratete Ottla Josef David. »Beide sollten wir nicht heiraten, das wäre abscheulich, und da Du von uns beiden dazu gewiß die geeignetere bist, tust Du es für uns . . . Dafür bleibe wieder ich ledig für uns beide.«[69] Obwohl er der Entscheidung der Schwester von Anfang an positiv gegenübergestanden hatte, ging ihm die Aussicht, sie zu verlieren, so nahe, daß er während des Hochzeitsessens, bei dem er zwischen den Schwestern seines neuen Schwagers saß, gegen heftige Kopfschmerzen ankämpfen mußte.

Im Büro fiel es ihm schwer, nicht an Milena zu denken. »Wenn ich nicht etwa Dir schreibe, liege ich in meinem Lehnstuhl und schaue aus dem Fenster.«[70] Um eventuelle Telegramme oder Eilbriefe von ihr auf keinen Fall zu verpassen, hatte er es sich zur Gewohnheit gemacht, den ganzen Nachmittag im Büro zu verbringen. Häufig bat er Brod, doch bei ihm vorbeizuschauen, um ihm die Wartezeit zu verkürzen.

Schließlich fragte er sie ohne Umschweife, ob sie sich dazu entschließen könnte, Ernst Polak zu verlassen und nach Prag zu ziehen.

> Ich, ich, Milena, weiß bis ins Letzte, daß Du recht tust, was Du auch tust, ob Du in Wien bleibst oder herkommst oder zwischen Prag und Wien schweben bleibst oder einmal dies und einmal jenes tust. *Was hätte ich denn mit Dir überhaupt zu tun, wenn ich das nicht wüßte* . . . ich dachte bisher, ich könnte das Leben nicht ertragen, . . . Du aber bestätigst mir jetzt, daß es nicht das Leben war, was mir unerträglich schien.[71]

Es fiel ihm schwer, seine Angst im Zaum zu halten. »Du hast recht, im Namen der Angst mir Vorwürfe zu machen wegen meines Verhaltens in Wien, . . . ihre innern Gesetze kenne ich nicht, nur ihre Hand an meiner Gurgel kenne ich und das ist wirklich das *Schrecklichste, was ich jemals erlebt habe oder erleben könnte.*«[72] Handelte es sich wirklich nur um unvernünftigen Defätismus, wenn er sich sagte, daß ihre Briefe, so sehr er auf sie angewiesen war, durch ihre Abwesenheit im Grunde widerlegt wurden? Warum war sie nicht in Prag, wenn sie sich ihm so zugehörig fühlte wie er ihr? Sie schrieb ihm: »Am liebsten möchte ich auf einem dritten Weg fortlaufen, der weder zu Dir führt noch mit ihm, irgendwohin in die Einsamkeit.«[73]

Sie lebte nach wie vor mit ihrem Mann, und Kafka fühlte sich angesichts dieser Situation als »die Maus im ›großen Haushalt‹, der man höchstens einmal im Jahr erlauben kann, offen quer über den Teppich zu laufen«[74]. Doch ihre Aufforderung, nach Wien zu kommen, beantwortete er ablehnend, und auf ihre Ankündigung, sie werde »vielleicht nächsten Monat« nach Prag kommen, schrieb er ihr: »Fast möchte ich dich bitten: komme nicht.« Als er auf ihre Frage, ob er sie liebe, nicht sogleich reagierte, empfand sie das verzweifelte Bedürfnis, in seiner Nähe zu sein, und erkundigte sich, ob er nicht einen Tag mit ihr in Wien verbringen könne. Er telegrafierte ihr ab. In einem Gegentelegramm flehte sie, er möge doch kommen, rief ihn an, schickte Briefe, drang damit auch zu ihm durch, vermochte aber seinen Widerstand nicht zu brechen. Als Begründung für seine Weigerung gab er an, er wolle nicht im Büro um Urlaub ersuchen, und er könne auch »im Amt nicht lügen«, außer aus Angst oder in letzter Not. »Mir aber ist das Bureau – und so war es die Volksschule, Gymnasium, Universität, Familie, alles – ein lebendiger Mensch, der mich, wo ich auch bin, mit seinen unschuldsvollen Augen ansieht, ein Mensch, mit dem ich auf irgendeine mir unbekannte Weise verbunden worden bin, trotzdem er mir fremder ist als die Leute, die ich jetzt im Automobil über den Ring fahren höre.«[75] Milena war außer sich:

> Aber Frank[76] kann nicht leben. Frank hat nicht die Fähigkeit zu leben. Frank wird nie gesund werden. Frank wird bald sterben ... Er ist absolut unfähig zu lügen, so wie er unfähig ist, sich zu betrinken. Er ist ohne die geringste Zuflucht, ohne Obdach. Darum ist er allem ausgesetzt, wovor wir geschützt sind. Er ist wie ein Nackter unter Angekleideten. Es ist das alles nicht einmal Wahrheit, was er sagt, was er ist und lebt. Es ist solch ein determiniertes Sein an und für sich, von allen Zutaten entledigt, die ihm helfen könnten, das Leben zu verzeichnen – in Schönheit oder in Elend, einerlei.[77]

Während ihrer gemeinsamen Wiener Tage hatte sie nicht gewußt, wie krank Kafka in Wirklichkeit war, und als sie es von Brod erfuhr, erklärte sie sich in einem vertraulichen Brief an ihn bereit, alles, was in ihren Kräften stand, zu tun, damit er sich in ein Sanatorium begab. Als Kafka erneut zum Arzt ging, erklärte ihm dieser, er müsse unbedingt eine Lungenheilstätte aufsuchen, und empfahl als die beiden besten Sanatorien in Niederösterreich Grimmenstein und Wiener Wald. Doch Kafka zögerte noch. »Das sind ausschließliche Lungenheilanstalten, Häuser, die in ihrer Gänze Tag und Nacht husten und fiebern, wo man Fleisch essen muß, wo einem gewesene Henker die Arme auskegeln, wenn man sich gegen Injektionen wehrt, und wo bartstreichende jüdische Ärzte zusehn, hart gegen Jud wie Christ.«[78]

Gleichzeitig drängte er Milena, die ebenfalls Blut gespuckt hatte, ihrerseits einen Arzt aufzusuchen. Auf keinen Fall, meinte er, dürfe sie ihr »heldenhaft fröhliches Leben« weiterführen. »Du lebst ja, als redetest Du dem Blut zu: ›Also komm doch, komm doch endlich.‹«[79]

Er hatte ihr, wie früher einmal Felice, ein Zusammentreffen am Wochenende im Grenzort Gmünd vorgeschlagen, wo sie die Nacht von Samstag auf Sonntag gemeinsam verbringen könnten, doch sie war nicht darauf eingegangen; es sah eher so aus, als seien sie »gänzlich auseinander gekommen, ... und nur den einen Wunsch scheinen wir mit aller Kraft gemeinsam zu haben, daß Du hier wärest und Dein Gesicht irgendwo so nahe bei mir als nur möglich. Und natürlich auch den Sterbe-Wunsch.«[80]

Als sie in einem Brief, den sie ihm in der ersten Augustwoche schrieb, ausdrücklich erklärte, sie könne ihren Mann nicht verlassen, weil sie ihn zu sehr liebe und er sie zu sehr brauche, antwortete Kafka: Das habe er stets gewußt. »Es stand fast hinter allen Briefen, es stand in Deinen Augen ... es stand in den Falten auf Deiner Stirn, das habe ich ja gewußt, so wie einer, der den ganzen Tag in irgendeiner Schlaf-Traum-Angst-Versunkenheit hinter geschlossenen Läden verbracht hat.«[81] Zwei Tage später berichtete er ihr von seiner ersten sexuellen Erfahrung:

> Und so wie es damals war, blieb es immer. Mein Körper, oft jahrelang still, wurde dann wieder geschüttelt bis zum Nichtertragen-können von dieser Sehnsucht nach einer kleinen, nach einer ganz bestimmten Abscheulichkeit, nach etwas leicht Widerlichem, Peinlichem, Schmutzigem; noch in dem Besten, was es je für mich gab, war etwas davon, irgendein kleiner schlechter Geruch, etwas Schwefel, etwas Hölle. Dieser Trieb hatte etwas vom ewigen Juden, sinnlos gezogen, sinnlos wandernd durch eine sinnlos schmutzige Welt.[82]

Auch Baudelaire sagte einmal, daß das einzigartige und größte Vergnügen der Liebe in der Gewißheit liege, Böses zu tun. Milena schien Kafka zum ersten Mal davon befreit zu haben, Lustgewinn aus dem ihm eigentlich Widerwärtigen zu ziehen. »Ich sehe förmlich auch keinen Schmutz, nichts derartiges, was von außen reizt, ist da, aber alles, das von innen Leben bringt.«[83]

Mitte August traf er dann schließlich doch mit Milena für ein Wochenende in Gmünd zusammen – und natürlich entsprach die Wirklichkeit nicht seinen Erwartungen. »Wie ein Hausbesitzer kam ich hin; merkwürdig, daß bei aller Unruhe, die mich immerfort durchfährt, diese Ermattung des Besitzens bei mir möglich, ja mein eigentlicher Fehler vielleicht ist, in diesen und in andern Dingen.«[84]

Den größten Teil der Zeit gingen sie wie Fremde miteinander um, denn die durch ihren nahezu täglichen Briefwechsel entstandene Vertrautheit war zu tief, um in einer realen Begegnung zu »überleben«. Sie erkundigte sich, ob er ihr in Prag nicht untreu gewesen sei. Wie konnte sie das fragen, da sie doch seine Briefe kannte? Und wie stand es um ihre Treue? Schließlich lebte sie ja nach wie vor mit ihrem Mann zusammen. Er erwiderte ihr: Ja, er sei ihr treu gewesen – »halb Scherz, halb Ernst, halb Gleichgültigkeit – wieder die drei Hälften, eben weil es unmöglich war«[85]. Irgend etwas war zerstört worden, und wie gewöhnlich schrieb er sich selbst die Schuld daran zu. »Laß Dich ... nicht abschrecken von mir, auch wenn ich Dich einmal oder tausendmal oder gerade jetzt oder vielleicht immer gerade jetzt enttäusche.«[86] Sie erzählte ihm vieles, was er lieber nicht gewußt hätte – zum Beispiel, daß sie ihrem Mann die Stiefel putzte und es »in Gedanken den ganzen Tag« hindurch tat. Diesmal hinterließ auch die körperliche Liebe mit ihr einen schalen Geschmack. »Schmutzig bin ich, Milena, endlos schmutzig, darum mache ich ein solches Geschrei mit der Reinheit. Niemand singt so rein als die, welche in der tiefsten Hölle sind; was wir für den Gesang der Engel halten, ist ihr Gesang.«[87]

> Warum kann man sich nicht damit abfinden, daß in dieser ganz besondern, hinhaltend selbstmörderischen Spannung zu leben das Richtige ist (Du erwähntest manchmal etwas Ähnliches, ich versuchte Dich damals auszulachen), sondern lockert sie mutwillig, fährt aus ihr hinaus wie ein unvernünftiges Tier (und liebt gar noch wie ein Tier diese Unvernunft) und leitet sich dadurch alle gestörte, wild gewordene Elektrizität in den Leib, daß es einen fast verbrennt.[88]

Er suchte Zuflucht bei der in ihm höchst lebendigen Phantasie-Milena. »Wozu brauche ich einen Brief, wenn ich zum Beispiel gestern den ganzen Tag und Abend und die Hälfte der Nacht im Gespräch mit Dir verbracht habe, in einem Gespräch, wo ich so aufrichtig und ernst war wie ein Kind und Du so aufnehmend und ernst wie eine Mutter.«[89]

Während sie praktisch nichts aufzugeben brauchte, hatte er Julie aufgegeben und damit einen hohen Einsatz für eine unbeständige Verbindung gewagt, bei der die Abhängigkeit »so über alle Grenzen« ging. Seelenfrieden war ein Luxus, der ihm seit frühester Kindheit verwehrt geblieben war. »Das Entweder-Oder ist zu groß. Entweder bist Du mein und dann ist es gut, oder aber Du gehst mir verloren, dann ist es nicht etwa schlecht, sondern dann ist gar nichts, dann bleibt keine Eifersucht, kein Leid, keine Bangigkeit.«[90] Dennoch verzehrte er sich nach ihr, es war die einzige ihm mögliche wahre Empfindung, da Hoffnungslosigkeit ihn nicht schreckte. »Auch ist es vielleicht nicht eigentlich Liebe, wenn ich sage, daß Du mir das Liebste bist; Liebe ist, daß Du mir das Messer bist, mit dem ich in mir wühle.«[91] Auf jeden Fall war er in seiner Abhängigkeit davon hilflos: »Hört es auf, höre ich auch auf, es ist die Art meiner Teilnahme am Leben.«[92]

Anfangs schrieb er ihr lediglich Briefe, doch im Laufe der Zeit wurden diese immer tagebuchähnlicher, und nach und nach wuchs in ihm der Wunsch, wieder »richtig« zu schreiben – was er seit über drei Jahren nicht mehr getan hatte. Abgesehen von seinem *Brief an den Vater* hatte er seit dem Blutsturz außer Korrespondenz so gut wie nichts zu Papier gebracht. Ende August 1920 aber nahm er wieder seine alten Gewohnheiten auf: Statt nachmittags im Büro zu bleiben, ging er heim, um ein wenig zu schlafen. Anschließend machte er einen etwa zweistündigen Spaziergang und arbeitete dann, so lange er konnte. Die ersten Entwürfe zum *Schloß* stammen aus dieser Zeit.

Und immer wieder beschäftigte ihn seine Krankheit: »Unter jeder Absicht liegt geduckt die Krankheit wie unter dem Baumblatt. Beugst du dich, um sie zu sehn, und fühlt sie sich entdeckt, springt sie auf, die magere stumme Bosheit, und statt zerdrückt, will sie von dir befruchtet werden.«[93] Etwas von dieser Bereitwilligkeit, mit den Zerstörungskräften gemeinsame Sache zu machen, findet sich in der Erzählung *Der Geier*. Der Erzähler läßt in seiner Schwäche zu, daß ihn ein Geier in die Füße hackt. Ein Vorübergehender bietet seine Hilfe an; er will sein Gewehr holen und den Geier erschießen. Der Geier, der offensichtlich alles Gesagte verstanden hat, stößt seinen Schnabel durch den Mund des Erzählers und ertrinkt in dessen Blut.

Ab und zu griff Kafka auch das Thema der provinziellen Enge wieder auf, zum Beispiel in den Erzählungen *Die Abweisung* und *Zur Frage der Gesetze*. Letztere endet mit dem Satz: »Das einzige, sichtbare, zweifellose Gesetz, das uns auferlegt ist, ist der Adel und um dieses einzige Gesetz sollten wir uns selbst bringen wollen?«[94]

Sein ganzes Verhalten zeigte, daß er sich mit seiner Krankheit abgefunden hatte: Obwohl nach einem feuchten Herbst der Winter früh und mit ungewöhnlicher Härte einsetzte, wollte er unbedingt bis Oktober in Prag bleiben. Seine Lage ähnelte der des Mannes aus der *Strafkolonie*, der zugleich Vollstrecker und Opfer ist. Ohne Hinweis auf diese Erzählung schickte er Milena die Zeichnung einer einfachen Foltermaschine, auf der die Glieder des Delinquenten an kräftigen Stäben befestigt sind und so lange nach außen gezogen werden, bis er in der Mitte zerreißt. An einer Säule steht ein Mann und sieht untätig zu.[95]

Im September ging es ihm eine Woche lang sehr schlecht, er fieberte, hustete sehr viel und atmete so schwer, daß er manchmal kaum aufstehen mochte. Er hatte Prospekte der Sanatorien Grimmenstein und Wiener Wald bekommen und ihnen entnommen, daß beide ziemlich teuer waren. Er wäre ohnehin viel lieber aufs Land gegangen, um dort ein Handwerk zu erlernen. Im Oktober ergriff Ottla die Initiative, indem sie gegen Kafkas Willen mit dem Direktor der Versicherungsanstalt sprach. Daraufhin wurde er von Dr. Kodym, dem Anstaltsarzt, untersucht, und nachdem dieser festgestellt hatte, daß inzwischen bereits beide Lungenspitzen von der Krankheit befallen waren, riet er Kafka dringend zu einem dreimonatigen Sanatoriumsaufenthalt. Neue Ausbrüche von Antisemitismus in Prag erleichterten ihm außerdem den Entschluß, die Stadt zu verlassen.

> Die ganzen Nachmittage bin ich jetzt auf den Gassen und bade im Judenhaß. »Prašivé plemeno« [räudige Rasse] habe ich jetzt einmal die Juden nennen hören . . . Das Heldentum, das darin besteht, doch zu bleiben, ist jenes der Schaben, die auch nicht aus dem Badezimmer auszurotten sind.
> Gerade habe ich aus dem Fenster geschaut: berittene Polizei, zum Bajonettangriff bereite Gendarmerie, schreiende auseinanderlaufende Menge und hier oben im Fenster die widerliche Schande, immerfort unter Schutz zu leben.[96]

Die Stimmung der Öffentlichkeit wandte sich in ihrer vom Prager Oberbürgermeister euphemistisch als »Kundgebung des Staatsbewußtseins« bezeichneten Wut nicht nur gegen die Juden, sondern auch gegen alles Deutsche: Die Redaktionen deutscher Zeitungen wurden verwüstet und deutschsprachige Passanten verprügelt, die Dokumente im Archiv des Jüdischen Rathauses zerstört, hebräische Pergamente vor der »Altneuschul« verbrannt und das Deutsche Landestheater besetzt.

Kafkas depressive Grundhaltung ließ ihn nur halb ironisch mit dem *Venkov*, dem reaktionären Blatt der damaligen tschechischen Agrarpartei, dahingehend übereinstimmen, daß die Juden alles verdürben und zersetzten. Er erklärte, er sei der »westjüdischeste« der Westjuden, »das bedeutet, übertrieben ausgedrückt, daß mir keine ruhige Sekunde geschenkt ist, nichts ist mir geschenkt, alles muß erworben werden«.[97] Die Psychoanalyse gehe daher von einem »hilflosen Irrtum« aus, denn »alle diese angeblichen Krankheiten, . . . sind Glaubenstatsachen, Verankerungen des in Not befindlichen Menschen in irgendwelchem mütterlichen Boden«.[98] Der Psychoanalyse zufolge habe die Religion dieselben Wurzeln wie die Neurosen, »Verankerungen aber, die wirklichen Boden fassen, sind doch nicht ein einzelner auswechselbarer Besitz des Menschen, sondern in seinem Wesen vorgebildet und nachträglich sein Wesen (auch seinen Körper) noch in dieser Richtung weiterbildend. Hier will man heilen?«[99]

Angesichts der ständigen Verschlechterung seines Gesundheitszustands quälten Milena Schuldgefühle: An ihr sei er zerbrochen. Doch er antwortete ihr mit dem Hinweis darauf, daß der Krug schon gebrochen gewesen sei, lange bevor er zum Brunnen ging. Die Aufenthaltsgenehmigung für Österreich, die er für Grimmenstein brauchte, bekam er auch in Wien, so daß er vorher Milena hätte treffen können; aber er wollte nicht. »Die Vorstellung, daß ich vor Dir stünde, kann ich im voraus nicht ertragen, den Druck im Gehirn ertrage ich nicht.«[100] Von da war nur noch ein Schritt bis zu dem Schluß, daß sie einander nicht mehr schreiben sollten. Er sprach davon, eine »*unwiderstehlich starke Stimme, förmlich Deine Stimme*«[101] fordere ihn auf, still zu sein. »Diese Briefe sind doch nur Qual, *kommen aus Qual, unheilbarer, machen nur Qual, unheilbare.*«[102]

IM SANATORIUM IN DER HOHEN TATRA

Am 13. Dezember wurde Kafka ein Urlaub von drei Monaten gewährt. Obwohl er inzwischen die Aufenthaltsgenehmigung bekommen hatte, fuhr er doch nicht nach Grimmenstein, sondern in ein 900 Meter hoch gelegenes Lungensanatorium in Matlar in der Hohen Tatra (tschechisch: Tatranské Matliary). Sein erster Eindruck von diesem Sanatorium war derart ungünstig, daß er gleich am nächsten Tag wieder abreisen wollte. So gab es in dem für ihn reservierten Zimmer keine Zentralheizung und auch seine sonstige Ausstattung war mehr als dürftig: »ein Eisenbett, darauf ohne Überzug ein Polster und eine Decke, die Tür im Schrank ist zerbrochen, zum Balkon führt nur eine einfache Tür und selbst die sitzt nicht fest.«[1] Die Besitzerin, Frau Forberger, war nicht bereit, dem abzuhelfen. Nach Weihnachten, erklärte sie, könne er jedoch aus dem Nebengebäude in die zentralgeheizte »Hauptvilla« übersiedeln, dort wohne sogar ein Arzt auf demselben Flur. Als sie gegangen war, schlug das Zimmermädchen Kafka vor, doch ins Nebenzimmer zu ziehen, das man für Ottla reserviert hatte, die ursprünglich mitfahren wollte. Zwar besaß es keinen Balkon, aber liegen, meinte das Mädchen, könne er ja auf dem Balkon seines Zimmers und nebenan wohnen. Am nächsten Morgen gefiel ihm schon alles viel besser – selbst Frau Forberger.

An Max Brod schrieb er: »Es sind an dreißig ständige Gäste hier, ich hielt die meisten für Nichtjuden, solche Vollungarn waren es, sie sind aber doch in der Mehrzahl Juden, vom Oberkellner angefangen.«[2] Der Balkon lag sonnig, und Kafka beschloß, in dem ihm zunächst zugewiesenen Haus, dem »Nebengebäude«, zu bleiben, weil es ruhiger war als die Hauptvilla. Der Arzt schlug zunächst eine Arsenkur vor, doch nachdem Kafka mit ihm einen täglichen Besuch –

à 6 Kronen extra – vereinbart hatte, verschrieb er ihm »vorläufig 5mal täglich Milch und 2mal Sahne«. Seiner Ansicht nach waren alle früheren Verdauungs- und Nervenbeschwerden Kafkas eine Folge der ursprünglich nicht erkannten Lungenerkrankung.

Während seiner ersten Woche in Matlar nahm Kafka fast zwei Kilo zu, was er auf die gute Küche dort zurückführte. Er freundete sich mit einem fünfundzwanzigjährigen ungarischen Mitpatienten an, einem Juden aus Kaschau, der erst in Matlar Deutsch gelernt hatte. »Entzückend im ostjüdischen Sinn. Voll Ironie, Unruhe, Laune, Sicherheit aber auch Bedürftigkeit. Alles ist ihm ›interessant, interessant‹, aber das bedeutet nicht das Gewöhnliche, sondern etwa ›es brennt, es brennt‹.«[3]

Kafka bat Milena, nicht zu schreiben und zu verhindern, »daß wir zusammenkommen. Nur diese Bitte erfülle mir im stillen, sie allein kann mir irgendein Weiterleben ermöglichen, alles andere zerstört weiter.«[4] Sie kam seinem Wunsch nach, schrieb aber an Brod:

> Bin ich schuldig oder bin ich nicht schuldig? . . . Ich bin an den Grenzen des Wahnsinns; ich habe mich bemüht, richtig zu handeln, zu leben, zu denken, zu fühlen, dem Gewissen gemäß, aber irgendwo *ist* Schuld . . . Ich will wissen, ob es mit mir so steht, daß auch unter mir Frank leidet und gelitten hat wie unter jeder andern Frau, so daß seine Krankheit ärger wurde, so daß er auch vor mir in seine Angst fliehen mußte und so daß auch ich jetzt verschwinden muß, ob ich schuld daran bin oder ob es eine Konsequenz seines eigenen Wesens ist.[5]

In ihrem nächsten, etwas ruhigeren Brief räumte sie ein, daß sie ihm hätte geben können, was er brauchte, wenn sie damals, nach ihren vier gemeinsam in Wien verbrachten Tagen, gleich mit ihm nach Prag gegangen wäre. »Bei mir hat er sich ausruhen können.«[6] Aber einmal davon abgesehen, daß sie ihren Mann immer noch liebte, war sie vielleicht »zu sehr Weib, um die Kraft zu haben, mich diesem Leben zu unterwerfen, von dem ich wußte, daß es strengste Askese bedeuten würde, auf Lebenszeit«[7]. Sie sehnte sich »nach einem Leben mit einem Kinde, nach einem Leben, das der Erde sehr nahe wäre«[8].

> Das, was man auf Franks Nicht-Normalität schiebt, gerade das ist sein Vorzug. Die Frauen, die mit ihm zusammengekommen sind,

waren gewöhnliche Frauen und haben nicht anders zu leben gewußt als eben Frauen. Ich glaube eher, daß wir alle, die ganze Welt und alle Menschen krank sind und er der einzige gesunde und richtig Auffassende und richtig Fühlende und der einzige reine Mensch ... Er weiß von der Welt zehntausendmal mehr als alle Menschen der Welt. Diese seine Angst war richtig ... Er hält ja immer sich für den, der schuldig ist und der schwach ist. Und dabei gibt es auf der ganzen Welt keinen zweiten Menschen, der seine ungeheure Kraft hätte: diese absolute unumstößliche Notwendigkeit zur Vollkommenheit hin, zur Reinheit und zur Wahrheit.[9]

Hätte sie das früher verstanden, hätte sie vielleicht die Kraft gefunden, seinen Weg mit ihm zu gehen. Aber sie war damals »ein gewöhnliches Weib wie alle Weiber auf der Welt, ein kleines, triebhaftes Weibchen. Und daraus ist seine Angst entstanden.«[10] Kafka kam bei einer nachträglichen Analyse ihrer Beziehung zu einem anderen Ergebnis: Er diagnostizierte bei sich »eine Erkrankung des Instinkts, eine Blüte der Zeit«[11], und ihm fehlte die Kraft, Wege zu ihrer Bewältigung zu finden.

[Seit seiner Jugend] war es so, daß der Körper jedes zweiten Mädchens mich lockte, der Körper jenes Mädchens, in das ich (deshalb?) meine Hoffnung setzte, gar nicht. Solange sie sich mir entzog (F) oder solange wir eines waren (M), war es nur eine Drohung von ferne und nicht einmal gar so ferne, sobald aber irgendeine Kleinigkeit geschah, brach alles zusammen. Ich kann offenbar, meiner Würde wegen, meines Hochmuts wegen (auch wenn er noch so demütig aussieht, der krumme Westjude!) nur das lieben, was ich so hoch über mich stellen kann, daß es mir unerreichbar wird.[12]

Kafkas Gesundheitszustand besserte sich stetig, er nahm weiter zu – gut vier Kilo in den ersten fünf Wochen –, doch das Leiden seiner Mitpatienten ging ihm nahe. Ein bettlägriger, etwa fünfzigjähriger, an Lungen- und Kehlkopftuberkulose erkrankter Mann zeigte ihm zunächst eine Zeichnung seiner Geschwüre und führte ihm dann vor, wie er tief in seiner Kehle diese Geschwüre »belichtete«, indem er mit Hilfe eines großen Spiegels, mit dem er sich selbst in den Hals schaute, einen kleinen Spiegel nach der Sonne ausrichtete. Kafka taumelte ganz benommen auf den Balkon hinaus und erholte sich dort in der Kälte auf dem Geländer sitzend so weit, daß er das Zimmer des Mannes verlassen konnte. »Mit Hilfe der Korridorwände und eines Sessels im Zwischenstock kam ich in mein Zimmer.« Die Art, wie Unheilbare behandelt wurden, schien ihm schlimmer als eine Tortur. »Hier wird jahrelang gefoltert, mit Kunstpausen, damit es nicht zu schnell geht und – das Besonderste – der Gefolterte wird selbst gezwungen, aus eigenem Willen, aus seinem armen Innern heraus, die Folterung in die Länge zu ziehn.«[13]

Kafka verbrachte viele Stunden auf dem Balkon. Er las, warm in Decken eingehüllt, und sah den Skifahrern an den Berghängen zu. Er hustete zwar nach wie vor viel, wenn auch weniger stark, aber seine Atembeschwerden besserten sich nicht.

Im Laufe der Zeit freundete Kafka sich noch mit einem anderen Patienten an, mit dem jungen Robert Klopstock, einem jüdisch-antizionistischen Medizinstudenten aus Budapest, der Offizier an der Ostfront und in Italien gewesen war. Kafka nannte ihn, dem man seine Tuberkulose, die er sich in der Armee zugezogen hatte, nicht ansah, »trotz gröberen Gesamtbildes Werfel ähnlich«[14]. Kafka bat Ottla, ihm einige seiner Bücher zu schicken (Kierkegaard, Plato, Brod und eine Dostojewski-Biographie), um sie Klopstock zu leihen. Kafka selbst zog jetzt die Bibel allen anderen Büchern vor.

Als sein Urlaub sich dem Ende zuneigte, wollte er nach Prag zurückkehren, doch hustete er mehr als zuvor, das Atmen machte ihm Schwierigkeiten, und er fühlte sich ganz allgemein schwach. Er zwang sich, trotz seiner Appetitlosigkeit zu essen, sogar Fleisch, obwohl es seine Hämorrhoiden zu verschlimmern schien. »Was für eine Widerlichkeit z. B. einem Kehlkopfkranken (Blutsverwandter der Lungenkranken, der traurigere Bruder) gegenüberzusitzen, der freundlich-harmlos Dir gegenübersitzt, mit den verklärten Augen der Lungenkranken Dich ansieht und Dir dabei zwischen seinen gespreizten Fingern Eiterteilchen seiner tuberkulösen Geschwüre ins Gesicht hustet.«[16] In der zweiten Märzwoche machte der Arzt Kafka klar, daß er mit einem vollständigen Zusammenbruch rechnen müßte, falls er nach Prag fahre, und versprach ihm »annähernde Gesundung«, sofern er bis zum Herbst bliebe.

Unmerklich verging die Zeit; in einem Anfall von Tatendrang begonnene Briefe blieben tagelang liegen, und Kafka, der kein Datum vermerkt hatte, wußte selbst nicht, wie lange. Er vermutete, er müsse »oft in einem vollständigen Dämmerzustand gelegen haben, ähnlich dem, wie ich ihn als Kind an meinen Großeltern angestaunt habe«[17]. In seinen Briefen an Brod findet sich mancher Ausdruck neidvoller Bewunderung dafür, wie dieser einerseits »wirklich mit mächtiger Hand« seine Ehe führte, sich immer mehr literarische Verpflichtungen aufbürdete – und darüber hinaus die Beziehung zu seiner Geliebten Emmy Salveter pflegte. Angesichts eines solchen Lebens schien es Kafka, als irre er selbst umher »wie ein Kind in den Wäldern des Mannesalters«[18]. Das machte es für Brod nicht einfacher, Einfluß auf den Freund zu nehmen. Er hatte einen von dessen Briefen dem Arzt Heinrich Kral gezeigt, der meinte, Matlar sei nicht das richtige Sanatorium für Kafka, da nur eine systematische Tuberkulinkur ihm helfen könne. Kral kannte aus seiner eigenen Praxis Fälle, bei denen diese Behandlung zu vollständiger Genesung geführt hatte. Daraufhin forderte Brod Kafka auf, seinem und des Arztes Rat zu folgen, denn was anderen geholfen habe, müsse auch ihm helfen. Schließlich seien die Eltern Kafka durchaus in der Lage, ein teureres Sanatorium, beispielsweise Plesch, zu bezahlen.

Zweifel an Matlar waren weniger geeignet, Kafka von dem Ort fortzubringen, als die Aussicht, daß auch Milena, deren Lungenleiden sich stark verschlimmert hatte, dort Quartier nehmen könnte. Mitte April teilte sie Kafka mit, ihr Vater – mit dem sie sich wieder ausgesöhnt hatte – habe ihr vorgeschlagen, in die Hohe Tatra zu fahren. Kafka bat Brod, ihn über Milenas Tun und Lassen auf dem laufenden zu halten, damit er erforderlichenfalls sofort abreisen konnte. Der Lyriker Albert Ehrenstein besuchte Kafka in Matlar – und versuchte ihn davon zu überzeugen, daß ihm mit Milena das Leben die Hand reiche und er die Wahl habe zwischen Leben und Tod. »Dumm war nur, daß er an eine Wahl-Möglichkeit für mich zu glauben schien. Gäbe es noch ein Delphisches Orakel, hätte ich es befragt und es hätte geantwortet: ›Die Wahl zwischen Tod und Leben? Wie kannst Du zögern?‹«[19]

Im April wurde das Wetter etwas milder. Kafka verbrachte nach wie vor den größten Teil seiner Zeit liegend, hustete aber seltener, hatte weniger Auswurf und atmete mit geringeren Beschwerden, außer an kühlen Abenden. Während seines Aufenthalts dort hatte er insgesamt sechseinhalb Kilo zugenommen. Doch war er es leid, ständig übers Gesundwerden sprechen und hören zu müssen. »Sieh nur«, schreibt er an Brod, »diesen widerwillig lebenden Körper an, den das Gehirn, erschreckt darüber, was es angerichtet hat, nun wieder gegen sich zum Leben zwingen will, widerwillig lebend, er kann nicht essen und eine Abszeßwunde, gestern wurde der Verband abgenommen, braucht einen Monat lang große Verbände, ehe sie unschlüssig heilt.«[20] Am 5. Mai, zwei Wochen bevor sein Urlaub zu Ende ging, stellte ihm Dr. Strelinger ein Attest aus – woraufhin die Anstalt seinen Urlaub bis zum 20. August verlängerte.

Stets und überall hatte er unter Lärm und Geräuschen jeder Art gelitten. Ende Mai kam ein Mann, der in den Nebenzimmern Öfen aufstellte und »dabei jeden Tag, auch an Feiertagen, um 5 Uhr früh mit Hämmern, Gesang und Pfeifen anfing«, und es bis 7 Uhr abends ununterbrochen fortsetzte.[21]

> Aber es ist auch nicht der Lärm hier, um den es sich handelt, sondern der Lärm der Welt und nicht einmal dieser Lärm, sondern mein eigenes Nichtlärmen . . . schreit mir aber in dieses Außerhalb-der-Welt die Welt grabschänderisch herein, komme ich außer Rand und Band, dann schlage ich mit der Stirn wirklich an die doch immer nur angelehnte Tür des Wahnsinns.[22]

Es war ihm zuwider, von Krankheit und Kranken umgeben zu sein, »vor allem, weil dieses fortwährende Kranksein schmutzig ist, schmutzig dieser Widerspruch zwischen dem Aussehn des Gesichtes und der Lunge, schmutzig alles. Dem Spucken anderer kann ich nur mit Ekel zusehn und habe selbst doch auch kein Spuckfläschchen, wie ich es haben sollte.«[23]

In dieser Umgebung war ihm das Schreiben »nur ein Provisorium, wie für einen, der sein Testament schreibt, knapp bevor er sich erhängt, – ein Provisorium, das ja recht gut ein Leben lang dauern kann«[24]. »In dieser kleinen Welt der deutsch-jüdischen Literatur« ließ sich erkennen, »daß im Deutschen nur die Dialekte und außer ihnen nur das allerpersönlichste Hochdeutsch wirklich lebt, während das übrige, der sprachliche Mittelstand, nichts als Asche ist, die zu einem Scheinleben nur dadurch gebracht werden kann, daß überlebendige Judenhände sie durchwühlen«.[25] Die Mehrzahl der jungen Juden, die sich entschieden, deutsch zu schreiben, wollten ihr Jüdischsein hinter sich lassen.

Aber mit den Hinterbeinen klebten sie noch am Judentum des Vaters und mit den Vorderbeinen fanden sie keinen neuen Boden. Die Verzweiflung darüber war ihre Inspiration . . .
Sie lebten zwischen drei Unmöglichkeiten, . . . der Unmöglichkeit, nicht zu schreiben, der Unmöglichkeit, deutsch zu schreiben, der Unmöglichkeit, anders zu schreiben, fast könnte man eine vierte Unmöglichkeit hinzufügen, die Unmöglichkeit zu schreiben (denn die Verzweiflung war ja nicht etwas durch Schreiben zu beruhigendes, war ein Feind des Lebens *und* des Schreibens . . .), also war es eine von allen Seiten unmögliche Literatur, eine Zigeunerliteratur, die das deutsche Kind aus der Wiege gestohlen und in großer Eile irgendwie zugerichtet hatte, weil doch irgendjemand auf dem Seil tanzen muß.[26]

Seit sechs Monaten – länger als je zuvor – lebte Kafka nun schon von seiner Familie getrennt. Seine Eltern hatten sich nicht die Mühe gemacht, ihn zu besuchen, und Ottla mußte seit März für ein Töchterchen – Věra – sorgen. Bis Ende April schlief Kafka in jenem Zimmer, das ursprünglich für Ottla hergerichtet worden war, und als er schließlich in das Zimmer mit dem Balkon umzog, wobei er den größten Teil der Einrichtung mitnahm, merkte er bald, daß es eigentlich das bessere war, vor allem hatte es mehr Luft und Licht. Je schöner das Wetter wurde, desto öfter streifte er in den Wäldern umher, froh, vor den Sanatoriums-Geräuschen in eine Stille entronnen zu sein, die nur vom Zwitschern der Vögel, vom Plätschern des Wassers und vom Wind in den Bäumen unterbrochen wurde. »So viel Ruhe, als ich brauche, gibt es auf der Welt nicht, woraus folgt, daß man soviel Ruhe nicht brauchen dürfte.«[27] Stunden verbrachte er, die Milchflasche in Reichweite, an einer windgeschützten Stelle im Liegestuhl. »Wenn jeder Nachmittag so wäre und die Welt mich hier ließe, ich bliebe hier solange, bis man mich mit dem Liegestuhl forttragen müßte.«[28]

Er hatte die Arbeit in der Anstalt am 20. August wieder aufnehmen wollen, doch war er bis zum 26. nicht einmal reisefähig. Als er dann schließlich fuhr, war der Zug so überfüllt, daß er erst in Vrutky einen Sitzplatz bekam, nachdem man den Schaffner hatte überreden können, einige Reisende der zweiten Klasse ein Abteil erster Klasse benutzen zu lassen. Kafka begann am 29. wieder zu arbeiten und merkte nach einigen ihn stark erschöpfenden Tagen – stets hatte er über 37 Grad Fieber –, daß er nicht in Prag würde bleiben können.

Nach Matlar mochte er jedoch nicht zurück. »Auch wollen die Ärzte ein regelrechtes Sanatorium mit Abreibungen, Packungen, Quarzlampe und besserer Kost.«[29]

Die Nachricht, Milena werde nach Prag kommen, ließ seine Nächte noch schlafloser und unruhiger werden, als sie es ohnehin schon waren. Sie trafen einander mehrere Male, und Mitte Oktober gab er ihr alle seine Tagebücher zum Lesen, etwa fünfzehn große Hefte. Felice hätte er sie nie gezeigt, und auch Milena nicht, solange er noch auf eine gemeinsame Zukunft mit ihr gehofft hatte. Jetzt aber war er frei von dem Zwang, dem sie ihre Existenz verdankten: »Ich brauche mir solche Dinge nicht mehr umständlich bewußt zu machen, wie früher einmal, ich bin in dieser Hinsicht nicht so vergeßlich wie früher, ich bin ein lebendig gewordenes Gedächtnis, daher auch die Schlaflosigkeit.«[30]

Seine Depression nahm Züge der Verzweiflung an. Nachdem er zu einer Gesellschaft und anschließend mit Freunden ins Kaffeehaus gegangen war, kam er »nervenzitternd« nach Hause:

> Ich ertrage jetzt nicht einmal die Blicke der Menschen mehr (nicht aus Menschenfeindschaft, aber die Blicke der Menschen, ihre Anwesenheit, ihr Dasitzen und Herüberschauen, das alles ist mir zu stark). Hustete mich stundenlang in einen Morgenschlaf hinüber und wäre am liebsten aus dem Leben hinausgeschwommen, was mir wegen der scheinbaren Kürze der Wegstrecke leicht schien.[31]

Wenn er bei Spaziergängen im Park junge Frauen sah, fühlte er sich von der Möglichkeit ausgeschlossen, je Glück mit ihnen zu teilen. Er beneidete alle Ehepaare und vermutete, es gebe niemanden, dessen psychische Lage der seinen auch nur ähnelte. »Die systematische Zerstörung meiner selbst im Laufe der Jahre ist erstaunlich, es war wie ein langsam sich entwickelnder Dammbruch, eine Aktion voll Absicht. Der Geist, der das vollbracht hat, muß jetzt Triumphe feiern; warum läßt er mich daran nicht teilnehmen?«

Aber Teilnahme war ihm nicht einmal dann möglich, wenn der Vater, der wie eh und je mit der Mutter Karten spielte, ihn aufforderte, mitzuspielen oder wenigstens zuzuschauen. Stets redete Kafka sich dann heraus und fragte sich zugleich, warum er solche Angebote immer wieder zurückwies – wohl aus Willensschwäche, vermutete er. An einem der folgenden Abende beteiligte er sich dann aber doch, indem er für seine Mutter die Ergebnisse notierte.

> Es ergab sich aber kein Nähersein, und wenn auch eine Spur dessen da war, so wurde sie überhäuft von Müdigkeit, Langeweile, Trauer über die verlorene Zeit. So wäre es immer gewesen. Dieses Grenzland zwischen Einsamkeit und Gemeinschaft habe ich nur äußerst selten überschritten, ich habe mich darin sogar mehr angesiedelt als in der Einsamkeit selbst.[32]

Er fühlte sich vollständig hilflos und fragte sich:

> Was verbindet sich mit diesen festabgesetzten, sprechenden, augenblitzenden Körpern enger als mit irgendeiner Sache, etwa dem Federhalter in deiner Hand? Etwa daß du von ihrer Art bist? Aber du bist nicht von ihrer Art, darum hast du ja diese Frage aufgeworfen.[33]

In der Erzählung *Erstes Leid*, die wohl im Laufe des Oktobers entstand, hat ein Trapezkünstler sein Leben »derart eingerichtet, daß er, solange er im gleichen Unternehmen arbeitete, Tag und Nacht auf dem Trapeze blieb«[34]. In eigens dafür konstruierten Gefäßen ziehen einander ablösende Diener alles hinauf und herab, was er zur Befriedigung seiner geringen Bedürfnisse braucht. Er spricht mit niemandem außer den anderen Artisten und gelegentlich mit Bauarbeitern oder Feuerwehrmännern, die dort oben zu tun haben. Auf den unvermeidlichen Bahnreisen verbringt er die Fahrt im Gepäcknetz eines für ihn reservierten Abteils.

Während der Trapezkünstler im ersten Buch von Nietzsches *Also sprach Zarathustra* vom Hochseil fällt, als der Narr ihm dorthin folgt und über ihn springt, sorgt Kafkas Trapezkünstler dafür, daß niemand ihn ablenkt. Unfähig, seine Ähnlichkeit mit den Affen zu ertragen, aber auch unfähig, die Stufe des Göttlichen zu erreichen, ist er zu immerwährendem, unruhigem Schwanken zwischen diesen beiden Daseinsebenen verdammt – er führt entweder seine hohe Kunst vor oder begibt sich schimpflich an einer Stelle zur Ruhe, die eigentlich als Gepäckablage vorgesehen ist.

Am 17. Oktober ließ Kafka sich auf Veranlassung seiner Eltern von Dr. O. Hermann untersuchen, der einen beidseitigen Lungenkatarrh diagnostizierte und eine mehrmonatige Behandlung verschrieb. Auf Kafka wirkte er »erhaben kindlich lächerlich wie die meisten«[35], doch die Anstalt billigte die Kur und gewährte ihm einen dreimonatigen Urlaub ab 5. November, obwohl Dr. Kodym in seinem Attest Kafkas Pensionierung empfahl, da eine völlige Heilung »wenig wahrscheinlich« sei.

Milena besuchte ihn viermal, bevor sie am 2. Dezember Prag verließ. Obwohl sie sich gab wie immer, hatte er den Eindruck, sie statte ihm nur Pflichtbesuche ab, wie man das bei einem Kranken eben tut. Auch als sie im Januar wieder kurz in Prag war, besuchte sie ihn. Doch mit Ausnahme der vier Tage in Wien und des kurzen Zusammentreffens in Gmünd war ihre Beziehung ebenso in erster Linie durch das geschriebene Wort geprägt wie seine Beziehung zu Felice. Allerdings mißtraute er mit der Zeit den Tröstungen des Schreibens mehr und mehr. Die Literatur war zu abhängig – sowohl von der Metapher wie vor allem auch von der Welt – »von dem Dienstmädchen, das einheizt, von der Katze, die sich am Ofen wärmt. Alles dies sind selbständige, eigengesetzliche Verrichtungen, nur das Schreiben ist hilflos, wohnt nicht in sich selbst, ist Spaß und Verzweiflung.«[36]

Im Januar 1922 ging es ihm so schlecht wie nie zuvor.

> Alles schien zu Ende ... Unmöglichkeit, zu schlafen, Unmöglichkeit, zu wachen, Unmöglichkeit, das Leben, genauer die Aufeinanderfolge des Lebens, zu ertragen. Die Uhren stimmen nicht überein, die innere jagt in einer teuflischen oder dämonischen oder jedenfalls unmenschlichen Art, die äußere geht stockend ihren gewöhnlichen Gang. Was kann anders geschehen, als daß sich die zwei verschiedenen Welten trennen, und sie trennen sich oder reißen zumindest auseinander in einer fürchterlichen Art.[37]

Die fortwährende Beschäftigung mit seinen inneren Schwierigkeiten erschöpfte und entnervte ihn. Jahrelang hatte er stets über die gleichen Dinge nachdenken müssen, und wie genau seine Erkenntnisse auch sein mochten – sie hatten, statt seinen Zustand zu bessern, seine Nervenanspannung nur noch vergrößert. Indem er analysierte, was ihn von der Welt trennte, verstärkte er seine Isolation, und das Gefühl, diesem Teufelskreis nicht entrinnen zu können, trieb ihn nunmehr an den Rand des Wahnsinns. Da er die Psychoanalyse ablehnte, blieb ihm nichts als die Metapher, und auch sein mit ihrer Hilfe geführter »Ansturm gegen die letzte irdische Grenze«[38] erwies sich als ebensowenig nützlich wie die Vorstellung eines Angriffs »von oben«. Worte trugen lediglich dazu bei, ihm seinen Zerfall noch deutlicher zu machen.

Er versuchte, sich selbst gut zuzureden, gab sich den Rat, den »Augenblick« nicht zu fürchten. »Er ist nicht schrecklich, nur die Furcht vor der Zukunft macht ihn schrecklich. Und der Rückblick freilich auch.«[39] Es ließ ihm einfach keine Ruhe, daß er das »Geschenk des Geschlechts« verschleudert hatte. Um endlich Befriedigung zu erlangen, müßte er »Furcht und Scham und wohl auch Trauer überwinden«, zugleich war er sicher, daß er eine »schnell und nah und willig sich darbietende Gelegenheit sofort ohne Furcht und Trauer und Scham benützen würde«.[40]

Voller Neid betrachtete er Ehepaare und Eltern mit ihren Kindern. Er fragte sich, ob Milena wohl in den Tagebüchern »etwas Entscheidendes« gegen ihn gefunden habe, und bedauerte fast, daß er »ein wenig stiller« wurde. »Als bekäme ich das wahre Gefühl meiner selbst nur, wenn ich unerträglich unglücklich bin.«[41] Doch fiel es ihm leicht, dieses Sich-unglücklich-Fühlen zu kultivieren: Er brauchte lediglich an Dinge zu denken, die ihm früher etwas bedeutet hatten, ohne daß er in der Lage gewesen wäre, sich auf Dauer mit ihnen zu beschäftigen. Als Beispiele dafür nannte er: »Klavier, Violine, Sprachen, Germanistik, Antizionismus, Zionismus, Hebräisch, Gärtnerei, Tischlerei, Literatur, Heiratsversuche, eigene Wohnung.«[42] Inzwischen, notierte er, würde es ihm genügen, »knapp neben mir zu stehn, . . . den Platz, auf dem ich stehe, als einen andern erfassen zu können«[43].

Drei Wochen lang schlief er fast überhaupt nicht. Sein Urlaub sollte am 4. Februar enden, doch unter Berufung auf Dr. Kodyms Attest beantragte er am 24. Januar eine Urlaubsverlängerung von drei Monaten und legte nach einem Besuch bei Dr. Hermann der Anstalt noch ein zusätzliches Attest vor. Am 27. Januar wurde sein Antrag genehmigt, und noch am selben Tag reiste Kafka nach Spindlermühle im Riesengebirge ab. Er fuhr Schlitten, stieg auf Berge und fühlte sich als Bürger in einer anderen Welt, »die sich zur gewöhnlichen Welt verhält wie die Wüste zum ackerbauenden Land (ich bin vierzig Jahre aus Kanaan hinausgewandert)«[44].

Doch am folgenden Abend ging es ihm schlecht, und er wartete nur darauf, daß er eine Lungenentzündung bekam. Dabei hatte er weniger Angst vor der Krankheit selbst als vor der Reaktion der Menschen in seiner Umgebung. Vielleicht wollte er überhaupt nur seiner Mutter zuliebe am Leben bleiben: Seine Haltung ihr gegenüber hatte sich ebenso gewandelt wie die ihrige ihm gegenüber. Er war dankbar und gerührt, weil er sah, »wie sie mit einer für ihr Alter unendlichen Kraft sich bemüht, meine Beziehungslosigkeit zum Leben auszugleichen«[45].

Wenn er über seine Krankheit schrieb, verwendete Kafka oft transzendentale Begriffe, mit denen er – gewiß nur halb ironisch – zu verstehen gab, daß wissenschaftliches Denken die Heilung von Krankheiten dadurch erschwere, daß es »statt des Begriffes der Besessenheit den tröstenden Begriff der Neurasthenie eingeführt« habe. Außerdem habe es die Frage offen gelassen, ob nicht »Schwäche und Krankheit ein Besessenheitsstadium schon sind, die Präparierung des Menschen zum Ruhe- und Lust-Lager der unsaubern Geister«[46].

In Kafkas Augen hatte körperliche Arbeit den Vorzug, überschüssige, selbstquälerische Energien zu verbrauchen. Neidvoll und idealisierend dachte er an das »Glück des Fuhrmanns, der jeden Abend so, wie ich heute meinen, und noch viel schöner erlebt . . . Die Zeit vor dem müden Einschlafen ist die eigentliche Zeit der Reinheit von Gespenstern, alle sind vertrieben.«[47] Seine Wunschvorstellungen gingen immer wieder in diese Richtung – zu gern hätte er ein Handwerk erlernt. Denn nach physischen Anstrengungen war er zu müde, um immer aufs neue den Gedanken an sein großes Versagen nachzuhängen.

Um den 20. Februar herum kehrte er nach Prag zurück, und da er noch mehr als zwei Monate Urlaub hatte, begann er zu schreiben, um sich vor dem zu retten, »was man Nerven nennt«[48]. Er wollte sich auf erzählende Texte konzentrieren, doch stellte er fest:

> Das Schreiben versagt sich mir. Daher Plan der selbstbiographischen Untersuchungen. Nicht Biographie, sondern Untersuchung und Auffindung möglichst kleiner Bestandteile. Daraus will ich mich dann aufbauen, sowie einer, dessen Haus unsicher ist, daneben ein sicheres aufbauen will, womöglich aus dem Material des alten.[49]

Der Gedanke ähnelt verblüffend einem von Nietzsche formulierten: Das Kunstwerk entsteht auf Kosten des Organismus. Kafka spricht ausdrücklich von der drohenden Gefahr, daß die Kraft des Bauenden »mitten im Bau« aufhört: »Was folgt ist Irrsinn, also etwa ein Kosakentanz zwischen den zwei Häusern, wobei der Kosak mit den Stiefelabsätzen die Erde so lange scharrt und auswirft, bis sich unter ihm sein Grab bildet.«[50]

Von allen kurzen Erzählungen, in denen Kafka seine Daseinsangst allegorisiert, zeigen *Erstes Leid* und *Ein Hungerkünstler* am deutlichsten, wie fragil die Schranke zwischen Dichtung und Selbstanalyse oder zwischen »Schreiben« und »selbstbiographischen Untersuchungen« ist. Er schrieb *Erstes Leid* in dasselbe Heft wie sein Tagebuch, riß die Erzählung aber heraus, bevor er seine Aufzeichnungen Milena lieh. Die Selbstanalyse im Tagebuch und in den Fragmenten arbeitet mit zahlreichen Metaphern und Vergleichen; im *Hungerkünstler* entwikkelt er wie in *Erstes Leid*, *Die Verwandlung* oder *In der Strafkolonie* ein einziges Bild in dramatischer Weise. In allen vier Erzählungen stellt Kafka sich als Opfer seines Vaters dar – und in gewisser Hinsicht schrieb er eigentlich nie über etwas anderes. Seine Genialität besteht darin, so zu schreiben, daß seine Probleme und Schwächen auf Resonanz stoßen bei Menschen, die ihm anscheinend unähnlich sind, sich aber in Wirklichkeit gar nicht so sehr von ihm unterscheiden. Diese Leistung ist zum Teil ein Ergebnis der eigensinnigen Logik seines Denkens. Das Leben hatte ihm nicht die geistige Nahrung geboten, derer er bedurfte, und er hatte sich nicht an das gewöhnen können, was es bot. Die einzige Möglichkeit, die Initiative wieder in die Hand zu bekommen, war selbstzerstörerisch: Wie Selbstmord war die Entscheidung, sich zu Tode zu hungern, jederzeit möglich und nie ganz ohne Reiz. Doch seine ontologische Neugier war so stark, daß er es vorzog, weiterhin die *conditio humana* zu erforschen, indem er ein noch asketischeres Bewußtsein als sein eigenes postulierte, das der einzig verfügbaren Nahrung noch kritischer gegenüberstand.

Der Hungerkünstler hungert öffentlich. Er sitzt, bekleidet mit einem schwarzen Trikot, in einem Gitterkäfig auf Stroh, und die Leute kommen und zahlen Eintritt, um ihn zu sehen. Seine Rippen treten deutlich hervor, und gelegentlich streckt er einen Arm durchs Gitter, »um seine Magerkeit befühlen zu lassen«[51]. Tag und Nacht beobachten ihn vom Publikum bestimmte Wächter – meist Metzger.

Er aber weiß als einziger, daß er nie »mogelt«, und trotzdem ist er unzufrieden mit sich, da alle Welt denkt, Hungern sei schwer – nur er weiß, wie leicht es in Wirklichkeit ist. Auch nach vierzig Tagen des Hungerns möchte er seinen Käfig ebensowenig verlassen wie Kafkas Trapezkünstler sein Hochseil, denn er hält seine Fähigkeit zu hungern für unbegrenzt. Der Impresario, der in einer Ansprache die Entsagungsbereitschaft des Hungerkünstlers preist, begeht denselben Fehler wie Brod mit seiner Behauptung, die Kafka angemessene Kategorie sei die der Heiligkeit.[52]

Irgendwann verliert jedoch das Publikum der Jahrmärkte das Interesse am Schauhungern, der Hungerkünstler trennt sich von seinem Impresario und läßt sich von einem Zirkus engagieren. Aber er ist nicht mehr berühmt genug, um »als Glanznummer mitten in die Manege« gestellt zu werden, darum bringt man ihn »draußen an einem im übrigen recht gut zugänglichen Ort in der Nähe der Stallungen«[53] unter, wo die Besucher in den Vorstellungspausen, wenn sie zur Menagerie wollen, an ihm vorbei müssen. Er reagiert auf das verminderte Zuschauerinteresse, indem er noch mehr hungert. Niemand zählt oder nennt die Zahl der Tage, die er schon ohne Nahrungsaufnahme lebt, und kurz vor seinem Tod betont er noch einmal, daß an all seinem Hungern nichts Bewundernswertes war, »weil ich nicht die Speise finden konnte, die mir schmeckt. Hätte ich sie gefunden, glaube mir, ich hätte kein Aufsehen gemacht und mich vollgegessen wie du und alle.«[54]

Es wäre zu einfach, wollte man Essen gleich Schreiben setzen und damit den Eindruck erwecken, Kafka hätte sich lediglich darüber hinwegtrösten wollen, das »Geschenk des Geschlechts« vergeudet zu haben. Ganz offensichtlich jedoch entspringt die Erzählung einer selbstkritischen Grundhaltung, und man sollte nicht vergessen, daß Bilder von Käfigen, Ketten und Gefängnissen in Kafkas Träumen, Werken und Gesprächen immer wiederkehrten.[55] Außerdem spiegelt die Erzählung seine Idiosynkrasie dem Essen gegenüber wieder, die ihren Eindruck auf Ottla, eine mollige junge Jüdin mit gesundem Appetit, nicht verfehlte – sie wurde Vegetarierin.

Eine weitere Erzählung, die wie der Anfang vom *Schloß* in derselben depressiv-produktiven Phase entstand, ist die kurze Traumerzählung *Fürsprecher*, die eine Brücke schlägt zwischen *Prozeß* und *Schloß*. Der Erzähler weiß nicht genau, wo er sich befindet – in einem Gerichtsgebäude? Die Gänge wirken wie die eines Museums oder einer Bibliothek; und in der Ferne hört man ein ununterbrochenes Dröhnen. Er weiß auch nicht, ob er Fürsprecher besitzt; die aber braucht er unbedingt, denn Recht gesprochen wird nach den Gesetzen, und das Leben wird nur möglich durch die Annahme, daß dies nicht in unverantwortlicher Weise geschieht. Alle Gesichter erscheinen ihm unfreundlich. Er vermutet, im falschen Gebäude zu sein, und fragt sich, warum er eigentlich blindlings in das Haus geeilt ist, ohne die Aufschrift über dem Tor zu lesen. Eine Umkehr aber ist nun nicht mehr möglich, denn die »dir zugemessene Zeit ist so kurz, daß du, wenn du eine Sekunde verlierst, schon dein ganzes Leben verloren hast, denn es ist nicht länger, es ist immer nur so lang, wie die Zeit, die du verlierst«[56].

Im ersten Absatz des Romans *Das Schloß* steht K. lange auf einer Holzbrücke zwischen der Landstraße und dem Dorf, von wo er in die »scheinbare Leere«, »dorthin emporblickt, wo auf einem Hügel das Schloß liegt«. Das Dorf ist begraben unter tiefem Schnee, K. von Nebel und Finsternis umgeben. Man kann das Schloß nicht sehen, und man muß davon ausgehen, daß er von seinem Vorhandensein nichts weiß. Denn als man ihm im Dorfgasthaus sagt, er brauche eine gräfliche Erlaubnis, um hier zu übernachten, weil das Wirtshaus dem Schloß gehöre, fragt er: »In welches Dorf habe ich mich verirrt? Ist denn hier ein Schloß?«[57] Schwarzer, der junge Mensch, der ihm diese Mitteilung gemacht hat, stellt sich daraufhin als Sohn des Schloßkastellans vor. Jetzt, mitten in der Nacht, würde der Fremde die notwendige Erlaubnis aber wohl kaum bekommen, meint er. Da behauptet K. plötzlich, im Widerspruch zu seiner gerade gestellten Frage, er sei ein Landvermesser, den der Graf erwarte und dessen Gehilfen am folgenden Tag nachkommen würden. Der Leser vermutet – mit Recht – durch Schwarzers telefonische Rückfrage im Schloß werde K.s unwahre Behauptung entlarvt, doch gleich darauf läutet das Telefon erneut, und Schwarzer erfährt, K. sei tatsächlich Landvermesser und die ursprünglich gegenteilige Auskunft vom Schloß ein Irrtum.

Es sieht so aus, als nehme man im Schloß die Herausforderung K.s an: Schwarzer und der Wirt behandeln ihn von nun an mit viel mehr Achtung. Hier wird die Situation des Gogolschen *Revisors* – den Kafka kurz zuvor gesehen und gelesen hatte – gewissermaßen umgekehrt. Beunruhigender aber ist, daß Schwarzers Vater, obwohl nur einer der geringsten Unterkastellane, nicht ohne Macht ist – das erinnert an die

Hierarchie der Türhüter in *Vor dem Gesetz*. K. bestätigt, was der Wirt schon vermutet hat: daß er selbst keine Macht besitzt und er »infolgedessen vor den Mächtigen wahrscheinlich nicht weniger Respekt [habe] als du, nur bin ich nicht so aufrichtig wie du und will es nicht immer eingestehen«[58].

Nach und nach wird K.s unsichere Stellung im Dorf der Lage eines Juden in einer antisemitisch eingestellten Umgebung immer ähnlicher – oder, genauer noch: der Lage des Menschen schlechthin. Wie in der Erzählung über den Mensch gewordenen Affen geht es Kafka nicht um die Darstellung speziell jüdischen Bewußtseins in antisemitischer Umgebung, sondern um die Entfremdung des Menschen überhaupt. Ohne erkennbare Wahlfreiheit ist K. dahin gekommen, wo er sich befindet, ohne die Möglichkeit, Verbindung aufzunehmen mit denen, die die Macht besitzen. Keiner ist bereit, ihm zu erklären, was von ihm erwartet wird, dennoch fühlt er sich nicht frei, einfach davonzugehen, obwohl niemand erkennbar Druck auf ihn ausübt, damit er bleibt. Durch seine Behauptung, Landvermesser zu sein, besitzt er plötzlich eine Identität, die bestürzenderweise noch durch das Auftauchen von zwei Gehilfen untermauert wird. Aus seiner Unterredung mit dem Vorsteher, der ihn (wie der Anwalt Dr. Huld Josef K. im *Prozeß*) im Bett liegend empfängt, geht hervor, daß er die beiden jungen Männer zum ersten Mal gesehen hat, als sie sich ihm im Dorf vorstellten. Der Vorsteher erklärt, sie seien ihm zugeteilt worden.

Immer und immer wieder stellte Kafka sich angesichts seines Lebens die Frage, ob seine Existenz überhaupt nötig und sinnvoll sei. Er fühlte sich nutzlos und überlegte, welche Funktion ihm wohl zugedacht sein könnte. Außerstande, das Problem »von außen« zu betrachten, war er doch in der Lage, es vom Standpunkt eines »Ich« zu behandeln, das sich nicht mit seinem Alltags-Selbst deckte. Als man K. erklärt, man brauche keinen Landvermesser, antwortet er darauf, wie es ein Neugeborenes wohl täte, wenn ihm die Nutzlosigkeit seines Daseins bewußt würde und es dank Zauberkraft sprechen könnte: »Ich habe doch diese endlose Reise nicht gemacht, um jetzt wieder zurückgeschickt zu werden!«[59] Es ist bereits klar, daß man K. nicht zurückschicken wird, und später sagt ihm der Vorsteher ausdrücklich: »Niemand hält Sie hier zurück, aber das ist doch kein Hinauswurf.«[60] Doch sein Status bleibt unklar. Der Vorsteher, der zwar unter Klamm rangiert, dem Beamten, der K.s Bestallung zum

Landvermesser in einem Brief bestätigt hat, sät Zweifel an der Echtheit des Dokuments – Klamms Unterschrift *scheine* echt zu sein – und läßt nicht zu, daß K. als Landvermesser akzeptiert wird; obwohl er bei anderer Gelegenheit freundliche Unterstützung seiner Sache versprochen hatte. Die Unberechenbarkeit dessen, was die amtlichen Stellen beschließen werden, verbindet sich mit jener Atmosphäre der Feindseligkeit, Kälte, Gleichgültigkeit und gewissen Hilfsbereitschaft, die K. von den Bauern und Dorfbewohnern entgegengebracht wird, und verunsichert ihn zunehmend.

Soweit Kafka das Gesetz als Kodex betrachtete, der Forderungen an das Individuum stellt oder zumindest dessen gesellschaftliche Funktion definiert, war es für ihn geradezu selbstverständlich, eine Parallele zu sehen zwischen dem Verwaltungsleerlauf Österreich-Ungarns und den nicht nachvollziehbaren Kapricen Gottes bei der Administration des Universums und Texte zu schreiben, in denen der Widerhall des einen sich bedeutungsvoll mit dem des anderen vermischt. Die Verwirrung darüber, ob K. nun als Landvermesser angestellt werden soll oder nicht, scheint in erster Linie auf Verständigungsschwierigkeiten zwischen den einzelnen Abteilungen zurückzugehen – und mit der Schwerfälligkeit und Ineffektivität eines bürokratischen Apparats hatte Kafka als Versicherungsbeamter ja reichlich Erfahrung. Die Beschreibung der Verhaltensweise von Beamten und Telefonisten im Schloß suggeriert eine weit größere Verwaltungseinheit als nötig wäre, wenn das Schloß lediglich die Herrschaft über das fragliche Dorf ausübte.

In dem Maße, in dem der Roman Gestalt anzunehmen begann, merkte Kafka zu seiner Bestürzung, wie wenig er bisher mit seinem Talent gewuchert hatte. Am 29. Februar steht im Tagebuch ein einziges Wort: »Hoffnungen?« Eine Woche später heißt es:

> Ich gebe es zu – . . . daß es in mir Möglichkeiten gibt, nahe Möglichkeiten, die ich noch nicht kenne; aber nur den Weg zu ihnen finden und, wenn ich ihn gefunden habe, wagen! Dieses bedeutet sehr viel: . . . es bedeutet sogar, daß aus einem Schuft ein ehrenhafter Mensch werden kann, ein in Ehrenhaftigkeit glücklicher Mensch.[61]

Eine seiner Schwierigkeiten bestand darin, daß ihm das Schreiben leichter fiel, wenn er sich, wie ein Schauspieler mit seiner Rolle, mit der jeweiligen Gestalt identifizierte; doch fühlte er sich dann auch erniedrigt, wenn diese Gestalt vor aller Augen etwas Obszönes oder Vulgäres tat oder sagte. Der kürzlich erschienenen kritischen Ausgabe des Romans ist zu entnehmen, daß Kafka *Das Schloß* ursprünglich als Ich-Erzählung begonnen hatte und erst zur dritten Person überging, nachdem K. und Frieda unter dem »Pult« im Ausschank einander hemmungslos hingegeben hatten. Anschließend veränderte Kafka die Erzählperspektive durchgehend – wobei er das Gefühl hatte, etwas Unehrenhaftes zu tun.

Doch so gut er zeitweise mit dem Schreiben vorankam, so schlecht ging es ihm gesundheitlich. Sein Körper war derart geschwächt, daß er allein durch einen schlechten Nachmittagsschlaf »die Not wieder an den Leib gerückt«[62] spürte. Anfang März mußte er erneut mehrere Tage das Bett hüten, und der Abend des 6. März schien ihm der schlimmste zu sein, den er je erlebt hatte – was nicht verhinderte, daß er sich am 9. noch elender fühlte: »Wie wäre es, wenn man an sich selbst erstickte? Wenn durch drängende Selbstbeobachtung die Öffnung, durch die man sich in die Welt ergießt, zu klein oder ganz geschlossen würde? ... Ein rücklaufender Fluß.«[63]

Für ihn gab es nur die Möglichkeit, sich gegen sich selbst zu stellen: »Das Pferd des Angreifers zum eigenen Ritt benützen ... Aber was für Kräfte und Geschicklichkeiten verlangt das!«[64]

Am 15. März las er Brod den Anfang vom *Schloß* vor und versuchte anschließend, sich wieder »einzuschreiben«. »Es ist aber nichts, eine mit Nägeln aufgekratzte Deckung im Weltkrieg und nächsten Monat hört auch das auf und das Bureau fängt an.«[65] Kurz vor Ende seines Lebens kam es ihm so vor, als habe es noch gar nicht richtig begonnen: »Noch nicht geboren und schon gezwungen zu sein, auf den Gassen herumzugehn und mit Menschen zu sprechen.«[66] Wie sehr er sich auch nach dem Tod gesehnt hatte, seine Nähe flößte ihm Schrecken ein. »Wie es lauert! Auf dem Weg zum Arzt zum Beispiel, so häufig dort.«[67] Während er mit der Mutter plauderte und versuchte, Scherze über die Zukunft zu machen, erfaßte ihn plötzlich Schrecken.

Seit er Matlar verlassen hatte, fühlte er sich »durch Wahnsinnszeiten gepeitscht« und das Schreiben war ihm »in einer für jeden Menschen um mich grausamsten ... Weise das Wichtigste auf Erden, wie etwa einem Irrsinnigen sein Wahn (wenn er ihn verlieren würde, würde er ›irrsinnig‹ werden) oder wie einer Frau ihre

Schwangerschaft ... darum halte ich das Schreiben in zitternder Angst vor jeder Störung umfangen«[68]. Einsamkeit schien ihm begehrenswerter als Klopstocks, ihm brieflich angetragene, Freundschaft. »Was will man auf der Wanderschaft, in der Bettlerschaft mit so großen Dingen ... fühlt man etwas wie eine Gemeinsamkeit des Wegs, ist darin Verbindung genug, das andere überlasse man den Sternen.«[69]

Am 26. April bekam Kafka ein weiteres Attest von Dr. Kodym, das er am folgenden Tag in der Anstalt mit der Bitte vorlegte, ab 5. Mai seinen fünfwöchigen Jahresurlaub nehmen zu dürfen. Am 3. Mai wurde sein Antrag positiv beschieden.

Da er mit dem *Schloß* nicht recht vorankam, unterbrach er die Arbeit am Roman und schrieb die ironisch-selbstkritische Erzählung *Forschungen eines Hundes*. Wieder einmal schlüpft er dabei in die Rolle eines Tieres, und wie im *Bericht für eine Akademie* thematisiert Kafka seinen Zweifel, ein vollwertiges Mitglied des Menschengeschlechts bzw. des jüdischen Volkes zu sein: Dieser Hund lebt nicht mehr als Hund unter Hunden und teilt auch nicht mehr die Interessen seiner Spezies. Die Erzählung rechnet ab mit der Überheblichkeit von Menschen, die glauben, die Wirklichkeit voll und ganz verstehen zu können. Die Schwächen der menschlichen Sehweise karikiert Kafka durch die Gestalt eines Hundephilosophen, der die Hunde für die intelligentesten Lebewesen auf Erden hält. Der Witz dieser häufig falsch verstandenen Erzählung liegt darin, daß der Hund aus eben diesem Grund die Menschen übersieht, ihnen gegenüber blind ist. Er glaubt, die Nahrung, die ihnen von oben herab zufällt, sei Produkt hündischer Aktivitäten: Die Hunde nähren die Erde mit ihrem Harn, kratzen und scharren auf ihr herum und bellen Beschwörungen. So vermag er, absichtlich oder nicht, den Schoß nicht zu sehen, auf dem die Schoßhunde ruhen, und er nennt sie, da sie in der Luft zu schweben scheinen, »Lufthunde«. Ganz und gar nicht zu begreifen vermag er die Existenz von Hunden, die Zirkuskunststücke vorführen können. Möglicherweise richtet sich diese Satire zum Teil auch gegen Philosophie und Naturwissenschaft, die den Anspruch erheben, das Natürliche zu erklären, und dabei die Existenz des Übernatürlichen leugnen.

Zugleich karikierte Kafka auf diese Weise die ontologische Untersuchung, die er selbst im *Schloß* durchführte – vielleicht auch ein Grund, warum er die Erzählung schreiben wollte, bevor er den

Roman beendete. Die Identifikation mit dem Tier sollte wohl auch das Schuldgefühl bannen, das er empfand, weil er sich so ernst nahm. Wie Nietzsche beklagte er sich, seine Aufgabe sei die schwierigste, die man je einem Menschen aufgebürdet habe. »Man könnte sagen: es ist keine Aufgabe, nicht einmal eine unmögliche, es ist nicht einmal die Unmöglichkeit selbst, es ist nichts.«[70] Oder auch: »Wenn andere Menschen an diese Grenze kamen – und schon hierhergekommen zu sein ist erbärmlich – schwenkten sie ab, ich kann es nicht. Mir scheint es auch, als wäre ich gar nicht hierhergekommen, sondern schon als kleines Kind hingedrängt und dort mit Ketten festgehalten worden.«[71] K.s verwirrtes Staunen über seine Anwesenheit in jenem Dorf unterscheidet sich nicht viel von diesem Gefühl, das Kafka jedoch immer wieder literarisch zu relativieren und satirisch zu demontieren versuchte. Der Hund, der hinter der Wahrheit herschnüffelt, vermag nicht zu sagen, ob die anderen Hunde schweigen, weil sie ihnen bekannt oder weil sie ihnen unbekannt ist. Oder ist das Mark, das der »Wahrheitsknochen« enthält, gar giftig? Auch das erinnert an eine Frage Nietzsches: Ist unsere Überzeugung, die Wahrheit zu wissen, sei erstrebenswert, nicht vielleicht ein Irrtum?

Der Hund versucht es mit Askese; er hungert freiwillig, legt sich an einsamer Stelle nieder, erlebt die eigene Wirklichkeit durch seinen Hunger intensiver und beginnt, darüber zu moralisieren – hier parodiert die Erzählung die rabbinische Argumentationstechnik –, ob das Hungern »nicht eigentlich doch verboten« sei. Als es dem Ende zugeht, ist er unsicher – wie auch Kafka es war –, ob die Ursache seines Todes nun Hunger oder Vernachlässigung ist. »Es war doch ersichtlich, daß sich niemand um mich kümmerte, niemand unter der Erde, niemand auf ihr, niemand in der Höhe, ich ging an ihrer Gleichgültigkeit zugrunde, ihre Gleichgültigkeit sagte: er stirbt, und so würde es geschehen.«[72]

In den Tagebüchern hätte er sich niemals so offen dem Gefühl überlassen, Opfer zu sein – eher hätte er wieder in der dritten Person über sich geschrieben, wie zum Beispiel: »Zu zweit fühlt er sich verlassener als allein.«[73] Es ging über Kafkas Kräfte, etwas gegen seine Isolierung zu unternehmen oder seinen Groll zu überwinden, doch indem er eines wie das andere literarisch ausagierte, konnte er sich der Täuschung hingeben, alles unter Kontrolle zu haben.

Da seine Lunge den Frühling nicht so gut überstanden hatte wie Herbst und Winter, beantragte er am 7. Juni, in den vorübergehenden Ruhestand versetzt zu werden. Da Dr. Kodym eine kurzfristige Heilung für ausgeschlossen hielt, wurde Kafka mit Wirkung vom 1. Juli vorübergehend pensioniert – nahezu vierzehn Jahre, nachdem er als Aushilfsbeamter in die Anstalt eingetreten war. Frau Svátek, die sein Büro aufräumte, sagte zu Gustav Janouch: »Doktor Kafka verschwand still und unauffällig wie ein Mäuslein ... Im Schrank hing nur Doktor Kafkas altersdünner, grauer Reservemantel, den er anzog, wenn es plötzlich regnete. Ich habe bei ihm nie einen Regenschirm gesehen.« Dr. Treml, der ihr beim Aufräumen zusah, sagte: »Schaffen Sie da die Scherben weg!«[74] – womit er eine alte längliche Glasschale meinte, in der Kafka sein Schreibzeug aufzubewahren pflegte, eine Untertasse und eine goldblaue Teetasse, aus der Kafka Milch, manchmal auch Tee getrunken hatte.

DAS SCHLOSS

Am 23. Juni fuhr Kafka zu Ottla nach Planá an der Luschnitz, einem Ort im Böhmerwald, etwa zwei Bahnstationen von Prag entfernt. Zuerst hatte er »Angst vor dem Land ... Hier aber, am zweiten Tag, ist es doch recht gut; mit dem Land zu verkehren ist merkwürdig.«[1] Er freute sich, daß Ottla seit der Geburt Věras zum ersten Mal wieder Zeit für ihn hatte. Obwohl es für die Schwester wie den Schwager das Schönste war, gleich beim Aufwachen vom Bett aus die großartige Aussicht genießen zu können, zogen sie mit Věra »aus ihrem bisherigen großen zweifenstrigen warmen Zimmer in ein kleines kühles«[2], von dem aus sie lediglich auf den Hof des Nachbarn sehen konnten, und überließen Kafka ihr bisheriges Zimmer. Zu Kafkas Leidwesen hatten sich die Kinder des Dorfes gerade die Straße und Wiese vor diesem Haus als Spielplatz auserkoren – da half kein Ohropax, und auch Ottlas Versuche, die Kinder zu vertreiben, waren nicht immer erfolgreich.

Eine Einladung Oskar Baums nach Georgenthal, die Kafka nach anfänglichen Bedenken – »eine fürchterliche Angst ... vor jeder Veränderung ... Zum Teil auch die Angst, die Götter auf mich aufmerksam zu machen«[3] – annehmen wollte, sagte er nach einer schlaflos verbrachten Nacht schließlich doch ab. Entscheidungen zu fällen, war nach wie vor nicht seine Stärke.

Außerdem befürchtete er, dann einige Tage lang nicht am Roman weiterarbeiten zu können. Und nur Schreiben allein ermöglichte ihm das Leben, das er führte, auf schwachem oder gar nicht vorhandenem Boden, »über einem Dunkel, aus dem die dunkle Gewalt nach ihrem Willen hervorkommt und, ohne sich an mein Stottern zu kehren, mein Leben zerstört«[4]. Seine einzige Chance, nicht dem Wahnsinn anheimzufallen, war das Schreiben, »ein süßer wunderbarer Lohn, aber wofür?«[5]. Ihm war klar, »daß es der Lohn für Teufelsdienst ist. Dies Hinabgehen zu den dunklen Mächten, diese Entfesselung von Natur aus gebundener Geister, fragwürdige Umarmungen und was alles noch unten vor sich gehen mag, von dem man oben nichts mehr weiß, wenn man im Sonnenlicht Geschichten schreibt.«[6] Das teuflische Element in seinem Schreiben schien ihm eindeutig. »Es ist die Eitelkeit und Genußsucht, die immerfort um die eigene oder auch um eine fremde Gestalt – die Bewegung vervielfältigt sich dann, es wird ein Sonnensystem der Eitelkeit – schwirrt und sie genießt.«[7] Im *Urteil* hatte der Vater die Todesstrafe über den Sohn verhängt, der teuflisch geworden war; bald wird Kafka sein eigenes »teuflisches« Schreiben der Vernichtung überantworten.

Wenn er in den angstvoll durchwachten Nächten »alles immer wieder hin- und hergehn ließ zwischen den schmerzenden Schläfen«[8], verglich er sein Schreiben mit jenem Wunsch, den »der naive Mensch« manchmal hat: sehen, wie die anderen auf den eigenen Tod reagieren. Ein Schriftsteller »stirbt (oder er lebt nicht) und beweint sich fortwährend«[9]. Kafka empfand panische Angst vor dem Tod – hatte er doch noch gar nicht angefangen zu leben, obwohl er überzeugt war, dazu imstande zu sein. Zugleich aber nahm er an, den eigenen Tod dadurch beschleunigt zu haben, daß er ihn in seinem Werk inszenierte. »Der Schriftsteller in mir wird natürlich sofort sterben, denn eine solche Figur hat keinen Boden, hat keinen Bestand, ist nicht einmal aus Staub; ist nur im tollsten irdischen Leben ein wenig möglich, ist nur eine Konstruktion der Genußsucht.«[10] Das bißchen Leben, das der Autor hatte genießen dürfen, war auf Kosten seines wirklichen Ichs gegangen: »Ich bin Lehm geblieben, den Funken habe ich nicht zum Feuer gemacht, sondern nur zur Illuminierung meines Leichnams benützt . . . die Seele hat doch offenbar das wirkliche Ich verlassen, ist aber nur Schriftsteller geworden, hat es nicht weiter gebracht.«[11]

Der Zwang, der ihn offenbar bestimmte, so viele Werke unvollendet zu lassen, entsprang zum Teil einem abergläubischen Impuls: Sie sollten keine eigene Macht gewinnen. Einmal sagte er zu Gustav Janouch, man könne den Geistern, die man in die Welt gesetzt hat, nicht entkommen, denn immer wieder kehre das Böse an seinen Ausgangspunkt zurück. Er wollte nicht, daß irgendeine der unvollendeten Arbeiten ihn überlebte, und ihm lag auch nicht viel daran, daß die beendeten erhalten blieben. Als Janouch *Die Verwandlung, Das Urteil* und den »Heizer« in dunkelbraunes Leder hatte binden lassen, erklärte Kafka: »Mein Geschreibsel verdient keinen Ledereinband. Es ist nur mein ganz persönliches Schreckgespenst. Man sollte es überhaupt nicht drucken. Man sollte es verbrennen und auslöschen. Es hat keine Bedeutung.«[12] Janouch erinnerte ihn dann an einen Satz, den Kafka in einer Picasso-Ausstellung zu ihm gesagt hatte: daß die Kunst einer vorgehenden Uhr gleiche, worauf Kafka antwortete: »Deshalb kann ich wahrscheinlich nichts beenden. Ich schrecke vor der Wahrheit zurück ... Man muß schweigen, wenn man nicht helfen kann. Niemand darf durch seine Hoffnungslosigkeit den Zustand der Patienten verschlimmern.«[13]

K., der Landvermesser, dem schließlich eine Stelle als Schuldiener angeboten wird, darf auch in einem der beiden vorhandenen Klassenräume wohnen, »doch müssen Sie, wenn nicht gleichzeitig in beiden Zimmern unterrichtet wird und Sie gerade in dem Zimmer, in welchem unterrichtet wird, wohnen, natürlich in das andere Zimmer übersiedeln«[14]. Als am nächsten Morgen die Schulkinder und die Lehrerin Gisa eintreffen, sind weder K. und seine Geliebte Frieda noch die Gehilfen fertig angekleidet, und im Zimmer herrscht Unordnung. Die Lehrerin, die mit ihren Vorwürfen nicht zurückhält, muß für den Unterricht in den Nebenraum ausweichen.

Diese Schilderung der Störung des Schulbetriebs spiegelt möglicherweise Kafkas Schuldgefühle wider angesichts der Störung, die er in Ottlas Haushalt verursachte, und vielleicht spielte auch noch ein »neurotischer Bodensatz« dabei eine Rolle – hatte er doch fast sein Leben lang bei den Eltern gewohnt und dort immer nur in seinem eigenen Zimmer Bewegungsfreiheit besessen. In seinen Werken hat sein *alter ego* oft den Eindruck, Freiheit sei nur zu erlangen, indem man in fremdes Territorium eindringt, ohne sich dort jedoch wirklich entspannen oder ungestört fühlen zu können. Als der Lehrer K. und Frieda in dem ihnen als Wohnung zugewiesenen Klassenzimmer ruhig bei Tisch sitzen sieht, sagt er: »Verzeiht die Störung! Aber sagt mir, wann wird endlich hier aufgeräumt sein? Wir müssen drüben zusammengepfercht sitzen, der Unterricht leidet, ihr aber dehnt und streckt euch hier im großen Turmzimmer, und um noch mehr Platz zu haben, habt ihr auch noch die Gehilfen weggeschickt!«[15] Ein Kafka, der den größeren Teil seines Lebens an einem Ort verbracht hätte, den er ohne jeden Zweifel »sein« hätte nennen können, wäre wohl glücklicher gewesen, würde aber ohne jene Spannungen gelebt haben, die jetzt in seinem Werk abgebaut werden mußten.

Am Nachmittag des 14. Juli erfuhr er, daß sein Vater in Franzensbad erkrankt und nach Prag zurückgebracht worden war, um sich einer Operation zu unterziehen. Beunruhigt – immerhin war der Vater siebzig Jahre alt und durch ein Herzleiden geschwächt – brach Kafka sofort nach Prag auf. Zwei Tage nach der Operation war Hermann Kafka außer Gefahr. Zunächst schien ihn die Anwesenheit des Sohnes zu freuen – aber nicht lange: »Gestern konnte er mich nicht schnell genug aus dem Zimmer bekommen, während er die Mutter zum Dableiben zwang.«[16] Der Vater war der Ansicht, Franz sei an seiner Tuberkulose selbst schuld; er hätte die elterliche Wohnung eben nicht verlassen und an einen so ungesunden Ort wie das Schönborn-Palais ziehen dürfen.

Nach etwa fünf Tagen in Prag kehrte Kafka nach Planá zurück. Die Krankheit hatte ihn von der täglichen Bürofron befreit und ihm die Freiheit gegeben zu leben, wo er wollte. So ähnelte seine Situation der von K., nachdem dieser vergeblich versucht hat, Klamm in ein Gespräch zu verwickeln:

> Da schien es K., als habe man nun alle Verbindung mit ihm abgebrochen und als sei er nun freilich freier als jemals und könne hier auf dem ihm sonst verbotenen Ort warten, solange er wolle, und habe sich diese Freiheit erkämpft, wie kaum ein anderer es könnte, und niemand dürfe ihn anrühren oder vertreiben, ja kaum ansprechen; aber – diese Überzeugung war zumindest ebenso stark – als gäbe es gleichzeitig nichts Sinnloseres, nichts Verzweifelteres als diese Freiheit, dieses Warten, diese Unverletzlichkeit.[17]

Die ihm angebotene Übernahme der Redaktion der Zeitschrift *Der Jude* als Nachfolger Martin Bubers lehnte Kafka mit den Worten ab: »Wie dürfte ich bei meiner grenzenlosen Unkenntnis der Dinge, völligen Beziehungslosigkeit zu Menschen, bei dem Mangel jedes festen jüdischen Bodens unter den Füßen an etwas derartiges denken? Nein, nein.«[18]

Er machte sich Sorgen um seinen Vater, der mit »Schmerzen, Unbehagen, Unruhe, Angst«[19] fertig werden mußte, und die Mutter, die ihn, ohne Rücksicht auf sich selbst, so hingebungsvoll pflegte. Außerdem sorgte er sich um Brod, der letzthin erschöpft und krank ausgesehen hatte, nach Briefen seiner Geliebten Emmy Salveter lechzte, die sich in Leipzig aufhielt, und noch niedergeschlagener war, wenn schließlich einer kam. Kafka nannte sie »die Briefschreiberin, die an Deiner Zerstörung arbeitet und *dabei leugnet, es tun zu wollen*«[20]. Einen Brief, den sie ihm später schrieb, beantwortete er zwar höflich, meinte aber zu Brod, er sei sicher, daß sie ihn hasse, und er habe fast Angst, sie kennenzulernen.

Kafka berichtet von mehreren »Zusammenbrüchen«, die er während seines Aufenthalts in Planá hatte. »Der erste war an einem Lärmtag der Kinder, der zweite, als Oskars Brief kam, der dritte, als es sich darum handelte, daß Ottla schon am 1. September nach Prag übersiedeln und ich noch einen Monat bleiben und im Gasthaus essen soll.«[21] Obwohl ihm die in Planá geschriebenen Kapitel besser schienen als die früheren, wirkte sich all das störend auf seine Arbeit aus, und zwar so sehr, daß er erklärte, an dem Roman nicht mehr weiterarbeiten zu können. Zwar hatte er Angst vor Prag, noch mehr Angst aber vor der Einsamkeit in Planá. Ottla rettete schließlich die Situation: Ihrer Ansicht nach verboten die rauhe Luft und der Nebel ein Bleiben, und sie teilte der Wirtin, die sich erboten hatte, nach Ottlas Abreise für Kafka zu kochen, mit, ihr Bruder werde mit ihr nach Prag zurückkehren. »Ich stehe da wie Gulliver, wenn die Riesenfrauen sich unterhalten.«[22] Dann blieb Ottla, hauptsächlich um seinetwillen, doch noch den größten Teil des Septembers dort.

So sehr er auch die Einsamkeit zum Leben und Schreiben brauchte – *vollständige* Einsamkeit machte ihm angst, sonst hätte er sich wohl auch kaum so lange an die Eltern geklammert.

> Bezeichnend ist es übrigens, daß mir in leeren Wohnungen so wohl ist, aber doch nicht in ganz leeren, sondern in solchen, welche voll Erinnerungen an Menschen sind und vorbereitet für weiteres Leben, Wohnungen mit eingerichteten ehelichen Schlafzimmern, Kinderzimmern, Küchen, Wohnungen, in die früh Post für andere eingeworfen, Zeitung für andere eingesteckt wird.[23]

Diese Stellvertreter-Beziehung zum Leben *dans le vrai* – »im Richtigen«, wie Kafka diesen Ausdruck Flauberts übersetzte, der ja ebenfalls fast alles der Literatur geopfert hatte – ließ ihn so schreiben, wie er schrieb. Mit Felice und auch mit Julie war er nahe daran gewesen, seine Vorstellungen über das Eheleben in eine Wirklichkeit umzusetzen, die sich sehr rasch als seiner Phantasie kaum entsprechend entpuppt haben würde. Die Frieda-Episoden im *Schloß* wurden mehr oder weniger als Rückblicke auf eine Ehe geschrieben, die er nie geführt hatte, im Haus entstandene Rekonstruktionen eines Spaziergangs, der im Freien nie unternommen wurde. Frieda heißt im *Prozeß* wie im *Schloß* die Romanfigur, die Felice verkörpert. Im *Schloß* sagt sie zu K.: »Ich bin dessen nicht wert, mit dir zu leben. Von mir befreit, könntest du vielleicht alles erreichen, was du willst. Aus Rücksicht auf mich unterwirfst du dich dem tyrannischen Lehrer, übernimmst du diesen kläglichen Posten.«[24] Das entspricht Kafkas Befürchtungen, als Ehemann weniger Zeit zum Schreiben zu haben und von seiner Berufstätigkeit abhängiger zu werden; im Roman wird zwischen Friedas Beurteilung der Opfer, die K. ihr bringt, und seiner Sicht nicht unterschieden: »Denn alles kümmerte ihn ja nur mit Bezug auf sie. Deshalb mußte er diese Stellung, welche Frieda einige Sicherheit gab, zu behalten suchen, und es durfte ihn nicht reuen, im Hinblick auf diesen Zweck mehr vom Lehrer zu dulden, als er sonst zu dulden über sich gebracht hätte.«[25] Wenn Frieda vermutet, K. wolle sie als Mittel zum Zweck benutzen, um seine Position im Dorf zu verbessern und mit Klamm Verbindung aufzunehmen, sieht es so aus, als empfinde Kafka rückblickend Felices nicht so klar formulierten Verdacht mit, er wünsche eine Heiratsurkunde als Visum, um die Grenze *dans le vrai* überschreiten zu können. Die unerbittliche Wirtin, Friedas Vertraute, Freundin und Beraterin, handelt bisweilen wie seinerzeit Grete Bloch – als Zwischeninstanz –, und der Dialog gibt, in konzentrierter Form, das Wesentliche der Unterredung im Askanischen Hof wieder. Doch ist K. lebenstüchtiger als Kafka. Wo Josef K. sich, wie sein Schöpfer Kafka, meist nur zu gern dem – wirklichen oder eingebildeten – Diktum unterwarf, es finde ein Prozeß gegen ihn statt, verweigert K. Momus die Antworten, die dieser für sein Protokoll braucht.

Kafkas Erinnerung war wie ein Echoraum, in dem Drohungen des Vaters, Tadel und Kritik unaufhörlich widerhallten. Die Bemerkung, die der Vater einmal im Zusammenhang mit Julie über »irgendeine ausgesuchte Bluse« gemacht hatte, genügte, daß Kafka fürderhin weiße Blusen mit sexueller Verlockung assoziierte. Der Ruin der Familie Barnabas kündigt sich an, als Amalia eine weiße Bluse anzieht, »vorn hoch aufgebauscht, eine Spitzenreihe über der anderen«[26], und der Vater sagt: »Heute, denkt an mich, bekommt

Amalia einen Bräutigam.«[27] Ein Beamter des Schlosses, Sortini, verliebt sich auch wirklich Hals über Kopf in sie, doch Amalia weist ihn zurück und ein Fluch wird über die Familie ausgesprochen. Ganz allgemein erinnert die schamlose Sexualität des Schloßbeamten an die Gerichtssaalszenen im *Prozeß*, während bei der Darstellung der beiden tölpelhaften Gehilfen verdeckt Autobiographisches mitschwingt. Mit ihren Erwachsenengesichtern und ihrem kindlichen Verhalten schwanken sie zwischen unüberwindbarer Knabenhaftigkeit und zwangsläufig kurzlebiger Reife hin und her – und genauso sah Kafka sich selbst. Ihr rührender Wunsch, ständig in K.s Nähe zu sein, parodiert nicht nur Kafkas Vaterbindung, sondern spiegelt auch seine Angst vor den Ansprüchen wider, die Kinder an seine Zeit gestellt haben würden. Seine eigene Mutter diente offensichtlich als Vorbild für die Mutter von Hans, die »nichts gegen den Willen des Vaters« tut, sich ihm in allem fügt, »auch in Dingen, deren Unvernunft selbst er, Hans, klar einsehe«[28].

Schreiben bedeutete für Kafka nicht nur Kompensation von ungelebtem Leben, es verschaffte ihm auch jenen »eigenen« Raum, nach dem ihn stets verlangte. Und *Das Schloß* ist das Werk, das zeigt, auf welche Weise Literatur Ersatz für diesen Raum bedeuten kann. Da er sich während des Schreibens frei und entspannt fühlte, erschien ihm der Roman wie ein Bezirk, in dem er seine Glieder strecken, sich als unbestreitbarer und unbestrittener Besitzer allen Landes fühlen konnte, so weit das Auge reichte. Wenn er an Felice schrieb, hatte er den Eindruck gehabt, Prag in Richtung Berlin zu entfliehen, mit den Briefen, die er Milena aus Meran schickte, hatte er geglaubt, sie in seine unmittelbare Gegenwart zu zaubern – Schreibpapier als fliegender Teppich, die Feder als Zauberstab.

Türen und Fenster spielen in Kafkas Werk eine so zentrale Rolle, weil sie der Phantasie Fluchtwege bieten, Zugang zu Bereichen, die er sich dank seiner Vorstellungskraft aneignen konnte, so wie ein Maler die von ihm auf der Leinwand »eingefangene« Landschaft, die er mit seinem Blick in allen Geländefalten erfaßt und in jedem Umriß durchdrungen hat, als sein Eigentum betrachten mag. Bei der Niederschrift der Türhüterlegende hatte Kafka noch glauben können, er stelle sich – im Unterschied zu dem Mann vom Lande – gegen die Verbote. Zumindest machte er eine, wenn auch kabbalistische, Aussage über eine der Funktionsweisen des Gesetzes: Er zeigt, wie es sein eigenes Wesen vor denen verbirgt, die zur Nicht-Narrheit nicht fähig sind. Kafka hatte mit seinen eigenen Versuchen, in der Nicht-Narrheit zu leben, recht wenig Erfolg gehabt; K. ist da entschlossener und beharrlicher. So sagt er in einer – vom Autor schließlich verworfenen – Variante des Romananfangs:

> Ich habe eine schwere Aufgabe vor mir und habe ihr mein ganzes Leben gewidmet. Ich tue es fröhlich und verlange niemandes Mitleid. Aber weil es alles ist, was ich habe, die Aufgabe nämlich, unterdrücke ich alles, was mich bei ihrer Ausführung stören könnte, rücksichtslos. Du, ich kann in der Rücksichtslosigkeit wahnsinnig werden.[29]

Mag sein, daß Kafka diese Stelle wegen ihrer allzu großen Deutlichkeit wieder strich, vielleicht aber auch aus einem anderen, schwererwiegenden Grund: Weil sie zu offen auf die Beziehung zwischen K.s und Kafkas Aufgabe hinweist. In K.s Besessenheit, zum Schloß vorzudringen, spiegelt sich Kafkas unerschütterlicher Entschluß, den Weg zu gehen, den das Schreiben ihm wies, in seinem Kopf einen möglichst großen Teil der Welt zu kolonisieren, selbst wenn das hieß, dem Gott zu trotzen, der nicht wollte, daß er schrieb. Diese seine Aufgabe brachte es mit sich, daß er das verbotene Schloß belagerte, eine Beziehung zum Absoluten anknüpfte, die Begegnung mit dem »Unbegegenbaren« suchte, in Gottes Antlitz schaute und dann sein Bestes tat, dessen zweites Gebot zu brechen, indem er ein Götzenbild schuf. Dazu mußte er allen Türhütern die Stirn bieten.

Max Brod hatte so unrecht nicht, als er K.s Isolierung im Dorf mit der des entfremdeten Juden in der Tschechoslowakei verglich, doch wie stets allegorisierte Kafka nicht nur sein Leben: Er schrieb auch über seine Schreiberfahrung. K.s Hauptziel ist nicht, sich der Dorfgemeinschaft einzugliedern – Frieda stellt für ihn weniger einen Paß zu einem Leben *dans le vrai* dar als ein Mittel, mit Klamm Verbindung aufnehmen zu können. An einer weiteren, später getilgten Stelle heißt es: »Die Eroberung Friedas verlangte eine Änderung seiner Pläne; hier bekam er ein Machtmittel, das vielleicht die ganze Arbeitszeit im Dorfe unnötig machte.«[30] K. fühlt sich aus demselben Grund zu Frieda hingezogen, der ihn bestimmt, sich Hansens Mutter und der Familie Barnabas zuzuwenden: Sie alle sind für ihn Stufen auf seinem steilen Weg zum Schloß hinauf, und er benutzt sie rücksichtslos. Nur hilft K. seine Nicht-Narrheit nicht; ähnlich wie

Karl Roßmann und Josef K. ist er kein geschickter Taktiker und verärgert jene Menschen, die ihm hätten helfen können, während er zugleich seine Kräfte auf falsche Verbündete verschwendet. Er schmäht und beschimpft seine beiden Gehilfen, behandelt sie ähnlich wie Kafkas Vater die »bezahlten Feinde« in seinem Geschäft. Dabei waren sie es, die ihm Klamm geschickt haben, und möglicherweise hätten sie ihm wertvollere Verbündete sein können als irgendeine der Frauen. Denn trotz seiner Entschlossenheit, rücksichtslos zu sein und sich von seinem Ziel nicht abbringen zu lassen, läßt er sich immer wieder von den Frauen, denen er gefällt, in die Irre leiten, und wie Josef K. überschätzt er ihre mögliche Nützlichkeit.

Den größten Teil seines Romans stellte Kafka wahrscheinlich fertig, bevor er am 18. September nach Prag zurückkehrte, doch obwohl *Das Schloß* fast vollendet war, erwähnt er es in seinem mit Bleistift geschriebenen Testament (vermutlich nachdem in der Oktober-Nummer der *Neuen Rundschau* der *Hungerkünstler* veröffentlicht worden war) nicht:

> Lieber Max, vielleicht stehe ich diesmal doch nicht mehr auf, das Kommen der Lungenentzündung ist nach dem Monat Lungenfieber genug wahrscheinlich, und nicht einmal, daß ich es niederschreibe, wird sie abwehren, trotzdem es eine gewisse Macht hat.
> Für diesen Fall also mein letzter Wille hinsichtlich alles von mir Geschriebenen:
> Von allem, was ich geschrieben habe, gelten nur die Bücher: Urteil, Heizer, Verwandlung, Strafkolonie, Landarzt und die Erzählung: Hungerkünstler. (Die paar Exemplare der »Betrachtung« mögen bleiben, ich will niemandem die Mühe des Einstampfens machen, aber neugedruckt darf nichts daraus werden.) Wenn ich sage, daß jene fünf Bücher und die Erzählung gelten, so meine ich damit nicht, daß ich den Wunsch habe, sie mögen neu gedruckt und künftigen Zeiten überliefert werden, im Gegenteil, sollten sie ganz verlorengehn, entspricht dieses meinem eigentlichen Wunsch. Nur hindere ich, da sie schon einmal da sind, niemanden daran, sie zu erhalten, wenn er dazu Lust hat.
> Dagegen ist alles, was sonst an Geschriebenem von mir vorliegt (in Zeitschriften Gedrucktes, im Manuskript oder in Briefen) ausnahmslos, soweit es erreichbar oder durch Bitten von den Adressaten zu erhalten ist . . . ausnahmslos, am liebsten ungelesen (doch

wehre ich Dir nicht hineinzuschaun, am liebsten wäre es mir allerdings, wenn Du es nicht tust, jedenfalls aber darf niemand anderer hineinschauen – alles dieses ist ausnahmslos zu verbrennen, und dies möglichst bald zu tun bitte ich Dich Franz.[31]

Er bekam zwar keine Lungenentzündung, doch ging es ihm bei weitem nicht so gut, daß er hätte schreiben können, nicht einmal in sein Tagebuch. Der nächste Eintrag findet sich unter dem 14. November: »Abend immer 37.6, 37.7. Sitze beim Schreibtisch, bringe nichts zuwege, komme kaum auf die Gasse. Trotzdem Tartufferie, über die Krankheit zu klagen.«[32]

Im Dezember besuchten ihn Otto Pick und Franz Werfel, der ihn fürs Frühjahr nach Venedig einlud. Nachdem Pick gegangen war, kritisierte Kafka Werfels neues Stück *Schweiger*, das im Januar auf die Bühne kommen sollte. »Aber ich konnte nicht anders und schwätzte mir ein wenig Ekel vom Herzen. Aber ich litt den ganzen Abend und die ganze Nacht an den Folgen.«[33] Er bewunderte Werfel dennoch – in diesem Stück »allerdings nur wegen der Kraft, diesen dreiaktigen Schlamm durchzuwaten«[34]. Anschließend fühlte er sich so zerknirscht, daß er mindestens zwei Briefe entwarf, um sich für seine »Schwäche« zu entschuldigen, »welche sich nicht nur im Denken und Sprechen äußert, sondern auch in Anfällen einer Art wacher Ohnmacht. Ich versuche zum Beispiel etwas gegen das Stück zu sagen und schon in den zweiten Satz beginnt sich die Ohnmacht mit Fragen zu drängen: ›Worüber sprichst du? Um was handelt es sich? Was ist das, Literatur? Woher kommt es? Welchen Nutzen bringt es?‹«[35]

Obwohl er einen Großteil der Zeit im Bett verbrachte, hinderte ihn seine Krankheit nicht daran, Hebräischstunden bei einer Neunzehnjährigen aus Palästina zu nehmen. Puah Bentovim kam zum Unterricht in seine Wohnung, zuletzt mehrmals in der Woche, und mußte ihm über ihre Heimat erzählen. Er gab auch Vallis zehnjähriger Tochter Marianne ihren ersten Hebräischunterricht und arbeitete mit ihr einen Text aus einer hebräischen Zeitung durch. Außerdem schrieb er in der Zeit zwei ziemlich defätistische Erzählungen: *Ein Kommentar* und *Das Ehepaar*. In *Ein Kommentar*, einer sehr kurzen Erzählung, schwingt vielleicht die Erinnerung an ein Erlebnis dreizehn Jahre zuvor mit: Er hatte sich in Reichenberg verlaufen, und die Polizei half ihm nicht.

Es war sehr früh am Morgen, die Straßen rein und leer, ich ging zum Bahnhof. Als ich eine Turmuhr mit meiner Uhr verglich, sah ich, daß es schon viel später war, als ich geglaubt hatte, ich mußte mich sehr beeilen, der Schrecken über diese Entdeckung ließ mich im Weg unsicher werden, ich kannte mich in dieser Stadt noch nicht sehr gut aus, glücklicherweise war ein Schutzmann in der Nähe, ich lief zu ihm und fragte ihn atemlos nach dem Weg. Er lächelte und sagte: »Von mir willst du den Weg erfahren?« »Ja«, sagte ich, »da ich ihn selbst nicht finden kann.« »Gibs auf, gibs auf«, sagte er und wandte sich mit einem großen Schwunge ab, so wie Leute, die mit ihrem Lachen allein sein wollen.[36]

In *Das Ehepaar* liefert ein scheinbarer Tod den Hintergrund für eine freudlose Komödie. Hier verwendet Kafka das Kurzzeichen K. (im Manuskript – in der Textausgabe steht N.) für eine Person, die eher seinem Vater als ihm selbst ähnelt: ein großer, streitsüchtiger Geschäftsmann mit einer kleinen, ihm ergebenen Frau und einem erwachsenen Sohn, der im Bett liegt, weil er sich krank fühlt. Der Erzähler, der mit K. einen Abschluß tätigen möchte, sucht ihn in seiner Wohnung auf, und es sieht so aus, als töte das unaufhörliche Reden von Geschäften den alten Mann:

N. [= K.] saß mit offenen, glasigen, aufgequollenen, nur für die Minute noch dienstbaren Augen da, zitternd nach vorne geneigt, als hielte oder schlüge ihn jemand im Nacken, die Unterlippe, ja der Unterkiefer selbst mit weit entblößtem Zahnfleisch hing unbeherrscht hinab, das ganze Gesicht war aus den Fugen; noch atmete er, wenn auch schwer, dann aber wie befreit fiel er zurück gegen die Lehne, schloß die Augen, der Ausdruck irgendeiner großen Anstrengung fuhr noch über sein Gesicht und dann war es zu Ende.[37]

Kafka hätte das nicht schreiben können, ohne an seinen eigenen Tod zu denken; der alte Mann aber ist nur eingeschlafen. Später legt er sich, »um sich auf dem Weg in ein anderes Zimmer nicht zu verkühlen, vorläufig zu seinem Sohn ins Bett« – das läßt an die Stelle im *Urteil* denken, wo der Sohn den Vater zu seinem eigenen Bett trägt.

Im April kehrte Kafkas Schulfreund Hugo Bergmann nach Prag zurück. Er war in Jerusalem Leiter der Universitätsbibliothek und

Professor an der Hebräischen Universität – »Es ist aufregend und verlockend mit ihm beisammen zu sein«[38]. Kafka, der jetzt das Haus nur noch selten verließ, besuchte einen Vortragsabend des zionistischen »Keren Hajessod«, wo Hugo Bergmann einen Vortrag über die kulturellen Verhältnisse in Palästina hielt. »Diesen Vortrag hast du für mich gehalten«, sagte Kafka anschließend zu Bergmann, der ihn nach Palästina einlud, und mehrere Monate lang spielte Kafka mit dem Gedanken an diese Reise.

Anfang Mai fuhr er zur Erholung nach Dobrichowitz. Er schlief im Hotel nicht gut und fühlte sich auch sonst nicht besonders wohl dort, obwohl es »über alle Maßen schön« war. »Nur fürchte ich erstens die Kosten – hier ist es so teuer, daß man nur die letzten Tage vor dem Tod hier verbringen dürfte, es bleibt dann nichts übrig – und zweitens fürchte ich – zweitens – Himmel und Hölle. Abgesehn davon steht mir die Welt offen.«[39]

Er kehrte noch vor Mitte des Monats nach Prag zurück und beschäftigte sich im Juni mit Hebräisch und Italienisch. Aus jenem Monat stammen auch die letzten Eintragungen in sein Tagebuch:

> Die schrecklichen letzten Zeiten, unaufzählbar, fast ununterbrochen. Spaziergänge, Nächte, Tage, für alles unfähig, außer für Schmerzen.
> Und doch. Kein »und doch«, so ängstlich und gespannt du mich ansiehst, Krizanowskaja auf der Ansichtskarte vor mir. Immer ängstlicher im Niederschreiben. Es ist begreiflich. Jedes Wort, gewendet in der Hand der Geister – dieser Schwung der Hand ist ihre charakteristische Bewegung –, wird zum Spieß, gekehrt gegen den Sprecher. Eine Bemerkung wie diese ganz besonders. Und so ins Unendliche. Der Trost wäre nur: es geschieht, ob du willst oder nicht. Und was du willst, hilft nur unmerklich wenig. Mehr als Trost ist: Auch du hast Waffen.[40]

Seine eigene Bilderwelt wandte sich jetzt gegen ihn: Die ursprünglich bloß metaphorischen Gespenster erschienen ihm jetzt als durchaus wirklich.

In der ersten Juliwoche fuhr er mit seiner Schwester Elli und deren beiden Kindern Felix und Gerti zur Erholung nach Müritz in der Nähe von Rostock. In Berlin unterbrach er die Reise, um Emmy Salveter zu treffen. »Sie ist reizend. Und so ganz und gar auf Dich konzentriert. Es gab keinen Anlaß, aus dem nicht auf Dich Bezug genommen wurde.«[41] Immer wieder äußerte sie sich in der Richtung: »Es ist merkwürdig, wie man die Ansichten eines geliebten Menschen übernimmt, auch wenn sie den bisherigen eigenen entgegengesetzt waren.«[42] Sie machte auf Kafka einen sehr guten Eindruck: »Eine wirklich starke Ursprünglichkeit, Geradheit, Ernsthaftigkeit, kindlich liebe Ernsthaftigkeit.«[43] Eigentlich wollte er mit ihr nach Eberswalde fahren, wo Puah Bentovim in einer jüdischen Kinderkolonie mitarbeitete. Da er jedoch nicht gewußt hatte, daß es bis dorthin fast zwei Stunden Fahrt waren und sie erst am Nachmittag aufbrechen konnten, blieben sie dann »in der Hälfte des Wegs in Bernau stecken«. »Die größte Freude machte ihr dort ein Storchnest, das sie unbegreiflich schnell entdeckte. Sie war sehr gut zu mir.«[44]

DORA DIAMANT – GEFÄHRTIN DER LETZTEN TAGE

In Müritz fühlte Kafka sich, wie immer an einem neuen Ort, während der ersten Tage besser als sonst. Er behauptete, die Ostsee, die er zehn Jahre lang nicht gesehen hatte, habe sich verändert, sei schöner geworden, »mannigfaltiger, lebendiger, jünger«[1]. Große Freude bereiteten ihm die Kinder in einer Ferienkolonie des Berliner Jüdischen Volksheims, dem Felice seinerzeit einen Teil ihrer Freizeit gewidmet hatte. Die Kolonie war nur etwa fünfzig Schritt von seinem Balkon entfernt. »Durch die Bäume kann ich die Kinder spielen sehn. Fröhliche, gesunde, leidenschaftliche Kinder ... Die halben Tage und Nächte ist das Haus, der Wald und der Strand voll Gesang. Wenn ich unter ihnen bin, bin ich nicht glücklich, aber vor der Schwelle des Glücks.«[2] Am 13. Juli feierte er mit ihnen »Freitag-Abend« (den Vorabend des Sabbat) – »ich glaube zum ersten Mal in meinem Leben«[3].

Bei einer Theateraufführung der Ferienkinder lernte er die sechzehnjährige Tile Rössler aus Berlin kennen, die anschließend des öfteren zu seinem Strandkorb kam und ihn auch zu einem Besuch des Ferienlagers aufforderte, wo er Dora Diamant (Dymant), eine gutaussehende, dunkelhaarige junge Frau von Mitte Zwanzig traf, die dort als Küchenleiterin arbeitete. Es zeigte sich, daß sie ihn schon früher bemerkt hatte, als er am Strand mit Elli und den Kindern spielte, für deren Vater sie ihn hielt. Er hatte einen so großen Eindruck auf sie gemacht, daß sie den vieren sogar in die Stadt gefolgt war. Als er sie in der Küche Fische abschuppen sah, lehnte sich der Vegetarier in ihm dagegen auf: »›So zarte Hände und solch eine blutige Arbeit!‹, sagte er mißbilligend.«[4]

Dora, die aus einer angesehenen, ostjüdisch chassidischen Familie stammte, besaß gute Hebräischkenntnisse, und seine Begeisterung für diese Sprache knüpfte rasch ein Band zwischen ihnen – am Ende eines ihrer ersten Gespräche las sie ihm ein Kapitel Jesaja in der Ursprache vor. Wie der Schauspieler Löwy hatte auch sie sich gegen die orthodoxe Haltung der Eltern aufgelehnt, war von zu Hause fortgegangen und hatte, bevor sie nach Müritz kam, in Breslau gearbeitet und in Berlin – dort als Näherin in einem jüdischen Waisenhaus. Während der nächsten drei Wochen machte er jeden Abend einen Besuch im Ferienlager. Daß sich in seinem Kopf die Vorstellung, mit ihr zusammen in Berlin zu leben, bereits in der zweiten Woche entwickelte, kann man aus einer Postkarte an Robert Klopstock schließen, auf der er versuchte, ihn von dem Plan abzubringen, sich in Prag niederzulassen: »Anders muß man leben, als wir dort. Sie müssen Ihr Leben anders einrichten im nächsten Jahr, vielleicht von Prag fortgehn z. B. in die schmutzigen Berliner Judengassen.«[5]

Anfang August kam Puah Bentovim auf einen kurzen Besuch ins Ferienlager, wo Kafka jetzt jedoch immer weniger Zeit verbrachte. Wahrscheinlich, weil die Kolonie, »die mir am Anfang nur Schlaf gegeben hat«, ihm diesen jetzt raubte, »wird mir ihn aber vielleicht wieder einmal geben, es ist eben ein lebendiges Verhältnis«.[6]

Auch nach der Abreise Ellis und der Kinder hätte er durchaus in Müritz bleiben können, doch fuhr er nach Berlin, wo er »mit drei ostjüdischen Freundinnen« eine Aufführung von Schillers *Räubern* besuchte, »welcher ich freilich nicht viel mehr anmerkte als meine große Müdigkeit«[7]. Obwohl er Brod ohnehin in wenigen Tagen in Prag wiedersehen würde, schrieb er ihm aus einem Berliner Gasthausgarten, um eine »körperliche Verbindung« mit ihm zu haben, denn er fühlte »die böse Wirkung des erst eintägigen Alleinseins fast mit jeder neuen Stunde stärker«[8].

Am nächsten Tag brach er nach Prag auf und traf sich eine Woche später mit dem Freund, der hinterher in seinem Tagebuch vermerkte, daß es sich bei Kafkas Ängsten offensichtlich um nichts als »Gespenster« handele. Kafka las Brod den Fluch vor, den Gott im Dritten Buch Mose über die Juden aussprach, und erklärte, er werde sich Tefillin[9] besorgen, die Gebetsriemen der orthodoxen Juden. Bereits im Vorjahr hatte er sich das hebräische Gebetsbuch der Eltern ausgeliehen.

Kafka hielt es nur wenige Tage in Prag aus, dann fuhr er weiter nach Schelesen, wo er bis zum 21. September bei Ottla und den Kindern Quartier nahm. Als er dort ankam, wog er kaum fünfundfünfzig Kilo. Er hatte gehofft, auf dem Lande und mit Unterstützung von Ottlas Kochkunst etwas zuzunehmen, aber das war nicht der Fall. Außerdem stieg seine Temperatur wieder. Er hatte ursprünglich am 14. September zum Geburtstag des Vaters nach Hause fahren wollen – seine Mutter war nach Paris gereist, zur Beerdigung ihres Bruders –, entschloß sich dann aber, doch lieber in Schelesen zu bleiben. Er, der stets jünger ausgesehen hatte, als er war, sah jetzt so alt und krank aus, daß ihn eines Tages ein alter Mann ansprach und ihn fragte: »Sie sind wohl nicht recht im Zeug?«[10] Kafka plauderte eine Weile mit dem Mann, der als Gärtner in einer jüdischen Villa beschäftigt war. »Dann ging er um einen zweiten Rückenkorb einer riesigen Menge trockenen Holzes in den Wald und ich begann meinen Puls zu zählen, weit über 110.«[11]

Wieder in Prag, blieb er nur eineinhalb Tage und fuhr dann weiter nach Berlin, trotz des Widerstandes, den die Eltern seiner Absicht entgegensetzten, sich dort niederzulassen. Mit Dora zog er in die Miquelstraße in Berlin-Steglitz. Ihren Aussagen zufolge betrachtete er die erfolgreiche Loslösung von Prag als die größte Leistung seines Lebens. Dora kümmerte sich noch rührender und liebevoller um ihn als Ottla, und da sie als Ostjüdin für ihn geradezu den Gegensatz zur materialistischen Korruptheit des Westens symbolisierte, konnte er im Zusammenleben mit ihr voller Glück alles das für nichtig erachten, wofür seine Eltern ihr Leben lang so hart gearbeitet hatten.

> Diese ganze Berliner Sache ist ein so zartes Ding, ist mit letzter Kraft erhascht und hat wohl davon eine große Empfindlichkeit behalten. Du weißt, in welchem Tone man manchmal, offenbar unter dem Einfluß des Vaters, von meinen Angelegenheiten spricht . . . Es ist nichts Böses, aber es ist Prag, wie ich es nicht nur liebe, sondern auch fürchte.[12]

Eigentlich hatte Berlin nur eine Zwischenstation auf dem Weg nach Palästina sein sollen, und es war zu einer Zeit der galoppierenden Inflation auch gar nicht einfach, sich dort niederzulassen. Sein Zimmer hatte ursprünglich 28 Kronen Monatsmiete gekostet – im September waren es schon über 70. Es ließ sich absehen, daß es im Oktober mindestens 180 kosten würde.

Aber ihm gefiel die Lage der Wohnung, und es wäre ihm ganz unmöglich gewesen, in der Innenstadt zu leben: »Meine Straße ist die letzte annähernd städtische, dann löst sich alles in den Frieden von Gärten und Villen auf, jede Straße ist ein friedlicher Gartenspazierweg oder kann es sein.«[13]

Er stand meist gegen neun Uhr auf, verbrachte dann aber einen großen Teil des Tages im Bett, vor allem die Nachmittage. Während des ersten Monats in Berlin aß er mit Dora nur zweimal im Restaurant, und durch die rapide Geldentwertung wurden Theaterkarten für sie unerschwinglich. Emmy kam einmal mit Blumen in die Steglitzer Wohnung und wirkte, wie er Brod berichtete, »ein wenig unruhig, nervös, fast überarbeitet scheint sie, aber tapfer und entsetzlich sehnsüchtig«[14].

Von Prag hatte er nur wenig Geld mitgebracht, zumal er nicht wußte, wie lange er bleiben würde, aber seine Pension wurde weiter an die Eltern ausbezahlt. Doch obwohl die Mutter, die ihm das Geld für Oktober nicht im voraus hatte geben können, versprochen hatte, jeweils nach dem Monatsersten Geld zu schicken, waren trotz mehrfacher Erinnerungen bis zum 16. Oktober erst rund 70 Kronen eingetroffen.

Seine Schlaflosigkeit und seinen körperlichen Verfall beschrieb er in Bildern, die an Besessenheit durch böse Geister gemahnten. Er beklagte sich Brod gegenüber, daß sie seit ihren gemeinsamen Ferien vor zehn Jahren kein wirklich vertrautes Gespräch mehr miteinander geführt hätten, und erinnerte sich an ihre damalige »wirklich unschuldige Unschuld«, die der Grund dafür gewesen sei, daß »die bösen Mächte in gutem oder schlimmem Auftrag, erst die Eingänge leicht betasteten, durch die sie einmal einzubrechen sich schon unerträglich freuten«[15].

Da Kafka viel nachts arbeitete, gab es ständig Streit mit der Wirtin wegen der hohen Stromrechnung (woraufhin Dora eine Petroleumlampe besorgte, die ihm sehr gefiel). Diese gespannte Beziehung zur Vermieterin spiegelt sich in der Erzählung *Eine kleine Frau* wider. Sie analysiert in Ich-Form die grundlose Feindseligkeit einer Frau, die eigentlich keine Beziehung zum Erzähler und daher auch keinen Grund hat, ihn abzulehnen. Man erfährt aber auch nicht, warum sie trotzdem so oft mit ihm zusammentrifft: Nur in der Schlüsselpassage wird auf das Verhältnis Wirtin/Mieter hingewiesen:

> Immer wieder werde ich etwa im Glück der ersten Morgenstunden aus dem Hause treten und dieses um meinetwillen vergrämte Gesicht sehn, die verdrießlich aufgestülpten Lippen, den prüfenden und schon vor der Prüfung das Ergebnis kennenden Blick, der über mich hinfährt und dem selbst bei größter Flüchtigkeit nichts entgehen kann, das bittere in die mädchenhafte Wange sich einbohrende Lächeln, das klagende Aufschauen zum Himmel, das Einlegen der Hände in die Hüften, um sich zu festigen, und dann in der Empörung das Bleichwerden und Erzittern.[16]

Obwohl Kafka und Dora die feindselige Haltung der Wirtin hinnahmen, wurde ihnen nach sechs Wochen gekündigt, und so bezogen die beiden Mitte November zwei Zimmer im Hause der Ärztin Dr. Rethburg in der Grunewaldstraße 13. Dora organisierte den Umzug, während Kafka in der Stadt an der Lehranstalt für die Wissenschaft des Judentums, die er mit nahezu letzter Kraft zweimal in der Woche besuchte, Vorlesungen über den Talmud hörte. Er erhielt eine lose Beziehung zu Emmy aufrecht und versuchte, zwischen ihr und Brod zu vermitteln, dem er erklärte, ihre Forderung an ihn, zwei Tage im Monat zu ihr nach Berlin zu kommen, sei nicht unbillig. Außerdem müsse er, Max, mehr Verständnis für ihre Eifersucht aufbringen: Es genüge einfach nicht, ihr immer wieder zu sagen, nur Pflicht halte ihn in seiner Ehe fest. Auch versuchte Kafka zu verhindern, daß die beiden sich mit einem »Hin und Her der Briefe und Telephongespräche« gegenseitig quälten.

Eines Tages sah er ein kleines Mädchen auf der Straße, das weinte, weil es seine Puppe verloren hatte. Er tröstete die Kleine, indem er behauptete, die Puppe sei nur verreist, er habe sie noch gerade gesehen und sie habe fest versprochen zu schreiben. Mehrere Wochen hindurch schickte Kafka dem Mädchen Briefe, in denen die Puppe von ihren Reiseabenteuern berichtete.

Ansonsten schrieb er nicht viel, doch beendete er die ziemlich lange Erzählung *Der Bau* in einer einzigen langen Nacht. Elf Jahre zuvor, nach der Niederschrift des *Urteils* in einem Zug, hatte er erklärt, das sei die einzig richtige Art zu arbeiten. Mit dem *Bau* lieferte er ein Werk, das seinem innersten Selbst ebenso vollkommen entspricht wie *Das Urteil*. Ging es in jener Erzählung aus dem Jahre 1912 um seine Beziehung zum Vater, so geht es in der aus dem Jahre 1923 um eine Beziehung, die für ihn nicht weniger Bedeutung besaß: die zu seiner Arbeit.

Sein Wunsch, sich selbst zu entfliehen, war so stark, seine Vorstellungskraft so lebendig, daß er nie etwas ohne ein gewisses Maß an Empathie betrachten oder beschreiben konnte. Die Identifikation mit Tieren ist ein ständig wiederkehrendes Motiv seines literarischen Werks – spätestens seit er im Jahre 1904 die von ihm beschriebene Hund/Maulwurf-Szene beobachtete (s. S. 62): »Wir durchwühlen uns wie ein Maulwurf und kommen ganz geschwärzt und sammethaarig aus unsern verschütteten Sandgewölben, unsere armen roten Füßchen für zartes Mitleid emporgestreckt.«[17] Nahezu zwanzig Jahre lang hatte Kafka sich durchwühlt und empfand immer noch dasselbe Bedürfnis nach einem Ausweg, einem Loch, als befände er sich nach wie vor auf dem harten Boden der Straße. In einem Erzählfragment sieht er sich geradezu als ein Fabelwesen, als von Jägern gehetztes Tier in Menschengestalt, das sich vor Schmerzen windet und sich in die feuchte Erde einwühlen will, was ihm aber nicht gelingt. Und als die Beziehung zu Milena endete, bezeichnete Kafka sich als ein »Waldtier«, das sich nur im Dunkeln sicher fühlen darf. Bei ihrer Begegnung habe er irgendwo in einer schmutzigen Grube gelegen, »(schmutzig nur infolge meiner Gegenwart, natürlich), da sah ich Dich draußen im Freien, das wunderbarste, was ich je gesehen hatte ... Du mußtest, und wenn Du auch mit der gütigsten Hand über mich hinstrichst, Sonderbarkeiten erkennen, die auf den Wald deuteten, ... es wuchs immer mehr vor mir auf, welche unsaubere Plage, überall störendes Hindernis ich für Dich war, ... ich mußte zurück ins Dunkel, ich hielt die Sonne nicht aus, ich war verzweifelt, wirklich wie ein irregegangenes Tier.«[18]

Der Tiererzähler in *Der Bau* (zu verstehen ist das Wort in seiner doppelten Bedeutung von Höhle und Gebäude, aber auch Assoziationen an ein Grab spielen mit) durchlebt nacheinander die Stadien des Selbstvertrauens, der Verzweiflung und der Erkenntnis seiner Niederlage. Er ist stolzer Besitzer genau dessen, was der Maulwurf 1904 gebraucht hätte: eines Loches, das in die Sicherheit führt, eines Baus, dessen Zugang von einer »abhebbaren Moosschicht verdeckt« wird. Nicht weit davon entfernt befindet sich ein Sackloch – »der Rest eines der vielen vergeblichen Bauversuche« –, das unverschüttet daliegt, um Feinde in die Irre zu führen. Kafka hält sich die Tiermaske dicht vors Erzählergesicht und verbirgt so die Gleichung

Krankheit = todbringender Feind des Tieres: »Ich lebe im Innersten meines Hauses in Frieden und inzwischen bohrt sich langsam und still der Gegner von irgendwoher an mich heran.«[19]

Das Tier – welcher Gattung es angehört, bleibt offen – kann tagelang in seinem Bau bleiben, ernährt sich dann von kleineren, unter der Erde lebenden Kreaturen und hält seinen Bau instand. Den zentralen Bereich des Baus nennt Kafka zwar nicht »Schloß«, aber »Burgplatz«, und in der Erzählung findet sich eine ganze Reihe versteckter Anspielungen auf seine literarische Arbeit. Das Tier vergleicht das Leben in den offenen Wäldern mit dem Leben im Bau und erkennt, daß es weder am einen noch am anderen Platz wirklich frei ist. Die Nahrung in den Wäldern ist besser, wenn auch schwerer zu finden, und es kann draußen seine Muskeln bewegen, die sich unter der Erde verspannt und verkrampft haben.

Im Bau verrinnt die Zeit in einem anderen Rhythmus – stets hat das Tier unendlich viel Zeit, da alles, was es dort tut, gut und wichtig ist und ihm Befriedigung verschafft. Wie im *Schloß* ist seine Haltung dem Raum gegenüber die eines Menschen, der nie selbst ein Haus oder eine Wohnung besessen hat.

Der Schrecken beginnt, als das Tier im tiefsten Innern seines Baus erwacht und ein fast unhörbares Zischen vernimmt. Zuerst vermutet es, Wind verfange sich in einem Stollen, der an einer Stelle, wo »Kleinzeug« seine eigenen Gänge gegraben hat, eingestürzt ist; vielleicht stammt das Zischen auch von Geschöpfen, die noch kleiner sind als jene, die es kennt. Es könnte aber auch ein größeres Tier sein, das den Herrn des Baus verfolgt. Als das Tier noch jung war, hatte es einmal geglaubt, es habe seinen Bau möglicherweise in dem eines größeren Tieres errichtet – vielleicht gräbt dessen Besitzer sich jetzt zu ihm heran? Damals wäre noch Zeit gewesen, woanders zu bauen, nun aber kann das Tier sich nur noch an Orte zurückziehen, wo das Zischen nicht zu hören ist.

Obwohl Kafka die Erzählung abgeschlossen hat, fehlen die letzten Seiten. Es ist möglich, daß er selbst sie vernichtete oder Dora, die auf seine Anweisung und in seiner Gegenwart zahlreiche seiner Manuskripte (darunter ein Drama und eine Erzählung über den Ritualmordprozeß in Odessa) verbrennen mußte – angeblich, um sich von »Gespenstern« zu befreien. Was er wirklich schreiben wolle, werde später kommen, wenn er seine »Freiheit« gewonnen habe. Er erklärte Dora, sie sei die innerste Kammer des Baus, und sie schloß daraus, daß dieser Text aus Furcht vor dem Verlust der Freiheit entstanden war, aus Angst, in die Gefangenschaft im elterlichen Hause zurückgeführt zu werden.

Von den Eltern, die von Ostjüdinnen und von außerehelicher Liebe nichts hielten, war kein Besuch zu erwarten, doch unterstützten sie ihn finanziell. Er nahm nur ungern Geld von ihnen, hätte aber von seiner in tschechischen Kronen ausgezahlten Pension nicht leben können, obwohl die Inflation durch die im November erfolgte Währungsumstellung eingedämmt worden war. Am Ende des Jahres litt er unter schweren Fieberanfällen sowie unter Schüttelfrost und Verdauungsstörungen – was die Eltern darauf zurückführten, daß Dora ihn nicht richtig ernährte. Ein einziges Mal versuchte er, einen bekannten Medizinprofessor, den man ihm empfohlen hatte, zu Rate zu ziehen, doch statt selbst zu kommen, schickte dieser einen jungen Assistenzarzt, der außer dem Fieber nichts Besonderes finden konnte und lediglich Bettruhe verordnete. Für diesen Besuch berechnete er zwanzig Mark, doch konnte Dora ihn überreden, sich mit der Hälfte zu begnügen. Patienten des jüdischen Krankenhauses mußten für ein Bett in der zweiten Pflegeklasse acht Mark pro Tag aufbringen. Dieser Betrag deckte allerdings nur die Unterbringungs- und Verpflegungskosten; ärztliche Betreuung und Pflege mußten noch extra bezahlt werden.

Kafkas Zimmer war nicht richtig geheizt, und wenn er, meist abends, Fieber hatte, fürchtete er, das Bett zu verlassen. Da ihm auch die Miete zu hoch geworden war, suchten sie nach einer billigeren Unterkunft, aber alles, was ihnen gefiel, war zu teuer. Nach Prag oder Schelesen wollte er jedoch auf keinen Fall zurückkehren, eher schon in ein Landstädtchen in Böhmen oder Mähren oder nach Wien ziehen. Doch er war gar nicht in der Lage, Entscheidungen zu treffen, und Dora zu jung und unerfahren, um Druck auf ihn auszuüben.

Schließlich fanden sie ein Zimmer in der Heidestraße in Zehlendorf, nicht weit vom Grunewald entfernt. Kafkas Zustand verschlimmerte sich jetzt immer rascher. Zwar las er noch täglich ein wenig Hebräisch, hatte aber seine Vorlesungsbesuche aufgegeben. Es fiel zunehmend schwer, ihn zu realistischer Einschätzung seiner Lage zu bewegen. Als Brod ihn besuchte, malte Kafka sich und ihm munter aus, wie er nach Palästina auswandern und dort als Kellner und Dora als Köchin arbeiten wollte.

Schließlich alarmierte Brod Kafkas Onkel Siegfried Löwy, den

Landarzt aus Triesch, der nach Berlin kam, den Neffen untersuchte und erklärte, er könne unmöglich dort bleiben. Obwohl 38 Grad Fieber ihm mittlerweile »zum täglichen Brot geworden« waren, stand Kafka einem Sanatoriumsaufenthalt ablehnend gegenüber. »Da . . . wegen des Fiebers . . . irgendwelche Wanderungen noch vor dem ersten Schritt den Charakter der Großartigkeit annehmen, ist manchmal der Gedanke, sich . . . im Sanatorium zu begraben, gar nicht sehr unangenehm. Und dann doch wieder sehr abscheulich, wenn man bedenkt, daß man sogar in diesen für die Freiheit vorbestimmten paar warmen Monaten die Freiheit verlieren soll. Aber dann ist wieder der stundenlange Morgen- und Abendhusten da und das fast täglich volle Fläschchen, – das arbeitet wieder für das Sanatorium.«[20]

Am 14. März kam Brod zur Premiere von Janáčeks Oper *Jenufa* nach Berlin, und drei Tage später fuhr Kafka mit ihm nach Prag zurück. Robert Klopstock, der ebenfalls nach Berlin gereist war, brachte ihn zusammen mit Dora zum Bahnhof. Dora folgte erst später, weil Kafka nicht wollte, daß sie in dem Haus, in dem, wie er meinte, all sein Unglück seinen Ursprung hatte, mit seinen Eltern zusammentraf.

Wieder in Prag bat er Brod, ihn jeden Tag zu besuchen. »Sonst hatte er nie so entschieden geredet, hatte die größte Rücksicht auf meine Arbeitsüberhäufung genommen. Jetzt sprach er, als wisse er, daß wir einander nicht mehr lange haben würden. ›Morgen komm wieder um diese Zeit!‹ sagte er fast mit einer gewissen Strenge.«[21]

In die elterliche Wohnung zurückgekehrt, schrieb Kafka – neben seinen täglichen Briefen an Dora – seine letzte Erzählung: *Josefine, die Sängerin oder das Volk der Mäuse*. Er hatte einmal gesagt, sein Schreiben hänge mit dem schlichten Wunsch zusammen zu erfahren, wie andere Menschen auf die Nachricht vom eigenen Tod reagieren – und mit diesem Text legte er einen humorvollen und geistreichen Nachruf auf sich selbst vor, indem er, ohne es ausdrücklich zu formulieren, seine Kunst mit dem Gesang eines Mäuseweibchens identifiziert, das vielleicht gar nicht singt, sondern, wie Mäuse das gemeinhin zu tun pflegen, einfach nur pfeift. Wenn ihre Stimme sich überhaupt auf irgendeine Weise von den Stimmen der anderen unterscheidet, dann durch ihre extreme Schwäche. »Wir bewundern an ihr das, was wir an uns gar nicht bewundern . . . Ist es ihr Gesang, der uns entzückt oder nicht viel mehr die feierliche Stille, von der das schwache

Stimmchen umgeben ist?«[22] Sie bittet darum, von allen Arbeiten befreit zu werden, weil jede Anstrengung (auch wenn sie vergleichsweise geringer ist als die Anstrengung des Singens) ihrer Stimme schade. Als diese Forderung immer wieder zurückgewiesen wird, kürzt sie ihre Koloraturen und verschwindet eines Tages ganz.

Der Hauptakzent dieser Erzählung liegt auf dem sozialen Moment. Dem Erzähler geht es in erster Linie um die Beziehung zwischen Primadonna und Volk – ähnlich Kafkas Beziehung zum jüdischen Volk und zum Judentum überhaupt, eines der Grundmotive seines literarischen Werks.

Was wird man ohne Josefine anfangen? Zwar war sie nicht unbedingt die Retterin ihres Volkes, doch hörten die Mäuse gerade in Notzeiten besonders aufmerksam auf ihre Stimme. Andererseits ist es ein Volk, »das sich noch immer irgendwie selbst gerettet hat, sei es auch unter Opfern, über die der Geschichtsforscher . . . vor Schrekken erstarrt«[23]. (Wer außer Kafka hätte einen so eindrucksvollen Vergleich zwischen Juden und Mäusen anstellen können, der geradezu prophetisch wirkt?) Die Erinnerung, die die Mäuse an Josefine behalten werden, wird nicht sehr von dem Eindruck abweichen, den sie von ihr hatten, als sie noch unter ihnen weilte. War ihr wirkliches Piepsen merklich lauter und lebendiger als die Erinnerung daran es sein wird? War es selbst zu ihren Lebzeiten überhaupt mehr als eine bloße Erinnerung? Hat das Volk in seiner Weisheit Josefines Gesang nicht deshalb so hoch bewertet, weil er auf diese Weise unverlierbar sein würde?

Josefine bestreitet jeden Zusammenhang zwischen ihrer Kunst und dem allgemeinen »Volkspfeifen«; und ein »freches, hochmütiges Lächeln« war die Quittung für jeden Hinweis auf eine solche Ähnlichkeit. Doch legt die Erzählung die Frage nahe, ob Kafka vielleicht manchmal den Wunsch verspürte, seine Dichtung möge dieselbe Aufgabe erfüllen wie Volkskunst (oder das jiddische Theater): Wenn die Masse der Mäusezuhörer aufmerksam Josefine zuhört, kommt das Pfeifen »fast wie eine Botschaft des Volkes zu dem Einzelnen«[24]. Das wäre die ideale Botschaft, die der Kurier überbringen könnte, wenn der König gestorben ist. »Unser Leben ist sehr unruhig, jeder Tag bringt Überraschungen, Beängstigungen, Hoffnungen und Schrecken, daß der Einzelne unmöglich dies alles ertragen könnte.«[25] Josefine glaubt, daß sie ihr Volk beschützt, und wenn ihre Kunst das Böse auch nicht vertreibt, gibt es den anderen zumindest die Kraft, es zu ertragen. Kafka konnte nicht allen Ernstes annehmen, seine Dichtung werde diese Wirkung haben, aber ernsthaft mit dem Gedanken spielen konnte er durchaus. Obwohl bei ihm meist die Befürchtung im Vordergrund stand, sein Werk habe eine zersetzende Wirkung.

Unmittelbar nach Beendigung der Erzählung sagte er zu Klopstock: »Ich glaube, ich habe zur rechten Zeit mit der Untersuchung des tierischen Piepsens begonnen.«[26] Am selben Abend beklagte er sich über ein »komisches Brennen im Halse ... beim Genießen gewisser Getränke, besonders Fruchtsäfte, und er äußerte seine Besorgnis, ob nicht sein Kehlkopf auch mit angegriffen sei«[27]. Als Emil Utitz, der Schulkamerad vom Altstädter Gymnasium, zu Besuch kam, konnte Kafka nicht sprechen und »lächelte nur freundlich und still, dasselbe Lächeln, das ihn aus seiner Knabenzeit her begleitete«[28].

EIN HUNGERKÜNSTLER

Anfang April wurde Kafka in das Sanatorium Wiener Wald in Ortmann, etwa 75 Kilometer südwestlich von Wien, gebracht. Dora blieb dort bei ihm. Er war ziemlich sicher, daß er Kehlkopftuberkulose hatte, doch erfuhr er von den Ärzten »nichts Bestimmtes, da bei Besprechung der Kehlkopftuberkulose jeder in eine schüchterne ausweichende starräugige Redeweise verfällt. Aber ›Schwellung hinten‹, ›Infiltration‹ ›nicht bösartig‹ aber ›Bestimmtes kann man noch nicht sagen‹, das in Verbindung mit sehr bösartigen Schmerzen genügt wohl.«[1] Gegen den Husten bekam er Demropon, was allerdings nicht half, und Anästhesinbonbons. Selbst in Winterkleidern wog er keine fünfzig Kilo mehr. Er konnte nur noch flüstern, obwohl er bis zu jenem Abend in Prag mit seiner Stimme nie Schwierigkeiten gehabt hatte. Es war abzusehen, daß die Behandlung sehr teuer werden würde, und so wies er Brod an, *Josefine* Otto Pick anzubieten, der mit dem Herausgeber der *Prager Presse* befreundet war. Vielleicht konnte man die Erzählung auch an den Verlag Die Schmiede schicken, bei dem Brod Kafka in Berlin eingeführt hatte und der *Ein Hungerkünstler, Eine kleine Frau* und *Erstes Leid* in einem Sammelbändchen herausbringen wollte. Die *Prager Presse* nahm die Erzählung an und veröffentlichte sie in ihrer Literaturbeilage.

Binnen weniger Tage schwoll Kafkas Kehlkopf so an, daß er nicht mehr essen konnte. »Als er die Schwester fragte, wie es drinnen wohl ausschauen möge, sagte sie aufrichtig: ›Wie in der Hexenküche.‹«[2]

»Alle Schrecknisse überboten am 10. April«, schrieb Brod in sein Tagebuch, »durch die Nachricht, daß Kafka vom Sanatorium ›Wiener Wald‹ zurückgeschickt wurde. Wiener Klinik. Kehlkopftuberkulose festgestellt. Fürchterlichster Unglückstag.«[3] Man teilte Kafka mit, man müsse ihm Alkoholinjektionen in den Nerv machen und wahrscheinlich auch eine Resektion vornehmen. Für die Überführung stand nur ein offener Wagen zur Verfügung, und zu allem Überfluß regnete es auch noch. Dora stand während der ganzen Fahrt, um Kafka mit ihrem Körper vor Wind und Regen zu schützen. Robert Klopstock, der »verrückte Dr. Klopstock«, wie Brod, der auf dessen Freundschaft mit Kafka eifersüchtig war, ihn nannte, wollte sein Studium unterbrechen, um bei Kafka bleiben zu können. Kafka versuchte, ihm das wieder auszureden.

> Robert, lieber Robert, keine Gewalttaten, keine plötzliche Wiener Reise ... Seitdem ich aus jenem ... Sanatorium weggefahren bin, geht es mir besser, der Betrieb in der Klinik (bis auf Einzelheiten) hat mir gut getan, die Schluckschmerzen und das Brennen sind geringer, es wurde bisher keine Injektion gemacht, nur Menthol-Öl-Bespritzungen des Kehlkopfs.[4]

Auf Brods Drängen hin versuchte Werfel, der damals bereits eine gewisse Berühmtheit erlangt hatte, sich bei Professor Hajek von der Wiener Universitätsklinik dafür zu verwenden, daß Kafka ein Einzelzimmer bekam. Hajek wies dies Ansinnen mit folgender Begründung zurück: »Da schreibt mir ein gewisser Werfel, ich soll etwas für einen gewissen Kafka tun. Wer Kafka ist, das weiß ich. Das ist der Patient auf Numero zwölf. Aber wer ist Werfel?«[5] Ein Zimmernachbar starb; er hatte Lungenentzündung, und die Ärzte ließen ihn einfach herumgehen, obwohl er über 41 Grad Fieber hatte. Dora zufolge starb dort jede Nacht jemand.

Hajek behauptete, es sei nicht gut, Kafka woanders hinzubringen, da ihnen in der Universitätsklinik »alle Heilbehelfe und Kurmöglichkeiten« zur Verfügung stünden, doch Klopstock und Dora setzten durch, daß er in das Sanatorium Kierling bei Klosterneuburg gebracht wurde, wo er auch ein Einzelzimmer bekam. Angehalten, seine Stimme so weit wie möglich zu schonen, verkehrte er mittels geschriebener Botschaften mit ihnen (»Gesprächsblätter«) und notierte auf einem: »Wie lange werde ich es aushalten, daß Du es aushältst?«[6]

Der Besitzer des Sanatoriums, Dr. Hoffmann, war ein »alter, kranker Herr« und den Verkehr mit dem Assistenzarzt nannte Kafka »mehr freundschaftlich als medizinisch«[7]. Der ständige Husten verursachte ihm so starke Kehlkopfschmerzen, daß Dora zunächst Professor Neumann hinzuzog und am 2. Mai den Dozenten Dr. Oscar Beck. Es zeigte sich, daß auch ein Teil des Kehldeckels angegriffen war. Das Schlucken wurde jetzt so schmerzhaft, daß Kafka sich, wie sein Hungerkünstler, buchstäblich zu Tode hungerte: Sein Einfall hatte ihn eingeholt. Den Ärzten blieb nichts anderes übrig, als Kafka Alkoholinjektionen in den oberen Kehlkopfnerv zu geben. Sie waren übereinstimmend der Ansicht, daß seine Lebenserwartung höchstens noch etwa drei Monate betrug, und empfahlen, ihn nach Prag zu bringen. Aber das wollte Dora nicht, da sie annahm, dadurch werde ihm der Ernst seines Zustands überhaupt erst richtig bewußt. Dr. Beck wies Dora darauf hin, daß weitere Ausgaben für ärztliche Konsultationen überflüssig seien, daß Kafka sich in einem Zustand befände, in dem kein Spezialist ihm mehr helfen und man nur seine Schmerzen durch starke Mittel lindern könne.

In Gedanken beschäftigte Kafka sich viel mit dem Schwimmen und mit den Vorzügen körperlicher Kraft. In den Briefen an die Eltern und auf den »Gesprächsblättern« erwähnt er die Besuche in der Schwimmschule, denen sich stets ein Bier-und-Wurst-Imbiß mit dem Vater anschloß. Wenn sein Vetter Robert zur Sophienschwimmschule kam, »ins Wasser sprang und sich dort herumwälzte mit der Kraft eines schönen wilden Tieres, glänzend vom Wasser, mit strahlenden Augen und gleich weit fort war gegen das Wehr zu – das war herrlich«[8].

In der ersten Maihälfte meinte Professor Tschiassny, eine Besserung des Halses feststellen zu können. Daraufhin weinte Kafka vor Freude, umarmte Dora immer wieder und beteuerte, er habe noch nie einen so starken Lebenswunsch verspürt. Er wollte sie heiraten und schickte an ihren frommen Vater einen Brief, in dem er erklärte, zwar kein gläubiger Jude im Sinn des Vaters zu sein, wohl aber ein »bereuender«, ein »umkehrender«. Der Vater ging mit dem Brief zu einem Wunderrabbi, dem »Gerer Rebbe«, und dieser sagte, nachdem er ihn gelesen hatte, ohne weitere Erklärung: »Nein.« Kafka erhielt die Ablehnung des Vaters am 11. Mai, an dem Tag, an dem Brod seinen Freund zum letzten Mal besuchte. Dora nahm Brod zur Seite und flüsterte ihm zu, »jede Nacht erscheine eine Eule an Franzens Fenster. Der Totenvogel.«[9]

Später schrieb Kafka einen Brief an Brod und entschuldigte sich, daß er »während Deines Besuches, auf den ich mich so gefreut hatte«, nicht fröhlicher gewesen sei. »Allerdings ein böser Ausnahmstag wars nicht, das mußt Du nicht glauben, er war nur schlechter als der vorherige, in dieser Art aber geht die Zeit und das Fieber weiter.«[10]

»Glauben, daß ich einmal einen großen Schluck Wassers einfach wagen könnte«[11], schrieb er voller Sehnsucht auf eines der »Gesprächsblätter«. Er befand sich jetzt in derselben selbstquälerischen Lage wie jener Mann, der ihm in Matlar die Geschwüre in seiner Kehle gezeigt hatte: »Der Gefolterte wird selbst gezwungen, aus eigenem Willen, aus seinem armen Innern heraus, die Folterung in die Länge zu ziehn.«[12]

Kafka hatte nun die 1922 von ihm beschriebene »schreckliche Vereinigung« erreicht:

> Mit primitivem Blick gesehen, ist die eigentliche, unwidersprechliche, durch nichts außerhalb (Märtyrertum, Opferung für einen Menschen) gestörte Wahrheit nur der körperliche Schmerz. Merkwürdig, daß nicht der Gott des Schmerzes der Hauptgott der ersten Religionen war (sondern vielleicht erst der späteren). Jedem Kranken sein Hausgott, dem Lungenkranken der Gott des Erstikkens. Wie kann man sein Herankommen ertragen, wenn man nicht an ihm Anteil hat noch vor der schrecklichen Vereinigung?[13]

Zu keinem Zeitpunkt hielt er die aufopfernde Liebe und Fürsorge Doras und Klopstocks für selbstverständlich. »Wie ich euch plage, das ist ganz verrückt.« Er sah noch die Druckfahnen des *Hungerkünstlers* durch. Klopstock merkte dazu an:

> Kafkas körperlicher Zustand zu dieser Zeit und die ganze Situation, daß er selbst im wahren Sinne des Wortes verhungerte, war wirklich gespenstisch. Als er die Korrektur beendete, was eine ungeheure, nicht nur seelische Anstrengung, sondern eine Art erschütternder geistiger Wiederbegegnung für ihn sein mußte, rollten ihm lange die Tränen herunter. Es war das erste Mal, daß ich eine Äußerung von Bewegung dieser Art in Kafka miterlebte. Er hat immer eine übermenschliche Macht der Beherrschung gehabt.[14]

Nur das erste Blatt ist in Kafkas Handschrift korrigiert.

Nach einem der Arztbesuche notierte Kafka: »So geht die Hilfe wieder ohne zu helfen weg.«[15] Er wußte, daß sein Kehlkopfleiden sich nicht besserte, und er hielt es selbst für wahrscheinlich, daß sein »gegenwärtiges Essen ungenügend ist, um von innen her eine Besserung herbeizuführen«[16]. Dennoch war er imstande zu scherzen: »Unendlich viel Auswurf, leicht und am Morgen doch Schmerzen, im Rausch ging mir durch den Kopf, daß für diese Mengen und die Leichtigkeit irgendwie der Nobelpreis.«[17] Dann wieder gab es Augenblicke, in denen er der Tröstung und des Zuspruchs bedurfte: »Gib mir einen Augenblick die Hand auf die Stirn, damit ich Mut bekomme.«[18] Und immer noch identifizierte er sich mit anderen Lebensformen. Über die Blumen, von denen er umgeben war, notierte er: »Wie wunderbar das ist, nicht? der Flieder – sterbend trinkt er, sauft er noch.«[19]

In den letzten Tagen seines Lebens genoß er den Duft von Blumen und Obst besonders intensiv. Er sprach viel über Früchte und Getränke und wünschte, daß man in seiner Gegenwart trank, damit er sich am Genuß der anderen mitfreuen konnte.

Jetzt endlich waren die Eltern bereit, ihn zu besuchen. Um den 19. Mai schrieb Kafka ihnen, er würde sich freuen, einige Tage mit ihnen in einer schönen Gegend zu verbringen, zumal das letzte Beisammensein (von den wenigen Stunden in Franzensbad abgesehen) schon so lange zurückliege. Doch dann sah er mögliche Hinderungsgründe: Der Vater werde Schwierigkeiten haben, einen Paß zu bekommen, die Mutter werde sich zu sehr um ihn kümmern, und da er nur flüsternd sprechen könne, sei es vielleicht doch besser, den Besuch einstweilen zu verschieben.

Am 3. Juni war seine Atemnot so groß, daß Dora um vier Uhr früh Klopstock ins Zimmer rief, der den Arzt weckte. Dieser gab Kafka eine Kampferinjektion und legte ihm Eisbeutel auf den Hals. Doch Kafka verlangte von Klopstock eine Morphiumspritze: »Sie haben es mir immer versprochen, seit vier Jahren. Sie quälen mich, haben mich immer gequält. Ich rede nichts mehr mit Ihnen. So werde ich eben so sterben.« Er bekam zwei Spritzen und sagte nach der zweiten: »Schwindeln Sie nicht, Sie geben mir ein Gegenmittel . . . Töten Sie mich, sonst sind Sie ein Mörder.« Nach einer Pantopon-Injektion sagte er: »So ist es gut, aber mehr, mehr, es hilft ja nicht.« Dann verlor er allmählich das Bewußtsein. Als er wieder zu sich kam, hielt Klopstock seinen Kopf, Kafka aber glaubte, es sei Elli, und meinte: »Geh, Elli, nicht so nahe, nicht so nahe –«, offensichtlich befürchtete er, sie anzustecken. Klopstock rückte ein wenig weg, und Kafka sagte zufrieden: »Ja so – so ist es gut.« Dann riß er mit aller Kraft den Herzschlauch weg und warf ihn ins Zimmer: »Jetzt nicht mehr quälen, wozu verlängern.« Als Klopstock sich vom Bett entfernte, um die Spritze zu reinigen, kam es zu folgendem kurzen Dialog: »Gehen Sie nicht fort.« – »Ich gehe ja nicht fort.« – »Aber ich gehe fort.«[20]

Als Brod gegen Mittag anrief, war der Freund schon tot.

Nachdem man den Leichnam fortgebracht hatte, jammerte Dora unaufhörlich, wobei Klopstock nur die Worte verstehen konnte: »Mein Lieber, mein Lieber, mein Guter du.« Er versprach ihr, er werde mit ihr am Nachmittag »wieder zu Franz gehen«, wenn sie sich jetzt hinlegte. Sie tat das auch und sprach von ihm, »der ja so allein, so ganz allein ist, wir haben ja gar nichts zu tun und sitzen hier, und ihn lassen wir dort, allein im Finstern, unbedeckt – O mein Guter, mein Lieber du«[21].

»Was hier bei uns zugeht, ist nicht zu beschreiben und soll auch nicht beschrieben werden . . . Jetzt gehen wir wieder hin, zum Franz. – So starr, streng, unnahbar ist sein Gesicht, wie rein und streng sein Geist war. Streng – ein Königsgesicht von edelstem, ältestem Geschlechte. Die Milde seines menschlichen Daseins ist dahin, nur sein unvergleichlicher Geist formt noch sein starres teueres Gesicht. So schön ist es wie eine alte Marmorbüste.«[22]

Kafkas Leichnam wurde nach Prag überführt und am 11. Juni 1924 auf dem jüdischen Friedhof in Straschnitz beigesetzt. Brod hielt die Grabrede, und Dora warf sich weinend über den frischen Grabhügel. Ein Augenzeuge, Hans Demetz, berichtet, daß sie in Ohnmacht fiel, aber niemand sich um sie kümmerte. Im Gegenteil – Kafkas Vater habe ihr den Rücken zugewandt, was die Trauergäste zum Aufbruch veranlaßte. Demetz wußte nicht, wer sich schließlich um die junge Frau kümmerte, und erklärte, er schäme sich noch immer, ihr nicht geholfen zu haben.

In der Todesanzeige der Familie Kafka hieß es, Beileidsbesuche seien nicht erwünscht. 1931 fand der Vater und 1934 die Mutter ihre letzte Ruhestätte im selben Grab wie der Sohn.

DANK

Mir ist bewußt, daß ich bei diesem Buch besonders tief in der Schuld anderer stehe. Allen, die mir geholfen haben, bin ich aufrichtig dankbar, auch wenn ich hier nicht alle namentlich aufführen kann.

Ausdrücklich danke ich dem Arts Council of Great Britain, dem Phoenix Trust und dem Crompton Bequest, die mich von 1978 bis 1980 für die Arbeit an diesem Buch finanziell unterstützt haben. Ohne ihre Großzügigkeit wäre es mir nicht ohne weiteres möglich gewesen, die erforderliche Zeit in das Buch zu investieren oder auf der Suche nach Material nach Berlin, Wien, Prag und Tel Aviv zu reisen.

Darüber hinaus bin ich Franz Kafkas Nichte Marianna Steiner, ihrem Mann, George Steiner, Catharine Carver sowie Aaron und Mary Esterson zu Dank für das Lesen der Rohfassung und für nützliche Hinweise verpflichtet. Marianna Steiner und einer weiteren Nichte Kafkas, Véra Saudková, habe ich außerdem für die Mitteilung von Erinnerungen zu danken. Auch hat Frau Saudková mich in Prag gastfreundlich und hilfreich unterstützt, wofür ich ihr ebenfalls zu großem Dank verpflichtet bin. George Steiner war außerdem so freundlich, das Typoskript durchzuarbeiten und mir die tschechischen Entsprechungen aller deutschen Ortsnamen zu nennen.

Für die Vermittlung wichtiger Kontakte und den Zugang zu unveröffentlichtem Material in Archiven und Manuskriptsammlungen habe ich den Herren Dr. Jürgen Born, Professor Eduard Goldstücker, Mendel Kohansky, Murray Mindlin, Stephen Trombley, Klaus Wagenbach und W. L. Webb zu danken.

Ich danke Frau Dr. Anne Oppenheimer dafür, daß sie mir ihre unveröffentlichte Doktorarbeit über *Franz Kafkas Beziehung zum Judentum* zur Einsicht überlassen hat, Meyer Levin für die Übersendung seiner Sammlung klassischer chassidischer Sagen und Calvin Hall für die von *Dreams, Life and Literature: a Study of Franz Kafka*, sowie Philip Roth, der mir Einblick in das in seinem Besitz befindliche Manuskript der Rede gewährte, die Kafka anläßlich der Amtseinsetzung von Robert Marschner gehalten hat.

Von den zahlreichen Gesprächen über Kafka, die mich angeregt und zu diesem Buch beigetragen haben, muß ich an dieser Stelle jene hervorheben, die ich mit František Kautmann, Jeffrey Meyers und Jiři Stromsič geführt habe. Darüber hinaus möchte ich Eva Bornemann, Angel Flores, Dr. Herta Haas, Calvin Hall, Leo Hamalian, Valer Mocak und Anthony Rudolf für ihre brieflichen Mitteilungen danken.

Schließlich danke ich Dr. Robert Baldock und Paula Iley vom Verlag Weidenfeld für Hilfe und Ermutigung, wie auch meiner Sekretärin, Mrs. Juliet Salaman, die, wie gewöhnlich, weit mehr getan hat, als eine bloße maschinenschriftliche Fassung des Buches zu erstellen.

QUELLENNACHWEIS
und Anmerkungen

Die abgekürzten Zitatnachweise beziehen sich auf die im Literaturverzeichnis vollständig genannten Titel.

Der Wendepunkt: 1912

1 *Tagebücher*, 23. 9. 12, S. 183.
2 a. a. O., S. 184.
3 a. a. O., 11. 2. 13, S. 186.
4 *Brief an den Vater*, S. 7.
5 a. a. O., S. 40.
6 a. a. O., S. 37.
7 a. a. O., S. 58 f.
8 *Tagebücher*, 11. 2. 13, S. 186.
9 *Sämtliche Erzählungen*, S. 32.
10 a. a. O., S. 8.
11 Brief an Hedwig Weiler, vermutlich Anfang 1908, *Briefe*, S. 55.
12 a. a. O.
13 Brief an Max Brod, Frühjahr 1910 (von Brod auf Frühjahr 1919 datiert), *Briefe*, S. 254.
14 *Sämtliche Erzählungen*, S. 189.
15 Brief an Max Brod, 3. 4. 13, *Briefe*, S. 114 f.
16 *Briefe an Felice* 30. 8. 13, S. 458.
17 *Tagebücher*, 21. oder 22. 7. 13, S. 196.
18 *Sämtliche Erzählungen*, S. 108.
19 a. a. O., S. 107.
20 a. a. O., S. 121.

Nach dem Getto

1 Alfred Meissner, *Geschichte meines Lebens* (Wien – Teschen 1884), Bd. II, S. 47. (Von Kafka 1918 gelesen. Brief an Brod von Anfang Dezember 1918, s. *Briefe*, S. 247.)
2 Stölzl, S. 38.
3 Wagenbach, *Monographie*, S. 20.
4 *Brief an den Vater*, S. 17.
5 a. a. O.
6 a. a. O., S. 20.
7 a. a. O.
8 *Tagebücher*, 24. 10. 11, S. 74.
9 a. a. O., S. 11.
10 Wagenbach, *Monographie*, S. 18.
11 *Briefe an Milena*, S. 49.
12 Wagenbach (1958), S. 23.

13 Brief an Max Brod, 13. 1. 21, *Briefe*, S. 289.
14 *Tagebücher*, 24. 10. 11, S. 74.
15 Sedernacht oder Sederabend heißen die beiden ersten der acht Pessach-Abende. An Pessach (bei Luther »Passah«, wörtl. Vorübergehen) feiern die Juden ihren Auszug aus Ägypten. An einem Sederabend wird der Tisch für die häuslichen Mahlzeiten nach ganz bestimmten rituellen Vorschriften gedeckt (Sedertafel).
16 Die Thora-Rollen sind Schriftrollen mit dem Text des Pentateuch, also der fünf Bücher Mose. Thora bedeutet wörtlich »Lehre«.
17 *Brief an den Vater*, S. 46.
18 Brief an Felice, 16. 9. 16, *Briefe an Felice*, S. 700.
19 *Brief an den Vater*, S. 14.
20 *Sämtliche Erzählungen*, S. 314.
21 *Tagebücher*, 1911, S. 140 f.
22 *Brief an den Vater*, S. 12 f.
23 *Briefe an Felice*, 10.–11. 1. 13, S. 245.
24 Zit. n. Wagenbach (1958), S. 196.
25 *Brief an den Vater*, S. 52.
26 Brief an seine Schwester Elli, Herbst 1921, *Briefe*, S. 345.
27 a. a. O., S. 346.
28 *Tagebücher*, S. 336.

Lehrjahre im Kinsky-Palais

1 Emil Utitz (zit. n. Wagenbach, 1958).
2 In Österreich war die Prima die erste Gymnasialklasse, die Sekunda die zweite usw.
3 *Brief an den Vater*, S. 52 f.
4 *Tagebücher*, 18. 1. 22, S. 346.
5 a. a. O., 3. 2. 22, S. 356.
6 Binder (1979), Bd. I, S. 189.
7 Deml, zit. n. Binder (1979), Bd. I, S. 198.
8 *Brief an den Vater*, S. 46.
9 *Hochzeitsvorbereitungen auf dem Lande*, S. 165 f.
10 Bergmann, zit. n. Wagenbach (1958), S. 44.
11 Hecht, S. 7, zit. n. Binder (1979), Bd. I, S. 212.
12 a. a. O.
13 *Tagebücher*, S. 12.
14 a. a. O., S. 430.
15 a. a. O.
16 Brief an Oskar Baum, 21. 9. 22, *Briefe*, S. 419.
17 Wagenbach (1958), S. 59.
18 *Tagebücher*, Dezember 1911, S. 139.
19 Wagenbach (1958), S. 19.
20 *Sämtliche Erzählungen*, S. 14.
21 *Briefe an Milena*, S. 111 f.
22 *Tagebücher*, 10. 4. 22, S. 361.
23 a. a. O.
24 *Brief an den Vater*, S. 60.
25 a. a. O., S. 60 ff.
26 Brief an Max Brod, Mitte September 1917, *Briefe*, S. 164.
27 a. a. O., Mitte August 1907, *Briefe*, S. 37.
28 Aus einem Brief von Frau Selma Robitschek an Max Brod, *Briefe*, S. 495.
29 An Selma Kohn (Eintragung in ein Album), *Briefe*, S. 9.
30 Bergmann, zit. n. Wagenbach (1958), S. 61.

1 – 5 *Brief an den Vater*, S. 54 ff.
6 Brief an Oskar Pollak, 4. 2. 02, *Briefe*, S. 9.
7 a. a. O., S. 10 f.
8 Emil Utitz, *Erinnerungen an Franz Brentano*, zit. n. Wagenbach (1958), S. 107.
9 a. a. O.
10 Brief an Oskar Pollak, 24. 8. 02, *Briefe*, S. 13.
11 Brief an Oskar Pollak, Herbst 1902, *Briefe*, S. 14.
12 a. a. O.
13 Brief an Oskar Pollak, Stempel 20. 12. 02, *Briefe*, S. 14.
14 a. a. O., S. 16.
15 Anna Pouzarová in Frank und Šmejkal, zit. n. Binder (1979), Bd. I, S. 277.
16 *Brief an den Vater*, S. 56.
17 *Briefe an Milena*, S. 138 f.
18 Brief an Oskar Pollak, 6. 9. 03, *Briefe*, S. 17.
19 a. a. O., S. 17 f.
20 a. a. O., S. 18.
21 a. a. O.
22 a. a. O.
23 a. a. O., S. 19.
24 a. a. O., 9. 11. 03, S. 21.
25 a. a. O., S. 20.
26 a. a. O., S. 19.
27 a. a. O.
28 Brief an Oskar Pollak, 10. 1. 04, *Briefe*, S. 25.
29 a. a. O., 27. 1. 04, S. 27 f.
30 a. a. O., 9. 11. 03, S. 20.
31 Brief an Max Brod, 1903 oder 1904, *Briefe*, S. 24.
32 a. a. O., Postskript, S. 25.
33 Brod, *Über Franz Kafka*, S. 53 f.
34 a. a. O., S. 41.
35 a. a. O., S. 54.
36 a. a. O., S. 295.
37 Brief an Max Brod, 28. 8. 14, *Briefe*, S. 28.
38 a. a. O., S. 28 f.
39 a. a. O., S. 29.
40 a. a. O.
41 *Sämtliche Erzählungen*, S. 202.
42 Brief an Max Brod, 28. 8. 04, *Briefe*, S. 29.
43 a. a. O., S. 29 f.
44 *Sämtliche Erzählungen*, S. 230 f.
45 a. a. O., S. 232.
46 a. a. O., S. 197.
47 a. a. O., S. 198.
48 a. a. O., S. 199 f.
49 a. a. O., S. 200 f.
50 a. a. O., S. 201.
51 a. a. O.
52 a. a. O., S. 207.
53 a. a. O., S. 202.
54 a. a. O., S. 203.
55 a. a. O., S. 204.
56 a. a. O., S. 217 f.
57 a. a. O., S. 218.
58 a. a. O., S. 193.
59 Oskar Baum, zit. n. Brod, S. 96.
60 a. a. O.
61 Brod, S. 64 f.
62 Brief an Max Brod, Stempel 25. 10. 08, *Briefe*, S. 60.
63 Bruno Kafka, *Horaz Krasnopolski – ein Nachruf*, zit. n. Binder (1979), Bd. I, S. 291.
64 Feigl, *Memoiren*, zit. n. Unseld, S. 23.
65 Brief an Max Brod, Stempel 24. 8. 05, *Briefe*, S. 32.
66 Brief an Max Brod, Mitte Juli 1916, *Briefe*, S. 139.
67 *Sämtliche Erzählungen*, S. 247.
68 a. a. O., S. 248.
69 Postkarte an Max Brod, 19. 2. 06,

zit. n. Wagenbach (1958), S. 132.
70 Janouch (1981), S. 109.
71 Brief an Max Brod, wahrscheinlich Mai 1906, *Briefe*, S. 33.
72 Brief an Max Brod, Stempel 16. 3. 06, a. a. O.
73 Brief an Max Brod, Stempel 29. 5. 06, a. a. O.
74 Brod, S. 66.
75 *Sämtliche Erzählungen*, S. 234.
76 a. a. O.
77 a. a. O., S. 241.
78 a. a. O.
79 a. a. O., S. 235 f.
80 a. a. O., S. 234.
81 a. a. O., S. 236.

Zwischen »Brotberuf« und »Schreibkunst«

1 Brief an Max Brod, Mitte August 1907, *Briefe*, S. 36.
2 Brod, S. 72.
3 Brief an Max Brod, Mitte August 1907, *Briefe*, S. 37.
4 *Die Abweisung*, vermutlich Ende 1920 geschrieben, *Sämtliche Erzählungen*, S. 310.
5 a. a. O., S. 312.
6 a. a. O., S. 313.
7 Brief an Max Brod, 12. 2. 07, *Briefe*, S. 35.
8 a. a. O., S. 35 f.
9 a. a. O., wahrscheinlich Mai 1907, S. 36.
10 Rohrpostkarte an Max Brod, Mai 1907, Brod, S. 66.
11 Postkarte, erwähnt in einem Brief an Max Brod, Mai 1907, Brod, S. 67.
12 Brief an Max Brod, Mai 1907, *Briefe*, S. 36.
13 Brod, S. 73.
14 Brief an Max Brod, Mitte August 1907, *Briefe*, S. 36 f.
15 *Briefe an Felice*, 21. 11. 12, S. 111.
16 Brief an Max Brod, Mitte August 1908, *Briefe*, S. 36 f.
17 a. a. O., S. 37 f.
18 Brief an Hedwig Weiler, 29. 8. 07, *Briefe*, S. 39.
19 a. a. O., S. 40.
20 Brief an Hedwig Weiler, Anfang September 1907, *Briefe*, S. 40.
21 Jens Peter Jacobsen, *Niels Lyhne*, Bochum o. J., S. 160.
22 Brief an Hedwig Weiler, Anfang September 1907, *Briefe*, S. 41.
23 a. a. O., S. 42.
24 a. a. O.
25 a. a. O.
26 a. a. O., S. 43.
27 a. a. O.
28 a. a. O.
29 Brief an Hedwig Weiler, 19. 9. 07, *Briefe*, S. 45; der Satz findet sich in nahezu gleicher Form in einem Brief an Max Brod vom 22. 9. 07, *Briefe*, S. 46.
30 Brief an Hedwig Weiler, 15. 9. 07, *Briefe*, S. 44.
31 Brief an Hedwig Weiler, Anfang September 1907, *Briefe*, S. 43.
32 a. a. O., 19. 9. 07, S. 45.
33 a. a. O.
34 a. a. O., S. 46.
35 Brief an Hedwig Weiler, 24. 9. 07, *Briefe*, S. 47.
36 Untersuchungsbericht von Dr. Wilhelm Pollak, 1. 10. 07, zit. n. Wagenbach (1958), S. 141.
37 Brief an Hedwig Weiler, Anfang

Oktober 1907, *Briefe*, S. 48 f.
38 a. a. O., S. 49.
39 Brief an Hedwig Weiler, wahrscheinlich November 1907, *Briefe*, S. 49.
40 a. a. O., S. 49 f.
41 a. a. O., S. 50.
42 a. a. O.
43 Brief an Hedwig Weiler vom 22. 11. 07, *Briefe*, S. 51 f.
44 *Sämtliche Erzählungen*, S. 18.
45 Brief an Max Brod, Stempel 11. 1. 08, *Briefe*, S. 54.
46 Brief an Hedwig Weiler, wahrscheinlich Anfang 1908, *Briefe*, S. 54.
47 *Sämtliche Erzählungen*, S. 16.
48 a. a. O., S. 15.
49 Brief an Hedwig Weiler, wahrscheinlich Anfang 1908, *Briefe*, S. 55.
50 a. a. O.
51 Willy Haas, »Um 1910 in Prag« in: *Forum IV* (1957), S. 42, zit. n. Bezzel, S. 31.
52 a. a. O., S. 33.
53 *Sämtliche Erzählungen*, S. 13.
54 a. a. O.
55 a. a. O.
56 Joachim Unseld hat im Max-Brod-Archiv einen Hinweis darauf gefunden, daß Bäuml am 7./8. April 1908 starb und nicht, wie bisher angenommen, am 4. November.
57 Max Brod, S. 63 f.
58 a. a. O., S. 61.
59 Brief an Max Brod, Mai 1908, *Briefe*, S. 56 f.
60 a. a. O., September 1908, *Briefe*, S. 59.
61 a. a. O.
62 *Brief an den Vater*, S. 32.
63 *Tagebücher*, 19. 1. 15, S. 284.

Die Arbeiter-Unfall-Versicherungs-Anstalt

1 Bericht der Arbeiter-Unfall-Versicherungs-Anstalt für das Königreich Böhmen über ihre Tätigkeit während der Zeit vom 1. Jänner bis 31. Dezember 1909. Prag 1910. S. 7 f.; zit. n. Wagenbach, *Monographie*, S. 66, sowie bei Brod, S. 77.
2 Postkarte an Max Brod, Stempel 2. 9. 08, *Briefe*, S. 58.
3 Brief an Max Brod, September 1908, *Briefe*, S. 59.
4 Postkarte an Max Brod, September 1908, *Briefe*, S. 59.
5 Brod, S. 61.
6 Postkarte an Max Brod, 21. 11. 08, *Briefe*, S. 60.
7 Brief an Max Brod, 10. 12. 08, *Briefe*, S. 61.
8 a. a. O., 15. 12. 08, *Briefe*, S. 61.
9 a. a. O., 31. 12. 08, *Briefe*, S. 63.
10 Brief an Hedwig Weiler, 7. 1. 09, *Briefe*, S. 65.
11 a. a. O.
12 Brief an Hedwig Weiler, Mitte April 1909, *Briefe*, S. 67.
13 a. a. O.
14 Wagenbach (1958), S. 148 f.
15 Postkarte an Max Brod, Stempel 8. 5. 09, *Briefe*, S. 69.
16 Brief an Max Brod, Anfang Juli 1909, *Briefe*, S. 70.
17 Brief an Max Brod, Sommer 1909, *Briefe*, S. 73.

18 a. a. O.
19 Brod, S. 92.
20 Brod, S. 92 f.
21 *Die Aeroplane in Brescia*, Brod, S. 361.
22 a. a. O., S. 364.
23 a. a. O., S. 364 f.
24 a. a. O., S. 93.
25 a. a. O., S. 94.
26 Brief an Ernst Eisner, wahrscheinlich 1909, *Briefe*, S. 76.
27 a. a. O.
28 Brief an Max Brod, Stempel 12. 3. 10, *Briefe*, S. 79.
29 Postkarte an Max Brod, Stempel 21. 12. 09, *Briefe*, S. 75.
30 Postkarte an Max Brod, Stempel 18. 3. 10, *Briefe*, S. 80.
31 Brief an Max Brod, Frühjahr 1909, von Brod auf Frühjahr 1919 datiert, *Briefe*, S. 254.
32 Friedrich Nietzsche, *Werke in zwei Bänden*, Band 2, München [4]1978, S. 230 f.

Die Gaukler-Leiter

1 *Tagebücher*, 1910, S. 10 f.
2 a. a. O., S. 11.
3 *Briefe an Felice*, 8. – 9. 1. 13, S. 237 f.
4 a. a. O., S. 239 f.
5 Postkarte an Max Brod, Stempel 9. 12. 10, *Briefe*, S. 84.
6 *Tagebücher*, 1910, S. 9.
7 Brod, S. 98.
8 *Tagebücher*, 8. 10. 11., S. 57.
9 a. a. O., S. 10.
10 *Tagebücher*, 1910, S. 14.
11 Auf einer von drei an Max und Otto Brod gesandten Ansichtskarten, Stempel 20. 10. 10, *Briefe*, S. 82 f.
12 a. a. O., S. 82.
13 Postkarte an Max Brod, Stempel 4. 12. 10, *Briefe*, S. 83.
14 Brief an Max Brod, 15./17. 12. 10, *Briefe*, S. 84 f.
15 *Tagebücher*, 16. 12. 10, S. 20.
16 Brief an Max Brod, 15./17. 12. 10, *Briefe*, S. 85.
17 *Tagebücher*, 15. 12. 10, S. 20.
18 Brief an Max Brod, 15./17. 12. 10, *Briefe*, S. 85.
19 a. a. O.
20 *Tagebücher*, 17. 12. 10, S. 21.
21 a. a. O., 26. 12. 10, S. 24.
22 a. a. O., 24. 12. 10, S. 23.
23 a. a. O., 25. 12. 10, S. 24.
24 a. a. O., 19. 01. 11, S. 28.
25 Brod, S. 343.
26 a. a. O.
27 a. a. O.
28 Postkarte an Max Brod, 1. 2. 11, *Briefe*, S. 87.
29 *Reisetagebücher*, Januar–Februar 1911, in *Tagebücher*, S. 370 f.
30 a. a. O., S. 371 f.
31 a. a. O., S. 372.
32 *Tagebücher*, 19. 2. 11, S. 29.
33 a. a. O.
34 a. a. O., S. 39.
35 a. a. O., S. 31 f.
36 a. a. O., S. 32.
37 a. a. O., S. 29.
38 *Tagebücher*, 21. 2. 11, S. 30.
39 Wagenbach (1958), S. 175.
40 *Tagebücher*, 26. oder 27. 3. 11, S. 37 f.
41 a. a. O., S. 38.
42 a. a. O.
43 a. a. O., S. 38 f.

44 Brod, S. 97 f.
45 Brod, Tagebuch, 25. 5. 11.
46 Tagebücher, 27. 5. 11, S. 39, und Brief an Max Brod, 27. 5. 11, *Briefe*, S. 89.
47 Brod, Tagebuch, 15. 6. 11.
48 *Tagebücher,* 15. 8. 11, S. 40.
49 a. a. O., 28. 8. 11 (dasselbe Datum wird als Tag von Kafkas Abreise angegeben), S. 17.
50 a. a. O.
51 a. a. O.
52 a. a. O.

Unterwegs mit Reiseführer »Billig«

1 *Tagebücher*, S. 376 (Reisetagebücher August, September 1911).
2 a. a. O., S. 378.
3 a. a. O.
4 a. a. O.
5 a. a. O., S. 380, s. auch: Brod, *Über Franz Kafka,* S. 106.
6 a. a. O., 5. 9. 11, S. 385.
7 Brod, S. 97.
8 a. a. O., S. 107.
9 a. a. O.
10 a. a. O.
11 a. a. O.
12 a. a. O.
13 a. a. O.
14 *Tagebücher*, S. 375.
15 a. a. O., 28. 8. 11, S. 379.
16 Tagebucheintragung Max Brods vom 2. 9. 11, zit. n. Wagenbach (1958), S. 170.
17 *Tagebücher,* 4. 9. 11, S. 383.
18 a. a. O., S. 384.
19 a. a. O., S. 384 f.
20 a. a. O., S. 385.
21 a. a. O.
22 a. a. O., S. 386.
23 Brod, S. 341.
24 *Tagebücher,* S. 394 f.
25 a. a. O., S. 397.
26 a. a. O., S. 400 f.
27 a. a. O., S. 401.
28 a. a. O.
29 a. a. O., S. 389.
30 a. a. O., S. 390.
31 a. a. O., S. 391.
32 Brief an Oskar Baum, 19. 9. 11, *Briefe,* S. 92.
33 *Tagebücher,* 26. 9. 11, S. 44.
34 a. a. O.
35 a. a. O., 30. 9. 11, S. 46 f.
36 a. a. O., 1. 10. 11, S. 47.
37 a. a. O., S. 48.
38 Als Chassidím (Plural) von hebr. *chassíd* = fromm) werden Anhänger des Chassidismus bezeichnet, den in seiner ostjüdischen Ausprägung Israel Ben Elieser im 18. Jh. in der Ukraine begründete.
Er legte sich den Gottesnamen Baal Schem Tow zu (»Herr des guten Namens«), was soviel bedeutet wie Wundertäter oder Zauberer, und galt als Urbild des vollendeten Frommen (Zaddik = gerecht, heilig, im jüdischen Osten Bezeichnung für den chassidischen Wunderrabbi), der als Mittler zwischen Gott und den Menschen angesehen wurde und um den sich die Gemeinde der Chassidím als ihren Meister scharte.
Aus der ursprünglich als Gegensatz zur komplizierten Talmudgelehrsamkeit aufgefaßten freudigen Hingabe an Gott und seinen Wil-

len wurde bald ein simpler Wunderglaube.
39 a. a. O., 2. 10. 11, S. 48.
40 a. a. O., 3. 10. 11, S. 50.
41 a. a. O., S. 49.
42 a. a. O., S. 50.
43 a. a. O., S. 51.
44 a. a. O., S. 50.

Die jiddischen Schauspieler

1 *Tagebücher,* 5. 10. 11, S. 52 f.
2 Janouch (1971), S. 96.
3 *Tagebücher,* 8. 10. 11, S. 58.
4 a. a. O., 5. 10. 11, S. 53.
5 *Tagebücher,* 10. 10. 11, S. 60.
6 a. a. O., 14. 10. 11, S. 63.
7 a. a. O., 16. 10. 11, S. 65.
8 a. a. O.
9 a. a. O., S. 66.
10 a. a. O.
11 a. a. O., 20. 10. 11, S. 69.
12 a. a. O., 17. 10. 11, S. 66.
13 a. a. O., S. 68.
14 a. a. O., 21. 10. 11, S. 71.
15 Mit den Worten »Kol Nidre« (wörtlich »Alle Gelübde«) beginnt das Synagogengebet am Vorabend des Versöhnungstages Jom Kippur.
16 *Tagebücher,* S. 71 f.
17 a. a. O., S 72.
18 a. a. O., 26. 10. 11, S. 75.
19 a. a. O., S. 77.
20 a. a. O., 30. 10. 11, S. 82.
21 a. a. O., 3. 11. 11, S. 88; Kafka erinnerte sich möglicherweise bei der Abfassung des Vaterbriefs nicht mehr genau an den Wortlaut, denn dort (S. 15) sagt er, der Vater habe »das Sprichwort von den Hunden und den Flöhen« bei der Hand gehabt.
22 a. a. O.
23 a. a. O.
24 a. a. O., 1. 11. 11, S. 84.
25 a. a. O., 5. 11. 11, S. 90.
26 a. a. O.
27 a. a. O., 5. 11. 11, S. 90 f.
28 a. a. O., 6. 11. 11, S. 92.
29 a. a. O., 8. 11. 11, S. 95.
30 a. a. O.
31 a. a. O., S. 96.
32 a. a. O., 9. 11. 11, S. 96.
33 a. a. O., S. 97.

Junggesellenleben

1 *Tagebücher,* 8. 11. 11, S. 95.
2 a. a. O., 14. 11. 11, S. 101.
3 *Sämtliche Erzählungen,* S. 264.
4 *Tagebücher,* 11. 11. 11, S. 98.
5 a. a. O., 15. 11. 11, S. 102.
6 a. a. O.
7 a. a. O., 21. 11. 11, S. 107.
8 a. a. O., S. 108.
9 a. a. O.
10 a. a. O., 8. 12. 11, S. 116.
11 a. a. O.
12 a. a. O., S. 117.
13 a. a. O., 24. 12. 11, S. 129.
14 a. a. O., 18. 12. 11, S. 123.
15 a. a. O., 23. 12. 11, S. 127.
16 a. a. O., S. 124.

17 a. a. O.
18 a. a. O., 24. 12. 11, S. 129.
19 a. a. O., S. 128 f.
20 a. a. O., 4. 1. 12, S. 145.
21 a. a. O.
22 a. a. O., 5. 1. 12, S. 146.
23 a. a. O., 7. 1. 1912, S. 151.
24 a. a. O.
25 a. a. O., S. 153.
26 a. a. O.
27 *Betrachtung*, in *Sämtliche Erzählungen*, S. 12. A steht für Löwy, B. für seine Schwester und C. für Max Brod.
28 *Tagebücher*, 5. 12. 11, S. 155.
29 a. a. O., S. 157.
30 a. a. O., 25. 2. 12, S. 158.
31 a. a. O., 27. 3. 12, S. 171.
32 *a. a. O.*, 10. 3. 12, S. 167.
33 Loužil, S. 64, zit. n. Bezzel, S. 62.
34 *Tagebücher*, 5. 3. 12, S. 166.
35 a. a. O., 29. 6. 12, S. 407.
36 a. a. O., S. 408.
37 a. a. O.
38 a. a. O., 30. 6. 12, S. 408.
39 a. a. O., S. 409.
40 a. a. O., 2. 7. 12, S. 410.
41 a. a. O., S. 413.
42 a. a. O., 6. 7. 12, S. 414.
43 a. a. O.
44 a. a. O., 8. 7. 12, S. 416.
45 a. a. O., 9. 7. 12, S. 417.
46 a. a. O.
47 a. a. O.
48 Brief an Max Brod, 17. 7. 12, *Briefe*, S. 99.
49 *Tagebücher*, 11. 7. 12, S. 418.
50 a. a. O., 19. 7. 12, S. 423.
51 Brief an Max Brod, 10. 7. 12, *Briefe*, S. 96.
52 a. a. O., 9. 7. 12, *Briefe*, S. 95.
53 *Tagebücher*, 14. 7. 12, S. 420.
54 a. a. O.
55 a. a. O., 20. 7. 12, S. 424.
56 Brief an Max Brod, 22. 7. 12, *Briefe*, S. 101.
57 a. a. O.

Felice oder Das »unerschütterliche Urteil«

1 Brief an Max Brod, wahrscheinlich 7. 8. 12, von Brod auf Juli datiert, *Briefe*, S. 99.
2 *Tagebücher*, 11. 8. 12, S. 176.
3 a. a. O., 20. 8. 12, S. 178.
4 *Briefe an Felice*, 27. 10. 12, S. 59.
5 a. a. O., 15. 8. 16, S. 681.
6 a. a. O., 27. 10. 12, S. 61.
7 *Tagebücher*, 15. 8. 12, S. 177.
8 a. a. O.
9 a. a. O., 16. 8. 12, S. 178.
10 a. a. O., 30. 8. 12, S. 179.
11 a. a. O.
12 a. a. O., 15. 8. 12, S. 177.
13 a. a. O., 30. 8. 12, S. 179.
14 a. a. O., 11. 9. 12, S. 180.
15 a. a. O.
16 *Briefe an Felice*, 17./18. 1. 12, S. 255.
17 a. a. O., 20. 9. 12, S. 44.
18 a. a. O., 20. 9. 12, S. 43 f.
19 Brief an Max Brod und Felix Weltsch, 20. 9. 12, *Briefe*, S. 104; *Briefe an Felice*, 20. 9. 12, S. 43.
20 *Briefe an Felice*, 2. 6. 13, S. 394.
21 *Sämtliche Erzählungen*, S. 28.
22 Janouch (1971), S. 69.
23 *Sämtliche Erzählungen*, S. 30.
24 *Brief an den Vater*, S. 63.
25 *Sämtliche Erzählungen*, S. 30.
26 *Tagebücher*, 24. 11. 11, S. 109.
27 *Sämtliche Erzählungen*, S. 23.
28 *Briefe an Felice*, 27./28. 12. 12, S. 213.

29 a. a. O., 15./16. 12. 12, S. 185.
30 *a. a. O.*, 28. 9. 12, S. 46.
31 *Tagebücher*, 23. 9. 12, S. 184.
32 Brod, S. 113.
33 *Tagebücher*, 10. 8. 12, S. 176.
34 *Amerika*, S. 10.
35 a. a. O., S. 34.
36 a. a. O., S. 29 f.
37 *Briefe an Felice*, 28. 11. 12, S. 136.
38 Brief an Max Brod, 8. 10. 12, *Briefe*, S. 108 f.
39 Postskriptum zum Brief an Max Brod, 7./8. 10. 12, *Briefe*, S. 109.
40 Brod, S. 86.
41 Dem Brief an Felice vom 20. zum 21. 12. 12. beigelegter, nicht datierter Brief, *Briefe an Felice*, S. 198.
42 a. a. O., 24. 10. 12, S. 53.
43 a. a. O., 1. 11. 12, S. 65.
44 a. a. O., S. 66.
45 a. a. O., S. 67.
46 a. a. O., S. 68
47 a. a. O., 5. 11. 12, S. 76.
48 a. a. O., S. 74.
49 a. a. O., 7. 11. 12, S. 78.
50 Nämlich an Kafkas vegetarische Kost. Er, der Sohn des Fleischhauers, hatte für diese Lebensweise kein Verständnis. S. Max Brods Bemerkungen über Kafkas vegetarische Lebensweise in seinem Brief an Felice Bauer vom 22. November 1912 (*Briefe an Felice*, S. 115).
51 a. a. O., S. 79.
52 Brod, S. 367.
53 *Briefe an Felice*, 7. 11. 12, S. 80.
54 a. a. O., 8. 11. 12, S. 87.
55 Entwurf eines Briefs an Felice, 9. 11. 12, a. a. O., S. 83 f.
56 Der zweite Brief an Felice mit dem Datum 11. 11. 12, S. 87.
57 a. a. O., S. 85 f.
58 Der dritte Brief an Felice mit dem Datum 11. 11. 12, a. a. O., S. 88.
59 a. a. O.
60 a. a. O., S. 89.
61 Mit einem Strauß Rosen durch einen Boten überbrachte Mitteilung an Felice vom 13. 11. 12, S. *Briefe an Felice*, S. 89
62 Brief Max Brods an Felice, 15. 11. 12, a. a. O., S. 96.
63 a. a. O., S. 97.
64 *Briefe an Felice*, 9./10. 3. 13, S. 332.
65 *Tagebücher*, 8. 10. 17, S. 334.
66 *Briefe an Felice*, 14. 11. 12, S. 89.
67 a. a. O., S. 90.
68 Der dritte Brief an Felice mit dem Datum 11. 11. 12, S. 89.
69 a. a. O., S. 90.
70 *Briefe an Felice*, 14. 11. 12, S. 92 f.
71 *Briefe an Felice*, 14. 11. 12, S. 93.
72 a. a. O., 17. 11. 12, S. 101.
73 a. a. O.
74 Brief von Kafkas Mutter an Felice vom 16. 11. 12, *Briefe an Felice*, S. 100.

Der Käfer Gregor

1 *Sämtliche Erzählungen*, S. 56.
2 *Briefe an Felice*, 17. 11. 12, S. 101.
3 *Briefe an Felice*, 18. 11. 12, S. 105.
4 Der zweite Brief an Felice mit dem Datum 20. 11. 12, S. 107.
5 Nicht beendeter Brief an Felice vom 18. 11. 12, am 28. 12. 12 abgeschickt, S. 137 f.
6 *Briefe an Felice*, 4. 12. 12, S. 154.
7 a. a. O., 5. 12. 12, S. 159.

8 a. a. O., 21. 11. 12, S. 109.
9 a. a. O., 22. 11. 12, S. 114.
10 a. a. O.
11 Der zweite Brief an Felice mit dem Datum 21. 11. 12, S. 111.
12 *Briefe an Felice*, 23. – 24. 11. 12, S. 117.
13 a. a. O., 25. 11. 12, S. 125.
14 a. a. O., 27. 11. 12, S. 135.
15 Brief an Felice vom 7. 12. 12 (datiert 8. 12.), S. 168.
16 30. 11. 12 (Nacht vom 29. zum 30. November 1912), S. 142.
17 a. a. O., 22. 12. 12, S. 200 f.
18 Robert Musil, *Der Mann ohne Eigenschaften*, Hamburg 1968, S. 124.
19 *Briefe an Felice*, 22. – 23. 12. 12, S. 202.
20 a. a. O.
21 a. a. O., 23. – 24. 12. 12, S. 204.
22 a. a. O., 30. – 31. 12. 12, S. 222.
23 a. a. O., 1. – 2. 2. 13, S. 280.
24 a. a. O., 31. 12. 12 – 1. 1. 13, S. 222.
25 a. a. O., S. 224.
26 a. a. O.
27 a. a. O., 5. – 6. 1. 12, S. 233.
28 a. a. O., 10. – 11. 1. 13, S. 243.
29 a. a. O., S. 244.
30 a. a. O., 14. – 15. 1. 13, S. 250.
31 Ein Teilabdruck dieses Vortrags findet sich in: *Vom Judentum. Ein Sammelbuch*, hrsg. vom Verein Jüdischer Hochschüler »Bar Kochba« in Prag, Leipzig 1913, S. 21 ff.
32 *Briefe an Felice*, 19. 1. 13, S. 257.
33 a. a. O.
34 a. a. O., 23. – 24. 1. 13, S. 267.
35 a. a. O., 26. – 27. 1. 13, S. 272.
36 a. a. O., 19. 1. 13, S. 257.
37 a. a. O., 1. – 2. 2. 13, S. 281.
38 Auf den 9. – 10. 2. 13 datierter, vermutlich aber in der Nacht vom 7. zum 8. 2. geschriebener Brief an Felice, S. 290.
39 a. a. O.
40 a. a. O., S. 289.
41 a. a. O.
42 Dem vom 21. zum 22. 2. 13 geschriebenen Brief an Felice vermutlich beigelegt, a. a. O., S. 310.
43 a. a. O., 9. – 10. 2. 13, S. 291.
44 Max Brods Rezension von »Betrachtung«: »Das Ereignis eines Buches« in der Wochenschrift *März* (München) 1917, 7 (Februar), S. 268 ff. – Wiederabgedruckt in Born u. a., *Kafka-Symposium*, S. 129 ff.
45 *Briefe an Felice*, 14. – 15. 2. 13, S. 300.
46 a. a. O., 18. – 19. 2. 13, S. 306.
47 a. a. O., 21. – 22. 2. 13, S. 309 f.
48 a. a. O., 23. 2. 13, S. 311.
49 a. a. O., 9. 3. 13, S. 330.
50 Die Fragment gebliebene Ernst-Liman-Erzählung, s. *Tagebücher* (28. Februar 1913), S. 187 ff.
51 *Briefe an Felice*, 2. – 3. 3. 13, S. 322.
52 a. a. O., 28. 3. 13, S. 347.
53 a. a. O., 1. 4. 13, S. 351 f.
54 *Tagebücher*, 14. 8. 13, S. 198.
55 Postskriptum zum Brief an Felice vom 1. 4. 13, S. 352.
56 *Tagebücher*, 24. 5. 13, S. 19.
57 *Briefe an Felice*, 7. 4. 13, S. 358.
58 a. a. O., 14. 4. 13, S. 365.
59 a. a. O., 17. 4. 13, S. 366.
60 *Tagebücher*, 4. 5. 13, S. 191.
61 *Briefe an Felice*, 15. 5. 13, S. 383.
62 Mit 1. 7. 13 datierter, vermutlich am 1. 8. geschriebener Brief, a. a. O., S. 418.
63 *Briefe an Felice*, 12. – 13. 5. 13, S. 380 f.
64 a. a. O., S. 382.
65 *Prager Tageblatt*, 1. 6. 13. Abgedruckt im Anhang zu *Briefe an Felice*, S. 763.

66 *Briefe an Felice*, 10. 6. 13, S. 401.
67 *Tagebücher*, 21. 6. 13, S. 192.
68 *Briefe an Felice*, 21., 22. und 23. 6. 13, S. 407 ff.
69 a. a. O., 23. 6. 13, S. 410.
70 a. a. O.
71 a. a. O., 29. 10. 13, S. 467.
72 *Tagebücher*, 21. oder 22. 7. 13, S. 195.
73 a. a. O.
74 a. a. O.
75 *Briefe an Felice*, 28. 6. 13, S. 420.
76 Brief an Felice, datiert 6. 7. 13, geschrieben 5. 7. 13, a. a. O., S. 421.
77 a. a. O., 13. 7. 13, S. 427.
78 a. a. O., 4. 8. 13, S. 434.
79 a. a. O., 6. 8. 13, S. 436.
80 *Tagebücher*, 13. 8. 13, S. 197.
81 a. a. O., 14. 8. 13, S. 197.
82 *Briefe an Felice*, 14. 8. 13, S. 444.
83 a. a. O., 22. 8. 13, S. 450.
84 a. a. O., S. 451.
85 a. a. O.
86 *Tagebücher*, 15. 8. 13, S. 198.
87 a. a. O.
88 *Briefe an Felice*, 30. 8. 13, S. 459.
89 a. a. O., 2. 9. 13, S. 460.
90 a. a. O.

Grete Bloch – die Freundin als Mittlerin

1 *Briefe an Felice*, 27./28. 2. 13, S. 318.
2 a. a. O., Postkarte v. 9. 9. 13, S. 462.
3 a. a. O., 16. 9. 13, S. 166.
4 a. a. O., 6. 11. 13, S. 472.
5 a. a. O.
6 Brief an Max Brod, *Briefe*, 28. 9. 13, S. 122.
7 *Tagebücher*, 20. 10. 13, S. 203.
8 a. a. O.
9 *Briefe an Felice*, 29. 12. 13, S. 484 f.
10 a. a. O., 29. 10. 13, S. 468.
11 a. a. O.
12 Brief an Grete Bloch vom 10. 11. 13; wie alle Briefe an Grete Bloch enthalten in *Briefe an Felice*, S. 476.
13 a. a. O., 18. 11. 13, S. 479.
14 a. a. O., 19. 2. 14, S. 504.
15 *Tagebücher*, 4. 12. 13, S. 211.
16 a. a. O.
17 a. a. O., 12. 12. 13, S. 214.
18 *Briefe an Felice*, 29. 12. 13, S. 483.
19 a. a. O., S. 485.
20 a. a. O., S. 488.
21 a. a. O.
22 Brief an Grete Bloch, a. a. O., 7. 2. 14, S. 496.
23 Am 21. oder 22. 2. 14 begonnener, am 25. 2. 14 beendeter Brief an Grete Bloch, a. a. O., S. 505.
24 *Tagebücher*, etwa 9. 3. 14, S. 229.
25 Brief an Grete Bloch, 3. 3. 14, *Briefe an Felice*, S. 510.
26 *Tagebücher*, etwa 9. 3. 14, S. 229.
27 Brief an Grete Bloch, 4. 3. 14, *Briefe an Felice*, S. 511.
28 *Tagebücher*, etwa 9. 3. 14, S. 229.
29 In einem Brief an Felice vom 18. 3. 14 zitiertes Telegramm vom selben Tag, *Briefe an Felice*, S. 525.
30 Brief Julie Kafkas an Felice, 18. 3. 14, a. a. O., S. 525.
31 Brief Kafkas an Felices Eltern, 19. 3. 14, a. a. O., S. 526.
32 Brief an Grete Bloch, datiert 20. 3. 14, geschrieben 21. 3., a. a. O., S. 531.
33 a. a. O.
34 Brief an Grete Bloch, 5. 4. 14,

a. a. O., S. 541.
35 a. a. O., 14. 4. 14, S. 549.
36 a. a. O., S. 550.
37 a. a. O., 15. 4. 14, S. 550.
38 a. a. O., 16. 4. 14, S. 552.
39 *Briefe an Felice*, 14. 4. 14, S. 548.
40 Brief an Felices Mutter, 19. 4. 14, a. a. O., S. 556.
41 *Briefe an Felice*, 17. 4. 14, S. 553.
42 a. a. O., 20. 4. 14, S. 559.
43 a. a. O.
44 Brief an Grete Bloch, Ende April 1914, a. a. O., S. 569.
45 a. a. O., etwa 3. 5. 14, S. 570.
46 a. a. O., 7. 5. 14, S. 571.
47 Brief Sigmund Freuds an Martha Bernays, 18. 8. 1882, in: Sigmund Freud, *Brautbriefe*, Frankf. a.M. 1968, S. 23 f.
48 Brief an Grete Bloch, 8. 5. 14, *Briefe an Felice*, S. 572.
49 a. a. O.
50 a. a. O., 24. 5. 14, S. 588.
51 Brief an Grete Bloch, 16. 4. 16, a. a. O., S. 576.
52 a. a. O., 29. 5. 14, S. 592 f.
53 a. a. O., etwa 2./3. 6. 14, S. 593.
54 Zit. n. Brod, S. 210. In diesem Brief wird Kafkas Name im Zusammenhang mit der Vaterschaft *nicht* genannt.
55 *Briefe an Felice*, S. 470.
56 Binder (1979), Bd. I, S. 452.
57 Brief an Grete Bloch, 4. 6. 14, *Briefe an Felice*, S. 593.
58 *Tagebücher*, 6. 6. 14, S. 240.
59 Brief an Grete Bloch, 6. 6. 14, *Briefe an Felice*, S. 595.
60 a. a. O.
61 Zit. im Brief an Grete Bloch v. 11. 6. 14, a. a. O., S. 598.
62 Entwurf oder Kopie eines Briefs von Grete Bloch an Franz Kafka, 3. 7. 14, *Briefe an Felice*, S. 608.
63 a. a. O.
64 a. a. O., S. 609.
65 Brief Julie Kafkas an Felices Eltern, 4. 7. 14, *Briefe an Felice*, S. 611.
66 *Tagebücher*, 23. 7. 14, S. 254.
67 a. a. O.
68 Brief an Felices Eltern, 13. 7. 14, *Briefe an Felice*, S. 611.
69 *Tagebücher*, 27. 7. 14, S. 255.
70 *Briefe*, S. 131.
71 a. a. O.
72 Brief an die Eltern, in: *Briefe an Ottla und die Familie*, S. 23.
73 a. a. O., S. 23 f.
74 *Tagebücher*, 28. 7. 14, S. 257.
75 a. a. O., S. 256.

Der Prozeß

1 *Tagebücher*, 29. 7. 14, S. 258.
2 a. a. O., 6. 8. 14, S. 261 f.
3 a. a. O., 15. 8. 14, S. 263.
4 a. a. O., 29. 8. 14, S. 271.
5 a. a. O., 30. 8. 14, S. 271.
6 Brief an Grete Bloch, 15. 10. 14, *Briefe an Felice*, S. 615, und *Tagebücher*, S. 273.
7 *Brief an den Vater*, S. 40 f.
8 Brief an Grete Bloch, *Briefe an Felice*, S. 615.
9 *Der Prozeß*, S. 10 f.
10 a. a. O., S. 22.
11 a. a. O., S. 45.
12 *Briefe an Felice*, Ende Oktober/Anfang November 1914, S. 617.
13 a. a. O.
14 *Tagebücher*, 1. 9. 14, S. 272.
15 a.a. O., 13. 9. 14, S. 272.
16 a. a. O.

17 *Tagebücher*, zwischen dem 15. und 21. 10. 14, S. 274.
18 a. a. O., 25. 10. 14, S. 274.
19 a. a. O., 4. 11. 14, S. 275.
20 a. a. O., 2. 12. 14, S. 277.
21 *Der Prozeß*, S. 53 f.
22 a. a. O., S. 96.
23 *Tagebücher*, 20. 11. 14, S. 276.
24 *Der Prozeß*, S. 180 ff.
25 a. a. O., S. 11.
26 *Tagebücher*, 13. 12. 14, S. 279.
27 a. a. O., 19. 12. 14, S. 280.
28 a. a. O., 26. 12. 14, S. 281.

Exodus

1 *Tagebücher*, 4. 1. 15, S. 283.
2 a. a. O.
3 a. a. O., 6. 1. 15, S. 283.
4 a. a. O., 18. 1. 15, S. 284.
5 a. a. O., 17. 1. 15, S. 283.
6 a. a. O., 24. 1. 15, S. 286.
7 a. a. O.
8 a. a. O.
9 a. a. O., S. 287.
10 a. a. O.
11 *Briefe an Felice*, 25. 1. 15, S. 624 f.
12 Dieser Roman ist ein Spätwerk Flauberts; er begann ihn 1872 (mit 51 Jahren), veröffentlicht wurde er postum 1881 als Fragment. Absicht des Autors war eine radikale Polemik gegen den bornierten Positivismus der modernen Wissenschaften, der sich zu jener Zeit manifestierte.
13 Kafka veröffentlichte aus dem 1927 von Max Brod unter dem Titel *Amerika* herausgegebenen Romanfragment 1913 ein Kapitel Kurt Wolff, dem er den Titel Heizer« gab. Für diesen hatte Kafka als Titel *Der Verschollene* erwogen (für den Fall, daß er das Werk beendet hätte).
14 *Tagebücher*, 9. 2. 15, S. 288.
15 *Briefe an Felice*, 11. 2. 15, S. 626.
16 a. a. O., S. 627.
17 *Tagebücher*, 1. 3. 15, S. 289.
18 *Briefe an Felice*, 21. 3. 15, S. 630.
19 *Tagebücher*, 13. 3. 15, S. 290.
20 a. a. O., 17. 3. 15, S. 291.
21 *Briefe an Felice*, 21. 3. 15, S. 631.
22 a. a. O., 5. 4. 15, S. 632.
23 a. a. O., S. 633.
24 a. a. O., 3. 5. 15, S. 296.
25 a. a. O., 4. 5. 15, S. 296.
26 a. a. O.
27 *Briefe an Felice*, Stempel 4. 5. 15, S. 638.
28 Es handelt sich nicht um Felices Schwester Erna Bauer, wie es in Bezzels *Kafka-Chronik* heißt. Vgl. dazu *Briefe an Ottla und die Familie*, S. 28.
29 Postkarte an Felice, Stempel 26. 5. 15, S. 639.
30 Postkarte, Stempel 27. 5. 15, S. 640.
31 a. a. O.
32 *Tagebücher*, 27. 5. 15, S. 297.
33 *Briefe an Felice*, 20. 7. 15, S. 641.
34 a. a. O.
35 a. a. O., Ende Juli 1915, S. 641 f.
36 a. a. O., 9. 8. 15, S. 643.
37 a. a. O.
38 a. a. O., S. 644.
39 *Tagebücher*, 14. 5. 15, S. 297.
40 a. a. O., 16. 9. 15, S. 298.
41 a. a. O.
42 a. a. O., 30. 9. 15, S. 299.
43 *Hochzeitsvorbereitungen auf dem Lande*,

S. 70.
44 *Tagebücher*, 20. 7. 16, S. 316.
45 *Der Prozeß*, S. 193 f.
46 a. a. O., S. 194.
47 a. a. O.
48 a. a. O.
49 Brief an den Verlag Kurt Wolff, *Briefe*, 25. 10. 15, S. 136.
50 a. a. O.
51 *Tagebücher*, 5. 11. 15, S. 302 f.
52 a. a. O., 6. 11. 15, S. 303.
53 a. a. O., 19. 11. 15, S. 303.
54 a. a. O., 21. 11. 15, S. 304.
55 *Briefe an Felice*, Stempel 5. 12. 15, S. 644 f.
56 *Tagebücher*, 25. 12. 15, S. 304

Verlobung in Marienbad

1 *Briefe an Felice*, 18. 1. 16, S. 647.
2 a. a. O., S. 648.
3 Postkarte an Felice, 24. 1. 16, S. 648.
4 *Briefe an Felice*, März 1916, S. 650.
5 a. a. O., S. 649.
6 Postkarte an Felice, 19. 4. 16, S. 653.
7 *Briefe an Felice*, wahrscheinlich 14. 5. 1916, S. 656 f.
8 Postkarte an Felice, Mitte Mai 1916, S. 657.
9 a. a. O., 26. 5. 16, S. 657.
10 a. a. O., Brief v. 28. 5. 16, S. 658.
11 Postkarte an Felice, 31. 5. 16, S. 660.
12 *Tagebücher*, 2. 6. 16, S. 311 f.
13 a. a. O., 19. 6. 16, S. 312.
14 a. a. O., S. 313.
15 a. a. O., zwischen dem 6. und 13. 7. 16, S. 314.
16 a. a. O., 4. 7. 16, S. 313.
17 a. a. O., 5. 7. 16, S. 314.
18 a. a. O., 6. 7. 16, S. 314.
19 a. a. O., zwischen dem 6. und 12. 7. 16, S. 315.
20 a. a. O., 13. 7. 16, S. 315.
21 a. a. O., zwischen dem 6. und 12. 7. 16, S. 315.
22 Brief an Max Brod, 12.–14. 7. 16, *Briefe*, S. 139.
23 a. a. O.
24 a. a. O., S. 140.
25 Brief an Max Brod, Mitte Juli 1916, *Briefe*, S. 140.
26 Brief an Dr. Siegfried Löwy, 1916, *Briefe*, S. 151 f.
27 a. a. O.
28 Brief an Max Brod, Mitte Juli 1916, *Briefe*, S. 144.
29 a. a. O., S. 145.
30 *Tagebücher*, 20. 7. 16, S. 316.
31 a. a. O.
32 *Briefe an Felice*, 30. 7. 16, S. 673.
33 a. a. O., 1. 8. 16, S. 674.
34 a. a. O., 9. 8. 16, S. 677.
35 a. a. O., 1. 9. 16, S. 690.
36 Fragment, datiert 20. 8. 16, *Hochzeitsvorbereitungen auf dem Lande*, S. 173.
37 *Tagebücher*, 27. 8. 16, S. 318 f.
38 Postkarte an Felice, 7. 9. 16, S. 691.
39 a. a. O., 8. 9. 16, S. 692.
40 a. a. O., 10. 9. 16, S. 693.
41 *Briefe an Felice*, 23. 10. 16, S. 732.
42 a. a. O., 12. 10. 16, S. 724.
43 a. a. O., 5. 10. 16, S. 718.
44 *Tagebücher*, Oktober 1916, S. 319.
45 Brief Julie Kafkas an Felice, 8. 10. 16, *Briefe an Felice*, S. 720 f.
46 *Briefe an Felice*, 11. 10. 16, S. 723.
47 a. a. O., 19. 10. 16, S. 729, s. auch

Tagebücher, S. 320 f.
48 a. a. O., S. 729 f.
49 a. a. O., S. 730.
50 a. a. O.
51 a. a. O.
52 a. a. O., S. 731.
53 a. a. O., 30. 10. 16, S. 737.
54 Postkarte an Felice, 7. 12. 16, S. 744.
55 Brief an Gottfried Kölwel, 3. 1. 17, *Briefe*, S. 153.
56 Postkarte an Felice, 21. 11. 16, S. 741.
57 *Briefe an Felice*, Ende Dezember 1916/Anfang Januar 1917, S. 750.
58 a. a. O., 7. 12. 16, S. 743.
59 a. a. O., 8. 12. 16, S. 745.
60 *Sämtliche Erzählungen*, S. 287.

Kabbalist der Neuzeit

1 *Briefe an Felice*, Ende Dezember 1916/Anfang Januar 1917, S. 752.
2 *Sämtliche Erzählungen*, S. 154.
3 a. a. O., S. 139.
4 a. a. O., S. 140.
5 *Hochzeitsvorbereitungen auf dem Lande*, S. 61.
6 *Sämtliche Erzählungen*, S. 293.
7 a. a. O., S. 296.
8 a. a. O.
9 a. a. O., S. 300.
10 Brod, S. 140.
11 *Briefe an Felice*, 9. 9. 17, S. 753.
12 Brief an Kurt Wolff, 27. 7. 17, *Briefe*, S. 158.

Blutsturz

1 *Briefe an Milena*, S. 123.
2 Brief an Ottla, 29. 8. 17, *Briefe an Ottla und die Familie*, S. 39.
3 *Briefe an Milena*, S. 8.
4 Brod, S. 144.
5 *Tagebücher*, 9. 8. 17, S. 329.
6 Brief an Ottla, 29. 8. 17, *Briefe an Ottla und die Familie*, S. 40.
7 *Briefe an Milena*, S. 8.
8 Brod, S. 144.

Leben auf dem Lande

1 Brief an Oskar Baum, Mitte September 1917, *Briefe*, S. 166.
2 Brief an Max Brod, Mitte September 1917, a. a. O., S. 161.
3 Brief an Felix Weltsch, Mitte/Ende Oktober 1917, a. a. O., S. 187.
4 Brief an Max Brod, Mitte September 1917, a. a. O., S. 163.
5 *Tagebücher*, S. 330.
6 Brief an Max Brod, Mitte September 1917, *Briefe*, S. 165.
7 *Tagebücher*, 21. 9. 17, S. 331.
8 a. a. O., 28. 9. 17, S. 333.
9 Brief an Max Brod, Ende September 1917, *Briefe*, S. 171.
10 *Briefe an Felice*, 30. 9. oder

1. 10. 1917, S. 755.
11 a. a. O., 1. 10. 17, S. 755 f.
12 a. a. O., S. 756.
13 a. a. O., S. 757.
14 a. a. O.
15 Brief an Felix Weltsch, Anfang Oktober 1917, *Briefe*, S. 180.
16 Brief an Max Brod, 12. 10. 17, a. a. O., S. 181.
17 *Briefe an Felice*, 16. 10. 17, S. 758.
18 a. a. O., S. 757 f.
19 a. a. O., S. 758.20 a. a. O.
20 a. a. O.
21 a. a. O.
22 Brief an Max Brod, Mitte November 1917, *Briefe*, S. 194 f.
23 a. a. O.
24 a. a. O.
25 a. a. O., S. 196.
26 a. a. O.
27 a. a. O., Anfang November 1917, S. 191.
28 a. a. O., Ende Dezember 1917, S. 216 f.
29 *Hochzeitsvorbereitungen auf dem Lande*, S. 31.
30 a. a. O., S. 36.
31 a. a. O., S. 33.
32 a. a. O., S. 35.
33 Das Wort »Sohar« bedeutet Lichtglanz. Der Sohar ist das Hauptwerk der Kabbala. Es wurde etwa im 13. Jahrhundert in Spanien (von Moses de Léon) abgeschlossen und hatte starken Einfluß nicht nur auf die jüdische Mystik, sondern auch auf das Judentum ganz allgemein. Der Chassidismus hat zahlreiche Gedanken aus dem Sohar aufgenommen. Eine deutsche Ausgabe ist 1982 in der Übersetzung von Ernst Müller in der Wissenschaftlichen Buchgesellschaft erschienen.
34 *Hochzeitsvorbereitungen auf dem Lande*, S. 63.
35 a. a. O., S. 66.
36 a. a. O., S. 69.
37 a. a. O., S. 74.
38 a. a. O., S. 64.
39 Brief an Max Brod, Anfang Oktober 1917, *Briefe*, S. 177.
40 *Hochzeitsvorbereitungen auf dem Lande*, S. 59.
41 Postkarte an Max Brod, 22. 10. 17, *Briefe*, S. 189.
42 Brief an Max Brod, Anfang November 1917, a. a. O., S. 191.
43 Brief an Max und Elsa Brod, Anfang Oktober 1917, a. a. O., S. 176.
44 Brief an Felix Weltsch, Mitte November 1917, a. a. O., S. 198.
45 Brief an Max Brod, Anfang Dezember 1917, a. a. O., S. 205.
46 Brod, S. 147.
47 a. a. O.
48 *Sämtliche Erzählungen*, S. 305.
49 a. a. O.
50 Brod, S. 147.
51 a. a. O., S. 148.
52 Brief an Ottla, 28. 12. 17, *Briefe an Ottla und die Familie*, S. 47.
53 *Hochzeitsvorbereitungen auf dem Lande*, S. 72.
54 a. a. O., S. 73.
55 Brief an Ottla, 30. 12. 17, *Briefe an Ottla und die Familie*, S. 50.
56 *Hochzeitsvorbereitungen auf dem Lande*, S. 97.
57 *Brief an den Vater*, S. 33.
58 Brief an Max Brod, Mitte Januar 1918, *Briefe*, S. 220.
59 *Hochzeitsvorbereitungen auf dem Lande*, S. 73.
60 a. a. O., S. 77.
61 a. a. O., S. 89.
62 Brief an Max Brod, Anfang März 1918, *Briefe*, S. 234 f.
63 a. a. O., S. 235.

64 a. a. O.
65 a. a. O., Ende März 1918, S. 238.
66 a. a. O.
67 a. a. O., S. 240.

Beinahe-Ehefrau Julie

1 Brief an Ottla, 5. 5. 18, *Briefe an Ottla und die Familie*, S. 53.
2 a. a. O., etwa 14. – 15. 5. 18, S. 54.
3 Brod, S. 149.
4 a. a. O.
5 Brief an Ottla, 8. 9. 18, *Briefe an Ottla und die Familie*, S. 55.
6 a. a. O., S. 56.
7 a. a. O., S. 183.
8 *Brief an den Vater*, S. 26.
9 Brief an Max Brod, September 1918, *Briefe*, S. 246.
10 a. a. O., Anfang Dezember 1918, S. 247.
11 a. a. O.
12 Brief an Ottla, 11. 11. 18, *Briefe an Ottla und die Familie*, S. 59.
13 a. a. O., 11. 12. 18, S. 61.
14 Postkarte an Max Brod, 16. 12. 18, *Briefe*, S. 248.
15 Postkarte an Ottla, 1. 2. 19, *Briefe an Ottla und die Familie*, S. 63.
16 Brief an Max Brod, 6. 2. 19, *Briefe*, S. 252.
17 Brief an Julie Wohryzeks Schwester, zit. n. Klaus Wagenbach, *Monographie*, S. 116.
18 Brief an Ottla, 20. 2. 19, *Briefe an Ottla und die Familie*, S. 68.
19 Klaus Wagenbach, *Monographie*, S. 117.
20 *Brief an den Vater*, S. 63.
21 a. a. O.
22 *Tagebücher*, 30. 6. 19, S. 336.
23 Klaus Wagenbach, *Monographie*, S. 119.

Milena – Verführerin aus Liebe

1 *Brief an den Vater*, S. 51.
2 *Briefe an Milena*, S. 5.
3 *Brief an den Vater*, S. 66.
4 Brief an Max Brod, 2. 3. 19, *Briefe*, S. 253.
5 *Brief an den Vater*, S. 14.
6 a. a. O., S. 16.
7 a. a. O., S. 51.
8 a. a. O., S. 55.
9 *Brief an den Vater*, S. 69 f.
10 a. a. O., S. 72 f.
11 Brief an Minze Eisner, Winter 1919, *Briefe*, S. 256.
12 a. a. O., S. 257.
13 *Tagebücher*, 11. 12. 19, S. 336.
14 Janouch, S. 82.
15 a. a. O., S. 28.
16 *Hochzeitsvorbereitungen auf dem Lande*, S. 303.
17 Brief an Minze Eisner, Februar 1920, *Briefe*, S. 262.
18 a. a. O., Ende Februar 1920 (von Brod fälschlich auf den März datiert), S. 265.
19 Brief an Ottla, 6. 4. 20, *Briefe an Ottla und die Familie*, S. 77.

20 a. a. O., S. 78.
21 a. a. O., S. 77.
22 *Briefe an Milena*, S. 7.
23 Brief an Max Brod und Felix Weltsch, *Briefe*, S. 269.
24 Postkarte an Minze Eisner, April 1920, a. a. O., S. 271.
25 Brief an Ottla, 17. 4. 20, *Briefe an Ottla und die Familie*, S. 79.
26 Den in *Briefe an Milena* als zweiter Brief abgedruckten schrieb Kafka noch (vor dem als ersten abgedruckten, der aus Meran geschickt wurde) in Prag.
27 *Briefe an Milena*, S. 5.
28 Postskriptum zum Brief an Milena, a. a. O., S. 7.
29 a. a. O., S. 8.
30 a. a. O., S. 6.
31 a. a. O., S. 9.
32 a. a. O.
33 a. a. O., S. 15 f.
34 Brief an Max Brod, Anfang Mai 1920, *Briefe*, S. 275.
35 Man beachte, daß das Lokal im *Schloß* ebenfalls »Herrenhof« heißt.
36 *Briefe an Milena*, S. 17.
37 a. a. O., S. 18.
38 a. a. O., S. 10.
39 a. a. O., S. 21.
40 a. a. O., S. 26.
41 Brief an Max Brod, Anfang Mai 1920, *Briefe*, S. 275.
42 a. a. O., S. 274.
43 *Briefe an Milena*, S. 33.
44 Brief an Ottla, etwa 1. 5. 1920, *Briefe an Ottla und die Familie*, S. 83.
45 Brief an Max Brod, Juni 1920, *Briefe*, S. 276.
46 *Briefe an Milena*, S. 22.
47 a. a. O., S. 29 ff.
48 a. a. O., S. 35.
49 a. a. O., S. 39.
50 a. a. O., S. 45.
51 a. a. O., S. 52.
52 a. a. O., S. 53.
53 a. a. O., S. 54.
54 a. a. O.
55 a. a. O., S. 55.
56 a. a. O., S. 56.
57 a. a. O., S. 58.
58 Brief an Max Brod, Mitte April 1921, *Briefe*, S. 317 f.
59 *Briefe an Milena*, S. 114.
60 Brief Milenas an Max Brod; Brod, S. 203.
61 *Briefe an Milena*, S. 59.
62 a. a. O., S. 60.
63 a. a. O., S. 65.
64 a. a. O., S. 65 f.
65 a. a. O., S. 66.
66 a. a. O., S. 65.
67 a. a. O., S. 74.
68 a. a. O., S. 78.
69 Brief an Ottla, Mitte Mai 1920, *Briefe an Ottla und die Familie*, S. 88.
70 *Briefe an Milena*, S. 82.
71 a. a. O., S. 84.
72 a. a. O., S. 86.
73 In einem Brief Kafkas an Milena zitiert, a. a. O., S. 88.
74 a. a. O., S. 89.
75 a. a. O., S. 106.
76 Milena nannte Kafka des öfteren »Frank« statt »Franz«.
77 Brief Milenas an Max Brod; Brod, S. 200.
78 *Briefe an Milena*, S. 120 f.
79 a. a. O., S. 110 f.
80 a. a. O., S. 111.
81 a. a. O., S. 136.
82 a. a. O., S. 139 f.
83 a. a. O., S. 140.
84 a. a. O., S. 163.
85 a. a. O., S. 157.
86 a. a. O., S. 155.
87 a. a. O., S. 159.

88 a. a. O., S. 160.
89 a. a. O., S. 162 f.
90 a. a. O., S. 167.
91 a. a. O., S. 172.
92 a. a. O., S. 173.
93 *Hochzeitsvorbereitungen auf dem Lande*, S. 219.
94 *Sämtliche Erzählungen*, S. 315.
95 Zeichnung in *Briefe an Milena*, S. 176.
96 a. a. O., S. 184.
97 a. a. O., S. 189.
98 a. a. O., S. 188.
99 a. a. O.
100 a. a. O., S. 192.
101 a. a. O., S. 193.
102 a. a. O., S. 194.

Im Sanatorium in der Hohen Tatra

1 Brief an Ottla, etwa 21. 12. 20, *Briefe an Ottla und die Familie*, S. 96 f.
2 Brief an Max Brod, 31. 12. 20, *Briefe*, S. 286.
3 Brief an Max Brod, 13. 1. 21, a. a. O., S. 286.
4 Zitiert in einem Brief Milenas an Max Brod; Brod, S. 202.
5 a. a. O.
6 a. a. O., S. 204.
7 a. a. O., S. 203.
8 a. a. O., S. 203 f.
9 a. a. O., S. 204.
10 a. a. O.
11 Brief an Max Brod, Mitte April 1921, *Briefe*, S. 317.
12 a. a. O.
13 a. a. O., S. 294.
14 a. a. O., Anfang Februar 1921, S. 302.
15 a. a. O., Mitte April 1921, S. 319.
16 a. a. O., Anfang März 1921, S. 306.
17 Brief an Minze Eisner, Ende März 1921, a. a. O., S. 311.
18 Brief an Max Brod, Mitte April 1921, a. a. O., S. 313.
19 a. a. O., Anfang Mai 1921, S. 322.
20 a. a. O.
21 a. a. O., Ende Mai/Anfang Juni 1921, S. 328.
22 a. a. O., S. 328 und 330.
23 a. a. O., Juni, S. 335.
24 a. a. O., S. 338.
25 a. a. O., S. 337.
26 a. a. O., S. 337 f.
27 Brief an Ottla, Anfang/Mitte Juni 1921, *Briefe an Ottla und die Familie*, S. 126.
28 a. a. O.
29 Brief an Robert Klopstock, Ende September 1921, *Briefe*, S. 354.
30 *Tagebücher*, 15. 10. 21, S. 338.
31 Einem Brief an Robert Klopstock vom September/Oktober 1921 beigelegter separater Bogen, *Briefe*, S. 357.
32 *Tagebücher*, 17. 10. 21, S. 339.
33 a. a. O., 30. 10. 21, S. 342.
34 *Sämtliche Erzählungen*, S. 155.
35 Brief an Robert Klopstock, November 1921, *Briefe*, S. 364.
36 *Tagebücher*, 6. 12. 21, S. 343.
37 a. a. O., 16. 1. 22, S. 345.
38 a. a. O.
39 a. a. O., 18. 1. 22, S. 346.
40 a. a. O.
41 a. a. O., 20. 1. 22, S. 347.
42 a. a. O., 23. 1. 22, S. 350.
43 a. a. O., 24. 1. 22, S. 350.
44 a. a. O., 28. 1. 22, S. 352.

45 a. a. O., 30. 1. 22, S. 354.
46 *Tagebücher*, 10. oder 11. 2. 22, S.357.
47 a. a. O., 1. 2. 22, S. 355.
48 Von Brod auf Frühjahr 1922 datierter, wahrscheinlich Ende März geschriebener Brief an Robert Klopstock, *Briefe*, S. 374.
49 *Hochzeitsvorbereitungen auf dem Lande*, S. 281.
50 a. a. O.
51 *Sämtliche Erzählungen*, S. 164.
52 Brod erklärte: »Die Kategorie der Heiligkeit (nicht etwa die der Literatur) ist überhaupt die einzig richtige, unter der Kafkas Leben und Schaffen betrachtet werden kann.« Brod, S. 50.
53 *Sämtliche Erzählungen*, S. 169.
54 a. a. O., S. 171.
55 Beispiele dafür finden sich in Janouch, S. 35, 37, 39 und passim.
56 *Sämtliche Erzählungen*, S. 323.
57 *Das Schloß*, S. 7. Man beachte die Variante des Beginns auf S. 301.
58 a. a. O., S. 12.
59 a. a. O., S. 60.
60 a. a. O., S. 73.
61 *Tagebücher*, 26. 2. 22, S. 359.
62 a. a. O., 27. 2. 22, S. 359.
63 a. a. O., 9. 3. 22, S. 359.
64 a. a. O.
65 Brief an Robert Klopstock, Frühjahr 1922, *Briefe*, S. 374.
66 *Tagebücher*, 17. oder 18. 3. 22, S. 360.
67 a. a. O., 24. 3. 22, S. 360.
68 Brief an Robert Klopstock, *Briefe*, S. 431.
69 a. a. O., S. 430.
70 *Tagebücher*, 21. 1. 22, S. 348.
71 a. a. O., zwischen dem 24. und 27. 1. 22, S. 351.
72 *Sämtliche Erzählungen*, S. 350.
73 *Tagebücher*, 19. 5. 22, S. 363.
74 Janouch, S. 208.

Das Schloß

1 Postkarte an Max Brod, Stempel 26. 6. 22, *Briefe*, S. 375.
2 Postkarte an Robert Klopstock, Stempel 26. 6. 22, a. a. O., S. 376.
3 Brief an Max Brod, 5. 7. 22, a. a. O., S. 384.
4 a. a. O.
5 a. a. O.
6 a. a. O.
7 a. a. O., S. 385.
8 a. a. O., S. 384.
9 a. a. O., S. 385.
10 a. a. O.
11 a. a. O., S. 385 f.
12 Janouch, S. 168.
13 a. a. O., S. 168 f.
14 *Das Schloß*, S. 93.
15 a. a. O., S. 146.
16 Brief an Max Brod, Stempel 20. 7. 22, *Briefe*, S. 396.
17 *Das Schloß*, S. 103.
18 Brief an Max Brod, Stempel 31. 7. 22, *Briefe*, S. 403 f.
19 a. a. O., Anfang August 1922, S. 407.
20 a. a. O., S. 408.
21 Brief an Max Brod, Stempel 11. 9. 22, a. a. O., S. 41.
22 a. a. O., S. 415.
23 a. a. O., S. 415 f.
24 *Das Schloß*, S. 132.
25 a. a. O., S. 147.

26 a. a. O., S. 180.
27 a. a. O.
28 a. a. O., S. 142.
29 a. a. O., S. 302.
30 a. a. O., S. 313.
31 Nachwort des Herausgebers von *Der Prozeß*, S. 224.
32 *Tagebücher*, 14. 11. 22, S. 364.
33 Brief an Max Brod, Dezember 1922, *Briefe*, S. 424.
34 a. a. O.
35 *Hochzeitsvorbereitungen auf dem Lande*, S. 200.
36 Den von Kafka dafür vorgesehenen Titel *Ein Kommentar* verwarf Brod und nannte die Erzählung bei der Veröffentlichung 1916 *Gibs auf!*.
37 *Sämtliche Erzählungen*, S. 357.
38 Brief an Robert Klopstock, Mitte April 1923, *Briefe*, S. 433.
39 Postkarte aus Dobrichowitz an Milena, Stempel 9. 5. 23, aber offensichtlich einige Tage früher geschrieben, S. 204.
40 *Tagebücher*, 12. 6. 23, S. 365.
41 Postkarte an Max Brod, Stempel 10. 7. 23, *Briefe*, S. 435.
42 a. a. O.
43 a. a. O.
44 a. a. O.

Dora Diamant – Gefährtin der letzten Tage

1 Brief an Elsa Brod, 13. 7. 23, *Briefe*, S. 437.
2 Brief an Hugo Bergmann, Juli 1923, *Briefe*, S. 436.
3 Brief an Else Bergmann, 13. 7. 23, *Briefe*, S. 437.
4 Brod, S. 171.
5 Postkarte an Robert Klopstock, Stempel 24. 7. 23, *Briefe*, S. 438.
6 Brief an Robert Klopstock, Anfang August 1923, a. a. O., S. 441.
7 Brief an Max Brod, Stempel 8. 8. 23, a. a. O., S. 442.
8 a. a. O.
9 Tefillin (von hebr. *tefillá*, »Gebet«) werden an gewöhnlichen Wochentagen (also nicht am Sabbat) beim Morgengebet angelegt (»gelegt«). Zu den Tefillin gehört eine Kapsel, die auf Pergament geschriebene Abschnitte aus der Thora enthält.
10 Postkarte an Max Brod, Stempel 14. 9. 23, *Briefe*, S. 446.
11 a. a. O.
12 Brief an Ottla, 8. 10. 23, *Briefe an Ottla und die Familie*, S. 137.
13 Brief an Max Brod, Stempel 25. 10. 23, *Briefe*, S. 453.
14 Postkarte an Max Brod, Stempel 28. 9. 23, a. a. O., S. 448.
15 Brief an Max Brod, Stempel 25. 10. 23, a. a. O., S. 452.
16 *Sämtliche Erzählungen*, S. 161.
17 Brief an Max Brod, 28. 8. 04, *Briefe*, S. 29.
18 *Briefe an Milena*, S. 171 f.
19 *Sämtliche Erzählungen*, S. 360.
20 Brief an Robert Klopstock, Anfang März 1924, *Briefe*, S. 478.
21 Brod, S. 178.
22 *Sämtliche Erzählungen*, S. 173 f.
23 a. a. O., S. 177.
24 a. a. O., S. 178.
25 a. a. O., S. 174.
26 Notiz Klopstocks, zit. n. *Briefe*, S. 521.
27 a. a. O.
28 Erinnerung von Utitz, zit. n. Wagenbach (1958), S. 268.

1 Postkarte an Robert Klopstock, Poststempel 7. 4. 24, *Briefe*, S. 480.
2 a. a. O., 13. 4. 24, S. 480.
3 Brod, S. 178.
4 Brief an Robert Klopstock, Stempel 18. 4. 24, *Briefe*, S. 481.
5 Brod, S. 178.
6 Gesprächsblätter in *Briefe*, S. 487.
7 Brief an seine Eltern, etwa 19. 5. 24, *Briefe an Ottla und die Familie*, S. 155.
8 Brod, S. 180.
9 a. a. O., S. 182.
10 Postkarte an Max Brod, Stempel 20. 5. 24, *Briefe*, S. 483.
11 Gesprächsblätter, *Briefe*, S. 485.
12 Brief an Max Brod, Ende Januar 1921, a. a. O., S. 294.
13 *Tagebücher*, 1. 2. 22, S. 355.
14 Anmerkung Robert Klopstocks zu den Gesprächsblättern, *Briefe*, S. 520 f.
15 Gesprächsblätter, a. a. O., S. 491.
16 a. a. O., S. 488.
17 a. a. O., S. 490.
18 a. a. O., S. 491.
19 a. a. O.
20 Bericht Robert Klopstocks, zit. n. Brod, S. 185.
21 a. a. O.
22 a. a. O., S. 186.

LITERATURVERZEICHNIS

Werk- und Briefausgaben Franz Kafkas

Amerika, hrsg. v. Max Brod, Frankf. a.M. 1981
Der Prozeß, hrsg. v. Max Brod, Frankf. a.M. 1981.
Das Schloß, hrsg. v. Max Brod, Frankf. a.M. 1981; hrsg. v. Malcolm Pasley (2 Bde., Text- u. Apparatbd.), Frankf. a.M. 1982.
Sämtliche Erzählungen, hrsg. v. Paul Raabe, Frankf. a.M. 1970.
Hochzeitsvorbereitungen auf dem Lande und andere Prosa, hrsg. v. Max Brod, Frankf. a.M. 1980.
Beschreibung eines Kampfes, Novellen, Skizzen, Aphorismen aus dem Nachlaß, hrsg. v. Max Brod, Frankf. a.M. 1980.
Brief an den Vater, Nachw. v. Wilhelm Emrich, Frankf. a.M. 1981.
Tagebücher 1910–1923, hrsg. v. Max Brod, Frankf. a.M. 1973.
Briefe 1902–1924, hrsg. v. Max Brod, Frankf. a.M. 1980.
Briefe an Felice, hrsg. v. Erich Heller u. Jürgen Born, Frankf. a.M. 1976.
Briefe an Milena, hrsg. v. Willy Haas, Frankf. a.M. 1966.
Briefe an Ottla und die Familie, hrsg. v. Hartmut Binder u. Klaus Wagenbach, Frankf. a.M. 1981.

Literatur zu Kafka

Adorno, Theodor W., »Aufzeichnungen zu Kafka«, in: *Prismen,* Frankf. a.M. 1955.
Amann, Jürg, *Franz Kafka,* München 1983 (erw. Neuausg.).
Anders, Günther, *Kafka: Pro und Contra,* München 1951.
Arendt, Hannah, »Franz Kafka, von neuem gewürdigt«, in: *Die Wandlung* 1945/6, 12, S. 1050–1062.

Beck, Evelyn T., *Kafka and the Yiddish Theatre: Its Impact on his Work,* Wisc. 1971.

Beißner, Friedrich, *Der Erzähler Franz Kafka,* Stuttgart 1952.
–, *Der Schacht von Babel.* Zu Kafkas Tagebüchern, Stuttgart 1963.
–, *Kafkas Darstellung des »traumhaft innern Lebens«.* Ein Vortrag, Bebenhausen 1972.
Benjamin, Walter, *Benjamin über Kafka.* Texte, Briefzeugnisse, Aufzeichnungen, Frankf. a. M. 1981.
–, Scholem, Gershom, *Briefwechsel,* hrsg. v. Gershom Scholem, Frankf. a. M. 1980.
Bergmann, Hugo, »Schulerinnerungen an Franz Kafka«, in: *Mitteilungsblatt,* Tel Aviv 9. 9. 1966.
–, »Erinnerungen an Franz Kafka«, in: *Universitas,* XXVII, 1972.
Bezzel, Christoph, *Natur bei Kafka. Studien zur Ästhetik des poetischen Zeichens,* Nürnberg 1964.
–, *Kafka-Chronik. Daten zu Leben und Werk,* München 1975.
Binder, Hartmut, »Franz Kafka and the Weekly Paper *Selbstwehr*«, in: *Publications of the Leo Baeck Institute,* Yearbook XII, 1967.
–, »Kafka und seine Schwester Ottla«, in: *Jahrbuch der deutschen Schillergesellschaft,* XII, 1968.
–, *Kafka-Kommentar zu sämtlichen Erzählungen,* München ²1977.
–, *Kafka-Kommentar zu den Romanen, Rezensionen, Aphorismen und zum Brief an den Vater,* München 1976.
–, *Kafka in neuer Sicht,* Stuttgart 1976.
–, (Hrsg.), *Kafka-Handbuch.* Bd. 1: Der Mensch und seine Zeit; Bd. 2: Das Werk und seine Wirkung, Stuttgart 1979.
Borges, Jorge Luis, »Kafka and his Precursors«, in: *Labyrinth,* New York 1962.
Born, Jürgen/Dietz, Ludwig/Pasley, Malcolm/Raabe, Paul und Wagenbach, Klaus, *Kafka-Symposium,* Berlin 1965.
–, (Hrsg.), *Franz Kafka. Kritik und Rezeption zu seinen Lebzeiten 1912–1924,* hrsg. v. J. B. unter Mitarbeit von H. Mühlfeit und F. Spicker, Frankf. a. M. 1979.
Brod, Max, *Franz Kafka. Eine Biographie.* Erinnerungen und Dokumente, Prag 1937.
–, *Über Franz Kafka* (darin: *Franz Kafka: Eine Biographie* [1954]. *Franz Kafkas Glauben und Lehre* [1948] und *Verzweiflung und Erlösung im Werk Franz Kafkas* [1959]), Frankf. a. M. 1980.
–, *Der Prager Kreis,* Stuttgart 1966.
–, *Streitbares Leben,* München 1969.
Buber, Martin, »Schuld und Schuldgefühle«, in: *Merkur* 1957, 8, S. 704–729.
Buber-Neumann, Margarete, *Kafkas Freundin Milena,* München 1963.

Camus, Albert, *Le Mythe de Sisyphe, Nouvelle édition augmentée d'une étude sur Franz Kafka,* Paris 1956.
Canetti, Elias, *Der andere Prozeß. Kafkas Briefe an Felice,* München 1969.
Carrouges, Michel, *Franz Kafka,* Paris 1948.
–, *Kafka contre Kafka,* Paris 1962.
Cohn, Dorrit, »Kafka's Eternal Present: Narrative Tense in ›Ein Landarzt and

Other First Person Stories«", in: *Publications of the Modern Languages Association LXXXIII.*
Currie, Robert, *Genius: an Ideology of Literature,* New York 1974.

Deleuze, Gilles/Guattari, Félix, *Kafka. Für eine kleine Literatur,* Frankf. a.M. 1976.
Demetz, Peter, »Kafka, Freud, Husserl: Probleme einer Generation« in: *Zeitschrift für Religion und Kunstgeschichte,* VIII, 1955.
Dietz, Ludwig, *Franz Kafka,* Stuttgart 1975.
Dymant, Dora, »Ich habe Franz Kafka geliebt«, in: *Die neue Zeitung,* 18. 8. 48.
Emrich, Wilhelm, *Franz Kafka,* Bonn 1958.

Flores, Angel (Hrsg.), *The Kafka Problem,* New York 1946.
–, *Franz Kafka Today,* Wisconsin 1958.
–, *The Kafka Debate,* New York 1976.
–, *The Problem of »The Judgment«,* New York 1976.
–, *A Kafka Bibliography 1908–76,* New York 1976.
Fowles, John, »My Recollections of Kafka«, in: *Mosaic III,* 1970, 4.
Fraiberg, Selma, »Kafka and the Dream«, in: *Art and Psychoanalysis,* hrsg. v. William Phillips, New York 1957.
(Franz-Kafka-Gesellschaft) *Kunst und Prophetie,* Vorlesungen von Hans Mayer, Claude David, Jost Schillemeit, Peter Dettmering, Jürgen Born, Peter Kampits und Roman Karst, gehalten auf dem Symposium in Klosterneuburg, Juni 1979.
Friedmann, Maurice, *Problematic Rebel: Melville, Dostoevsky, Kafka, Camus,* New York 1963.

Goldstücker, Eduard (Hrsg.), *Franz Kafka aus Prager Sicht 1963,* Prag 1965.
–, *Weltfreunde, Konferenz über die Prager deutsche Literatur,* Prag 1967.
Goodman, Paul, *Kafka's Prayer,* New York 1947.
Gray, Ronald, *Kafka's Castle,* Cambridge 1956.
–, *Franz Kafka,* Cambridge 1973.
– (Hrsg.), *Kafka: A Collection of Critical Essays,* New York 1962.
Greenberg, Clement, »The Jewishness of Franz Kafka«, in: *Art and Culture,* Boston 1961.
Greenberg, Martin, *The Terror of Art: Kafka and Modern Literature,* London 1971.

Haas, Willy, *Die Literarische Welt. Erinnerungen,* München 1957.
Hall, Calvin S./Lind, Richard E., *Dreams, Life and Literature. A Study of Franz Kafka,* Chapel Hill, North Carolina 1970.
Hamalian, Leo (Hrsg.), *Franz Kafka. A Collection of Criticism,* New York 1974.
Hecht, Hugo, »Zwölf Jahre in der Schule mit Franz Kafka«, in: *Prager Nachrichten* XVIII, 1966, 8.
Heller, Erich, »The World of Franz Kafka«, in: *The Disinherited Mind,* Cambridge 1952.

–, *Franz Kafka,* London/New York 1975.
Heller, Peter, *Dialectics and Nihilism: Essays on Lessing, Nietzsche, Mann and Kafka,* Amherst, Mass., 1966.
–, »On not Understanding Kafka«, in: *German Quarterly* XLVII, 1974, 3.
Hermsdorf, Klaus, *Kafka-Weltbild und Roman,* Berlin 1961.
Hodin, J. P., »Erinnerungen an Franz Kafka«, in : *Der Monat,* 1949, Nr. 8/9, S. 89–105.
–, *Kafka und Goethe,* London/Hamburg o. J. [1972].

Jaffe, Adrian H., *The Process of Kafka's Trial,* Michigan 1967.
Janouch, Gustav, *Gespräche mit Kafka. Aufzeichnungen und Erinnerungen,* Frankf. a. M. 1981.
–, *Franz Kafka und seine Welt. Eine Bildbiographie,* Wien 1965.

Kraft, Werner, *Franz Kafka. Durchdringung und Geheimnis,* Frankf. a. M. 1968.
Krolop, Kurt, »Zu den Erinnerungen Anna Lichtensterns an Franz Kafka«, in: *Germanistica Pragensia* V, 1968.
Kuna, Franz, *Franz Kafka: Literature as Corrective Punishment,* Indiana 1974.

Lukács, Georg, *Wider den mißverstandenen Realismus,* Hamburg 1958.

Mann, Thomas, »Dem Dichter zu Ehren: Franz Kafka und *Das Schloß«,* in: *Der Monat* 1949, Nr. 8/9, S. 66–70.
Muschg, Walter, »Der unbekannte Kafka«, in: W. M., *Von Trakl bis Brecht,* München 1961.

Neumeyer, Peter F. (Hrsg.), *Twentieth-Century Interpretations of »The Castle«: A Collection of Critical Essays,* New Jersey 1969.

Pazi, Margarita, *Max Brod. Werk und Persönlichkeit,* Bonn 1970.
–, »Franz Kafka und Ernst Weiß«, in: *Modern Austrian Language,* 1973, H. 3/4, S. 52–92.
Pick, Otto, »Prager Dichter« in: *Das jüdische Prag,* Prag 1917.
Politzer, Heinz, *Franz Kafka. Der Künstler.* Frankf. a. M. 1978.
– (Hrsg.), *Franz Kafka,* (Wege der Forschung) Darmstadt 1973.
Pulver, Max, *Erinnerungen an eine europäische Zeit,* Zürich 1953.

Rahv, Philip, »An Introduction to Kafka« and »The Death of Ivan Ilyich and Joseph K«, in: *Literature and the Sixth Sense,* London 1970.
Robert, Marthe, *Kafka,* Paris 1960.
–, *L'Ancien et le nouveau: De Don Quichotte à Kafka,* Paris 1963.
–, *Seul comme Franz Kafka,* Paris 1979.
Rolleston, James, *Kafka's Narrative Theatre,* Pennsylvania 1974.
– (Hrsg.), *Twentieth-Century Interpretations of »The Trial«,* New Jersey 1976.

Sheppard, Richard, *On Kafka's Castle: A Study*, London 1974.
Slochower, Harry (Hrsg.), *A Franz Kafka Miscellany*, New York 1946.
Sokel, Walter, *Franz Kafka. Tragik und Ironie. Zur Struktur seiner Kunst*, München/Wien 1964.
Spann, Meno, *Franz Kafka*, Boston 1976.
Spilka, Mark, *Dickens and Kafka: A Mutual Interpretation*, London 1963.
Starobinski, Jean, »Kafka et Dostoevski«, in: *Obliques*, 1973, Nr. 3.
Steiner, George, »Kafka«, in: *Language and Silence*, London 1967.
Stölzl, Christoph, *Kafkas böses Böhmen. Zur Sozialgeschichte eines Prager Juden*, München 1975.

Tauber, Herbert, *Franz Kafka. Eine Deutung seiner Werke*, Zürich/New York 1941.
Thorlby, Anthony, *Kafka: A Study*, London/Totowa, New Jersey, 1972.

Unseld, Joachim, *Franz Kafka. Ein Schriftstellerleben*, München/Wien 1982 (s. dort Verzeichnis der Drucke und Ausgaben der Dichtungen Franz Kafkas zu seinen Lebzeiten sowie bibliographische Angaben zur zeitgenössischen Verlags- und Literaturgeschichte).

Wagenbach, Klaus, *Franz Kafka. Eine Biographie seiner Jugend 1883–1912*, Bern 1958; revidierte Ausgabe mit zahlr. Abb. Berlin (West) 1983.
–, *Franz Kafka in Selbstzeugnissen und Bilddokumenten*, Rowohlt-Monographie, Reinbek 1964.
Walser, Martin, *Beschreibung einer Form. Versuch über Franz Kafka*, München 1971.
Weltsch, Felix, *Kafkas Glaube und Lehre*, München 1948.
–, »Religiöser Humor bei Franz Kafka«, in: Max Brod, *Franz Kafkas Glauben und Lehre*, Winterthur 1948.
Wilson, Edmund, »A Dissenting Opinion on Franz Kafka«, in: *Classics and Commercials*, New York 1950.
Winkler, R. O. C., »Significance of Kafka«, in: *Scrutiny VII*, 1938, 3.

ZEITTAFEL

1883 *3. Juli.* Franz Kafka wird in Prag als Sohn von Her(r)mann Kafka (* 1852) und seiner Frau Julie (geb. Löwy, * 1856) geboren.

1885 *Mai.* Die Familie Kafka zieht aus der Maiselgasse zum Wenzelsplatz.
September. Georg Kafka wird geboren.
Dezember. Die Familie zieht in die Geistgasse.

1887 *Frühjahr.* Georg stirbt. Umzug der Familie Kafka in die Niklasstraße.
September. Heinrich Kafka wird geboren.

1888 *(um) April.* Heinrich stirbt. Umzug der Familie Kafka in die Zeltnergasse.

1889 *Juni.* Die Familie bezieht eine größere Wohnung am Altstädter Ring.
September. Kafka wird in der Deutschen Volks- und Bürgerschule am Fleischmarkt eingeschult. Gabriele Kafka (Elli) wird geboren.
Dezember. (Der Großvater) Jakob Kafka wird in Wossek beerdigt.

1890 *September.* Valerie Kafka (Valli) wird geboren.

1892 *Oktober.* Ottilie Kafka (Ottla) wird geboren.

1893 *Sommer.* Franz Kafka legt die Aufnahmeprüfung für das Altstädter Deutsche Staatsgymnasium ab.
September. Er wechselt aufs Gymnasium über.

1895 Das Prager Getto wird »assaniert« (abgerissen und in die Stadt integriert).

1896 *Frühjahr.* Die Familie Kafka zieht erneut in die Zeltnergasse.
Juni. Feier von Kafkas Bar-Mizwa.

1897 *Dezember.* In Prag kommt es zu antisemitischen Terroranschlägen (»Dezembersturm«).

1899 *April.* Jüdische Sozialisten stören die erste in Prag abgehaltene öffentliche Zusammenkunft von Zionisten.

1900 *Juli.* Franz Kafka verbringt die Ferien bei seinem Onkel, dem Landarzt Siegfried Löwy, in Triesch.
Ca. August-September. Sommerferien mit den Eltern in Rostok bei Prag. Ferienbekanntschaft mit Selma Kohn.

1901 *Juli.* Kafka legt das Abitur ab.
August. Ferien auf Norderney und Helgoland.
November. Aufnahme des Studiums an der Deutschen Universität in Prag (Jura – nach zwei Wochen Chemie).

1902 *Frühjahr.* Als Pflichtveranstaltungen im Rahmen des Jurastudiums belegt Kafka ein Semester deutsche Literatur und Kunstgeschichte und hört außerdem Philosophievorlesungen bei Anton Marty, einem Schüler von Franz Brentano.
Sommer. Kafka schließt sich dem Brentanistenzirkel an, der alle zwei Wochen im Café Louvre zusammenkommt.
August. Die Ferien in Liboch werden unterbrochen, als der in Madrid lebende Onkel Alfred nach Prag kommt.
September. Eine Woche bei Onkel Siegfried in Triesch.
Oktober. Aufenthalt in München. Kafka lernt in der »Lese- und Redehalle der deutschen Studenten« in Prag Max Brod kennen.
November. Er nimmt das Jurastudium wieder auf.

1903 *Juli.* Erste sexuelle Erfahrung mit einem Ladenmädchen. 1. Staatsexamen.
Sommer. Ferien mit den Eltern in Zálezly.
September. Kafka zeigt seinem Freund Oskar Pollak ein »Bündel« mit verschiedenen seiner Arbeiten, darunter Fragmente eines Romans.
November. Er liest Meister Eckhart.

1904 *Januar.* Er liest Marc Aurel sowie Hebbels Tagebücher.
Herbst. Er beginnt *Beschreibung eines Kampfes* und verfaßt einige Erzählungen, Skizzen und Prosagedichte.

1905 *Juli.* Er verläßt Prag einen Monat vor Semesterende und verbringt den Sommer in einem Sanatorium in Zuckmantel, wo er eine Beziehung zu einer deutlich älteren Frau hat.
August. Er reist mit den Schwestern zu einer Tante nach Strakonitz.
November. Rigorosum II (Prüfung in Zivil-, Handels- und Wechselrecht).

1906 *März.* Rigorosum III (Allgemeines und Österreichisches Staatsrecht, Völkerrecht und politische Ökonomie).
April. Er tritt als »Concipient« beim Advokaten Dr. Richard Löwy ein.
Juni. Rigorosum I (Römisches, Kanonisches und Deutsches Recht). Kafka wird zum Doktor der Rechte promoviert.
Juli–August. Ferien in Zuckmantel.
Oktober. Er tritt in die »Rechtspraxis« ein (das Jahr, das in Österreich Juristen üblicherweise nach dem Examen ohne Gehalt abzudienen hatten – teils beim Straf-, teils beim Zivilgericht).

1907 *Frühjahr.* Kafka schreibt *Hochzeitsvorbereitungen auf dem Lande.*
Juni. Die Familie Kafka zieht in die Niklasstraße.
August. Ferien in Triesch. Kafka lernt Hedwig Weiler kennen.
September. Er versucht, für sie in Prag eine bezahlte Stellung zu finden.
Oktober. Er tritt in das Versicherungsunternehmen »Assicurazioni Gene-

rali« ein.

1908 *März.* Die Zweimonats-Zeitschrift *Hyperion* publiziert unter dem Titel »Betrachtung« acht von Kafkas Prosastücken.

April. Max Brod vertieft nach dem Tod seines Jugendfreundes Max Bäuml seine Beziehung zu Kafka.

Juli. Kafka gibt die Stellung bei den »Assicurazioni Generali« auf und tritt als »Aushilfsbeamter« in die halbstaatliche »Arbeiter-Unfall-Versicherungs-Anstalt für das Königreich Böhmen« in Prag ein.

September. Dienstreisen nach Tetschen und Černošic. Eine Woche Urlaub in Spitzberg.

Winter (oder Frühjahr 1909). Kafka nimmt an spiritistischen Sitzungen teil.

1909 *Januar.* Er schickt Hedwig auf ihren Wunsch alle Briefe zurück.

Februar. Er veröffentlicht in *Der neue Weg* eine kurze Besprechung von Franz Bleis Buch *Die Puderquaste.*

Mai. Im achten Heft des *Hyperion* erscheinen zwei überarbeitete Teile aus der *Beschreibung eines Kampfes* – »Gespräch mit dem Beter« und »Gespräch mit dem Betrunkenen«.

September. Ferien mit Max und Otto Brod in Riva. Von dort Fahrt nach Brescia. Kafka verfaßt das Reise-Feuilleton *Die Aeroplane in Brescia,* das die Prager Zeitung *Bohemia* veröffentlicht.

Oktober. Kafka wird als »Anstaltspraktikant« angestellt.

Dezember. Dienstreise nach Pilsen.

1910 *Januar.* In der *Bohemia* erscheint Kafkas Besprechung von Felix Sternheims *Die Geschichte des jungen Oswald.*

März. Die *Bohemia* veröffentlicht unter dem Titel »Betrachtungen« fünf kleine Prosatexte.

Frühjahr. Nachdem er fünf Monate nichts geschrieben hat, was ihn zufriedenstellt, beginnt Kafka mit der Abfassung seiner Tagebücher.

April. Er kann sich bei der feierlichen Ansprache eines Vorstandsmitglieds der Versicherung an die neu ernannten »Anstaltsconcipisten«, unter ihnen Kafka, das Lachen nicht verkneifen.

Mai. Kafka besucht erstmals Vorstellungen einer jiddischen Schauspieltruppe im Café Savoy.

September. Reise nach Gablonz.

Oktober. Ferien mit Max und Otto Brod in Paris. Nach neun Tagen kehrt Kafka allein nach Prag zurück.

Dezember. Fahrt nach Berlin. Elli Kafka heiratet Karl Hermann.

1911 *Januar–Februar.* Kafka unternimmt Dienstreisen nach Friedland, Reichenberg und Grottau.

Februar–März. Er verfaßt das Fragment *Die städtische Welt.*

März. Er besucht Vorträge von Rudolf Steiner, Karl Kraus und Adolf Loos; unternimmt den Versuch einer Rezension von Brods Roman *Jüdinnen;* besucht Rudolf Steiner in dessen Hotel.

April. Dienstreisen nach Zittau und Warnsdorf. Dort lernt er den

Naturheilapostel und Fabrikanten Moriz Schnitzer kennen.
Mai. Sein Gehalt wird auf 2600 Kronen erhöht.
August–September. Ferien mit Max Brod in Zürich, Luzern, Lugano, Mailand, Stresa und Paris. Der Versuch, gemeinsam einen Roman, »Richard und Samuel«, zu schreiben, wird aufgegeben.
Oktober. Kafka beteiligt sich an einer von Karl Hermann gegründeten Asbestfabrik. Nach der Ankunft einer neuen Schauspielertruppe im Savoy steigert sich sein Interesse am jiddischen Theater zur Leidenschaft. Er freundet sich mit dem Schauspieler Jizchak (Isaak) Löwy an und verliebt sich in die Schauspielerin Mania Tschissik. Er reist nach Žižkov und Radotín, wo er versuchen will, Angestellte zu halten, die seinem Vater gekündigt haben.
Dezember. Kafkas Neffe Felix Hermann wird geboren.

1912 *Januar.* Kafka schreibt biographische Einzelheiten über Löwy nieder. Er beschäftigt sich mit der Geschichte der jiddischen Literatur sowie mit dem Judentum überhaupt und besucht einen von einer zionistischen Vereinigung veranstalteten Liederabend.
Februar. Er organisiert für Löwy einen Rezitationsabend im Festsaal des jüdischen Rathauses und hält auch die Eröffnungsansprache.
März. Er beschließt, einen Roman zu schreiben.
Juni. Aufgrund eines Attests von Dr. Kohn wird er für eine Woche krankgeschrieben.
Juni–Juli. Ferien mit Brod in Leipzig und Weimar. Bei der Besichtigung des Goethehauses verliebt er sich in die Tochter des Hausmeisters.
Juli. Drei Wochen im Sanatorium von Jungborn im Harz.
August. Kafka lernt im Hause Brod Felice Bauer kennen.
September. Valli Kafka verlobt sich mit Josef Pollak. Beginn des Briefwechsels mit Felice. Kafka schreibt *Das Urteil* und überträgt die Reinschrift des »Heizers« ins Tagebuch.
Oktober. Es bereitet ihm Lebensüberdruß, so viel Zeit in der Fabrik des Schwagers verbringen zu müssen. Brod greift ein. Kafkas Nichte Gerti Hermann wird geboren.
Oktober–November. Er schreibt den größten Teil des Romans *Der Verschollene* (später als *Amerika* veröffentlicht).
November. Er schreibt *Die Verwandlung.*

1913 *Januar.* Valli heiratet Josef Pollak.
Februar. Brod heiratet. Ottla begleitet Kafka auf einer Dienstreise nach Leitmeritz.
März. Kafka wird zum »Vice-Sekretär« ernannt. Er reist für ein Wochenende nach Berlin, um sich dort mit Felice zu treffen.
April. Er arbeitet in einer Gärtnerei in der Prager Vorstadt Nusle (Troja). Dienstreise nach Aussig, wo er die Versicherung in einer Verhandlung vertritt.
Mai. Bei Kurt Wolff wird »Der Heizer« veröffentlicht. Pfingstreise nach

Berlin: verschiedene Zusammenkünfte mit Felice.
Juni. Im Jahrbuch *Arkadia* erscheint *Das Urteil.* Kafka organisiert für Löwy erneut einen Rezitationsabend, diesmal im Hotel Bristol. Er macht Felice schriftlich einen Heiratsantrag; sie nimmt ihn an.
Juli. Er sucht eine Wohnung.
August. Er schreibt an Felices Vater.
September. Reise mit seinen Vorgesetzten Robert Marschner und Eugen Pfohl nach Wien, wo er am Zionistischen Kongreß teilnimmt. Weiterfahrt nach Triest, Venedig, Verona und Desenzano.
September–Oktober. Kurze Beziehung zu einer achtzehnjährigen Schweizerin im Sanatorium von Riva.
November. Er lernt die einundzwanzigjährige Grete Bloch kennen, die nach Prag kommt, um zwischen ihm und Felice zu vermitteln. Er besucht Felice erneut in Berlin. Die Familie Kafka bezieht eine kleinere Wohnung in der Niklasstraße.
Dezember. Er bekennt Felice seine Untreue.

1914 *Februar.* Die Korrespondenz mit Grete Bloch wird zunehmend intimer. Kafka besucht Felice überraschend an ihrem Arbeitsplatz in Berlin.
April. Erneute Reise nach Berlin: inoffizielle Verlobung. Er schlägt Grete ein Zusammentreffen in Gmünd vor. Die Verlobung mit Felice wird in Prager und Berliner Zeitungen bekanntgegeben.
Mai. Felice kommt nach Prag.
Juni. Verlobungsfeier in Berlin. Kafka schreibt *Verlockung im Dorf.*
Juli. Im Berliner Hotel »Askanischer Hof« Aussprache mit Felice Bauer in Anwesenheit von deren Schwester Erna, Grete Bloch und Ernst Weiß. Auflösung des Verlöbnisses. Ferien in Travemünde und Marienlyst mit Ernst Weiß und dessen Freundin. Österreich-Ungarn erklärt Serbien den Krieg. Generalmobilmachung.
*Juli–August.*Er beginnt mit der Arbeit am *Prozeß.*
August. Weil seine Schwester Elli mit ihren beiden Kindern sein Zimmer bewohnen will, zieht er in Vallis Wohnung in der Bilekgasse.
Oktober. Kafka erfährt, daß Carl Sternheim die Preissumme des Fontane-Preises (800 Mark) an ihn weiterleiten ließ. Aus einem Brief Gretes geht hervor, daß nach wie vor die Möglichkeit besteht, Felice zu heiraten.
November. Pollak berichtet bei einem Fronturlaub vom Grabenkrieg. Kafka schreibt *In der Strafkolonie.* Felices Vater stirbt.
Dezember. Kafka schreibt *Vor dem Gesetz*; die Türhüterparabel wird später in Kapitel 19 von *Der Prozeß* eingearbeitet. Weihnachten bei Brods in Kuttenberg.

1915 *Januar.* Kafka arbeitet gleichzeitig an mehreren Erzählungen. Da Karl Hermann und sein Bruder eingezogen sind, muß sich Kafka nachmittags um die Fabrik kümmern. In Bodenbach Treffen mit Felice.
Februar. Er sucht ein Zimmer, in dem er ungestört sein kann, und findet eines in der Bilekgasse.

März. Er zieht in die Langen Gasse. Er arbeitet an *Der Unterstaatsanwalt.*
April. Er begleitet Elli zu einem Besuch bei Karl Hermann in Ungarn und kehrt über Budapest zurück.
Mai. Pfingsten mit Felice und Grete in der Schweiz.
Juni. Er besucht Felice in Karlsbad.
Juli. Sanatoriumsaufenthalt in Rumburg.
September. Er macht nach dreieinhalbmonatiger Pause wieder Eintragungen in sein Tagebuch.
November. Er zeichnet für 2000 Kronen Kriegsanleihe.
Dezember. Im Verlag Kurt Wolff kommt *Vor dem Gesetz* heraus.

1916 *Mai.* Kafka bittet um einen langen unbezahlten Urlaub oder um Aufhebung seiner Freistellung vom Militärdienst und akzeptiert statt dessen drei Wochen Urlaub. Dienstreise nach Karlsbad und Marienbad.
Juli. Ferien mit Felice in Marienbad. Es kommt erneut zu einer inoffiziellen Verlobung. Kafka verbringt einen Abend mit dem chassidischen Belzer Rabbi.
August. Er konsultiert Dr. Mühlstein. Er erklärt seine Freude über Felices ehrenamtliche Tätigkeit in einem Heim für jüdische Flüchtlingskinder.
November. Er liest in einem Münchner Kunst-Salon vor. In München Zusammentreffen und Streit mit Felice. Ottla mietet ein Haus im Alchimistengäßchen. Kafka beginnt nach zweijähriger Pause wieder ernsthaft zu schreiben. Es entstehen *Der Gruftwächter* und die Fragmente von *Der Jäger Gracchus.*
Winter. Kafka verfaßt mehrere Erzählungen, darunter *Ein Landarzt.*

1917 *Januar.* Ständige Magenbeschwerden.
März. Er mietet eine kleine Wohnung im zweiten Stock des Schönborn-Palais. Die Asbestfabrik schließt.
März–April. Er schreibt *Ein Bericht für eine Akademie* sowie *Die Sorge eines Hausvaters.*
Frühjahr. Er schreibt *Beim Bau der chinesischen Mauer.*
Juli. Felice kommt nach Prag, zweite offizielle Verlobung. Sie besuchen gemeinsam Felices Schwester in Arad.
August. Erster Blutsturz. Kafka sucht Dr. Mühlstein auf.
September. Er gibt die Wohnung im Schönborn-Palais auf und zieht erneut zu den Eltern. Brod bringt ihn zu einem Spezialisten, Professor Pick. Kafka reist zu Ottla nach Zürau. Felice besucht ihn dort.
Dezember. Er trifft sich zu Weihnachten mit Felice in Prag und löst die Verlobung erneut.

1918 *Januar.* Er fährt mit Oskar Baum nach Zürau.
Mai. Er nimmt seine Tätigkeit bei der Versicherung wieder auf. Er lernt Hebräisch und verrichtet Gartenarbeit.
September. Er hilft Ottla bei ihren Bemühungen, in eine Landwirtschaftsschule aufgenommen zu werden. Er erholt sich in einem Hotel in Turnau.
Oktober. Nach Prag zurückgekehrt, erkrankt er an der gerade grassierenden

Spanischen Grippe.
November. Waffenstillstand. Die tschechische Republik wird ausgerufen. Kafka versucht, seine Arbeit in der Versicherung wieder aufzunehmen, erkrankt jedoch erneut.
Dezember. Der erste von vier Monaten in der Pension Stüdl in Schelesen.

1919 *Januar.* Er nimmt Beziehungen zu Julie Wohryzek auf, einem Mädchen, das in der gleichen Pension Erholung sucht.
März. Julie kehrt nach Prag zurück; Kafka bleibt noch bis Ende des Monats.
April. Ihre Beziehung wird enger.
Sommer. Trotz väterlicher Mißbilligung verlobt Kafka sich mit Julie. Sie finden eine Wohnung in Prag-Wrschowitz, und das Aufgebot wird bestellt. Als sich herausstellt, daß sie die Wohnung nicht bekommen, löst Kafka die Verlobung.
Oktober. In der Strafkolonie erscheint. Der Vater verhält sich abweisend, als Kafka ihm ein Exemplar überreichen will. Milena Jesenská erbittet schriftlich die Erlaubnis, seine Erzählungen ins Tschechische übertragen zu dürfen.
November. Kafka fährt mit Brod nach Schelesen. Dort schreibt er den *Brief an den Vater.* Er lernt Minze Eisner kennen.

1920 *Januar.* Kafka wird zum »Anstaltssekretär« befördert.
Februar. Sein Gehalt wird erhöht. Er versucht, einen Platz im Sanatorium von Kainzensbad zu bekommen.
April. Aufenthalt in Meran, zuerst in einem Hotel, später in einer Pension. Beginn des Briefwechsels mit Milena.
Juni–Juli. Vier Tage in Wien mit Milena.
Juli. Rückkehr nach Prag. Bricht mit Julie Wohryzek. Ottla heiratet Josef David.
August. Milena schreibt, daß sie ihren Mann nicht verlassen könne. Kafka verbringt mit ihr ein Wochenende in Gmünd.
August–September. Er schreibt einen ersten Entwurf des Romans *Das Schloß.*
September. Hohe Temperatur und Atembeschwerden.
Oktober. Untersuchung durch Dr. Kodym, der zu einem Sanatoriumsaufenthalt rät.
November. Antisemitische Unruhen in Prag.
Dezember. Aufbruch nach Matlar (Matliary) in der Hohen Tatra.

1921 *Februar.* Kafka lernt Robert Klopstock kennen, einen einundzwanzigjährigen Medizinstudenten und Mitpatienten.
März. Ottlas Tochter Véra wird geboren.
August. Kafka nimmt seine Arbeit in Prag wieder auf.
September–Oktober. Er trifft mehrfach mit Milena in Prag zusammen; leiht ihr seine Tagebücher.
Oktober. Er schreibt *Erstes Leid.*

1922 *Januar.* Er reist von Prag nach Spindlermühle.
Februar. Rückkehr nach Prag. Dort schreibt er *Ein Hungerkünstler* sowie

Fürsprecher, beginnt mit der Arbeit am *Schloß.*

Juni. Er schreibt *Forschungen eines Hundes.* Bittet um vorzeitige Pensionierung. Fährt nach Planá, um dort bei Ottla zu wohnen.

Juli. Er arbeitet am *Schloß.* Die ersten neun Kapitel sind am 20. Juli fertig. Er kehrt für fünf Tage nach Prag zurück, als sich sein Vater einer Operation unterziehen muß.

September. Kafka zuliebe bleibt Ottla bis Ende des Monats in Planá.

Oktober. Die *Neue Rundschau* veröffentlicht *Ein Hungerkünstler.* Kafka weist Brod an, nach seinem Tod alle seine Werke zu vernichten.

1923 *April.* Hugo Bergmann kehrt von Jerusalem zu einem Besuch nach Prag zurück.

Juli. Kafka verläßt mit Elli und ihren Kindern Prag zu einem Aufenthalt in Müritz. Dort lernt er Tile Rößler und Dora Dymant (Diamant) kennen.

August. Er fährt nach Berlin und kehrt, nachdem er sich einige Tage in Prag aufgehalten hat, nach Schelesen zurück, wo er bei Ottla wohnt.

September. Er richtet sich mit Dora in Berlin-Steglitz ein.

November. Umzug in die Grunewaldstraße. Er schreibt *Der Bau.*

1924 *Februar.* Umzug in ein billigeres Zimmer in Zehlendorf.

März. Brod kommt nach Berlin. Kafka fährt mit Klopstock zurück nach Prag. Er wohnt erneut bei den Eltern; schreibt seine letzte Erzählung *Josefine, die Sängerin.*

April. Da nunmehr feststeht, daß er an Kehlkopftuberkulose leidet, wird er ins Sanatorium »Wiener Wald« gebracht und am Ende des Monats nach Klosterneuburg ins Sanatorium Kierling.

Mai. Doras Vater verweigert seine Zustimmung zu einer Eheschließung.

3. Juni. Kafka stirbt.

PERSONENREGISTER

WERKREGISTER